高等学校电子商务专业系列教材

武汉大学规划教材建设项目资助出版

第三版

电子商务安全

主编　曾子明

WUHAN UNIVERSITY PRESS
武汉大学出版社

图书在版编目(CIP)数据

电子商务安全/曾子明主编．—3版．—武汉：武汉大学出版社，2023.11(2024.8重印)
高等学校电子商务专业系列教材
ISBN 978-7-307-23973-9

Ⅰ.电…　Ⅱ.曾…　Ⅲ.电子商务—安全技术—高等学校—教材　Ⅳ.F713.36

中国国家版本馆CIP数据核字(2023)第169670号

责任编辑:聂勇军　　责任校对:李孟潇　　版式设计:马　佳

出版发行：**武汉大学出版社**　(430072　武昌　珞珈山)
(电子邮箱：cbs22@whu.edu.cn　网址：www.wdp.whu.edu.cn)
印刷：武汉中科兴业印务有限公司
开本:720×1000　1/16　印张：20.25　字数:374千字　插页:1
版次:2008年9月第1版(科学出版社)　2013年8月第2版(科学出版社)
2023年11月第3版　2024年8月第3版第2次印刷
ISBN 978-7-307-23973-9　定价:60.00元

第三版前言

电子商务是在国际化、社会化、开放化和个性化的 Internet 环境中运作的。在电子商务的应用中可能会出现各种诸如商业信息泄露、客户银行账户信息被盗、金融欺诈，以及因缺乏可信性而导致的商业数据丢失等各种安全与信任问题。随着数字经济时代的到来，电子商务是数字经济的重要组成部分，是实体经济与数字技术融合发展的重要推动力。在实体经济数字化转型过程中，电子商务处于实体经济数字化转型的最前沿，并通过销售和采购的数字化形成实体经济全链条数字化的强大驱动力。因此，实体经济的数字化离不开电子商务的拉动，同样数字经济在与实体经济融合发展过程中，电子商务也是发展空间最大、创新最活跃的重要组成部分，而其安全保障成为关注的焦点。从电子商务产业链的视角看，电子商务安全不仅包括下游消费者和客户端的安全，也包括中游分销商的安全及上游供应商的安全。因此，在数字经济环境下，如何确保电子商务产业链上电子交易的信息安全是目前困扰和影响电子商务发展的一个重要问题，同时也成为电子商务有序发展的瓶颈。

我国数字经济和电子商务产业的发展，需要大批掌握电子商务安全技术和管理知识的专业人才。因此，电子商务安全已成为电子商务及相关专业重要的必修课程。同时，电子商务安全技术也已成为普及率较高的知识和应用技术，成为从事电子商务与信息系统应用和研究的专业人员所必须了解和掌握的重要知识。从国内外教材特别是国家规划教材反馈情况来看，目前教材内容滞后于学术界与业界的需要。大数据、视觉计算、云计算、区块链等研究热点已在电子商务领域得到学术研究和行业实践应用，特别是涉及电子交易数据安全方面，但在目前已有教材中几乎没有体现这些最新研究热点；同时，现有教材虽然讲述了电子商务安全认证知识和电子支付系统，但没有将这两者结合起来，即没有体现如何实现电子支付过程中的安全性。因此，亟待出现能够反映电子商务安全最新研究热点和实践应用的新教材。

本书在适应数字经济时代发展的基础上，依然保留先前已出版图书的主要内容和特色，着重强调如何实现电子支付过程中的安全性和大数据环境下的电子商务安全。与先前已出版图书相比，本书对部分章节内容进行了一些调整和优化，使得教材在内容和层次安排上显得更加严谨、更具前沿性。例如，本书将“数字经济”“企业数字化转型”等内容增加到《电子商务安全概述》中，以重点论述数字经济时代下电子商务的新发展、新风险和企业数字化转型中的数据安全保障体系；补充“阴书”“虎符”到“密码学的起源”等内容；新增“人脸识别”到《电子商务的安全认证》，使得电子商务安全认证这部分内容更贴合实践应用的发展；同时，本书也在《电子支付与安全支付协议》一章中增加了“基于区块链的安全电子支付”“数字货币与金融安全”等内容，拓展了新型安全支付技术和支付方式等知识内容；新增《大数据环境下的电子商务安全》一章，阐述“东数西算”战略工程、大数据时代新型电子商务安全问题，并从技术角度结合云计算、区块链等切实保障商务交易安全；最后，从法律的角度讲述电子商务用户隐私保护问题、权益和保障措施。因此，新版教材不仅力求内容广泛新颖、取材丰富实用，还力求内容阐述深入浅出、结构合理清晰。

根据电子商务安全体系结构，本书较为深入和完整地阐述了电子商务安全的基本理论、技术、管理和应用。全书的整体结构共分为三个部分。

第一部分包括第 1 章到第 3 章，介绍了电子商务安全的基本概念和理论。其中，第 1 章为概述，首先介绍数字经济时代下电子商务的新发展、电子商务面临的安全威胁、电子商务安全体系结构，并讨论电子商务安全体系的保障；第 2 章从电子商务网络安全层次介绍防火墙、虚拟专用网、网络入侵检测、计算机病毒防治以及计算机木马防治技术；第 3 章从电子交易安全层面介绍数据加密技术、密钥管理技术及其应用。

第二部分包括第 4 章到第 6 章，介绍电子商务的安全认证机制、电子支付与安全支付协议、电子商务安全管理等内容。其中，第 4 章介绍电子商务的安全认证，包括认证体系、数字证书、CA 认证中心、公钥基础设施以及最新的人脸识别认证等；第 5 章介绍了电子支付的概念与发展以及几种经典的电子支付方式，在此基础上以电子支付为安全情境，重点探讨了电子支付的两种安全支付协议，同时对基于区块链的安全电子支付、数字货币与金融安全进行阐述；第 6 章介绍电子商务系统相应的安全管理内容、管理制度、法律保障和安全风险管控，明确电子商务安全管理的意义。

第三部分包括第 7 章和第 8 章，包括移动电子商务安全和大数据环境下的电子商务安全。其中，第 7 章介绍移动电子商务安全，包括移动电子商务安全概述、移动电子商务安全协议与标准、移动支付安全技术、基于 WPKI 体系的安全实现技术和移动电子商务安全技术的发展新趋势。第 8 章介绍大数据环境下的电子商务安全、云环境下电子商务大数据资源存储与传输安全、基于区块链的电子商务数据资源交易安全和电子商务用户隐私保护。这部分内容理论联系实际，突出电子商务安全的实际应用和研究热点。

本书由本人负责教材编写体系设计，并主持全书的撰写工作。另外，本人指导的研究生参与了本书的部分章节撰写工作，其中博士生孙守强负责第 6 章、第 8 章及 4.5 节、5.4 节、5.5 节等章节的撰写。胡高爽女士在本书撰写的过程中，给予相关的中肯建议和指导，对章节提供了大量素材和技术支持工作，在此表示感谢。另外，在撰写、成稿的过程中，作者参考了相关专著和论文，在此对这些专著和论文的作者表示衷心的感谢。

面对电子商务安全领域技术和管理方法的日益更新和迅速发展，编者力求内容既广泛新颖、取材丰富实用，同时也力求内容阐述深入浅出、结构合理清晰，注重教材的可读性和实践性。限于编者的学术水平，书中疏漏之处在所难免，不足之处敬请读者批评指正。

曾子明

2023 年 3 月

第二版前言

电子商务是在国际化、社会化、开放化和个性化的 Internet 环境中运作的，在应用中可能会出现各种商业信息的泄露、客户的银行账户信息被盗、金融欺诈，以及因缺乏可信性而导致的商业数据丢失等各种安全与信任问题。要在 Internet 这样开放的网络平台上成功地进行电子交易，必须有效解决网络交易平台的安全，同时提供对整个电子交易过程的保护。因此，电子商务环境下如何确保电子交易的信息安全是目前困扰和影响电子商务发展的一个重要问题，已经成为电子商务有序发展的瓶颈。

我国电子商务产业的发展，需要大批掌握电子商务安全与管理的人才。因此，电子商务安全已经成为计算机专业、电子商务专业、经济管理专业及其他专业的重要课程。同时，电子商务安全也已成为普及率较高的知识和应用技术，成为从事电子商务应用与信息系统研究、应用的专业人员所必须了解和掌握的重要知识。

本书第二版依然保留了第一版的主要内容和特色，着重强调如何实现电子支付过程中的安全性。与第一版相比，新版对部分章节内容进行了一些调整和优化，使得教材在内容和层次安排上更加严谨，读者通过本教材的学习可以对电子商务的安全体系结构从整体上有更加清晰的认识。例如，新版将“电子支付系统”内容合并到“电子商务交易的安全协议”中，以电子支付为安全研究的情境，重点论述电子支付过程中的安全协议设计与实现；将“公钥基础设施”内容合并到“电子商务的安全认证机制”中，使得电子商务安全认证这部分内容层次更加清晰和严谨。同时，新版也增加了电子商务安全管理内容，科学、合理地论述了安全技术和安全管理两者之间的关系，从而形成一个更为完整的安全知识体系。此外，新版也增加和修订了一些电子商务安全领域的新内容，例如计算机木马及防治、PGP 软件、网上招投标系统安全案例、移动电子商务安全等知识。因此，新版教材力求内容既广泛新颖、取材丰富实用，同时也力求内容阐述深入浅出、结构合理清晰。

本书根据提出的电子商务安全体系结构，较为深入和完整地阐述了电子商务安全的基本理论、技术、管理和应用。全书的整体结构共分为三个部分。

第一部分包括第1章到3章，介绍了电子商务安全的基本概念和理论。其中，第1章为概述，首先介绍电子商务面临的安全威胁、安全需求以及相应的安全体系结构，并讨论电子商务安全实现的保障；第2章从电子商务网络安全层次介绍防火墙、虚拟专用网、网络入侵检测、计算机病毒防治以及计算机木马防治技术；第3章从电子交易安全层面介绍信息加密技术及其应用，并以PGP软件为例介绍密码加密技术的实际应用。

第二部分包括第4章到第6章，介绍电子商务的安全认证机制、电子支付与安全支付协议、电子商务安全管理等内容。其中，第4章介绍电子商务的认证机制，包括数字证书、数字认证机构以及公钥基础设施的信任模型及标准和应用等；第5章首先介绍了电子支付系统，并以电子支付为安全情境，重点探讨了电子支付的两种安全支付协议，即安全套接层协议和安全电子交易协议，并对这两种安全支付协议进行详细的研究和比较；第6章介绍电子商务系统相应的安全管理方法和安全评估标准，明确电子商务安全管理的意义。

第三部分包括第7章到第8章，介绍电子商务安全应用、移动电子商务安全相关内容。其中，第7章引入案例教学法，通过网上银行系统、网上证券交易系统、网上报税系统、网上招投标系统等不同的实际安全案例的讨论和分析，使读者进一步了解电子商务安全方面的问题；第8章介绍移动电子商务安全，包括移动电子商务安全的体系结构、移动电子商务与手机病毒、移动电子商务安全协议和标准、基于无线公钥基础设施的安全技术实现以及移动支付系统安全。这部分内容理论联系实际，突出电子商务安全的实际应用和研究热点。

本书在编写过程中参考了众多著作，在此对这些著作的作者表示衷心的感谢。同时，感谢我的父母和妻子，他们在我写作过程中给予我很大的照顾，并帮助我照顾孩子，为本书写作创造了良好的条件。

面对电子商务安全技术日益更新和迅速发展，编者力求内容既广泛新颖、取材丰富实用，同时也力求内容阐述深入浅出、结构合理清晰，注重教材的可读性和实践性。限于编者的学术水平，书中疏漏之处在所难免，不足之处敬请读者批评指正。

曾子明

2013年3月

前　言

随着 Internet 网络和信息技术的发展和普及，电子商务已逐步进入人们的日常生活。目前，网络银行和网络商场的出现，正悄悄地改变着人们的购物方式、消费方式和生活观念，方便了人们的日常生活，真正实现了“随时随地、足不出户”的消费方式。

虽然电子商务的观念逐渐深入人心，但电子商务是在国际化、社会化、开放化和个性化的 Internet 环境中运作的，它的应用可能会出现各种商业信息的泄露、客户的银行账户信息被盗、金融欺诈，以及因缺乏可信性而导致的商业信息丢失等各种安全与信任问题。要在 Internet 这样开放的网络平台上成功地进行电子交易，必须有效解决网络交易平台的安全问题，以及提供对电子支付过程的保护。因此，电子商务环境下的安全与支付是目前困扰和影响电子商务推广的两个重要问题。

本书较为深入和完整地阐述了电子商务安全与支付的基本理论和相关技术。全书的整体结构共分为三个部分。

第一部分包括第 1 章至第 4 章，介绍了电子商务安全与支付的基本概念和理论。其中，第 1 章为概述，主要介绍电子商务的安全威胁、安全技术、安全体系结构等；第 2 章从网络安全层次介绍防火墙、虚拟专用网、网络入侵检测和计算机病毒防治技术；第 3 章从电子交易安全层次介绍数据加密技术及其应用；第 4 章主要介绍了电子支付和网上银行系统。

第二部分包括第 5 章至第 8 章，介绍电子商务的认证技术、公钥基础设施、电子商务交易的安全协议等内容。其中，第 5 章介绍电子商务的认证机制，包括数字证书和认证机构两大内容，并重点对国内认证中心的发展进行实例介绍；第 6 章对公钥基础设施进行介绍，包括公钥基础设施的互操作信任模型、认证管理协议、不可否认机制、体系的发展等内容；第 7 章对安全电子交易协议和安全套接层协议这两种安全支付协议进行详细的研究和比较；第 8 章引入案例教学法，通过对网上银行系统、网上证券交易系统、网上报税系统这三个实际安全案例的讨论和分析，使读者进一步加深对电子商务安全问题的认识。

第三部分即第 9 章，介绍了移动电子商务安全和移动支付，包括移动商务安全的基本内容、移动商务安全相关技术，以及移动支付及其安全解决方案。本章从电子商务安全领域的热点和前沿知识出发，引导读者跟踪学科发展的新方向。

本书具有以下两个特点：

(1)实用性强。本书以技术为主线，突出实际应用，既传授基础理论知识又引导应用技能的提高，通过精品教材提高学生的相应素质。体现素质教育的思想，这是作者在编写教材过程中特别注重的地方。

(2)层次结构清晰。本书层次结构分为三个部分，第一部分为基础部分，涉及电子商务安全和支付基础理论知识；第二部分为核心部分，包括电子商务安全认证机制、公钥基础设施、电子商务的安全协议、电子商务安全案例及分析；第三部分则从安全领域研究的新动态介绍移动商务和移动支付安全。读者可以根据自身情况，选读其中的章节内容。全书层次分明，可读性强，可适应不同层次读者的需要。

本书在编写过程中参考了众多著作，在此对这些著作的作者表示衷心的感谢。同时，武汉大学电子商务系主任张李义教授和全体同事对本书的编写给予了许多有益的建议和指导，在此深表谢意！

由于编者水平有限，且电子商务安全理论与技术处于快速发展之中，本书的不足之处在所难免，真诚希望广大读者批评指正，以便再版时修订。

曾子明

2008 年 3 月

目　　录

第1章 电子商务安全概述

电子商务作为一种全新的、交易成本低廉的贸易活动，为政府的管理、企业的经营和人们的生活提供了简单、快捷的服务。但是，电子商务在给我们的生活带来方便的同时，也带来了不少安全隐患，特别是在线交易和支付过程中的安全风险。因此，可以认为，影响电子商务广泛应用的一个首要问题就是安全。电子商务的发展顺势而变，其服务模式不断演化和革新，使得其安全的内涵和边界不断外扩。数字经济是新时代发展的召唤，企业数字化转型是企业发展的新动力，电子商务产业生态也在不断完善。区块链、5G、大数据、云计算、人工智能等新兴技术发展，“东数西算”、数字货币、用户隐私保护等社会发展新需要，均赋予电子商务安全更宽泛的定义。在适应时代变革的同时，电子商务服务模式和安全要求也在发生变化，既要厘清数字经济时代电子商务发展特征、模式，又要分析和解决其安全问题。实现电子商务系统安全、交易安全、支付安全等，构筑全方位多层次一体化电子商务安全体系，助力电子商务稳健发展，成为时代发展的迫切需要。

1.1 电子商务与数字经济

1.1.1 数字经济时代下电子商务的新发展

《“十四五”电子商务发展规划》指出电子商务是数字经济和实体经济的重要组成部分，是催生数字产业化、拉动产业数字化、推进治理数字化的重要引擎，是提升人民生活品质的重要方式，是推动国民经济和社会发展的重要力量。在我国的经济发展进程中，数字经济的重要作用愈发凸显，呈现出相对宽泛的内涵与表现。数字经济依托大数据、物联网、人工智能等新兴技术，极大地促进了生产力的发展，同时拓宽了电子商务安全的范畴。

在实体经济数字化转型过程中，电子商务处于实体经济数字化转型的最前沿，并通过销售和采购的数字化形成实体经济全链条数字化的强大驱动力。因此，实体经济的数字化离不开电子商务的拉动，同样数字经济在与实体经济融合发展过程中，电子商务也是发展空间最大、创新最活跃的重要组成部分，而其安全保障问题成为人们关注的焦点。

长期以来，我国高度重视信息化基础设施建设，大力推进信息化应用，信息技术在提升效率、改善管理、优化配置等方面的作用日益显现。但与此同时，实体经济与数字化技术融合程度仍然远远不够，实体经济亟须从初步的数字化应用向深层次的数字化转型转变。在这个过程中，安全保障成为深层次数字化转型的关键问题。

电子商务一直是数字化程度最高的产业领域之一，在数字经济发展过程中可以发挥自身作为典型数字化产业的示范引领作用，在带动数字基础设施建设，助力智慧城市和乡村振兴，服务传统产业数字化转型，探索数据要素市场等方面全方位助力数字经济发展。在数字经济时代，电子商务新模式正在崛起，并对电子商务安全提出更高要求。电子商务安全的边界不断得到延伸，从产业链的下游向上游制造商、生产商转移。

数字经济时代下电子商务的新发展路径为全面安全可信、技术应用创新、业态模式创新、深化协同和绿色低碳化发展。

安全可信始终是电子商务发展的前提和基础。数字经济时代下的电子商务新发展要实现全面开放、全民参与、全面安全可信，才能使电子商务行业真正大有可为。安全可信是电子商务发展的前提条件，是对商务交易主体、资金、信息的基础保障，保障数据安全、通信安全和商务安全是数字经济发展的基础。全面安全可信是数字经济对电子商务发展提出的更高要求，也是电子商务安全创新发展、迎合社会发展需要的基石。

技术创新是电子商务领域模式、业态创新的基础支撑，伴随国家新型基础设施建设的深入推进，5G、物联网、人工智能、区块链等新一代信息技术的加速普及将为电子商务带来更多的创新场景应用。技术创新应用作为电子商务高质量安全发展的第一项任务，通过对电子商务企业等相关主体开展技术创新应用的支持引导，在我国已经成为全球最大网络零售市场的基础上，努力在电子商务底层安全技术的创新与应用方面也做到全球领先，进一步强化我国电子商务产业的竞争优势成为时代的迫切需求。数字经济驱动电商安全技术创新，特别是自移动电子商务出现以来，安全问题就一直困扰着这一新兴商务模式的发展。移动电子商务由于引入了很多新兴的技术和设备，导致很多新的安全问题的出现。与传统的电子商务相比，移动电子商务的安全问题更加复杂，解决起来难度更大，为此我们要根据移动电子商务安全协议和标准、基于WPKI体系的安全实现技术、移动支付及其安全解决方案，保障移动电子商务安全。

业态模式创新既是电子商务发展的必然结果，也是重要的增量空间。数字经济背景下，直播电商、内容电商、社交电商等电子商务新业态发展迅速，展现出我国电子商务产业巨大的发展活力和广阔的发展空间；创新业态模式成为我国引领全球电子商务应用的重要发展方向。通过数字经济在模式业态创新方面的支持和引导，可以建立不同业态模式下的电子商务安全技术体系和安全管理模式，为我国电子商务产业高质量发展提供多业态安全保障。

依靠抢市场、抢用户、抢流量的粗放式发展模式是不可持续的。数字经济为电子商务实现高质量发展打造了良性的竞争环境，改变原有的封闭生态，深化协同发展。数字经济通过推动电子商务企业在更大范围、更深层次实现互联互通，打造其各具特色的核心竞争力，在充分发挥国内、国际电子商务市场协同作用的基础上，推广电子商务普惠服务，为人民谋取更大福利。同时，国家应加大对相对落后地区电子商务基础设施的投入，让东部发达地区和中西部地区、贫困地区实现平衡发展，拓宽电子商务发展的范围。

数字经济背景下，电子商务新发展要实现全面绿色低碳，这与我国提出的碳达峰和碳中和发展目标紧密结合，是对国家发展战略的践行。绿色发展成为“十四五”时期的重要社会发展主题，电子商务产业首先要实现自身的绿色化，通过推进绿色包装、电子单证、节能设备使用及发展循环经济等，响应时代发展主题。数字经济就是要把电子商务领域率先打造成为绿色、低碳、安全可持续发展的产业，同时，以绿色电子商务进一步带动和促进全社会消费、流通、生产的绿色化发展，助力我国低碳发展规划。

1.1.2 电子商务与企业数字化转型

电子商务是互联网经济环境下出现的一种特殊的企业经营模式。例如，许多传统制造型企业都在生产、加工、运输和销售商品或服务的过程中融入电子商务，以扩大企业营销渠道、供应链和客户资源，实现由单一制造到按照客户需求定制商品和服务的数字化转型发展。电子商务在驱动企业数字化转型中，也带来了新的发展模式和安全需求。传统企业既要看到电子商务带来的机遇，以及数字化转型过程中创造的经济利益，也要看到企业数字化转型面临的安全挑战，以及对安全提出的技术保障需求。企业数字化转型过程中，涉及企业营销数据安全、客户数据安全和交易数据安全等，为此，电子商务促进企业数字化转型发展的策略主要有：

1. 制定企业长期发展规划

电子商务网络销售模式，可分析企业转型发展中的电子商务客户服务，帮助消费群体了解商品价值和购买渠道，把商品在销售过程中能够转化的价值，作为融合电子商务发展自身经济利益的重要内容，通过增加对商品的详细介绍和实用功能介绍，增强消费群体对商品的认可度和购买需求。

企业要认识到商品与消费者之间的关系，创造客户便捷获取商品信息的电子商务服务环节。通过打造以厂家供货、送货、到货为主的沟通服务内容，连接自身与客户之间的互动关系。重视发掘消费群体潜在商品需求的网络服务形式，并同步完成线下商品销售满意程度的调查。分析影响他人满意度的商品经营因素，以及消费者受自身审美影响下的商品评价。与合作厂家交流沟通客户的商品需求，适当满足客户在商品可销售范围内的合理要求。在推广商品的电子商务服务过程中，要最大限度考虑厂家利益和商品成本，在不降低商品质量的前提下，扩大商品的消费群体满意度，通过举办与消费者面对面沟通的商品体验活动，规划与电子商务安全发展的企业服务规划活动内容。

2. 重视企业产业链的互动沟通和网络营销

企业要把产业链供需条件，作为满足多数客户商品消费的重点内容。通过恰当的网络营销方式，把商品生产制造理念和企业网络服务理念，传达给更多对商品有一定要求的消费群体。确定不同商品的营销方向和营销重点，增强客户对商品价值的理解程度，使他们愿意接受厂家制造的更多种类商品。例如，服装商品的网络营销方向在于让更多人看到它的造型设计和穿着效果，其营销重点可以是多数人的穿着效果和造型美观度，也可以是所运用的设计理念和人物造型，以此来增强客户对服装商品价值的认可度，让他们根据各自对服装美观性或者穿着感受的不同需求，自由选购多种类的个人需求商品。在增强商品营销投入的同时，企业还应与供应商品的厂家和运输商品的物流公司，保持网络环境中的相互沟通，及时处理因商品需求变动或因运输情况导致的不当商品退换货问题。在为客户提供商品服务的过程中，推动企业在消费群体中获取更多的客户资源和经济利益。

3. 运用信息技术保障用户信息安全和服务质量

运用信息技术可挖掘更多消费需求，了解部分厂家商品销售过程中不够顺利的原因，帮助厂家了解消费者对商品审美和实用功能上的需求，再逐步将这些需求具体化为对定制商品的设计要求，并以平面或者三维设计图的形式与厂家沟通并完善商品的成品外观。信息技术既用于收集用户信息，挖掘用户需求，又用于构筑用户信息安全屏障，保障信息的采集、存储和传输安全，对厂家提供的商品制造样品，进行消费者视角的试用并给出调整建议，防止商品质量达不到客户预想的质量标准，保障商品质量安全，为用户提供高质量服务。

4. 提出企业发展电子商务的多方合作机制

企业要把与厂家、客户的长期合作当成电子商务促进企业转型发展的重要环节。在维护厂家客户资源和消费者商品需求的状况下，建立与多方沟通的合作机制。企业在与厂家的沟通过程中，应了解商品送往消费者手中的多个互动渠道，切断厂家与消费者的直接沟通渠道，防止厂家在完全不了解他人消费情况的状态下，为部分人员办理商品退换货，造成商品的无故丢失和商品没有及时送达的投诉。企业在与除厂家发货源头以外的客户互动沟通中，不泄露商品的具体生产日期和生产制造流程，避免因恶意竞争导致的厂家货源被抢夺问题，同时要求厂家保护好消费者的身份信息，使用网络虚拟地址填写物流订单，避免商品在配送过程中被他人调换，并做好与多方同步合作的沟通服务。

5. 构筑企业数字化转型安全屏障和安全技术体系

企业数字化转型是数字经济发展的必由之路，是传统企业数字化、智能化发展的首要路径。电子商务引领企业数字化转型，进一步加快企业管理流程的现代化，实现企业数字化管理。然而，安全成为企业稳健发展和接受数字化、智能化管理的基础，应通过构建安全的技术体系为电子商务企业发展和数字化转型提供安全保障。虽然电子商务安全取得了一定进展，但是数字经济全面推进，数据安全、交易安全、个人及企业信息安全面临更大挑战，企业数字化转型中的内部数据丢失、泄露、窃取等安全问题不断。因此，数字经济时代下的电子商务新发展应构筑企业数字化转型的安全屏障，建立安全技术体系，完善安全管理制度和法律法规，保障电子商务企业的稳健发展。

1.1.3 电子商务产业生态圈

电子商务生态(简称“电商生态”)是以组织和个人的相互作用为基础的经济联合体，这个经济联合体生产商品、提供服务给生态系统中的成员。从广义上讲，电商生态包括电商环境中的用户、电子商务平台、在平台的售卖商家、中间商、ISV(Independent Software Vendors，独立软件开发商)、物流行业、资金供应者等角色。其中 ISV 为商家提供必要的软件及服务支持，物流行业为电商生态系统提供商品的运输服务。另外，电商生态系统还包括行业协会、政府及生态系统角色中的各种监管部门，以及其他关联组织或群体，而随之衍生的 E-WTP(Electronic World Trade Platform，电子世界贸易平台)则为电子商务生态进入全球化作了更好的方向规划。

随着电子商务生态蓬勃的发展，紧随其后的网络安全问题也日益严峻。目前网络安全呈现出“无边界、不可控”的态势，电子商务生态行业内的安全问题层出不穷，基础安全的风险、系统安全的风险、应用安全的风险暴露在互联网的环境中，导致电子商务生态行业时刻受到侵害。同时电子商务生态范围内的安全还不得不面对一条庞大的黑灰产业链，黑灰产业链受巨额利益驱动，给电子商务生态行业造成了一定的损害。

电子商务产业生态圈是在一定区域内，由电商人才、资本、安全、法律、信息、物流以及配套资源要素组合而成，围绕电子商务平台企业，以第三方电商专业服务商和上下游产业构成的完整产业链配套，形成电子商务产业自行调节、资源有效聚集、企业核心竞争力充分发挥、安全技术和管理保障健全的多维产业生态系统。

构筑电子商务产业生态圈须具备以下条件：

(1)明确的核心载体。电子商务平台企业是电子商务产业生态圈的核心载体，通过运用互联网等现代信息技术搭建虚拟交易空间，整合买方、卖方和服务支持方在这个交易空间进行价值转换，形成一个资源有效配置的经济生态体系。

(2)完整的产业链条。电子商务产业生态圈围绕电商平台企业，包括由制造商、供应商构成的产业链上游以及支付、物流等构成的产业链下游，以及由第三方专业服务商(如代运营、平台搭建、云计算、大数据资讯服务、营销推广等)构成的产业配套组织，这些产业在电子商务生态圈内与核心载体融合发展，共同构成特色鲜明、配套完善、产销融合的产业功能体系。

(3)适宜产业发展的生态环境。主要包括电子商务产业规划合理布局、产业政府扶持、服务功能完善、电子商务专业人才、电子商务安全基础设施，以及其他创新要素等众多利于电商产业发展的因素。

(4)安全可信的电子商务交易平台。电子商务产业生态圈的构建，需要将交易主体企业连接到安全可信的平台以完成资金流、物流、信息流的传递。产业生态圈可以融入更为丰富的企业，扩大贸易边界，实现经济的稳步提升。因此，安全可信的电子商务交易平台必不可少，且平台的稳定性强，支付安全、通信安全、数据安全管理得到有效保障。

(5)完善的安全管理制度和法律体系。营造良好的电子商务产业生态圈，不仅需要从技术层面提供安全基础，同时需要从管理制度和法律法规层面提供安全保障。我国陆续出台的《中华人民共和国网络安全法》《商业银行法》《个人信息保护法》《电子商务法》等为电子商务产业生态发展提供了法律保障。同时电商企业应加强安全管理制度建设，保障电子商务交易安全、个人信息安全、系统安全和数据安全。

1.1.4 大数据环境下的数字商务与商务智能

"东数西算"是一个国家级算力资源跨域调配战略工程，其目的是针对我国东西部算力资源分布总体呈现出"东部不足、西部过剩"的不平衡局面，引导中西部利用能源优势建设算力基础设施，"数据向西，算力向东"，服务东部沿海等算力紧缺区域，解决我国东西部算力资源供需不均衡的现状。大数据、云计算、人工智能等新一代技术与商务活动的深度融合，孕育了数字商务新产品、新模式、新产业，引发社会经济发展革命性变化，给电子商务安全带来挑战。从有利影响看，数字商务促进传统产业转型升级、壮大新兴产业，推动经济高质量发展。从不利角度讲，数字商务对数据安全、存储管理安全、数据安全保障等提出了更高标准。

大数据具有很多优势，如数据多样化、数据信息量大、数据运转速度快以及数据真实性强等，将大数据技术应用于商务智能安全体系当中具有十分重要的价值。

(1)提升商务智能的数据质量。大数据技术在收集和分析企业各类数据资源方面具有十分强大的功能，特别是当企业业务系统拥有供应商、客户、交易账目、库存、订单等诸多数据时，只有将各类数据进行安全管理和有机融合，才能发挥商务智能的强大功能和作用。大数据技术在这方面拥有强大的优势，在搜集、分析、管理、应用企业数据资源方面更具有安全性和创新性。因此，企业应当重视大数据技术在商务智能中的有效应用，实现数据的安全管理和价值的有效发挥。

(2)强化商务智能的多元化功能。从根本上来说，商务智能属于企业解决方案，在促进企业经营管理与创新发展方面具有重要功能，因而也需要对企业外部信息和资源进行收集分析。目前，很多企业如阿里云、百度云、腾讯等著名 IT 厂商都会为企业提供商务智能解决方案，其拥有强大的数据资源，可以将企业内部和外部数据、信息、资源进行深度整合，进而提升商务智能的有效性和安全性。这些都依赖于大数据安全技术的合理应用。

(3)给电子商务带来诸多新的安全技术。为应对电子商务面临的新型安全风险，云计算、区块链发挥了重要作用。云计算具有自动管理和配置数据资源的能力，其为电子商务数据资源的存储与传输提供了安全平台。区块链技术以其去中心化、可溯源的优势，打造了基于区块链的商务交易可信平台、电子交易数据安全共享平台以及物流数据安全共享平台，以保障电子商务中的交易安全、物流安全。其中，数据是电子商务蓬勃发展的核心要素，对数据进行治理要求在保障数据安全的情况下，对数据进行合理调度、挖掘和利用。通过云计算、区块链等技术对电子交易数据、物流数据、用户和商品数据等进行安全存储、传输与共享，有利于企业数字商务的智能、安全、稳定和可持续发展。

1.2 电子商务面临的安全威胁

1.2.1 电子商务安全威胁的类型

目前，电子商务发展面临的主要问题之一是如何保障电子交易过程中的安全性。从电子商务产业链的角度，可将电子商务面临的安全威胁分为下游消费者和客户的安全威胁、中游分销商的安全威胁和上游供应商的安全威胁。交易安全是网上贸易的基础和保障，也是电子商务技术的难点。围绕电子商务安全的防护技术已经成为目前电子商务研究的重点之一。在电子商务交易过程中，消费者、分销商、供应商面临的安全威胁如图 1-1 所示。

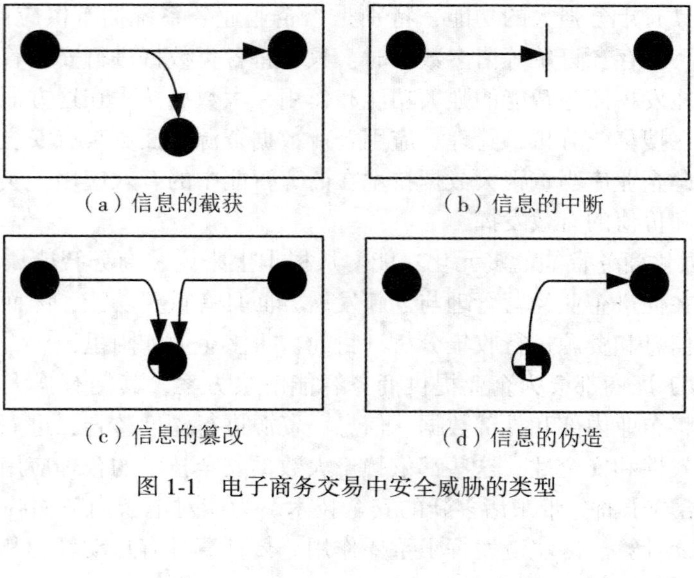

（a）信息的截获　　（b）信息的中断

（c）信息的篡改　　（d）信息的伪造

图 1-1　电子商务交易中安全威胁的类型

1. 信息的截获

在电子商务产业链中，信息流和资金流以数据的形式在Internet网络中传输。在传输过程中，如果没有采用加密措施或加密强度不够，攻击者可能通过Internet网络在电磁波范围内安全截获信息或在数据报通过的网关和路由器上截获数据，获取传输的机密信息，或通过对信息流量、通信频度和长度等参数的分析，推测出有用的信息，如消费者的银行账号、密码以及企业的商业机密等。

2. 信息的中断

这是针对可用性信息进行的攻击。在中断过程中，信息资源变得易损失或不可用。网络故障、操作错误、应用程序错误以及计算机病毒等恶意攻击都将导致电子交易不能正常进行。因此，要对此产生的潜在威胁加以预防和控制，以保证交易数据在确定的时刻、确定的地点是有效的。

3. 信息的篡改

当攻击者熟悉了网络信息格式后，可通过各种技术和手段对网络传输的信息进行中途修改并发往目的地，从而破坏信息的完整性。例如，改变信息流的次序，更改信息的内容，如购买商品的发货地址；删除某个消息或消息的某些部分；在消息中插入一些信息，让接收方不懂或接收错误的信息等。

4. 信息的伪造

当攻击者掌握了网络信息数据规律或解密了商务信息以后，可以伪装成合法用户或发送伪造的信息来欺骗其他用户，主要有以下两种方式：

(1)伪造电子邮件。例如，虚开网站和电子商店，给用户发电子邮件、收订货款；伪造大量用户，发电子邮件，穷尽商家服务器的资源，使合法用户不能正常访问网络资源，使有严格时间要求的服务不能及时得到响应等。

(2)假冒他人身份。例如，伪装成他人身份，进行非授权信息资源的访问或者骗取对方的信任；冒充网络控制程序，套取和修改使用权限、保密字、密钥等信息；接管合法用户，欺骗系统，占用合法用户的资源。

5. 交易抵赖

交易抵赖包括多个方面，如发送方事后否认曾经发送过某条消息或内容；接收方事后否认曾经收到过某条消息或内容；购买者发出了订货单不承认；商家卖出的商品因价格差而不承认原有的交易等。

由于电子交易是基于Internet网络基础上的，因此，除了在交易过程中会面临上述一些安全威胁外，还会涉及计算机网络系统普遍面临的一些安全问题。从网络安全角度考察，网络系统面临的主要安全威胁有以下几种：

其一，物理实体的安全问题。包括设备的功能失常、电源故障以及由于电磁泄露引起的信息失密和搭线窃听四种类型。其中，前三种因素是无意或非人为的，而搭线窃听则是人为的，是非法者常用的一种手段，将导线搭到无人值守的网络传输线路上进行监听，通过解调和正确的协议分析就可以完全掌握通信的全部内容。

其二，自然灾害的威胁。计算机网络设备大多是一种易碎品，不能受重压或强烈的震动，更不能受强力冲击。所以，各种自然灾害、风暴、泥石流、建筑物破坏、火灾、水灾、空气污染等对计算机网络系统都会构成强大的威胁。

其三，黑客的恶意攻击。所谓黑客，现在一般泛指计算机信息系统的非法入侵者。黑客的攻击手段和方法多种多样，一般可以粗略地分为以下两种：①主动攻击，其以各种方式有选择地破坏信息的有效性和完整性；②被动攻击，其是在不影响网络正常工作的情况下，通过截获、窃取、破译以获得重要机密信息。

其四，软件的漏洞和“后门”。在计算机网络安全领域，软件的漏洞是指软件系统上的缺陷，这种缺陷导致非法用户未经授权而获得访问系统的权限或提高其访问权限。随着计算机系统越来越复杂，开发一个大型的电子商务应用软件，要想进行全面彻底的测试已经变得越来越困难。一个实际的电子商务系统，总会多多少少留下某些缺陷和漏洞。而“后门”是软件设计者为了进行非授权访问而在程序中故意设置的万能访问口令。这些口令无论是被攻破，还是只掌握在设计者手中，都对使用者的系统安全构成严重的威胁。

从以上论述可以看出，软件的漏洞和“后门”虽然都会对系统的安全造成威胁，但它们存在着明显的区别：漏洞是不可避免的，而“后门”则是完全可以避免的；漏洞是难以预知的，而“后门”则是人为故意设置的。

其五，网络协议的安全漏洞。众所周知，电子商务系统是基于 Internet 网络平台上的信息系统，通过 Internet 基础设施向电子商务应用提供各种网络服务。而网络服务则又是通过各种协议来实现的。目前，Interent 采用的 TCP/IP 协议簇，例如，TCP、FTP 和 HTTP 协议等，在安全方面都存在着一定的缺陷。当今许多黑客就是利用了这些协议的安全漏洞才攻击得逞的。事实上，网络协议的安全漏洞是当前 Internet 面临的一个重要安全问题。

其六，计算机病毒的攻击。由于 Internet 的开放性，计算机病毒在网络上的传播比以前快了许多，而且 Internet 的发展和普及又促进了病毒制造者之间的交流，使新病毒及其变种层出不穷，杀伤力也大大提高，这些都给个人和企业属带来了许多不便和经济损失。

1.2.2 产业链下游客户的安全威胁

在电子商务活动中，客户属于电子商务产业链的下游服务对象，既包括消费者也包括中小企业。电子商务产业链下游客户面临的威胁有：

(1)虚假订单。一个假冒者可能会以客户的名字来订购商品，而且有可能收到商品，而此时真客户却被商家要求付款或返还商品。

(2)付款后不能收到商品。在客户付款后，销售商中的内部人员不将订单和钱转发给执行部门，因而使客户不能收到商品。

(3)机密性丧失。客户有可能将秘密的个人数据或自己的身份数据(如PIN、口令等)发送给冒充销售商的机构，这些信息也可能会在传递过程中被窃听。

(4)拒绝服务。攻击者可能向销售商的服务器发送大量的虚假订单来挤占它的资源，从而使合法用户不能得到正常的服务。

(5)电子货币丢失。其可能是由物理破坏或者被偷窃导致，这通常会给用户带来不可挽回的损失。

1.2.3 产业链中游分销商的安全威胁

分销商处于电子商务产业链中游，常面临以下一些特殊的安全威胁：

(1)系统中心安全性被破坏。入侵者假冒成合法用户来改变用户数据(如商家送达地址)、解除用户订单或生成虚拟订单等。

(2)竞争者威胁。恶意竞争者以他人的名义来订购商品，从而了解有关商品的递送状况和货物的库存情况。

(3)商业机密安全。客户资料被竞争者获悉，机密数据被泄露。

(4)假冒威胁。非法人员建立与分销商网站服务器名字相同的另一个Web服务器来假冒分销商，伪造虚拟订单，以及假冒他人合法身份来窃取机密数据。

(5)信用威胁。买方提交订单后不付款。

1.2.4 产业链上游供应商的安全威胁

电子商务供应商将传统行业和IT行业深度融合，其本质是通过促进数据的流动来提升产业的效率。但同时由于云计算、大数据、物联网、移动互联网、5G等技术的广泛应用，远程办公、业务协同、分支互联等业务需求的快速发展，企业原有的服务边界逐渐泛化，导致数据泄露事件频繁发生。数字化转型过程中，产业链上游供应商存在的安全风险包括以下几点：

1. 数据流动的风险

电子商务供应商企业数字化转型带来了大量数据的共享交换，各系统之间、各部门之间、内部与外部之间甚至各行业之间，这些数据的流动在带来巨大价值的同时，也带来了极大的安全风险，使得企业对于流动中数据的控制力越来越弱。因此，企业需要能够时刻看到网络中所流动的数据，才能有效降低及把控风险。

2. 访问权限的风险

电子商务供应商企业数字化转型中，企业网络中存在大量的传输数据，有的是企业的公开宣传数据，有的是企业内部生产、财务等敏感数据，有的是企业客户的个人隐私数据等。要帮助企业梳理其数据资产，就需要对这些数据进行分级分类操作，帮助企业辨别哪些是核心敏感数据，哪些是普通开放数据，最后再针对不同级别和类型的数据采用不同的策略进行保护，如果操作不当，就会产生泄露风险。

3. 数据泄露的风险

电子商务供应商在企业数字化转型过程中，数据泄露、数据违规的安全事件频繁发生。在数据安全问题发生后，如果企业的运维管理人员不能第一时间发现，就会给企业带来一系列不良影响，有些甚至给企业带来法律纠纷问题。企业需要对敏感数据泄露、数据违规等各种数据安全问题及时预警，并及时应对和处理因数据泄露造成的衍生风险。

4. 安全事件追溯取证困难

在数据安全事件发生后，电子商务供应商企业需要有一套系统能够对数据安全事件进行完整追溯和审计，能够帮助企业安全运维管理人员快速定位事故发生的整个过程以及关联的用户设备，通过提供完整且详细的证据链，实现责任的界定和追责去责，但许多供应商缺乏这一套系统，导致追溯取证困难。

1.3 电子商务系统安全层次结构

电子商务的一个重要技术特征是利用信息技术来传输和处理商业信息。既然电子商务系统是建立在计算机系统之上的商务系统，那我们从逻辑上可将整个安全层次结构分为底层的物理网络安全和上层的电子交易安全这两个层次。网络服务层提供物理网络的安全；而加密技术层、安全认证层、交易协议层和商务系统层提供电子交易安全。计算机网络安全包括计算机网络设备安全、网络系统安全、数据库安全等，其特征是针对计算机网络本身可能存在的安全问题，实施网络安全增强方案，以保证计算机网络自身的安全。电子交易安全则紧紧围绕传统商务在互联网上应用时产生的各种安全问题，在计算机网络安全的基础上，促进以电子交易和电子支付为核心的电子商务过程的顺利进行。

因此，计算机网络安全和电子交易安全是密不可分的。一个是保障底层的物理系统，它是电子交易安全的基础，为人们进行网上商务活动提供了虚拟场所的安全；另一个是保障上层业务逻辑的安全，即保证网上交易活动的顺利进行。这两方面的安全措施相辅相成，缺一不可，共同为电子商务活动的安全开展保驾护航。

电子商务系统安全层次结构是保证电子商务中数据安全的一个完整的逻辑结构，同时也为交易过程的安全提供了基本保障。电子商务系统安全层次结构如图 1-2 所示，由网络服务层、加密技术层、安全认证层、交易协议层和电子商务应用系统层 5 个层次组成。从图中可以看出，下层是上层的基础，为上层提供技术支持；上层是下层的扩展与递进。各层之间相互依赖、相互关联，构成一个统一整体。

1.3.1 计算机网络系统的安全性

电子商务系统是通过网络实现的，需要利用 Internet 网络的基础设施和标准，因此构成电子商务安全系统结构的底层是网络服务层。网络服务层是各种电子商务应用系统的基础，它提供信息传输功能、用户接入方式和安全通信服务，并保证网络运行安全。网络服务层是电子商务应用系统的网络服务平台。

另外，网络服务层也提供计算机网络系统的安全，同时保障计算机网络中的物理实体的安全。计算机网络系统中究竟有哪些实体呢？简单地说，采用某种方式把若干台计算机连接起来就形成了计算机网络，Internet 就是连接全球计算机的一个巨大的网络。因此，计算机网络系统中的实体也就是各种各样的计算机和连接它们的通信设备。网络中的计算机有些是提供 Internet 应用服务的，称之为服务器，例如 Web 服务器、FTP 服务器和邮件服务器等，还有一些计算机是通过某些软件，例如浏览器，来访问这些服务器的，统称为客户机；通信连接设备主要有路由器、交换机和集线器等。要保障计算机网络系统中物理实体的安全，实际上就是要保障这些计算机和它们之间的通信连接设备的安全。

除了实体安全之外，数据安全也非常重要。我们知道，电子交易同传统

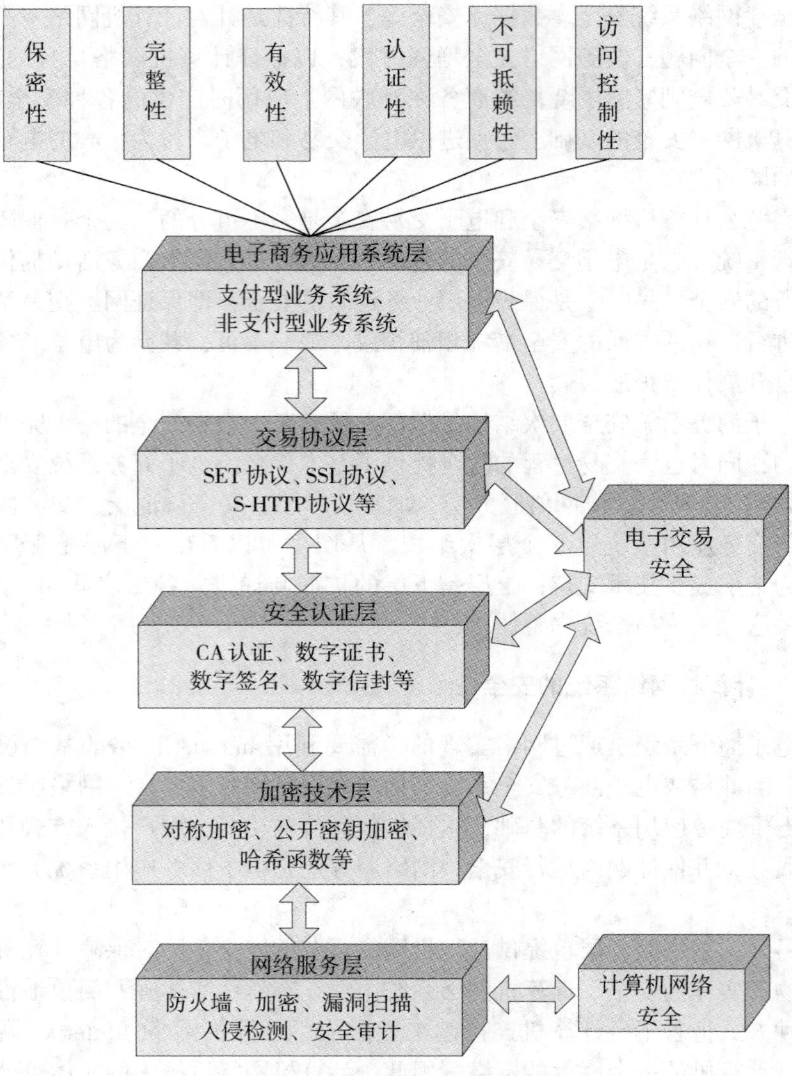

图 1-2　电子商务系统安全层次结构

的商务交易不同，在电子交易过程中物流与信息流和资金流发生了分离，那么，安全的电子交易系统必须要保障分离出来的信息流和资金流的安全。计算机网络设备是电子商务活动中信息流和资金流存储和移动的载体，各种信息流和资金流在计算机网络环境中的具体表现就是数据。因此，实现了网络系统中的数据安全，信息流和资金流也就有了安全保障。在计算机网络系统中，数据的安全一方面是存储安全，另一方面也包括数据在网络传输过程中的安全，即通信安全。

另外，要实现网络系统层次的安全，需要针对计算机网络本身可能存在的安全问题，实施相应的网络安全技术。计算机网络安全采用的主要安全技术有防火墙技术、加密技术、漏洞扫描技术、虚拟专用网(VPN)技术、入侵检测技术、反病毒技术和安全审计技术等，用以保证网络自身的安全。

1.3.2 电子交易的安全性

电子交易的安全性是针对传统商务在 Internet 网络上运行时产生的各种安全问题而设计的一套安全技术，目的是在计算机网络系统安全的基础上确保电子交易过程的顺利进行，即实现电子交易的保密性、完整性、有效性、认证性、不可抵赖性和访问控制性这六种类型的安全要素(图 1-3)。下面对这些安全要素逐一说明。

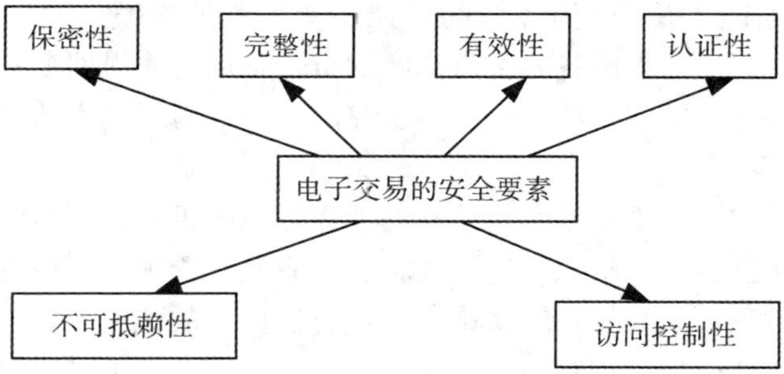

图 1-3 电子交易的安全要素

1. 保密性

电子商务作为贸易的一种手段，其信息直接代表着个人、企业或者国家的商业机密。与传统的纸张贸易不同，电子商务是建立在较为开放的 Internet 网络环境上的，维护商业机密是电子商务得以全面推广应用的重要条件。因此，要对敏感重要的商业信息进行加密，即使别人截获或窃取了数据，也无法识别信息的真实内容，这样商业机密信息就难以泄露出去。

2. 完整性

商务数据的完整性是指数据不被未授权者修改、建立、嵌入、删除、重复传送或由于其他原因被篡改。在存储时，要防止非法者对数据进行篡改及破坏。在传输过程中，接收方应通过某种安全鉴别机制验证所收到的信息是否被篡改。通过验证，如果收到的信息与发送的信息完全一致，则说明在传输过程中信息没有遭到破坏，即信息具有完整性。加密的信息在传输过程中，虽能保证其保密性，但并不能保证不被修改。

3. 有效性

电子商务以电子形式取代了纸张，保证这种无纸贸易的有效性，是开展电子商务的前提。因此，要对网络故障、操作错误、应用程序错误、系统软件错误以及计算机病毒所产生的潜在威胁加以控制和预防，保证交易数据在确定的时刻、确定的地点是有效的。

4. 认证性

认证性是指网络两端的使用者在沟通之前互相确认对方的身份。在传统的交易中，交易双方往往是面对面进行活动的，这样很容易确认彼此的身份。而在网上交易时，情况就大不一样了，因为网上交易的双方可能素昧平生，相隔千里，并且在整个交易过程中都可能不见一面。因此，电子商务活动要在虚拟的网络环境中开展，必须有相关的认证机制来约束网上交易各方的行为，使网上交易不因为环境的虚拟而变得不可捉摸。通过对身份的认证，使得参与网上交易的各方都有真实的身份，从而使得网上的一切交易变得有凭有据，虚拟的网络活动也变得实在起来，成为现实生活的延伸。

5. 不可抵赖性

电子交易的不可抵赖性是指信息的发送方不能否认已发送的信息，接收方也不能否认已收到的信息，这是一种法律有效性要求。不可抵赖性主要用于保护交易过程中某方用户对付来自其他合法用户的威胁，如发送方对他所发送消息的否认，接收用户对他已收消息的否认等，而不是对付来自未知的攻击者。在传统的商务贸易中，贸易双方通过交易合同、契约或贸易单据等书面文件上的手写签名或印章来鉴别贸易伙伴，确定合同、契约、单据的可靠性并预防抵赖行为的发生，即“白纸黑字”。在无纸的电子商务方式下，当然也需要实现交易的不可抵赖性，但解决起来比传统商务更困难，需要采用新的技术，如数字签名等。

6. 访问控制性

访问控制性是指在交易过程中限制和控制通信链路对商务信息资源的访问。它用于保护电子商务系统中的信息资源不被未经授权人或以未授权方式接入、使用、修改、破坏或植入非法程序等。

简而言之，要实现电子交易过程的安全，以上几个最基本的安全要素必须实现，也就是说，数据和信息的隐私必须得到保护，交易者身份必须得到认证，并且具有可认证性，对未被授权的信息访问应用进行控制或拒绝。

1.4 电子商务交易与电子支付安全

1.4.1 电子商务安全交易流程

商务交易流程对于电子商务系统是十分重要的，它指具体从事一个商贸交易过程中的实际操作步骤和处理流程。商品流通过程是以物流(商品的实物流动)为物质基础，信息流(商品相关信息的流动)贯穿始终，引导资金流(货币流动)正向流动的动态过程。电子商务的交易流程基于传统商务流程，但与传统商务流程又有所不同。它建立在 Internet 网络的基础上，涉及商家、消费者、银行或金融机构、企业、政府机构、认证机构等多个方面。由于参与电子商务中的各方在物理上是互不了解的，因此整个过程并不是对物理世界交易流程的完全照搬。

一般来说，电子商务的交易流程大致可以分为以下三个环节：

1. 交易前的准备

这一阶段主要是指买卖双方和参与交易各方在签约前的准备活动。买方根据自己的需求，随时上网查询自己所需要的商品信息和商家，通过市场查询，确定自己的购货计划(包括确定购买商品的种类、数量、规格、价格、购物地点和交易方式等)。卖方则利用 Internet 和各种贸易网络发布商品广告，积极上网推出自己商品的信息资源，寻找贸易伙伴和交易机会，扩大贸易范围和商品所占市场份额。在电子商务系统中，贸易信息的交流是通过买卖双方的网址和主页来完成的，这种信息的沟通方式无论从效率还是从实践上，都是传统交易方式无法比拟的。

2. 交易协商和签订合同

这一阶段主要指买卖双方对所有交易细节进行协商，并将双方协商的结果以文件的形式确定下来，即以书面文件形式和电子文件形式签订贸易合同。电子商务的特点是可以签订电子商务贸易合同，交易双方可以利用现代电子通信设备和通信方法，经过认真谈判和磋商后，将双方在交易中的权利和所承担的义务，以及对所购买商品的种类、数量、价格、交货地点、交货期、交货方式和运输方式、违约和索赔等合同条款，全部以电子交易合同的形式做出全面详细的规定。合同双方可以利用电子数据交换等方式进行签约，也可以通过数字签名等方式进行签约。

3. 结算付款和索赔

买卖双方“签订”电子合同后，交易涉及的有关各方(如中介方、银行或金融机构、信用卡公司等)将参与到交易过程中来。买卖双方要利用与电子商务有关的各方进行各种电子票据和电子单证的交换，直到办理完可以将所购商品从卖方按合同规定开始向买方发货的一切手续为止。其间，最重要的是电子支付环节。

传统的以现金和支票为基础的付款方式在网络环境下有了很大的改变。改变的结果是，原来的支票支付方式被电子支票方式所取代，原来的现金支付方式被信用卡和电子现金所取代。电子商务中的电子支付系统能够完成资金的支付和清算，出具相应的交易单据，完成发货、到货管理等操作，直到买方收到自己所购的商品为止。这类系统由于涉及银行、运输等部门，所以运行机制的复杂程度和系统开发的难度会大幅增加。另外，索赔过程是在买卖双方交易过程中出现违约时，需要进行违约处理的工作，由受损方向违约方索赔。

由此可见，该阶段是整个电子商务交易流程中最重要也是实现难度最大的一个环节，电子支付的安全开展是电子商务真正实现的基础，目前只有少数发达国家建立了较为完善的电子支付体系。电子商务交易安全的措施包括密码学技术、安全认证技术、安全支付协议、安全管理和法律保障等，同时结合区块链技术、数字货币的创新发展，构筑电子支付安全屏障，通过建立全方位安全技术体系和保障措施，实现电子支付的安全可信，推动电子商务的健康有序发展。

1.4.2 电子支付的安全性

基于 Internet 的电子商务，需要为数以万计的购买者提供支付服务。因此，在电子商务活动中，电子支付是必不可少的组成部分。所谓电子支付，是指电子交易的当事人，包括消费者、商家和金融机构以商业电子化设备和各类交易卡为媒介，以计算机和通信技术为手段，以二进制 0、1 为存储形式，通过计算机网络系统进行的货币支付或资金流转。随着 Internet 的日益普及，目前已开发出了很多网上支付系统，这些系统的实质都是把现有的支付方式转化为电子形式。与传统的支付方式相比，电子支付具有以下特征：

(1)电子支付是在开放的网络系统中，采用先进的数字流转技术来完成信息传输，并采用数字化的方式进行款项的支付；而传统的支付方式则是通过现金的流转、票据的转让和银行的汇兑等物理实体来完成款项的支付。

(2)电子支付的工作环境是基于一个开放的系统平台，而传统支付则是在较为封闭的系统中运转。

(3)电子支付对软、硬件设施都有很高的要求，一般要求有联网的微机、相关的软件及其他一些配套设施；而传统的交易支付方式对设施没有什么特殊的要求。

(4)电子支付具有方便、快捷、高效、经济的优势，交易方只要拥有一台上网的PC机，便可足不出户，在很短的时间内完成整个支付过程，且支付费用仅相当于传统支付方式的几十分之一，甚至几百分之一。

电子支付系统主要包括电子信用卡(E-credit)系统、电子支票(E-check)系统、电子现金(E-cash)系统和微支付(Micro Payments)系统等。Visa集团早在1996年亚特兰大奥运会期间，就发行了30万张智能卡。芬兰银行也于1997年5月在欧洲进行网络购物付款的试验。目前，在全球使用的电子货币系统大约有数百种，模式多种多样，包括电子现金系统、电子支票系统、电子信用卡系统和微支付系统等。

在我国，受电子商务发展的有力推动，电子网上支付的市场规模发展迅速。根据上海艾瑞市场咨询公司发布的《2021年中国移动支付行业研究报告》，从2014年到2020年，中国移动支付交易规模呈持续上升趋势，2020年中国移动支付业务规模达到432.2万亿元。在用户规模和使用频率增加的驱动下，未来移动支付交易规模将持续增长。截至2021年6月，我国网络支付用户规模达8.7亿，占网民整体的86.3%。随着我国互联网技术的发展，网络支付业务规模持续增长，并带动移动支付行业的发展，有效满足消费者在不同场景的消费需求。数据显示，受访用户在选择移动支付平台时，优先考虑支付安全和隐私安全，分别占比76.2%和63.0%。艾媒咨询分析师认为，随着用户对移动支付平台的依赖程度增大，使用频率增加，移动支付平台的安全性将会受到重视。

未来的电子支付必然涉及与金融领域相关的银行、证券、保险、邮电、医疗、文体娱乐和教育等众多行业，所以市场潜力极其巨大。而随着计算机和通信技术的发展，未来将通过Internet构造快捷灵活的电子支付安全系统，保障电子商务交易和用户资金安全。

电子安全支付是电子商务的关键环节，也是电子商务得以顺利开展的基础条件。其支付方式包括信用卡、电子现金、电子支票和第三方平台结算几种。其中信用卡支付是现阶段网上购物的主要在线支付方式，它主要采用SSL安全模式和SET安全模式。

电子支付过程中常用两种安全支付协议，即SSL安全协议和SET安全协议。其中，SSL安全协议是由Netscape公司开发的，它的目的是为客户机和服务器两个通信实体之间提供加密的安全通道，提供服务器的认证。SET安全协议是专门为在线电子交易时保证信用卡支付安全而设立的一个开放的支付协议，为 Mastercard 和 Visa 以及其他一些业界主流的厂商设计发布的技术标准。SET 安全协议通过使用加密、对交易各方进行数字认证，以及数字签名等技术，能够有效防止电子商务中的各种诈骗，提高电子商务应用的安全性。

基于原有电子支付相关的理论基础，新兴的区块链技术在电子支付领域得以成功应用。区块链因其特有的技术优势已渗入各行各业，将区块链与电子支付结合起来创造新的支付协议，将大大改善目前电子支付领域的现状。围绕我国推广数字货币这一措施，电子支付模式将发生深刻的变化，进而对电子商务交易的安全开展提供充分的保障。

1.5 电子商务安全的体系架构

1.5.1 电子商务安全体系

数字经济快速发展，“东数西算”战略工程持续推进，电子商务面临更大的安全挑战，构建全面、一体化电子商务安全体系，从安全技术、安全管理制度和法律、大数据安全等层面保障电子商务安全，是适应供给侧改革和企业数字化转型的需要。构筑全方位、多层次、一体化的电子商务安全体系，如图 1-4 所示。

其中，网络安全技术包括计算机病毒防范、虚拟专用网技术、网络钓鱼木马防范、防火墙和网络入侵检测，保障电子商务面临的网络安全；通过密码技术对数据进行加密处理，防止数据泄露和篡改，包括两种数据加密体制和数字信封、数字摘要、数字签名、数字认证等密码学技术的典型应用。此外，另一重要安全技术为安全认证技术，通过数字证书、公钥基础设施、人脸识别技术等确定电子交易参与方身份的真实性，是实现身份可认证的重要技术支撑。

电子商务活动核心内容之一便是电子交易，通过网络平台实现电子支付功能。保障支付的安全性是开展电子商务的必要条件。电子支付包括信用卡支付、电子现金支付、电子支票支付和第三方支付等，其中电子支付的安全协议包括 SSL 协议和 SET 协议。同时，区块链技术在电子支付方面得以发展，其具备去中心、去信任等优势；而我国推行发布的数字人民币，使得数字货币安全保障成为行业关注的焦点。

从管理层面来说，电子商务安全管理包括信息系统安全管理、参与主体信用管理和交易安全风险管理，同时，从管理制度和法律层面提供安全保

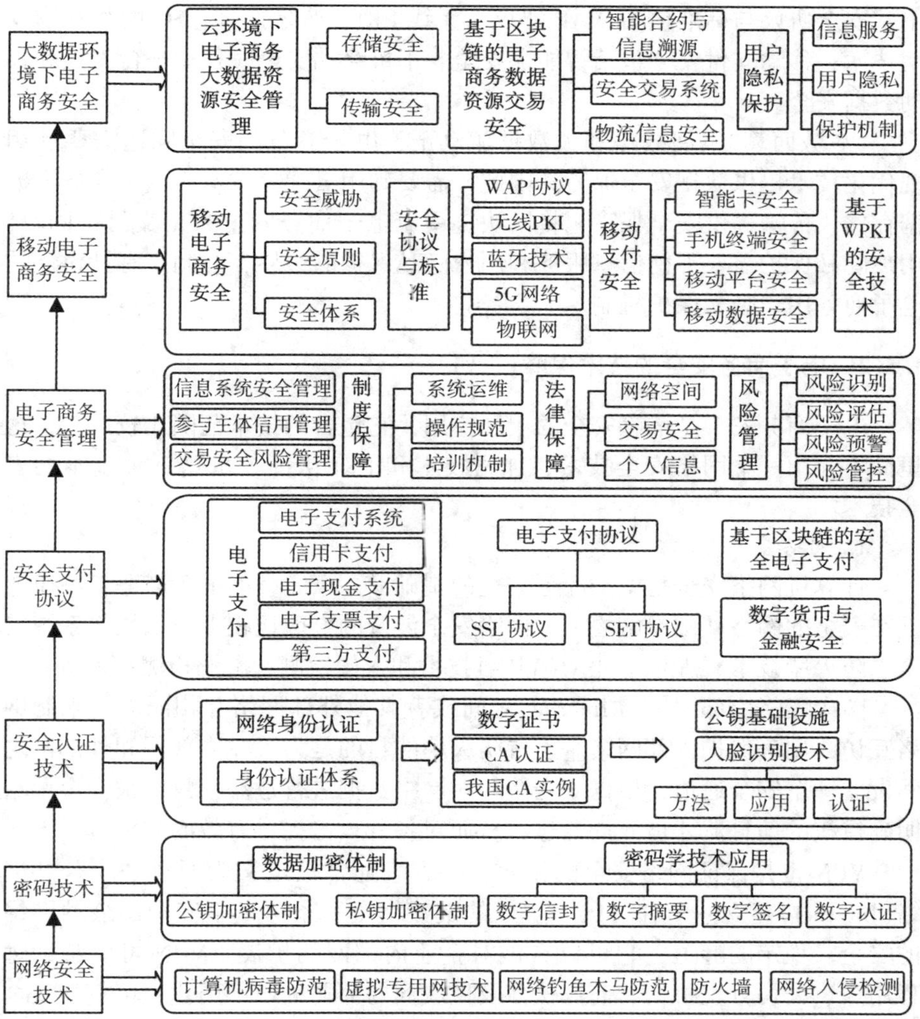

图 1-4 电子商务安全体系

障。制度保障包括系统维护、操作规范和培训机制，并从法律层面对网络空间、交易安全和个人信息提供法律保障。电子商务应进行全生命周期风险管控，实现风险识别、风险评估、风险预警和风险管控全流程风险管理，为电子商务活动提供安全保障。

随着移动互联网的发展，面对移动电子商务的安全威胁，应从安全协议与标准、移动支付安全和基于 WPKI 的安全技术实现移动电子商务安全。其中，安全协议与标准包括 WAP 协议、无线 PKI、蓝牙技术、5G 网络和物联网技术；移动支付安全包括智能卡安全、手机终端安全、移动平台安全和移动数据安全。

“东数西算”发展战略和大数据驱动下，电子商务的安全问题需要利用现代化技术提供数据安全保障。因此，需要利用云计算技术为电子商务大数据存储、传输提供安全保障，将区块链用于电子商务安全数据交易；同时，用户隐私保护需要平衡信息服务和用户隐私保护的边界，并制定有针对性的电子商务用户隐私保护机制。

1.5.2 电子商务安全的技术保障

电子商务安全是信息安全的上层应用，它包含的技术范围比较广泛，这里简单介绍一下网络安全技术、加密技术和 PKI 认证技术这三种基本的安全技术。

1. 网络安全技术

计算机网络安全是电子商务安全的基础，一个完整的电子商务系统应建立在安全的网络基础设施之上。网络安全涉及的方面比较多，如操作系统安全、防火墙技术、虚拟专业网(VPN)技术和入侵检测、漏洞检测技术等。

防火墙将内部网络与 Internet 之间或者其他外部网络互相隔离，限制网络互访，用来保护内部网络。设置防火墙的目的是为了在内部网和外部网之间设立一个安全通道，根据安全策略对网络数据进行过滤，只有被安全策略明确授权的信息流才被允许通过，从而对各种攻击提供有效的防范。

VPN 也是保证网络安全的技术之一，它通常被定义为通过一个公共网络(Internet)建立一个临时的、安全的链接，是一条穿过不安全的公共网络的安全、稳定的隧道，它可以看做对企业内部网的扩展。VPN 可以帮助远程用户、公司分支机构、商业伙伴及供应商与公司的内部网建立可信的安全链接，并保证数据的安全传输。通过将数据流转移到低成本的 IP 网络上，一个企业的 VPN 解决方案将大幅度地减少用户花费在 VPN 和专用网络上的费用。因此，VPN 具有节省成本、提供远程访问、扩展性强等优点，是今后企业网络发展的趋势。

2. 加密技术

加密技术是保证电子商务信息安全的重要手段，许多密码算法现已成为网络安全和商务信息安全的基础。基本的加密方法有两种，即对称密钥加密和非对称密钥加密，用于实现电子商务中数据的保密性、完整性和不可抵赖服务。

对称密钥加密又称秘密密钥加密(Secret Key Encryption)或单钥加密，即信息的发送方和接收方用相同的密钥去加密和解密数据。最著名的对称密钥加密标准是数据加密标准(Data Encryption Standard，DES)。DES是一种使用56比特密钥来操作64比特数据块的快速加密算法，由IBM公司提出，可同时对大量数据进行快速加密。美国政府早在1977年就将其颁布为联邦信息处理标准，至今已在银行业和其他一些领域使用了40年。DES算法曾经进行过广泛的分析和测试，被认为是一种非常安全的系统。

非对称密钥加密又称公开密钥加密(Public Key Encryption)或双钥加密。它需要使用一对密钥来分别完成加密和解密操作，一个公开发布，称为公开密钥(Public Key)；另一个由用户自己秘密保存，称为私有密钥(Secret Key)。信息发送者用公开密钥去加密，而信息接收者则用私有密钥去解密。通过数学的手段保证加密过程是一个不可逆过程，即用公钥加密的信息只能是用与该公钥配对的私有密钥才能解密。使用公开密钥加密技术，进行数据通信的双方可安全地确认对方身份，提供通信的可鉴别性。由此，公开密钥加密技术的建设是开展电子商务的前提。非对称加密算法主要有RSA、DSA、PGP、ECC等。

3. PKI认证技术

PKI(Public Key Infrastructure)即"公钥基础设施"，是一种遵循既定标准的利用公钥密码技术为电子商务的开展提供一套安全基础平台的技术和规范，能够为电子商务、电子政务、网上银行、网上证券等提供一整套安全基础平台。

PKI的核心元素是数字证书，其核心执行者是认证机构。有关数字证书服务的应用实施是广泛开展电子商务的基本前提，电子商务的普及和深入离不开数字认证技术和认证机构的发展。

数字认证技术对于实现交易的电子化以及保障交易的进行起到了重要作用。采用认证技术可以直接满足身份认证、信息完整性、不可抵赖性等安全需求，减少了在组织内部、组织之间以及个人之间广泛流通的交易数据被窃取、泄露或者被伪造等情况的出现，从而实现电子交易的安全，使得交易各方所需的共同信任和依赖成为可能。

目前，在电子商务中广泛使用的数字认证技术包括数字签名、数字摘要、数字证书、CA安全认证，以及其他一些身份认证技术和报文认证技术等。

在安全技术基础上，电子商务安全还建立相关的安全技术标准，包括安全超文本传输协议(S-HTTP)、安全套接层协议(SSL)和安全电子交易协议

(SET)等。

其一，安全超文本传输协议。传统的 HTTP (Hyper Text Transfer Protocol)是浏览器(Browser)和 Web 服务器之间的传输协议。S-HTTP(安全超文本传输协议)对 HTTP 扩充了安全特性，增加了报文的安全性。该协议向 Web 的应用提供完整性、可鉴别性、不可抵赖性和保密性等安全措施。

其二，安全套接层协议(SSL)。安全套接层协议是由 Netscape 公司研究制定的安全协议。该协议为基于 TCP/IP 的客户/服务器应用程序提供客户端和服务器的鉴别、数据完整性及信息机密性等安全措施。该协议已成为事实上的工业标准，在 Internet 上广泛用于处理财务上的敏感信息。在信息卡交易方面，商家可以通过 SSL 在 Web 上实现对信用卡订单的加密，由于 SSL 适合各类主流浏览器及 Web 服务器，因此使用起来非常方便。

其三，安全电子交易协议(SET)。SET 为基于信用卡的电子化交易应用提供安全措施的实现规则，它是由 Visa 和 MasterCard 两大信息卡公司发起，会同 IBM、微软等信息产业巨头于 1997 年正式制定发布的用于 Internet 事务安全处理的技术标准。SET 协议是目前已经标准化且被业界广泛接受的一种国际网络信用卡付款机制，它包括 SET 的交易流程、程序设计规格与 SET 协议的完整描述三部分。

1.5.3 电子商务安全的制度和法律保障

在电子商务安全方面，人们往往从技术方面出发，而忽略了安全管理的重要性。事实上，安全管理同样重要。脱离安全管理保障的电子商务安全是不完整的，是无法迎接各类安全挑战的。制定和实施良好的安全策略比安全技术更有效、更持久。技术的发展非常快，而且实施系统侵害的手段和方法也在不断变化，因而制定良好的安全管理制度和法律就显得尤其重要。

数据安全是电子商务面临的重要安全挑战。大多数企业在安全方面犯的最大错误就是没能建立良好的策略和实施步骤，也无法保证这些策略的执行。例如，企业安装完防火墙，往往就不再考虑安全问题。但是安全问题是不断变化的，当系统安全体系结构发生变化时，就应该升级和重新配置安全设施，这样才能有效地利用现有的安全体系保证电子商务系统的安全运转。而大多数企业往往不够重视电子商务系统安全策略的制定，把系统安全问题简单归因于技术方面，这是一个误区。

电子商务安全是一项系统工程，安全技术是该项工程的基础。但是，单凭技术手段是无法真正保障电子商务安全的。在电子商务交易开展的过程中，既需要安全技术，又需要社会环境、管理环境提供相应的保障。建立和完善电子商务安全管理，保障电子商务企业发展和商务交易安全，包括安全管理制度、法律保障和安全风险管控等十分必要。其中，安全管理制度约束和规范相关人员和交易行为，法律保障是对整个行业和个人提供的指导和基本要求，安全风险管控是对潜在风险进行识别和管控，降低风险造成的损失。此外，制定电子商务行业和企业安全方面的规章制度是电子商务健康发展必不可少的保证。近年来，有关电子商务方面的违约、违法的事件时有发生，这对电子商务的发展是非常不利的。因此，研究与制定相关的法律法规，采取相应的法律保障措施是促进电子商务健康发展必不可少的条件之一。

目前，我国现行法律对电子商务安全监管方面有了相应的规定。例如，《中华人民共和国网络安全法》规定了平台信息规制权，即给予网络运营者加强管理用户信息发布的权利，在需要的时候能主动采取停止传输、消除影响等措施。2019 年 1 月 1 日《中华人民共和国电子商务法》正式开始实施，继《中华人民共和国网络安全法》之后，该法再次重申了对个人信息的保护，以强化信息安全，促进电子商务蓬勃发展。《中华人民共和国个人信息保护法》于 2021 年 8 月审议通过，并于 2021 年 11 月起正式施行，推动了中国个人信息保护法律制度体系的确立。《中华人民共和国个人信息保护法》的出台实施不是我国个人信息保护的终点，而是个人信息保护法律制度体系建设新的起点。此外，《中华人民共和国消费者权益保护法》《中华人民共和国反不正当竞争法》《中华人民共和国商业银行法》和《中华人民共和国广告法》等法律的实施都促进了电子商务的健康发展。

1.5.4 企业数字化转型中的数据安全保障

数字经济掀起企业数字化转型浪潮，而企业数字化转型中面临的重要挑战为数据安全问题。在企业数字化转型变革中，确保数据安全是企业的责任也是重任。“数据安全”关乎企业数字化发展和未来的商业模式及核心竞争力。此外，我国大力推行“东数西算”工程，将东部积累的数据利用西部算力解决大数据加工、处理等工作，从战略层面支持相关产业和企业的发展。大数据环境下可利用云计算、区块链等，从技术、管理、法律保障等方面实现企业数字化转型中的数据安全保障。

1. 树立企业全方位数据安全保障意识

数字经济时代，各种各样、各个渠道来源的数据被企业“抱入怀中”，从线下实体店进店数据、用户交易数据到企业级数据等，数据安全是企业发展过程中的命脉。企业需要有保护数据安全的意识，无论是制度安全、计算安全、存储安全、传输安全，还是产品和服务安全，在各个环节上应强化数据管理、连接、分析等的安全保障，为消费者和企业数据的隐私与安全保驾护航。在电子商务产业链各企业内部搭建一套适合自身发展的数据安全制度体系，是对企业数据的安全保障。客户的数据安全体系可分为数据分类保护、数据隔离保护、运维安全、内容分级以及安全删除几个核心点。

2. 加强企业数据系统的维护管理

保护数据安全要从根源上提高系统和数据的安全性。①从日志记录体系到研发体系，从一开始就把安全的理念融入产品开发设计阶段，确保系统全生命周期的安全；②完善数据保护机制，注重对敏感数据的访问权限及加密操作；③增加密码设置难度，并进行适当的密钥管理，以实现更多重的保护；④针对业务系统的服务器、中间件到公司办公环境的门禁、OA 系统、ERP 系统等无处不在的安全性漏洞，可以定期做安全性自测或邀请第三方机构进行安全测试，以便知晓漏洞威胁，实时排查安全隐患。

3. 基于云计算的数据存储与传输安全保障

电子商务企业数字化转型中积累了大量的用户数据、商业数据和企业数据，对这些数据的安全存储与管理是企业发展运营的关键。大数据环境下电子商务安全比传统安全变得更加复杂。企业数字化转型中数据传输安全涉及多个方面，一旦在数据传输过程中发生被截取、被泄露的情况，将会给企业和消费者带来巨大的损失。网络数据传输是整个云计算系统中最薄弱的环节，极易发生安全问题。因此，必须采取更先进、完善的数据安全技术和加密技术，保障数据在云计算系统中的安全传输。云计算为大数据存储、传输和计算提供了基础条件，利用云计算技术提供电子商务大数据的存储、传输和安全管理，可为企业数字化转型中数据资源安全提供保障。

4. 基于区块链的企业数据安全保障

数字经济背景下，电子商务平台的发展带来了大量与消费者、产品和供应商相关的数据。由于数据信息的独立性，存在数据被篡改和破坏的可能性。因此，企业数字化转型中要解决交易数据安全问题。在电子商务供应链中，生产商、供应商、销售商以及客户之间组成一个复杂的系统，交易关系复杂，增加了各主体之间的行为认证难度。区块链的实现具有解决企业数字化转型中数据安全问题的能力。区块链是一个有序的块列表，其中每个块通过其加密散列进行标识。每个块都引用了出现在它之前的块，从而产生一个块链。每个块都由一组事务组成，一旦创建了一个块并附加到区块链上，该块中的事务就无法更改或恢复，确保了交易数据的完整性，切实保障企业交易数据安全。此外，区块链技术在可信传输、安全加密、虚拟货币、信息溯源方面具有突出优势。区块链智能合约、信息溯源、安全交易系统等能够保障企业数字化转型中交易安全、信息安全、物流数据安全等。

5. 用户个人信息数据安全保障

个人信息处理行为应当满足法律法规的规范，这里的“法”并不单一地局限于《个人信息保护法》，还包括《网络安全法》《民法典》《刑法》《关键信息基础设施安全保护条例》等法律法规。企业数字化转型中，保护用户隐私信息安全既是法律约束，又是对用户的基本尊重和道德义务。但是，很多企业更多站在自身利益的角度，缺乏对用户隐私的保护，对用户个人信息安全保障不完善。企业数字化转型中应采取措施保障用户隐私，如此企业才能够与客户建立并保持信任。安全是发展的前提，必须全面提高电子商务用户隐私保护能力，建立覆盖数据收集、传输、存储、处理、共享、销毁全生命周期的安全保障体系，综合利用数据验证、数据加密、数据安全交易、安全防御、追踪溯源、数据销毁等技术，建立全面防御体系；引入用户和组件身份认证、细粒度访问控制、数据操作安全审计、数据脱敏等隐私保护机制；借助大数据、人工智能、区块链、云计算技术实现自动化风险识别、风险预警、风险评估和风险控制，切实提升企业数字化转型中用户隐私保护水平，提升对未知威胁的防御能力。

◎ 本章小结

在数字经济和“东数西算”战略发展背景下，本章首先介绍了电子商务与数字经济，包括数字经济时代下电子商务的新发展、电子商务与企业数字化转型、电子商务产业生态圈、电子商务的交易流程和大数据环境下的数字商务与商务智能，主要讲述了电子商务的新发展及新的安全问题。

在此基础上，本章介绍了电子商务所面临的安全威胁，概括电子商务安全威胁的类型，并从产业链的角度划分电子商务安全威胁，具体包括，产业链下游客户面临的安全威胁、产业链中游分销商面临的安全威胁和产业链上游供应商面临的安全威胁。

接着，阐述电子商务系统安全层次结构，包括计算机网络系统的安全和电子交易过程中的安全，并讨论了电子支付安全问题，结合电子商务安全交易流程，强调实现电子支付过程的安全是电子商务系统安全问题的核心。

最后，总体概括电子商务安全体系框架，并讨论电子商务安全得以实现的保障措施，即电子商务安全的技术保障、电子商务安全的管理制度保障和法律保障，以及企业数字化转型中的数据安全保障。各部分的具体内容将在后面章节进行详细阐述。

◎ 本章习题

1. 简述电子商务与数字经济的关系。
2. 电子商务系统安全常用的技术有哪些？
3. 电子商务面临的安全威胁类型有哪些？
4. 简述电子商务系统的安全层次结构。
5. 简述电子商务交易过程中需要实现的安全要素和安全交易流程。
6. 简述电子商务安全体系主要内容。
7. 如何看待电子商务安全技术与安全管理之间的关系？
8. 简述企业数字化转型中的数据安全保障。
9. “东数西算”指的是什么？它对电子商务安全有哪些要求？
10. 电子商务用户信息隐私保护的法律保障有哪些？

第2章 电子商务网络安全

电子商务是在 Internet 上实现的，电子商务系统的安全依赖于 Internet 网络系统的安全。本章将把信息安全原理和技术运用到 Internet 环境中，介绍如何从网络安全的角度来构建一个安全的 Internet 环境。相关安全技术包括防火墙技术、虚拟专用网技术、网络入侵检测系统、计算机病毒和木马的防治技术，它们针对 Internet 的不同应用提供相应的安全策略，从不同的位置确保 Internet 的安全。

2.1 电子商务网络安全现状

电子商务作为一种新兴的商业模式，随着互联网的普及，得到了空前迅猛的发展。电子商务是我国经济社会发展的重要变革之一，改变了传统实体经济的发展模式。

2020 年，全球突发新冠肺炎疫情，抗击疫情成为各国紧迫任务。不论是在疫情防控相关工作领域，还是在远程办公、教育、医疗及智能化生产等生产生活领域，大量新型互联网产品和服务应运而生，在助力疫情防控的同时进一步推进社会数字化转型，加快数字经济发展。电子商务作为数字经济的重要组成部分，为防疫、复工复产、产业结构调整、企业数字化转型提供关键技术和模式支撑。与此同时，安全漏洞、数据泄露、网络诈骗、勒索病毒等网络安全威胁日益凸显，有组织、有目的的网络攻击愈加明显，为网络安全防护工作带来更多挑战。

国家及相关部门高度重视网络安全。如国家互联网信息办公室等 12 个部门联合制定和发布了《网络安全审查办法》，以确保关键信息基础设施供应链安全，维护网络通信稳定。全国人大法工委就《数据安全法(草案)》和

《个人信息保护法(草案)》征求社会公众意见，从法律角度，为保护数据安全和用户个人信息安全提供强有力的法治保障。2020 年 1 月 1 日，《密码法》正式施行，使用密码进行数据加密、身份认证以及开展商用密码应用安全性评估成为系统运营单位的法定义务。《中共中央关于制定国民经济和社会发展第十四个五年规划和二〇三五年远景目标的建议》正式发布，文件提出了保障国家数据安全，加强个人信息保护，全面加强网络安全保障体系和能力建设等相关要求。

下面列举几个例子说明 Internet 存在的网络安全问题，以便分析其潜在的安全隐患和漏洞，从而做到有的放矢地运用相关安全技术从网络安全层面来加以控制和管理。

1. APT 组织网络攻击

境外“白象”“海莲花”“毒云藤”等 APT 攻击组织以“新冠肺炎疫情”“基金项目申请”等相关社会热点及工作文件为诱饵，向我国重要单位邮箱账户投递钓鱼邮件，诱导受害人点击虚假页面链接，从而盗取受害人的邮箱账号和密码。2020 年 1 月，“白象”组织利用新冠肺炎疫情相关热点，冒充我国卫生机构对我国 20 余家单位发起定向攻击；2020 年 2 月，“海莲花”组织以“H5N1 亚型高致病性禽流感疫情”“冠状病毒实时更新”等时事热点为诱饵对我国部分卫生机构发起“鱼叉”攻击；“毒云藤”组织长期利用伪造的邮箱文件共享页面实施攻击，获取了我国百余家单位的数百个邮箱的账户权限。

2. 联网数据库和微信小程序数据泄露

2020 年累计通报的联网信息系统数据库存在安全漏洞、遭受入侵控制，以及个人信息遭盗取和非法售卖等重要数据安全事件 3000 余起，涉及电子商务、互联网企业、医疗卫生、校外培训等众多行业机构。其中，使用 MySQL、SQL Server、Redis、PostgreSQL 等主流数据库的信息系统遭攻击较为频繁；数据库密码爆破攻击事件最为普遍，占比高达 48%，数据库遭删库、拖库、植入恶意代码等事件时有发生。由此可见，数据库安全问题较为突出。

近年来，微信小程序发展迅速，但也暴露不少用户个人信息泄露的安全隐患事件。国家互联网应急中心从程序代码安全、服务交互安全、本地数据安全、网络传输安全、安全漏洞等 5 个维度，对国内 50 家银行发布的小程序进行了安全性检测。检测结果显示，平均 1 个小程序存在 8 项安全风险，在程序源代码暴露关键信息和输入敏感信息时未采取防护措施的小程序数量占比超过 90%，未提供个人信息收集协议的超过 80%，个人信息在本地储存和网络传输过程中未进行加密处理的超过 60%，少数小程序则存在较严重的越权风险。

3. 网页仿冒

网页仿冒这类攻击在国际上通称为“Puishing”，在我国也称为“网络钓鱼”。它通常是通过仿冒正规的网站来诱骗用户提供各种个人信息，如银行账户和口令等。钓鱼网站的主要目的是骗取用户的银行账号、密码等网上交易所需信息。另外，除骗取用户经济利益外，一些钓鱼网站页面还会套取用户的个人身份、地址和电话等信息，导致用户个人信息泄露。

2019 年以来，电子不停车收费（ETC）系统在全国大力推广，ETC 页面直接涉及个人银行卡信息。不法分子通过仿冒 ETC 相关页面，骗取个人银行卡信息。2020 年 5 月以来，以《ETC 在线认证》为标题的仿冒页面数量呈井喷式增长，并在 8 月达到 5.6 万个，占针对我国境内网站仿冒页面总量的 91%。此类仿冒页面承载的 IP 地址多位于境外，不法分子通过“ETC 信息认证”“ETC 在线办理认证”“ETC 在线认证中心”等不同页面内容诱骗用户提交姓名、银行账号、身份证号、手机号、密码等个人隐私信息，致使大量用户遭受经济损失。

4. 木马或僵尸网络

木马是指以盗取用户个人信息，甚至以远程控制用户计算机为主要目的的恶意程序。由于它像间谍一样潜入用户的电脑，与战争中的“木马”战术十分相似，因而得名木马。按照功能分类，木马程序可进一步分为盗号木马、网银木马、窃密木马、远程控制木马、流量劫持木马、下载者木马和其他木马等。随着木马程序编写技术的发展，一个木马程序往往同时具备上述多种木马的功能，令人防不胜防。

僵尸网络也称为 BotNet。Bot 是 robot 的简写，通常是指可以自动地执行预定义的功能，可以被预定义的命令控制，具有一定人工智能的程序。僵尸网络是指被黑客集中控制的计算机群，其核心特点是黑客能够通过一对多的命令操纵感染木马或僵尸程序的主机执行相同的恶意行为。它可以通过溢出漏洞攻击、蠕虫邮件、网络共享、口令猜测、P2P 软件等途径进入用户主机。一旦用户主机被植入 Bot，就主动和 Internet 上的一台或多台控制节点取得联系，自动接收黑客通过这些控制节点发送的控制命令，这些受害主机和控制服务器就组成了 BotNet。

5. 勒索病毒

勒索病毒是一种特殊的恶意软件，又被称为“阻断访问式攻击”，其与其他病毒最大的不同在于手法以及中毒方式。其中一种勒索软件仅是单纯地将受害者的电脑锁起来，而另一种则系统性地加密受害者硬盘上的文件。所有的勒索软件都会要求受害者缴纳赎金以取回对电脑的控制权，或是取回受害者根本无从自行获取的解密密钥以便解密文件。勒索软件通常以木马病毒的形式传播，将自身掩盖为看似无害的文件，欺骗受害者点击链接下载，也会与其他蠕虫病毒一样利用软件的漏洞在联网的电脑间传播。

2020 年，国际互联网应急中心捕获勒索病毒 78.1 万个，较 2019 年同比增长 6.8%，勒索病毒持续活跃。近年来，勒索病毒逐渐从“广撒网”转向定向攻击勒索，表现出更强的针对性，攻击目标主要是一些大型的有价值的特定机构。同时，勒索病毒技术手段不断升级，攻击技术呈现准“APT”趋势。勒索团伙将加密文件窃取回传，并将部分或全部文件公布在网站或暗网的数据泄露站点，用来威胁受害者缴纳赎金。2018 年 12 月 1 日，一个以微信为支付手段的勒索病毒在国内爆发，短短几天，该勒索病毒至少感染了 10 万台电脑，通过加密受害者文件的手段勒索赎金，而受害者必须通过微信扫一扫支付 110 元赎金才能解密文件。

6. 网页篡改

在网站被攻击的各类情形中，网站页面被篡改给网站运营单位带来的影响尤其恶劣，影响面最广。据国家互联网应急中心 2021 年 12 月统计，境内被篡改网站的数量为 4534 个，境内被篡改网站数量按地区分布排名前三位的分别是北京市、山东省和浙江省。按网站类型统计，被篡改数量最多的是.COM 域名类网站，大多数为商业类网站；被篡改的.GOV 域名类网站共计 25 个。由此看来，黑客和不法分子对网站网页内容的篡改是时常发生的。

通过以上安全案例的介绍，可以将 Internet 安全问题分为病毒感染、黑客攻击、网络仿冒、网页篡改和数据泄露几种类型。造成这些安全问题的根本原因在于 Internet 网络系统中存在着各种安全漏洞，因此采取相应的安全技术和管理方法来解决这些问题刻不容缓。

Internet 安全是电子商务的基础，为了保证电子交易能顺利进行，首先要求电子商务平台要稳定可靠、不中断地提供服务。任何系统的中断，如硬件软件错误、网络故障、错误操作、病毒都可能导致电子商务系统不能正常工作，从而使交易数据在有效性上得不到保证。在保证网络安全上，防火墙、虚拟专用网、入侵检测系统、病毒和木马的防范技术等都是经常采用的技术。在法律保障上，应从《网络安全法》《电子商务法》《信息安全技术——个人信息安全规范》等法律法规出发，建立起覆盖电子商务数据采集、电子商务数据算法、电子商务数据应用、电子商务数据交换和数据安全的合规风险框架，以保障电子商务规范有序运行，推动我国数字经济稳健发展。

2.2 防火墙技术

2.2.1 防火墙概述

防火墙(firewall)是网络安全的第一道屏障，保障网络安全的第一个措施往往是安装和应用防火墙。那么，到底什么是防火墙呢?

防火墙最原始的含义是：设计一种建筑以防止发生火灾，火势不至于从一个房间蔓延到另外一个房间。后来，这种称呼延伸到网络安全领域中，特别是近年来飞速发展的 Internet 网络之中。所以，防火墙有时也被称为 Internet 防火墙。

防火墙是设置在被保护网络(本地网络)和外界网络(Internet)之间的一道防御系统，它可通过监测、限制、更改跨越防火墙的数据流，尽可能地对外部屏蔽网络内部的信息、结构和运行状态，以此来保护内部网络中的信息、资源等不受来自外部网络中非法用户的侵犯。它控制内部网络与外部网络间的所有数据流，只让确认为合法的数据流通过，保证只有授权的用户可以访问网络，并且保证其中的资源和有价值的数据不会流出网络。

因此，防火墙被放在两个网络之间，并具有以下特征：

其一，所有的从内部到外部或从外部到内部的通信都必须经过它。

其二，只有有内部访问授权的通信才被允许通过。

其三，系统本身具有高可靠性。

简而言之，防火墙是保护可信网络，防止黑客通过非可信网络入侵的一种设备。通过它可以隔离风险区域(Internet 或有一定风险的网络)与安全区域(局域网或企业内部网)的连接，同时不会妨碍安全区域对风险区域的访问。网络防火墙的结构如图 2-1 所示。

根据不同的需要，防火墙的功能有较大的差异，但是一般都包含以下三种基本功能。

1. 过滤不安全的服务和非法用户

所有进出内部网络的信息都必须通过防火墙，防火墙成为一个检查点，禁止未授权的用户访问受保护的网络。

2. 控制对特殊站点的访问

防火墙可以允许受保护网络中的一部分主机被外部网访问，而另一部分

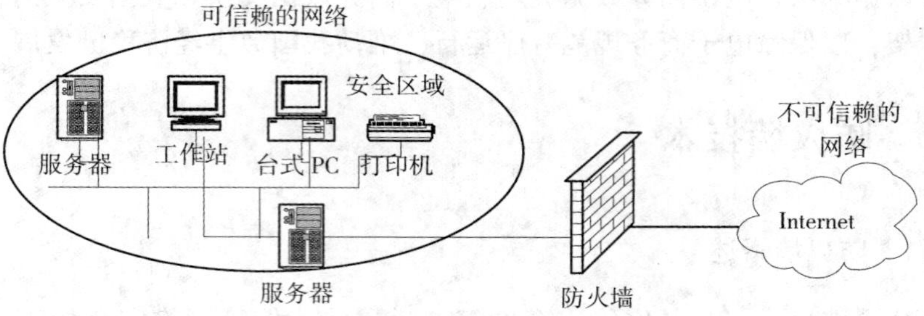

图 2-1　网络防火墙的结构

则被保护起来。例如，E-mail、FTP、WWW 服务器等可被外部网访问，而其他访问则被禁止。

3. 作为网络安全的集中监视点

防火墙可以记录所有通过它的访问，并提供统计数据，提供预警和审计等功能。

通过以上的讨论，我们已经认识到在相关 Web 站点安装防火墙的必要性，其必要性可以归纳为两点：

(1)通过防火墙控制信息流的出入，防止不可预料的潜在的入侵破坏者。

(2)尽可能地对外界屏蔽和保护网络的信息和结构，确保可信任的内部网络的安全。

2.2.2　防火墙的类型

认识了防火墙以后，我们可以对当前市场上的防火墙进行分类。从不同的角度有不同的分类方法，从技术方面对防火墙进行分类，一般可以将其分为两种基本类型：分组过滤型防火墙、应用代理型防火墙。

1. 分组过滤(Packet Filtering)型防火墙

其也被称为包过滤型防火墙，是目前防火墙最常用的技术。分组过滤型防火墙作用在协议组的网络层和传输层，根据分组包头源地址、目的地址和端口号、协议类型等标志确定是否允许数据包通过，只有满足过滤逻辑的数据包才被转发到相应的目的地的出口端，其余的数据包则从数据流中丢弃。在这里，进行选择的依据是系统内设置的过滤逻辑，称为访问控制表(Access Control Table)。分组过滤型防火墙通过检查数据流中每个分组的 IP

源地址、目的地址、所使用的端口号、协议状态等因素，或它们的组合来确定是否允许该数据通过。

分组过滤型防火墙的实现原理，如图2-2所示。

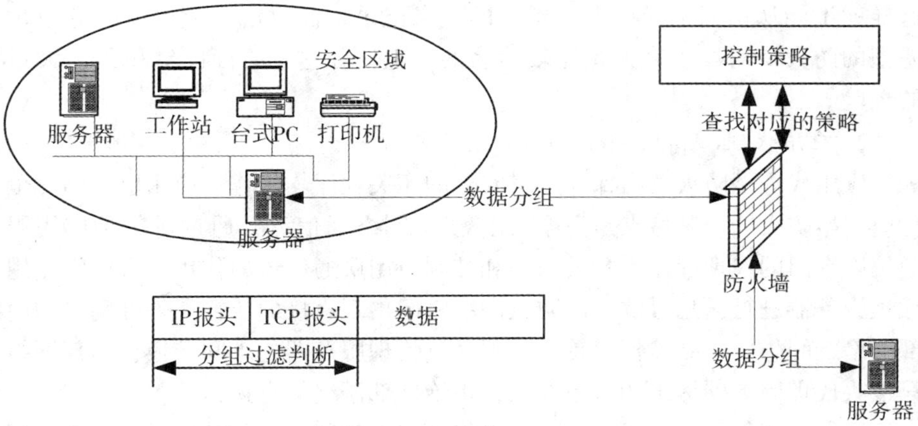

图2-2 分组过滤型防火墙的实现原理

在防火墙技术的发展过程中，分组过滤技术出现了两种不同版本，称为“第一代静态分组过滤型防火墙”和“第二代动态分组过滤型防火墙”。

(1)第一代静态分组过滤型防火墙

这类防火墙几乎是与路由器同时产生的，它是根据定义好的过滤规则审查每个数据分组，以便确定其是否与某一条分组过滤规则相匹配。过滤规则基于数据分组的报头信息进行制定。报头信息包括IP源地址、IP目标地址、传输协议(TCP、UDP、ICMP等)、TCP/UDP目标端口、ICMP消息类型等。

(2)第二代动态分组过滤型防火墙

动态分组过滤比静态分组过滤更进一步，它通过建立一份连接表来监视通信会话的状态，而不是简单地依靠对报头信息的过滤规则。这种技术后来发展成为分组状态检测(Stateful Inspection)技术。采用这种技术的防火墙，对通过其建立的每一个连接都进行跟踪，并且根据需要可动态地在过滤规则中增加或更新条目。

由于分组过滤型防火墙费用少，逻辑简单，易于安装和使用，网络性能和透明性较好，所以通常安装在路由器上。路由器是内部网络与Internet连接必不可少的设备，因此在原有网络上增加这样的防火墙几乎不需要产生任何额外的费用，适合安全性要求较低的小型电子商务系统。

但是，分组过滤型防火墙也有其不足之处，主要表现在分组过滤配置起来比较复杂，对 IP 欺骗式攻击比较敏感，并且没有用户的使用记录，这样就不能从访问记录中发现黑客的攻击记录。而攻击一个单纯的分组过滤型的防火墙对黑客来说是比较容易的，他们在这一方面已经积累了大量的经验。

2. 应用代理(Application Proxy)型防火墙

应用代理型防火墙指保障网络安全的相关程序均工作在应用层，因此也称应用型防火墙。其特点是完全“阻隔”了网络通信流，通过对每种应用服务编制专门的代理程序，实现监视和控制应用层通信流的作用。人们常使用代理服务器进行信息过滤，以防止网络之间出现直接的传输。外部网络与内部网络之间想要建立连接，首先必须通过代理服务器的中间转换，内部网络只接收代理服务器提出的服务要求，拒绝外部网络的直接请求。

这种类型的防火墙优点在于可以将被保护的网络内部结构屏蔽起来，增强网络的安全性；可用于实施较强的数据流监控、过滤、记录和报告等。但是，实现起来比较困难，对于每一种服务协议必须设计一个代理软件模块，以便进行安全控制，透明性比较差。

2.2.3 防火墙的实现方式

防火墙典型的实现方式主要依靠以下四种方式完成：分组过滤型防火墙、屏蔽主机型防火墙、双宿主主机型防火墙和屏蔽子网型防火墙。

1. 分组过滤型防火墙

分组过滤型防火墙是众多防火墙中最基本、最简单的一种，它可以由厂家专门生产的路由器来实现，也可以由主机来实现。其中，分组过滤路由器作为内外连接的唯一通道，要求所有的报文都必须在此通过检查，如图 2-3 所示。在路由器上可以安装基于 IP 层的报文过滤软件，实现报文过滤功能。许多路由器本身带有报文过滤配置选项，但一般比较简单。单纯由分组过滤路由器构成的防火墙的危险包括路由器本身及路由器允许访问的主机。分组过滤路由器的缺点是一旦被攻击后很难发现，而且不能识别不同的用户。该防火墙不能隐藏内部网络的信息、不具备监视和日志记录功能。

显然，这种常用的过滤路由器防火墙是不安全的。它采取的安全措施属于“除了禁止不可的，其余都被允许”这种极端类型。

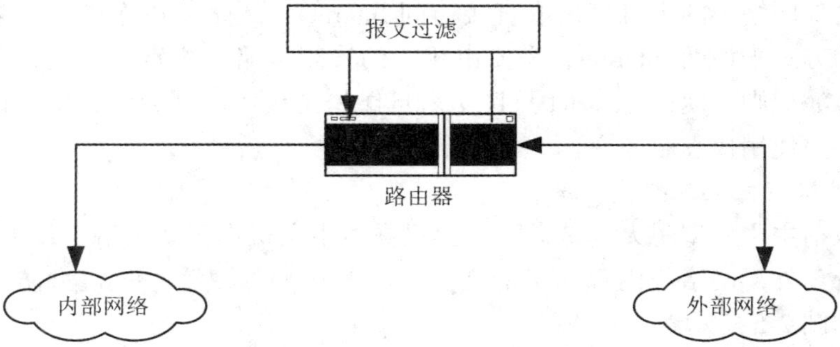

图 2-3 分组过滤型防火墙

2. 屏蔽主机型防火墙

屏蔽主机型防火墙由分组过滤路由器和堡垒主机组成，如图 2-4 所示。屏蔽主机型防火墙实现了网络层安全(分组过滤)和应用层安全(代理服务)。入侵者在攻击内部网络之前，必须首先渗透两种不同的安全系统，所以它所提供的安全等级比分组过滤型防火墙要高。

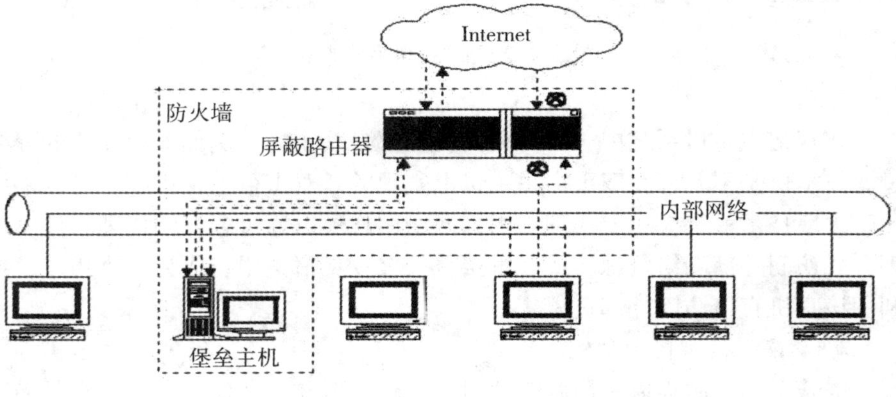

图 2-4 屏蔽主机型防火墙

这种防火墙系统将堡垒主机配置在内部网络上，而分组过滤路由器则放置在内部网络和 Internet 之间。将过滤规则配置在路由器上，使得外部系统只能访问堡垒主机，而发给内部网络中其他主机的信息全部被阻塞。堡垒主机成为从外部网络唯一可以直接访问的主机，这样就确保了内部网络不受未经授权的外部用户的攻击。另外，由于内部主机与堡垒主机处于同一网络，所有内部网络中的主机是采取直接访问 Internet，还是使用堡垒主机上代理服务的方式来访问 Internet，需要由相关的安全策略来决定。通过在路由器配置过滤规则，使得 Internet 只接受来自堡垒主机的内部分组，就可以强制内部用户使用代理服务。

3. 双宿主主机型防火墙

双宿主主机型防火墙是指以一台双重宿主主机作为防火墙系统的主体，执行分离外部网络与内部网络的任务。一个典型的双宿主主机型防火墙结构，如图 2-5 所示。

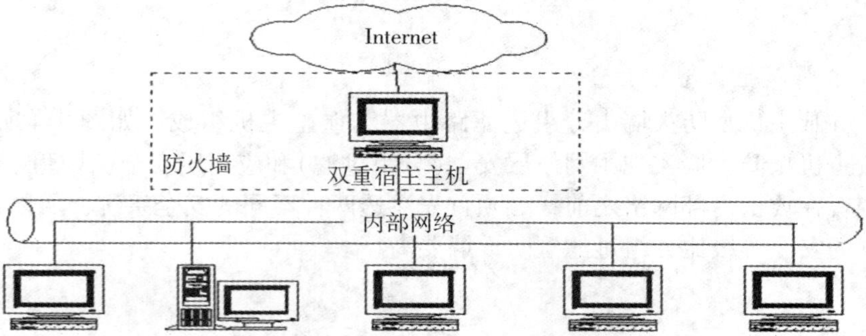

图 2-5 双宿主主机型防火墙

在双宿主主机系统中，任何路由功能都是禁止的，例如前面介绍的分组过滤技术也是不允许在双重宿主主机上实现的。双重宿主主机唯一可以采用的防火墙技术就是应用层代理，内部网络用户可以通过客户端代理软件以代理方式访问外部网络资源，或者直接登录至双重宿主主机成为一个用户，再利用该主机直接访问外部资源。

4. 屏蔽子网型防火墙

屏蔽子网型防火墙采用两个分组过滤路由器和一个堡垒主机。它是最安全的防火墙系统之一，因为在定义了“中立区”DMZ 网络后，它支持网络层和应用层的安全功能。网络管理员将堡垒主机、信息服务以及其他公用服务器放在 DMZ 网络中。如果黑客想突破该防火墙，则必须攻破以上三个单独的设备，难度太大，其实现方式如图 2-6 所示。

事实上，将堡垒主机和过滤路由器结合起来还可以组建出许多防火墙类型。在实际应用中，可以根据企业的实际需要来确定企业网络所需的安全级别以及制定合理的访问控制策略，然后根据控制策略来选择合适的防火墙实

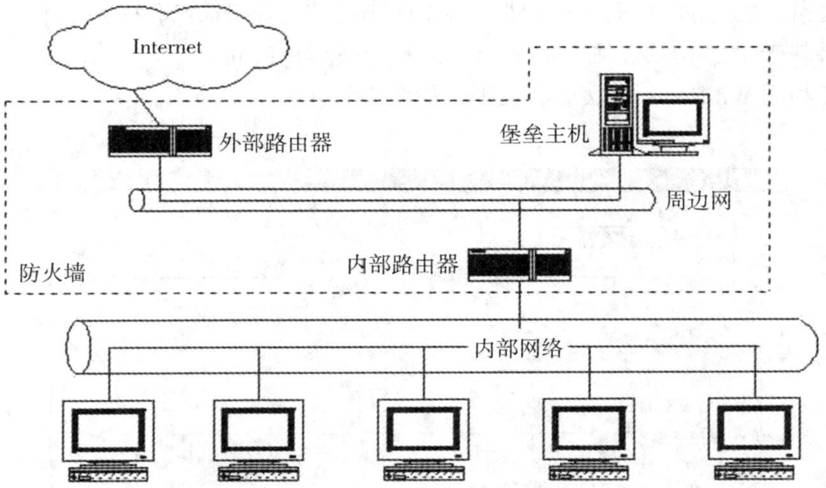

图 2-6 屏蔽子网型防火墙

现方式。

2.2.4 防火墙过滤规则案例

这里以 WinRoute 软件为例，介绍一个简单的防火墙过滤规则的创建和设置例子。WinRoute 目前应用比较广泛，既可以作为一个服务器的防火墙系统，也可以作为一个代理服务器软件。

案例：用 WinRoute 禁止 FTP 访问

假设某公司的 FTP 服务器存储有相关的公司资料文件，服务器 IP 地址为“172.18.25.109”，现在出于保密需要，不希望 Internet 公网上其他用户通过 FTP 方式下载该公司 FTP 服务器上的文件信息，那么应该如何实现呢?

我们知道 FTP 服务采用的协议是应用层的 FTP 协议，而 FTP 协议是基于 TCP 协议的，并且占用了 TCP 协议的 21 端口。因此，首先创建防火墙的过滤规则，如表 2-1 所示。

表 2-1 禁止 HTTP 访问的过滤规则表

组序号	动作	源 IP	目的 IP	源端口	目标端口	协议类型
1	禁止	*	172.18.25.109	*	21	TCP

该过滤规则表示：任何源主机欲通过防火墙，企图访问 IP 地址为"172. 18. 25. 109"目标主机(即内网 FTP 服务器)上端口为 21 的目标进程，如果基于 TCP 协议，则所有分组数据都将被禁止访问。

利用 WinRoute 建立访问规则，如图 2-7 所示。

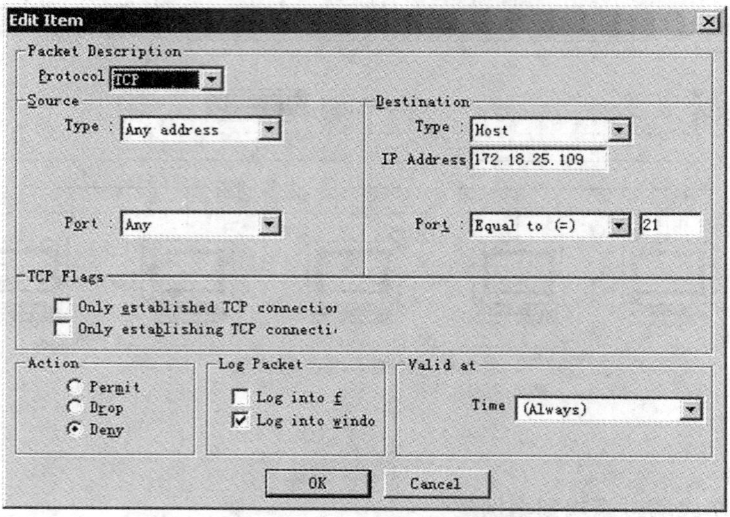

图 2-7　基于 WinRoute 的过滤规则设置

设置访问规则以后，再访问主机"172. 18. 25. 109"的 FTP 服务，将遭到拒绝，如图 2-8 所示。

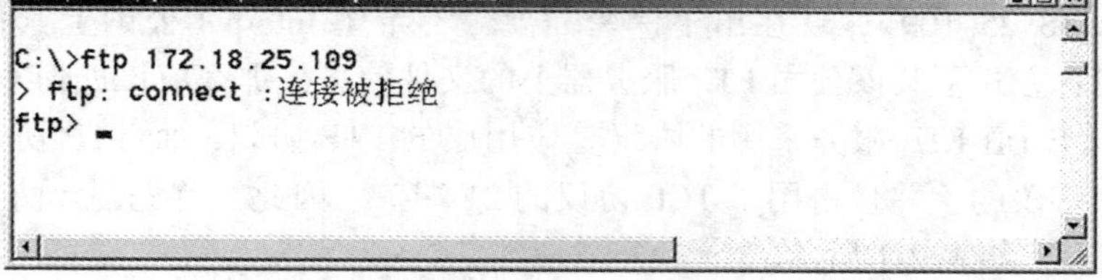

图 2-8　FTP 访问遭拒绝

由于违反了访问规则，该 FTP 服务器的安全日志会将其记录下来，如图 2-9 所示。

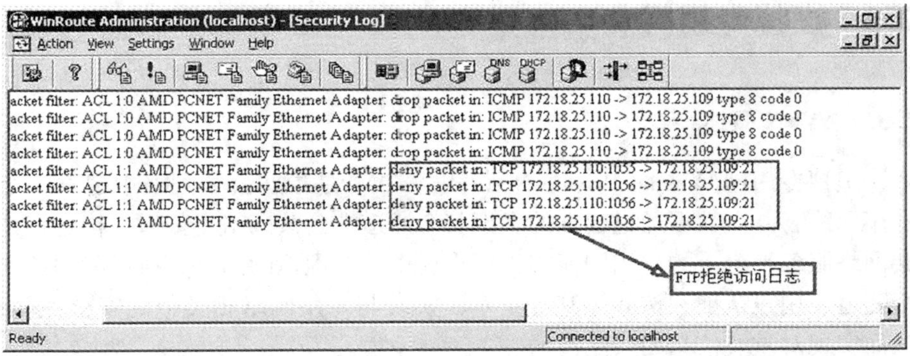

图 2-9 Web 服务器的安全日志

2.2.5 防火墙的局限性

综上所述，作为网络安全的一个重要手段，防火墙是不可或缺的。但是，日常的管理、维护，比如根据网络结构的变化而及时调整防火墙的安全策略等，却是更加重要的。不能因为有了防火墙就万事大吉，否则反而会导致更严重的安全问题。

虽然防火墙可以很方便地监视网络的安全性，但是网络管理员必须审查并记录所有通过防火墙的重要信息。如果网络管理员不能及时响应报警并审查安全日志，防火墙就形同虚设。在这种情况下，网络管理员永远也不会知道防火墙是否受到攻击。

防火墙无法防范防火墙以外的其他途径的攻击。例如，在一个被保护的网络上有一个没有限制的拨出存在，内部网络上的用户就可以直接通过 SLIP 或 PPP 连接进入 Internet，从而绕过精心构造的防火墙系统，这就为从后门攻击创造了极大的可能。

防火墙也不能防止传送已感染病毒的软件或文件。这是因为病毒的类型太多，操作系统以及二进制文件的编码和压缩方式各不相同，不能期望 Internet 防火墙能够逐一扫描每个可能有病毒的文件。公司的防范意识如果很强的话，就应该在每一桌面部署防病毒软件，以防止病毒从软盘或其他来源进入公司的网络系统。

Internet 防火墙也不能防止数据驱动式攻击。当有些表面看来无害的数据被邮寄或复制到 Internet 主机上并被执行发起攻击时，就会发生数据驱动攻击，而防火墙无法防止这类攻击。

2.3 虚拟专用网

2.3.1 VPN 概述

虚拟专用网(Virtual Private Network, VPN)是指在公共网络中建立一个专用网络，并且数据通过建立的虚拟安全通道在公共网络中传播。构建在公共网络服务平台上的专用网能够为用户提供一个虚拟的网络，通过附加的安全隧道、用户认证和访问控制等技术，实现与专用网络相类似的安全性能，从而实现对重要信息的安全传输。

VPN 可以帮助远程用户、公司分支机构、商业伙伴及供应商同公司的内部网建立可信任的安全连接，并保证数据的安全传输。通过将数据流转移到低成本的 IP 网络上，一个企业的 VPN 解决方案将大幅度地减少用户花费在专用网络连接上的费用。同时，这将简化网络的设计和管理，并加速新的用户和网络间的连接速度。

VPN 可用于不断增加的移动用户的全球 Internet 接入，以实现安全连接；可用于实现企业网站之间安全通信的虚拟专用线路，以经济有效地连接到商业伙伴和用户的安全外网、虚拟专用网。企业级的 VPN 解决方案使得这一切更加易于管理，更加经济。

VPN 提供以下功能：

(1)加密数据：保证通过 Internet 公网传输的信息安全，即使被他人截获数据也不会泄露。

(2)信息认证和身份认证：保证信息的完整性、合法性，并能鉴别用户的身份。

(3)提供访问控制：确保不同的用户具有不同的访问权限，以实现对信息的授权访问。

2.3.2 VPN 的访问方式

VPN 的访问方式分为三种类型：远程访问虚拟网(Access VPN)、企业内联虚拟网(Intranet VPN)和企业外联虚拟网(Extranet VPN)。这三种类型的 VPN 分别与传统的远程访问网络、企业内联网以及企业网和相关合作伙伴的企业网所构成的外联网相对应。

1. 远程访问虚拟网

对于出差流动员工、远程办公人员和远程小型办公室，Access VPN 通过公共网络与企业的 Intranet 和 Extranet 建立专用的网络连接，以使远端用户能及时地访问数据信息。与使用专线拨打长途电话连接企业的网络连接服务器不同，VPN 用户首先拨通本地 ISP 的网络接入服务器，然后 VPN 软件利用与本地 ISP 建立的连接，在拨号用户和企业 VPN 服务器之间创建一个跨越 Internet，或其他公共网络的虚拟专用网络，如图 2-10 所示。

图 2-10　远程访问方式

2. 企业内联虚拟网

Intranet VPN 通过公用网络进行企业各个分布点互联，是传统的专线网或其他企业间的扩展或替代方式。其可将内部网延伸到远端办公室，客户不需要购买专门的隧道软件，通过服务提供商的服务器建立隧道并验证，客户可以通过加密数据和认证手段实现端到端的全面安全性。

因此，Intranet VPN 是企业的总部与分支机构之间通过公网构筑的虚拟网，这是一种网络到网络以对等的方式连接起来所组成的 VPN，如图 2-11 所示。Intranet VPN 这种应用模式在保证安全时，需要做的不仅是要防范外部入侵者对企业内联网的攻击，还要保护在 Internet 网上传送的敏感数据不被泄露。

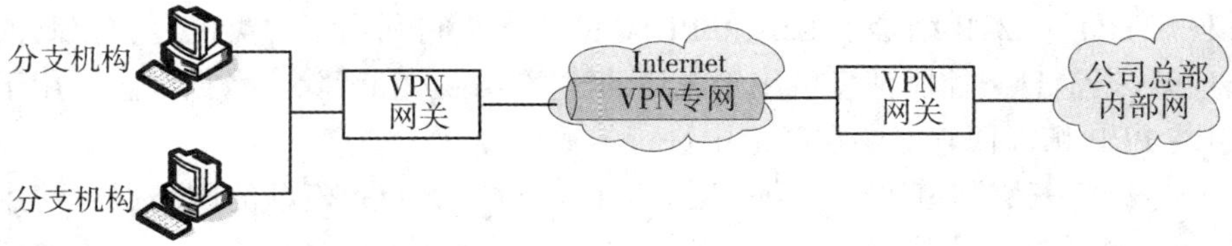

图 2-11　企业内联网访问方式

3. 企业外联虚拟网

Extranet VPN 是 Intranet VPN 的一个扩展，它是指具有共同利益的组织或合作伙伴可以通过 VPN 技术构建虚拟专用网，从而实现内联网的网络资源和外部特定网络资源的相互共享。Extranet VPN 是一种网络到网络以不对等的方式连接起来所组成的 VPN(主要在安全策略上有所不同)，它要求一个开放的基于标准的解决方案，以便解决企业与各种合作伙伴和客户网络的协同工作问题。Extranet VPN 的访问方式，如图 2-12 所示。

图 2-12　企业外联网访问方式

2.3.3　VPN 的技术原理和特点

1. 隧道技术

隧道技术是 VPN 的基本技术，它可以将某种协议的数据包重新封装为新的数据包，其中新的数据包头提供了路由信息，可以使封装的负载数据能够通过 Internet 公共网络传递到目的地；在到达目的地后，数据包被解封并还原为原始数据包。重新封装的数据包在公共网络传递时所经过的逻辑路径被称为隧道。因此，企业内部网络的数据包可以利用隧道在公共网络上传输，这种功能是利用网络隧道协议来实现的。

根据国际化标准组织(ISO)制定的开放系统互联(OSI)参考模型分类，当前主要有以下三种类型的隧道协议：

(1)第二层隧道协议：第二层隧道协议工作于 OSI 参考模型中的数据链路层，如点到点隧道协议(PPTP)、第二层转发协议(L2F)、第二层隧道协议(L2TP)。L2TP 结合了 L2F 和 PPTP 的优点，它利用了两类消息：控制消息和数据消息。控制消息可用于隧道的建立、维护和清除，数据消息可用于封装 PPP 帧以便它能够在隧道中进行传输。

(2)第三层隧道协议。第三层隧道协议对应于 OSI 模型的网络层，使用数据包作为数据交换单位，如 IPSec (IP Security Protocol Suite，IP 安全协议组)。IPSec 隧道协议是将 IP 数据包封装在附加的 IP 数据包头中，通过 IP 网络(如 Internet)传送。

(3)介于第二层和第三层之间的隧道协议，如 MPLS 隧道协议。

2. 加密和认证技术

仅使用隧道技术，而没有使用加密和认证技术的 VPN 并没有多大的意义，它没有安全功能，达不到使用隧道的目的。加密和认证技术正好弥补这方面的不足，使 VPN 实用化。加密是利用密码技术对数据进行加密然后再进行封装，以确保数据在“隧道”中是安全的。

认证技术是利用密码技术对所发送的数据进行操作，保证数据在传输过程中不被非法改动；认证技术还能提供数据来源、通信凭证，防止抵赖行为的发生，这一点对电子商务非常重要。

3. VPN 工作原理

在介绍 VPN 相关技术的基础之上，我们先来探讨一下 VPN 的工作原理。

首先，隧道的建立是构建 VPN 的基础。隧道的建立有两种方式：客户发起方式(Client-Initiated)和客户透明方式(Client-Transparent)。对于客户发起方式，隧道一般是由用户端计算机主动请求创建的。而客户透明方式中，隧道不是由用户发起而是由支持 VPN 的设备请求创建的。隧道一旦建立，数据就可以通过隧道发送。图 2-13 显示了 VPN 的工作原理。

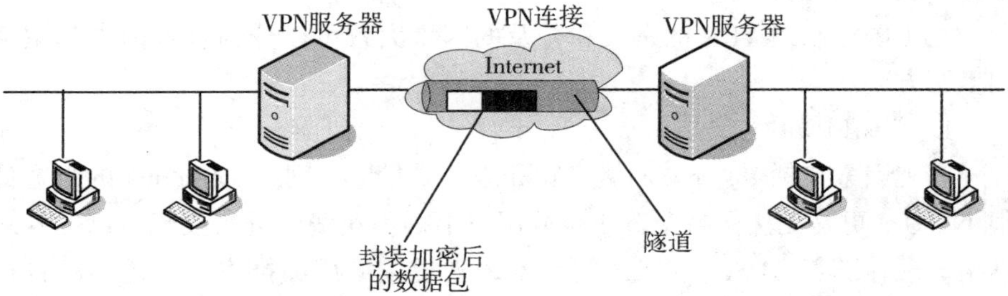

图 2-13　VPN 工作原理

图中，发送进程通过内部网络发送明文到 VPN 服务器，VPN 服务器根据安全策略对整个数据包进行加密并生成数字签名；然后 VPN 服务器为数据包加上新的数据包头，其中包括目标 VPN 服务器需要的安全信息和一些初始化参数。VPN 设备对加密的数据包进行重新封装后，将封装后的数据包通过隧道发送。当数据包到达目标 VPN 服务器时，目标服务器负责解包、核对数字签名，并进行解密处理，最后将明文通过内部网转发到目的地。

4. VPN 的特点

从用户的角度看，VPN 技术有以下几个特点：

(1)节省资金。利用现有互联网发达的网络架构组建企业内部专用网络，将节省大量的投资成本及后续的运营维护成本。

(2)信息的安全性。在 VPN 应用中，通过远程用户认证以及隧道数据加密等技术保证了通过公用网络传输机密数据的安全性，数据的私有性和完整性得以保障。

(3)易扩展性。用户可以利用 VPN 技术方便地重构企业专用网络，实现异地业务人员的远程接入，而不必改变现有的应用程序、网络架构以及用户计算环境。

(4)方便管理。VPN 将大量的网络管理工作放到互联网络服务提供商(ISP)一端来统一处理，从而减轻了企业内部网络管理的负担。同时，VPN 也提供信息传输、路由等方面的智能服务，便于用户进行网络管理。

2.3.4 VPN 的应用前景

在国外，Internet 已成为全社会的信息基础设施，企业端应用大都基于 IP，在 Internet 上构筑应用系统已成为必然趋势，因此基于 IP 的 VPN 业务获得了极大的增长空间。

在中国，制约 VPN 的发展和普及的因素大致可以分为客观因素和主观因素两方面。

1. 客观因素

客观因素包括 Internet 网络带宽和服务质量 Qos 问题。Internet 的带宽都很小，Qos 更是无法保障，造成企业用户不得不花费巨资去投资自己的专线网络。现在随着 ADSL、MPLS 等技术的大规模应用和推广，上述问题将得到根本改善和解决。例如，过去专线接入速率最高才 2Mbps，而现在国内企业用户可以享受到 10Mbps，乃至 100Mbps 的 Internet 专线接入，而骨干网接入速率最高已达到 40Gbps，并且今后几年内将发展到上百乃至上千个 Gbps。随着 Internet 网络技术的发展，可以预测 VPN 在未来几年将会得到迅猛发展。

2. 主观因素

主观因素之一是用户总害怕自己内部的数据在 Internet 上传输不安全。其实，通过隧道技术、加密和认证技术，VPN 已经能够提供足够的安全保障，可以保证所传输数据的机密性和完整性。主观因素之二是用户的应用跟不上技术的进步。只有企业将自己的业务和网络联系上，VPN 才会有真正的用武之地。

可以相信，当我们消除了这些障碍因素后，VPN 将会成为我们网络生活的重要部分。在不远的将来，VPN 技术将成为广域网建设的最佳解决方案，它不仅会大大节省广域网建设和运行维护费用，而且增加网络的可靠性和安全性。同时，VPN 会加快企业网的建设步伐，使得企业不仅仅只是建设内部局域网，而且能够很快地把全国各地分公司的局域网连接起来，从而真正发挥整个网络的作用。VPN 对推动整个电子商务、电子贸易将起到不可低估的作用。

2.4 网络入侵检测(IDS)

2.4.1 IDS 概述

入侵检测是继防火墙之后的又一道防线。防火墙只能对黑客的攻击实施被动防御，一旦黑客攻入系统内部，则没有切实的防护策略，而入侵检测系统则是针对这种情况而建起的又一道防线。

"入侵"(Intrusion)是个广泛的概念，不仅包括发起攻击的人(如恶意的黑客)取得超出合法范围的系统控制权，也包括收集漏洞系统，造成拒绝服务等对计算机系统带来危害的行为。入侵行为不仅来自外部，同时也指内部用户的未授权活动。

入侵检测(Intrusion Detection)是对入侵行为的发觉，通过从计算机网络或计算机系统的关键点收集信息并进行分析，从中发现网络或系统中是否有违反安全策略的行为和被攻击的迹象。进行入侵检测的软件和硬件的组合便是入侵检测系统(IDS)，入侵检测系统主要执行以下任务：

(1)监视、分析用户及系统活动。

(2)对异常行为模式进行统计分析，发现入侵行为的规律。

(3)检查系统配置的正确性和安全漏洞，并提示管理员修补漏洞。

(4)能够实时对检测到的入侵行为进行响应。

(5)评估系统关键资源和数据文件的完整性。

(6)操作系统的审计跟踪管理，并识别用户违反安全策略的行为。

一个成功的入侵检测系统，不仅可使系统管理员时刻了解网络系统(包括程序、文件和硬件设备等)的任何变更，还能给网络安全策略的制定提供依据。其管理配置简单，非专业人员能非常容易地获得网络安全信息。入侵检测系统在发现入侵行为后，会及时做出响应，包括切断网络连接、记录时间和报警等。

入侵检测系统被认为是防火墙之后的第二道安全闸门，在不影响网络性能的情况下能对网络进行监测，防止或减轻各种网络威胁。

2.4.2 IDS 的类型

入侵检测系统按其输入数据的来源看，可以分为以下三种类型：

1. 基于主机的入侵检测系统

基于主机的入侵检测系统根据主机的审计数据和系统日志发现可疑事件。检测系统可以运行在被检查的主机或单独的主机上，以审计日志等作为数据源，从所在的主机收集信息进行分析，其系统模型如图 2-14 所示。

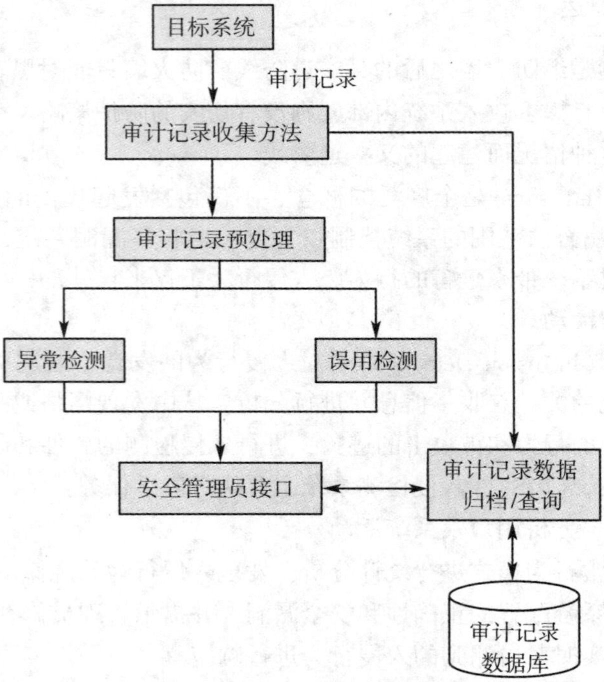

图 2-14　基于主机的 IDS 系统模型

基于主机的入侵检测系统具有检测效率高、分析代价小和分析速度快的特点，能够迅速并准确地定位入侵者，并可以结合操作系统和应用程序的行为特征对入侵者进行进一步分析。

但是基于主机入侵检测系统的缺点也是显而易见的。它在一定程度上依赖于系统的可靠性，要求系统本身进行了正确的设置，然后才能提取入侵信息；即使进行了正确的设置，对操作系统熟悉的攻击者仍然有可能在入侵行为发生后及时地将系统日志抹去，从而不被发觉；主机的日志能够提供的信息有限，有的入侵手段和途径不会在日志中有所反映，日志系统对入侵行为不能做出正确的响应。

2. 基于网络的入侵检测系统

基于网络的入侵检测系统放置在比较重要的网段内，不停地监视网段中的各种数据包，分析其中可疑现象。与基于主机的入侵检测系统相比，这类系统对入侵者而言是透明的。它通常利用一个工作在“混杂模式”(Promiscuous Mode)下的网卡来实时监视并分析通过网络的数据流。它的分析模块通常使用模式匹配、统计分析等技术来识别攻击行为，其系统模型如图 2-15 所示。

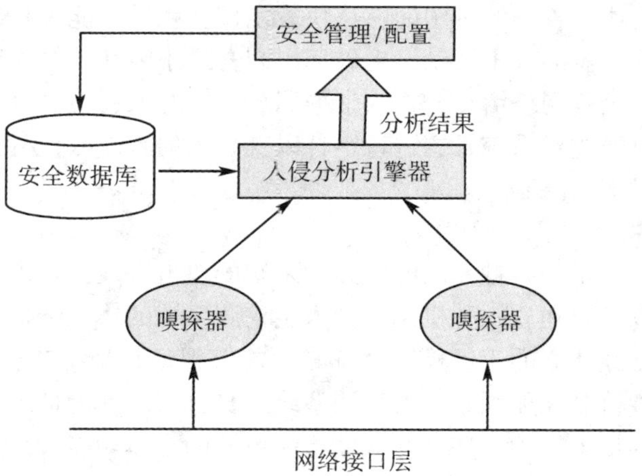

图 2-15　基于网络的 IDS 系统模型

与基于主机的入侵检测系统相比，这类系统对入侵者而言是透明的。由于这类系统不需要主机提供严格的审计，因此对主机资源消耗少，并且由于网络协议是标准的，可以提供通用的保护而无须顾及异构主机的不同架构。基于网关的检测系统可认为是这种类型的变种。

基于网络的入侵检测系统的主要优点是简便，不需要改变服务器等主机的配置，也不会在业务系统中安装额外的软件，从而不会影响这些机器的 CPU、I/O 与磁盘等资源的使用和业务性能。它也不采用路由器、防火墙等关键设备那种方式工作，不会成为系统中的关键路径，发生故障也不会影响正常业务的运行。但是，随着现在网络的日趋复杂和高速网络的普及，基于网络的入侵检测系统的结构正受到越来越大的挑战。

3. 混合入侵检测系统

综合以上两种类型的入侵检测技术特征，可以构建混合模式的入侵检测系统以克服基于网络的入侵检测系统和基于主机的入侵检测系统的不足之处。如果这两类系统能够无缝结合起来部署在网络内，则会构架成一套完整立体的主动防御体系，综合了基于网络和基于主机两种结构特点的入侵检测系统，既可以发现网络中的攻击信息，也可以从系统日志中发现异常情况。

2.4.3 IDS的需求特征和步骤

一个成功的入侵检测系统至少要满足以下五个主要功能要求：

1. 实时性

如果攻击或者攻击的企图能够尽快被发现，就有可能查找出攻击者的位置，阻止其进一步的攻击活动，把破坏控制在最小限度，并能够记录下攻击者攻击过程的全部网络活动，作为证据回放。实时入侵检测可以避免常规情况下，管理员通过对系统日志进行审计以查找入侵者或入侵行为线索时的种种不便与技术上的限制。

2. 可扩展性

因为存在成千上万种不同的已知和未知的攻击手段，攻击行为特征也各不相同，所以必须建立一种机制，把入侵检测系统的体系结构与使用策略区分开。一个已经建立的入侵检测系统必须能够保证在新的攻击类型出现时，可以通过某种机制在无须对入侵检测系统本身进行改动的情况下，使系统能够检测到新的攻击行为，并且在入侵检测系统的整体功能设计上，建立起一种可扩展的结构，以便系统结构本身能够适应未来可能出现的扩展要求。

3. 适应性

入侵检测系统必须能够适应多种不同的环境，比如高速大容量计算机网络环境，并且在系统环境发生改变，比如增加环境中的计算机系统数量，改变计算机系统类型时，入侵检测系统应当不作改变依然能够正常工作。适应性也包括入侵检测系统本身对其宿主平台的适应性，即跨平台工作的能力，适应其宿主平台软、硬件配置的各种不同情况。

4. 安全性与可用性

入侵检测系统必须尽可能地保持完善与安全，不能给宿主计算机系统带来新的安全问题及安全隐患。

5. 有效性

有效性即能够证明根据某一设计所建立的入侵检测系统是切实有效的，即对于攻击事件的错报与漏报能够控制在一定范围内。

入侵检测系统的作用是实时地监控计算机系统的活动，发现可疑的攻击行为，以避免攻击的发生，或减少攻击造成的危害，由此可划分入侵检测的三个基本步骤：

首先，信息收集。入侵检测的第一步就是信息收集，收集的内容包括整个计算机网络中系统、网络、数据及用户活动的状态和行为。入侵检测在很大程度上依赖于信息收集的可靠性、正确性和完备性。因此，要确保采集、报告这些信息的软件工具的可靠性，这些软件本身应具有相当强的坚固性，能够防止被篡改而收集到错误的信息。否则，黑客对系统的修改可能使入侵检测系统功能失常但看起来却跟正常的系统一样。

其次，数据分析。数据分析是入侵检测系统的核心，它的效率高低直接决定了整个入侵检测系统的性能。它首先构建分析器，把收集到的信息经过预处理，建立一个行为分析引擎或模型，然后向模型中植入时间数据，在知识库中保存植入数据的模型。数据分析一般通过模式匹配、统计分析和完整性分析三种手段进行。前两种方法用于实时入侵检测，而完整性分析则用于事后分析。

最后，响应。数据分析发现入侵迹象后，入侵检测系统的下一步工作就是响应。该步骤并不局限于针对可疑的攻击者。入侵检测系统一般采取下列响应方式：

①将分析结果记录在日志文件中，并产生相应的报告。

②触发警报：如在系统管理员的桌面上产生一个告警标志位，向系统管理员发送消息或电子邮件等。

③修改入侵检测系统或目标系统，如终止进程、切断攻击者的网络连接，或更改防火墙配置等。

2.5 计算机病毒及防治

2.5.1 计算机病毒的定义和特征

随着计算机及计算机网络的发展，伴随而来的计算机病毒传播问题越来越引起人们的关注。随着互联网的流行，有些计算机病毒借助网络引发全域恐慌，如CIH计算机病毒、熊猫烧香蠕虫病毒等，它们与以往的计算机病毒相比具有一些新的特点，给广大计算机用户带来了极大的损失。

从广义上讲，凡能够引起计算机故障，破坏计算机数据的程序统称为计算机病毒。根据此定义，诸如逻辑炸弹、蠕虫和木马等均可称为计算机病毒。在国内，研究者从不同角度给出了计算机病毒的定义。一种较为广泛的定义是：计算机病毒是一种人为编制的程序或指令集合。这种程序能够潜伏在计算机系统中，并通过自我复制传播和扩散，在一定条件下被激活，并给计算机带来故障和破坏。这种程序具有类似生物病毒的繁殖、传染和潜伏等特点。

另外，美国计算机安全专家 Fred Cohen 把计算机病毒定义为："病毒程序通过修改(操作)而传染其他程序，即修改其他程序使之含有病毒自身的精确版本或演化版本、变种或其他的病毒繁衍体。病毒可以看做攻击者愿意使用的任何代码的携带者。病毒中的代码可经由系统或网络进行扩散，从而强行修改程序和数据。"这一定义具有一定的狭义性，但是比较实用。

1994 年我国正式颁布实施了《中华人民共和国计算机信息系统安全保护条例》，条例第 28 条明确指出："计算机病毒，是指编制或者在计算机程序中插入的破坏计算机功能或者毁坏数据，影响计算机使用，并能自我复制的一组计算机指令或者程序代码。"此定义具有法律性、权威性。

目前，已经发现的计算机病毒数不胜数，它们虽然在产生的方式、破坏的程度上各不相同，但主要特征却非常相似。概括起来，计算机病毒都具有以下特征：

1. 寄生性

计算机病毒是一种特殊的计算机程序，不是以独立的文件形式存在，而是寄生在合法的程序中，这些合法的程序可以是系统引导程序、可执行程序、一般应用程序等。病毒所寄生的合法程序被称作病毒的载体，也称为病毒的宿主程序。病毒程序嵌入到宿主程序中，依赖于宿主程序的执行而生存，这就是计算机病毒的寄生性。

2. 传染性

传染性是计算机病毒最重要的特征，是判断一段程序代码是否为计算机病毒的依据。病毒程序一旦侵入计算机系统就开始搜索可以传染的程序或者介质，然后通过自我复制迅速传播。由于目前计算机网络的迅猛发展，计算机病毒可以在非常短的时间内，通过 Internet 网络传遍全世界。

3. 隐蔽性

计算机病毒在发作之前，必须能够将自身很好地隐蔽起来，不被用户发觉，这样才能实现进入计算机系统，进行广泛传播的目的。计算机病毒的隐蔽性表现为传染的隐蔽性与存在的隐蔽性，使人非常不易察觉。病毒程序存在的隐蔽性指的是，计算机病毒一般是具有很高编程技巧、短小精悍的程序，通常附在正常程序中或磁盘较隐蔽的地方，也有个别病毒以隐含文件形式出现。

4. 潜伏性

计算机病毒的潜伏是指病毒程序为了达到不断传播并破坏程序系统的目的，一般不会在传染某一程序后立即发作，否则就暴露了自身。通常，一个编制精巧的计算机病毒程序，可以在几周、几个月甚至几年内隐藏在合法文件中，对其他系统进行传染，而不被人发觉。这样，病毒的潜伏性越久，它在系统中存在的时间也就越长，病毒传染的范围也越广，其危害性也越大。

5. 破坏性

无论何种病毒程序，一旦侵入系统都会对操作系统的运行带来不同程度的影响，即使不直接产生破坏作用的病毒程序也要占用系统资源（如占用内存空间，占用磁盘存储空间以及系统运行时间等）。而绝大多数病毒要显示一些文字或图像，影响系统的正常运行，还有一些病毒加密磁盘中的数据，甚至摧毁整个系统和数据，使之无法恢复，给用户造成无法挽回的损失。因此，病毒程序的副作用轻者降低系统工作效率，重者导致系统崩溃、数据丢失。病毒程序的破坏性体现了病毒制造者的真正意图。

6. 可触发性

计算机病毒一般都有一个或者几个触发条件。触发的实质是一种条件控制，病毒程序可以依据设计者的要求，在一定条件下实施攻击。这个条件可能是敲入特定字符、特定日期或特定时刻，或者是病毒内置的计数器达到一定次数等。

7. 非授权可执行性

用户调用执行一个程序时，通常把系统控制权交给这个程序，并分配它相应的系统资源，如内存等，从而使之能够运行并完成用户的需求，因此程序执行的过程对用户是透明的。而计算机病毒是非法程序，正常用户是不会明知其是病毒程序，而故意调用执行的。但由于计算机病毒具有正常程序的一切特征：可存储性、可执行性，它隐藏在合法的程序或数据中，当用户运行正常程序时，病毒伺机窃取到系统的控制权，得以抢先执行，然而此时用户还认为是在执行正常程序。

8. 不可预见性

从对病毒的检测方面来看，病毒具有不可预见性。不同种类的病毒，它们的代码千差万别，但有些操作是共有的，有些人利用病毒的这种共性，制作了所谓的可查所有病毒的程序。这些程序的确可查出一些新病毒，但由于目前的软件种类极其丰富，且某些正常程序也使用了类似病毒的操作甚至借鉴了某些病毒的技术，使用这种方法对病毒进行检测势必会造成较多的误报情况，而且病毒的制作技术也在不断提高，病毒对反病毒软件而言永远是超前的。

2.5.2 计算机病毒的分类

自第一个病毒出世以来，世界上究竟有多少种病毒，说法不一。无论多少种，病毒的数量仍在不断增加。虽然病毒数量繁多，然后万变不离其宗，还是有规律可循的。为了更好地了解它们，可按照计算机病毒的特征进行分类，下面介绍几种常用的分类方法。

1. 按感染的方式分类

感染是计算机病毒的主要特征。按其感染方式的不同可分为引导扇区病毒、文件感染病毒和综合感染型病毒三种：

(1)引导扇区病毒是隐藏在硬盘或软盘的引导扇区。当开机时，它的信息将控制操作系统的运作。引导扇区病毒用它自己的数据来代替硬盘的原始引导扇区数据，并将病毒装入内存。当系统从已感染该病毒的磁盘启动时，病毒进入内存后，它就可以传播给其他文件和磁盘。

(2)文件感染病毒将病毒代码加到可运行的程序文件中，在运行程序时即被激活。当这种程序被激活后，病毒程序就获得了控制权，开始传播给其他程序文件，从而造成破坏。

(3)综合感染型病毒是指既感染了磁盘引导扇区，又感染了系统文件的综合病毒。例如，HIP 病毒不仅感染 COMMAND. COM 及可执行文件，而且还感染磁盘主引导扇区，这种病毒用 Format 命令格式化硬盘都不能清除，给杀毒带来困难。

2. 按破坏性分类

按破坏性可将计算机病毒分为良性病毒和恶性病毒。

(1)良性病毒是指那些只是为了表现自身，并不彻底破坏系统和数据，但会大量占用 CPU 时间，增加系统开销，降低系统工作效率的一类计算机病毒。这种病毒多数是恶作剧者的产物，他们的目的不是为了破坏系统和数据，而是为了让使用染有病毒的计算机通过显示器或扬声器看到或听到病毒设计者的编程技术。这类病毒有小球病毒、救护车病毒、扬基病毒、Dabi 病毒等。还有一些人利用病毒的这些特点宣传自己的观点和主张，也有一些病毒设计者在其编制的病毒发作时进行人身攻击。

(2)恶性病毒是指那些一旦发作后，就会破坏系统和数据，造成计算机系统瘫痪的一类计算机病毒。这些病毒有黑色星期五病毒、火炬病毒等。这种病毒危害性极大，有些病毒发作后会给用户造成不可挽回的损失。

3. 按侵入方式分类

根据计算机病毒侵入系统的途径不同，可以分为源码病毒、操作系统病毒、入侵病毒和外壳病毒等。

(1)源码病毒是指在程序被编译之前，病毒就被插入到源程序中，然后被编译成合法程序的一部分。源码病毒通常攻击高级语言编写的程序。由于制造这类病毒的难度较大，所以感染的范围也是有限的。

(2)操作系统病毒是指病毒程序将自身加入或替代操作系统工作。这种病毒最常见，危害也最大。

(3)入侵病毒是指侵入到主程序中，并替代主程序中部分不常用的功能模块或堆栈区。这种病毒一般是针对某些特定程序而编写的。

(4)外壳病毒是将自身程序放在主程序的首尾，一般不对原来的程序进行修改。这种病毒较常见，实效性较强，易于编写，也易于发现，一般测试可执行文件的大小即可知是否感染了病毒，但也容易“失效”，其数量大约占病毒总数的一半。

2.5.3 计算机病毒的防治策略

病毒在网络环境下具有更强的传染性，对网络交易的顺利进行和交易数据的妥善保存造成了极大的威胁。因此，必须采取有效的措施，防治病毒的感染与发作。病毒的防御措施，包括两重含义：一是从管理方法上防范，二是从技术方法上防范。只有将这两种方法结合起来考虑，才能行之有效地防止计算机病毒的传播。下面是一些应该采取的防御措施：

1. 对软盘加强控制和管理

应做到尽量不要使用软盘更不要用不清楚是否有病毒的软盘启动计算机，也不要轻易使用来历不明的软盘或拿自己的软盘到不了解的机器上去使用。

2. 不打开陌生地址的电子邮件

电子邮件传播病毒的关键是附件。由于文字处理软件 Word 具有夹带宏病毒的可能，所以当收到陌生的电子邮件时，无论是 Word 文件还是执行文件，最好不要在网络环境下打开。

3. 使用防病毒软件

应用于网络的防病毒软件有两种：一种是单机版防病毒产品，另一种是联机版防病毒产品。前者属于事后消毒，当系统被病毒感染后才能发挥这种软件的作用，适合于个人用户，这类产品主要有 KV300、AV95、瑞星等。后者属于事前防范，其原理是在网络端口设置一个病毒过滤器，即在系统上安装一个防病毒的网络软件，它能够在病毒入侵到系统之前，将其挡在系统之外。

4. 定期进行文件备份工作

也许最安全的防止系统信息丢失和系统瘫痪的方法就是为系统作备份，当系统出现问题时，只要启动没有问题的备份系统就可以了。

5. 尽量多使用无盘工作站

这样做的好处比较明显，因为多数病毒都要在某个地方保存自己，如果使用无盘工作站，那么病毒就没有了栖身之地，也就无法对工作站造成破坏了。

6. 认真执行病毒定期清理制度

病毒都有一个潜伏期。有时候，虽然计算机仍在运行，但实际上已染上了病毒。通过执行病毒定期清理制度可以清除处于潜伏期的病毒，防止病毒的突然爆发，使计算机始终处于良好的工作状态。

7. 高度警惕网络陷阱

网络上常常会出现非常诱人的广告及免费使用的承诺，在从事网上交易时对此应保持高度的警惕。

随着计算机网络的发展，计算机病毒对信息安全的威胁日益严重，我们一方面要掌握对当前计算机病毒的防范措施，另一方面要加强对未来病毒发展趋势的研究，真正做到防患于未然。

2.6 网络“钓鱼”木马的防范

2.6.1 网络“钓鱼”木马的安全威胁

网络“钓鱼”木马是一种网络攻击手段，是指攻击者伪造电子邮件或钓鱼网站，诱导被攻击者点击触发电子邮件中的恶意代码，或者诱导受害者在钓鱼网站中输入银行卡账户密码、个人身份证号等隐私信息，从而控制受害者终端以及收集其个人隐私信息的一系列行为。

近年来，各种新的钓鱼网站不断涌现，普通网民缺乏对钓鱼网站的了解，往往在交易过程中或在贪财心理驱使下落入钓鱼者精心设计的陷阱中。我国的钓鱼网站具有比较鲜明的特色，主要包含以下几大类：

(1)模仿知名网站。如网银、网游、邮箱、网络支付工具、购物网站等，我国钓鱼网站仿冒目标相对集中，模仿淘宝、腾讯、工行和央视的钓鱼网站最多，地震募捐、工信部网站备案、广州亚运会等社会热点事件，也会成为网络钓鱼攻击的目标。

(2)虚假信息网站。近年来，以虚假中奖、彩票预测、股票预测、虚假购物、虚假医疗药品为主的虚假信息网站成为钓鱼网站的主流。这类网站或利用网民致富梦想、贪便宜心理，甚至个人隐私不外露的心理，以虚假信息为诱饵，骗取用户访问。骗局虽然表现方式各不相同，但都会要求用户先交钱，等用户交完钱后，网站就会消失，用户一无所获。

(3)虚假创业类网站。此类网站通常以“致富门路”“连锁加盟”为手段，吸引急于致富的中小城市创业者、乡村农民加盟，骗取高额加盟费，高价出售劣质商品。

(4)假冒的下载网站。这类假冒的下载网站，页面往往标明下载某某软件或某某文档，但是却提供含有木马的下载链接，这属于用钓鱼的方式来推广木马。

(5)钓鱼信息链接。许多网友都有淘宝购物或开店经历，买家或卖家常常通过MSN/QQ/淘宝旺旺/邮件发送各种与商品有关的链接，而这些链接中有一部分就是钓鱼链接，其通过引导用户访问钓鱼网站，达到骗取用户账号密码或钱财的目的。

2.6.2 网络“钓鱼”木马的安全检测和防范

钓鱼网站可以说是无所不在，无所不包，那么防范网络“钓鱼”的一般措施有哪些呢？

1. 针对电子邮件欺诈

在接收、发送邮件时应该仔细确认邮件地址；严禁使用个人邮箱或QQ、微信等个人即时通信软件沟通公司业务情况，安排处理可能导致资产、资金不安全状态的业务；对发现的违规操作、漏洞立即锁定和整改，必要时可请求政府信息安全管理部门提供技术支持和专业协助；严禁违反资金支付程序和权限，严禁使用非业务信息系统进行流程审批。

2. 针对假冒网上银行

针对假冒网上银行、网上证券网站的情况，广大网上电子金融、电子商务用户在进行网上交易时要注意以下几点：①核对网址，看是否与真正网址一致；②选妥和保管好密码，不要将身份证号码、出生日期、电话号码等作为密码，建议用字母、数字组成混合密码，尽量避免在不同系统使用同一密码；③做好交易记录，对网上银行、网上证券等平台办理的转账和支付等业务做好记录，定期查看“历史交易明细”和打印业务对账单，如发现异常交易或差错，立即与有关单位联系；④管好数字证书，避免在公用的计算机上使用网上交易系统；⑤对异常动态提高警惕，如不小心在陌生的网址输入了账户和密码，并遇到类似“系统维护”之类提示时，应立即拨打有关客服热线进行确认，万一资料被盗，应立即修改相关交易密码或进行银行卡、证券交易卡挂失；⑥通过正确的程序登录支付网关，通过正式公布的网站进入，不要通过搜索引擎找到的网址或其他不明网站的链接进入。

3. 针对虚假电子商务信息

针对虚假电子商务信息的情况，广大网民应掌握以下诈骗信息特点，不要上当。①虚假购物、拍卖网站看上去都比较“正规”，有公司名称、地址、联系电话、联系人、电子邮箱等，有的还留有互联网信息服务备案编号和信用资质等；②交易方式单一，消费者只能通过银行汇款的方式购买，且收款人均为个人，而非公司，订货方法一律采用先付款后发货的方式；③诈取消费者款项的手法如出一辙，当消费者汇出第一笔款后，骗子会来电以各种理由要求汇款人再汇余款、风险金、押金或税款之类的费用，否则不会发货，也不退款，一些消费者迫于第一笔款已汇出，抱着侥幸心理继续汇款。

4. 其他网络安全防范措施

①安装防火墙和防病毒软件，并经常升级；②注意经常给系统打补丁，堵塞软件漏洞；③禁止浏览器运行 JavaScript 和 Active X 代码；④不要上一些不太了解的网站，不要执行从网上下载后未经杀毒处理的软件，不要打开社交软件上传送过来的不明文件等；⑤提高自我保护意识，注意妥善保管自己的私人信息，如本人证件号码、账号、密码等，不向他人透露；⑥尽量避免在网吧等公共场所使用网上电子商务服务。

◎ 本章小结

随着电子商务的发展，企业 Internet/Intranet 的建立和网络规模的日益扩大，网络结构及使用设备日趋复杂。如何有效地提高 Internet 网络系统的安全，已是企业迫切需要解决的重要难题。Internet 安全不仅包括系统自身的硬件和软件安全，也包括完善的网络管理制度以及先进的网络安全技术。

本章详细介绍了防火墙技术、VPN 技术、网络入侵检测技术、网络“钓鱼”木马的防范技术。

在互联网上，防火墙是一种非常有效的网络安全系统，通过它可以隔离风险区域与安全区域的连接，同时不会妨碍安全区域对风险区域的访问。

VPN 是一种在公用互联网络上构造专用网络的技术。通过相应的加密和认证技术保证用户内部网络数据在公共网上安全传输，使企业的远程用户、分支机构和加盟伙伴等与企业总部的内部网络连接起来，构成一个扩展的企业网。

入侵检测系统指的是一种硬件或者软件系统，该系统对系统资源的非授权使用能够做出及时的判断、记录和报警。目前，入侵检测系统有多种分类方法。

计算机病毒是一种人为编制的程序或指令集合。这种程序能够潜伏在计算机系统中，并通过自我复制传播和扩散，在一定条件下被激活，并给计算机带来故障和破坏。病毒的防范可以从安装查杀病毒软件并及时升级和重要数据及时备份等方法进行防治。

网络“钓鱼”木马的发生给电子商务和网络营销带来了巨大的危害，它不仅影响了电子商务的经济秩序，蔓延了网络诈骗活动，增大了信用建设成本，也使一些网民遭受钱财损失，还破坏了网上诚信交易环境。

◎ 本章习题

1. 简述防火墙的基本功能。
2. 简述防火墙的实现方式。
3. 什么是VPN，它能为用户提供哪些安全服务？
4. 什么是入侵检测系统？根据具体的技术，入侵检测系统可分为哪几类？
5. 计算机病毒的一般特征有哪些？
6. 网络“钓鱼”木马的防治策略有哪些？

第3章 现代密码技术及应用

进入电子信息时代后，Internet 逐渐渗透到社会和经济生活的各个方面。由于网上交易的安全性要求越来越高，使得密码技术有了更加广阔的应用舞台。现代加密技术是实现电子商务安全交易的核心，它能有效地解决电子交易过程中的信息机密性、完整性和不可抵赖性等问题。本章首先对密码技术的基础概念进行介绍；其次重点对数据加密技术进行阐述，特别是密码学的起源和发展以及两大加密体制，对数字信封、数字摘要、数字签名和数字验证等密码技术的应用进行详细介绍；最后进一步介绍密码的管理技术和电子商务加密技术的综合应用。

3.1 密码技术的基础知识

密码学研究已有数千年的历史，其起源历史极为悠久。它通过信息的变换和编码，将机密消息变换为乱码型文字，使非指定的接收者不能从其截获的乱码中得到任何有意义的信息，并且不能伪造任何乱码型的信息。研究密码技术的学科称为密码学，它包含两个分支：密码编码学和密码分析学。密码编码学主要研究对信息进行变换，以保护信息在信道的传递过程中不被对手窃取、解读和利用；而密码分析学则与密码编码学相反，它主要研究如何分析和破译密码。这两者之间相互对应、相互促进。

3.1.1 加密和解密

未加密的信息称为明文，可被传送或存储，用 M(消息)或 X(明文)表示，它可能是比特流，也可能是文本文件、位图数字化的语音流或数字化的视频图像。将明文数据进行某种变换，使其成为不可理解的形式，这个过程就是加密，这种不可理解的形式称为密文，用 C 表示。相应地，解密是加密的逆过程，即将密文还原成明文。试图从密文中分析出明文的过程称为破译。对明文进行加密时采用的一组规则称为加密算法，对密文解密时采用的一组规则称为解密算法。加密算法和解密算法是在一组仅有合法用户知道的秘密信息(称为密钥)控制下进行的，加密和解密过程中使用的密钥分别称为加密密钥和解密密钥。图 3-1 展示了这个过程。

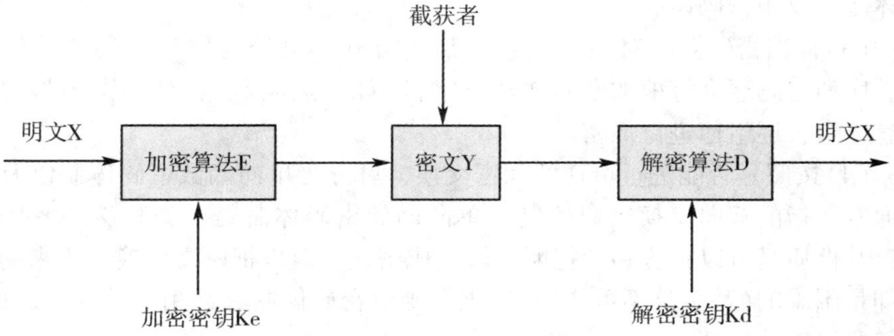

图 3-1 加密和解密过程

从图 3-1 可以看出，一个加密系统应包括信息(明文和密文)、密钥(加密密钥和解密密钥)、算法(加密算法和解密算法)三个组成部分。其中，加密算法 E 和密钥 Ke 作用于 X 得到密文 Y，解密算法 D 和密钥 Kd 作用于密文 Y 恢复为明文 X。在对称密钥算法中，Ke 和 Kd 相同；而在非对称密钥(公开密钥)算法中，Ke 和 Kd 一般不同。我们将在本章后面分别讨论对称密钥加密和公开密钥加密这两种经典密钥算法。

加密与解密算法可用数学公式表示为：

$$E_{Ke}(X) = Y$$

$$D_{Kd}(Y) = X$$

若让先加密再解密消息恢复为原始的明文，则下面的等式必须成立：

$$D_{Kd}\{E_{Ke}(X)\} = X$$

根据现代密码学的理论，数据或信息的安全基于密钥而不是算法的保密。一般来说，算法(包括加密算法和解密算法)都是公开的，而需要秘密保存的则是密钥(如对称密钥算法中的对称密钥和公开密钥算法中的解密密钥等)，这一点请大家注意。

3.1.2 密码体制的分类

密码体制分类方法很多，常见的几种分类方法有：

(1)根据密码的发展历史，密码可分为经典密码和现代密码。

(2)根据加密算法和解密算法所使用的密钥是否相同，或是否能简单地由加密密钥推导出解密密钥，可将密码体制分为对称密钥密码体制(也叫单钥密码体制、秘密密钥密码体制)和公开密钥密码体制(也叫非对称密钥密码体制、双钥密码体制)。

(3)根据密码算法对明文信息的加密方式，可分为序列密码和分组密码。序列密码逐字符地加密明文消息字符(如二进制数)；分组密码将明文消息分组，逐组地进行加密。

(4)按照是否能进行可逆的加密交换，可分为单向函数密码体制以及人们通常所指的双向交换密码体制。单向函数密码体制是一类特殊的密码体制，其性质是可以很容易地把明文转换成密文，但再把密文转换成原来的明文却是困难的(甚至是不可能的)。单向函数密码体制只适用于某种特殊的、不需要解密的场合。

在这几种分类方法中，我们最经常采用的分类方法是第二种。另外，还有一些其他的密码体制分类方法，例如按照在加密过程中是否引入了客观随机因素，可以分为确定型密码体制和概率型密码体制等。

3.1.3 密码算法的安全性

在加密算法公开的情况下，非法解密者就要设法破获密钥，为了使黑客难以破获密钥，就要增加密钥的长度，使黑客无法用穷举法测试破解密钥。当密钥超过 100 位(bit)时，即使是使用高速计算机，也需要几个世纪才能破译密钥，因此现在采用的密钥至少都有 128 位以上。

3.2 数据加密技术

3.2.1 密码学的起源与发展

密码学研究已有数千年的历史。早在公元前 400 年，斯巴达人就发明了“塞塔式密码”，即把长条纸螺旋形斜绕在一个多棱棒上，将文字沿棒的水平方向从左到右书写，写一个字旋转一下，写完一行再另起一行从左到右写，直到写完。字条上的文字就是密文，这是最早的密码技术。早期的密码技术主要用于军事和情报部门。

密码学的起源与发展可以分为经典密码体制和现代密码体制两个阶段。

1. 经典密码体制

虽然许多经典密码体制已经经受不住现代手段的攻击，但是它们在密码发展史上具有不可磨灭的贡献，许多经典密码思想至今仍被广泛应用。下面介绍几个著名的经典密码案例。

(1)“阴符”与“阴书”密码

在中国古代，军队历来是使用密码最频繁的地方，因为保护己方秘密并洞悉敌方秘密是克敌制胜的重要条件。正如中国古代军事著作《孙子兵法》所说：“知己知彼，百战不殆；不知彼而知己，一胜一负；不知彼不知己，每战必败。”中国古人有丰富的军事实践和发达的军事理论，其中不乏巧妙、规范和系统的保密通信和身份认证方法。这些密码方法源自古人的智慧，对我们理解和认识保密工作具有启发意义。比如，“阴符”与“阴书”密码。

中国古代兵书《六韬》(《六韬》又可以称为《太公六韬》或《太公兵法》)，据说是由西周的开国功臣太公望(又名吕尚或姜子牙，约公元前1128—前1015)所著。书中以周文王和周武王与太公问答的形式阐述军事理论，其中《龙韬·阴符》篇和《龙韬·阴书》篇，则讲述了君主如何在战争中与在外的将领进行保密通信。

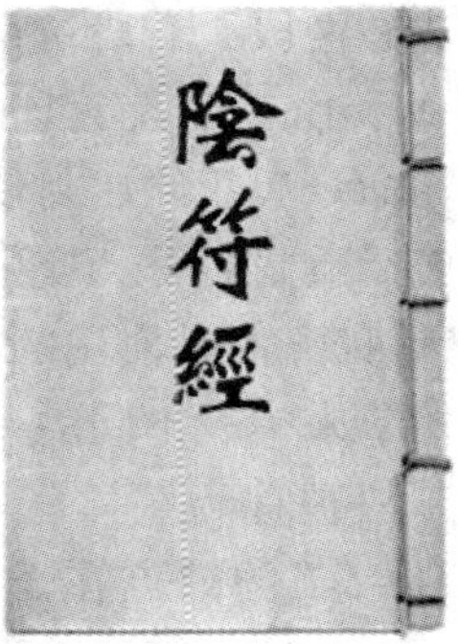

图3-2　阴符经

武王曾经问太公，当他要与各军远近相通，内外相应，保持密切的联系，以便及时应对战场上军队的需求，应该如何应对。太公主张国君与主将之间要用阴符秘密联络。这里的阴符共有八种：一种长一尺，表示大获全胜，摧毁敌人；一种长九寸，表示攻破敌军，杀敌主将；一种长八寸，表示守城的敌人已投降，我军已占领该城；一种长七寸，表示敌军已败退，远传捷报；一种长六寸，表示我军将誓死坚守城邑；一种长五寸，表示请拨运军粮，增派援军；一种长四寸，表示军队战败，主将阵亡；一种长三寸，表示战事失利，全军伤亡惨重。如奉命传递阴符的使者延误传递，则处死；如阴符的秘密被泄露，则无论无意泄密者或有意传告者也处死。因此，只有国君和主将知道这八种阴符的秘密。

这就是不会泄露朝廷与军队之间相互联系内容的秘密通信语言，敌人再聪明也不能识破它。以下是关于“阴书”使用方法的对话。

武王问太公望说：“领兵深入敌国境内，君主和将帅各率一军，要使两支军队配合作战，实施变化无穷的作战方法，谋取敌人意想不到的胜利。但需要联络的事情很多，使用阴符难以说明，而两军之间又距离遥远，言语不能通达，应该怎么办呢?”

太公回答说：“如果有军机大事需要联络，应该用书信而不用符。君主通过书信向主将指示，主将则通过书信向君主请示。书信都要拆分成三部分，并分派三人发出，每人拿一部分。只有这三部分合在一起才能读懂信的内容。”这就是所谓的阴书(机密信)，敌人再聪明，也看不懂这种书信。

另外，1040—1044 年，北宋仁宗时期天章阁待制曾公亮和工部侍郎丁度共同主修的《武经总要》中提到的“符契”是《六韬》中“阴符”方法的改进。其中的“符”是皇帝派人向军队调兵的凭证，共有 5 种符，各种符的组合表示调用兵力的多少，每符分左右两段，右段留京师，左段由各路军队的主将收掌。使者将带着皇帝的命令和由枢密院封印的相应的右符，前往军队调兵；主将听完使者宣读皇帝的命令后，须启封使者带来的右符，并与所藏的左符验合，才能接受命令；然后重封右符，交由使者带回京师。

可见，“阴符”与“阴书”是我国古时使用的军事秘密通信方式。“阴符”是使用长度不一致的木条或竹节来代表不同的军事意义，其本质是将信息与实物建立对应关系，现在该方法被称为载体密写(也就是加密)，核心是建立载体和消息的映射关系。“阴符”的缺点在于因木条、竹节的携带问题导致传递的信息量非常有限，为改善这个问题姜太公又发明了“阴书”。

“阴书”是将一封竖写的秘密信件横向截成 3 段，分给 3 个不同的人持有，于不同的时间、路线分别出发送给收信人。收信者收齐 3 段信，即可知晓全部内容。如途中某一个送信人被截获，对方也难以解读信件的全部内容。“阴书”本质上与移位密码类似，其还包含了一种现代密码学中先进的秘密共享的思想，即将秘密以适当的方式拆分，拆分后的每一个份额由不同的参与者持有，单个参与者无法恢复秘密信息，只有若干个参与者一同协作才能恢复秘密消息。

(2)“虎符”密码

虎符因其铸成虎型而得名。虎符的出现，开创了中国古代军事史上防伪、保密的先河，虎符中体现的认证和加密的智慧，在两千年后的今天依然发挥着巨大的影响力。我们日常使用的银行卡的优盾、手机解锁的指纹、门禁刷脸的认证等，都源自虎符中蕴涵的密码原理。虎符的铸、合、用每个阶段，都闪耀着古人的保密智慧。

虎符的故事要从信陵君窃符救赵说起。魏公子信陵君礼贤下士，有门客三千。各国诸侯因为其贤能，又有很多门客，所以十多年不敢带兵攻打魏国。

魏安鳌王二十年(前 257 年)，秦昭王出兵围攻赵国都城邯郸。信陵君的姐姐(赵惠王的弟弟平原君的夫人)向魏王求救。魏王派将军晋鄙率领十万军队援救赵国。秦昭王派使臣威胁魏王说要是敢发兵救赵，日后一定派兵攻打魏国。魏王害怕了，叫晋鄙把军队驻扎在邺城，观望局势变化。信陵君屡次请求魏王发兵，同时让自己的门客和辩士用各种理由劝说魏王，但魏王害怕秦国，始终不肯进兵。

信陵君在门客侯嬴的指点下，请求魏王宠妾如姬从魏王的卧室里成功盗得兵符。信陵君持符到了邺城，假传魏王的命令代替晋鄙。晋鄙合了兵符，但并不相信信陵君，信陵君的门客朱亥拿出袖子里藏着的四十斤重的铁锤，击杀了晋鄙。于是信陵君统帅了晋鄙的军队，打败秦军，救下了邯郸，保存了赵国。

《史记》中记载的这个战国信陵君魏无忌“窃符救赵”的故事，正是虎符出现后得以实际运用的传奇史实。“将在外，君令有所不受”就出自这个故

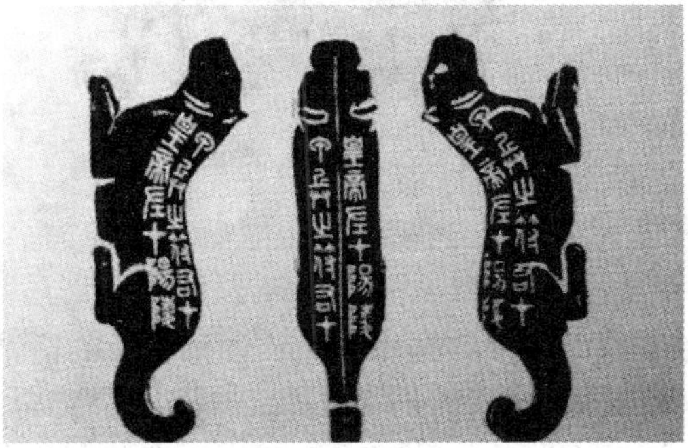

图 3-3 左右半符各有完整铭文(阳陵虎符)

事，意思是指掌握了调兵的虎符，连君王的命令都可以不听了。

虎符作为调兵遣将的符信，是君王和将领之间建立军事联系的重要工具，在军事战争中发挥着关键作用。虎符从设计铸造阶段开始，就把保密、防伪作为第一要素。虎符制成之后，模板立刻毁掉，世间再无相同的虎符。虎符身上的纹路、凹凸以及所篆刻的铭文，甚至虎腿的长短，都是防伪的标记，像钥匙上的齿纹一样，各不相同，想伪造出一副和真品一模一样的虎符，在当时基本上是不可能的。这或许是信陵君宁可冒险遣人盗符，也没有让门客仿制一枚虎符的原因，而且，伪造虎符属于株连九族的重罪，现存史书中也未见到私制虎符的记载，由此可见虎符的保密工作发挥得淋漓尽致。

这是现存于陕西历史博物馆的国宝——杜虎符(图 3-4)。它是专门调遣杜地军队的虎符，所以称为杜虎符。虎身有铭文 9 行 40 字，大致是“兵甲之符，右在君，左在杜，凡兴士被甲，用兵五十人以上，必会君符，乃敢行之”。意思是说，右符在君王手中，左符在杜地军事长官手中，凡是要调遣超过 50 人的军队，都需要合符勘验无误后，方可调兵行动。只认兵符不认将，杜虎符正是秦国军权过度集中的象征。

图 3-4　杜虎符

杜虎符的左右半符上有榫卯结构，虎符如果无误的话，两半能够丝毫不差地合在一起，现代汉语的“符合”一词即源于此。

虎符作为古代调动军队的一种特殊凭证，分为左右两半，大多是右半符留于京师，左半符颁发给屯驻在外的军队，需调兵时，除了合符之外，还需要其他的认证措施(如，兵令信使)，单凭一件虎符是无法调动军队的。这也就是为什么“窃符救赵”的故事里晋鄙见到虎符后依然质问公子：“你一个人单枪匹马来调兵算怎么回事?”

虎符的使用遵循“专符专用、一地一符”的原则。古代军队建制严格保密，而且会频繁换防，士兵都会牢记自己所属军队的虎符图案。所以，如果不知道军队具体的驻扎位置和所对应的虎符样式，也是无法准确使用虎符的。

战国时期各国诸侯为了牢牢控制军权都采用虎符，实行了符信制度。秦朝除了虎符之外，还会专派兵令信使，持符前往调兵。唐朝沿用虎符，但为了避君主名讳，改为鱼符，后来还用过兔符、龟符，使用要求也更加严格。

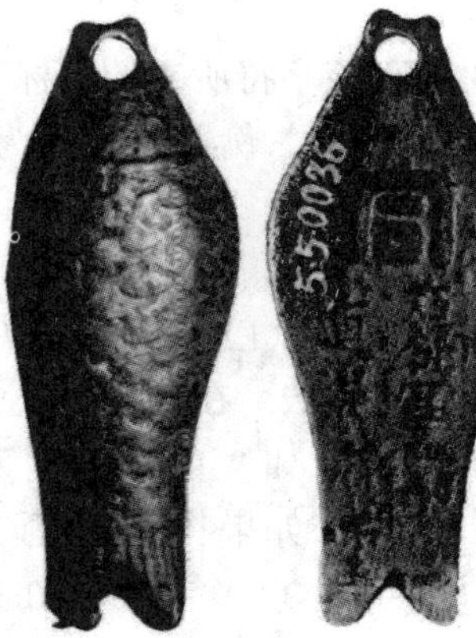

图 3-5 鱼符

鱼符左右符中缝处刻有“同”字，核验时“同”字合拢方可执行军令。现代汉语“合同”一词即来自鱼符合验的办法。

可见，“虎符”“鱼符”等为中国古代帝王授予臣属兵权和调发军队的信物。右符留存中央，左符在将领之手。相当于公钥加密体系，公钥加密，需要对应的私钥解密；一个公钥加密，只能用对应的私钥才能解开。如果说右符对应公钥，那么左符就是私钥，两者配对完成，即可打开加密的内容，也就是军队调令正确。帝王若派人(信使)前往调动军队，就需带上右符，持符验合，将士们才能听命而动，除非皇帝亲临现场调兵。

(3)希腊密码

希腊密码是公元前2世纪一位希腊人提出的加密算法，他把26个字母按顺序放在一个5×5的表格中，其中字母i和j放同一格中，如表3-1所示。这种密码在古代曾被广泛应用。

表3-1　希腊密码

	1	2	3	4	5
1	A	B	C	D	E
2	F	G	H	IJ	K
3	L	M	N	O	P
4	Q	R	S	T	U
5	V	W	X	Y	Z

使表中的每一个字符对应于该字符所在的行标号和列标号，这样，就可将明文转变为一串数字形式的密文。例如，明文为“HELLO”，转变后的密文即为“2315313134”。

(4)恺撒密码

恺撒密码是最古老的密码之一，它是公元前50年由古罗马的恺撒大帝在高卢战争中所采用的一种加密方法。在这种方法中，每一个明文字符都由其右边第3个(模26)字符所替代，如A由D替代，B由E替代，W由Z替代，X由A替代，Y由B替代等。如果将恺撒密码稍加改进，即不仅允许加密字母移动3个字母，而且可移动k个字母，在这种情况下，k成了循环移动字母的密钥。例如，假设加密的数据是“HELLO”，密钥k=4，则加密后的结果是“MJQQT”。从该密码体制可以看出，加密后的信息可用同样的密钥(k=4)解开，即向左循环移动4个字符位置。

希腊密码和恺撒密码本质上都是一样的，都属于单表替代，即一个明文字母对应的密文字母是确定的，可以用频率分析法对这种密码体制进行有效的攻击。

(5)维吉尼亚密码

维吉尼亚(Vigenere)密码是16世纪法国外交官Blaise de Vigenere发明的，在密码史上是一个重要里程碑。它的原理是在26个字母矩阵中在约定某个关键词的前提下，对信息字母进行编码，每个字母变成和关键词长度一样的矩阵中所对应的字母，这一编码又被称为多字母编码。这使得频率分析法对此束手无策，当时堪称无敌，直到1863年一位名叫Kasiski的普鲁士少校首次从关键词的长度着手将它破解。现代计算机模型的先驱巴贝奇

(Charles Babbage)通过仔细分析编码字母的结构也将其破译。这是一种典型的多表替代密码，即一个明文字母可以表示为多个密文字母。加密方法如下：

设密钥 $k = k_1 k_2 \cdots k_n$ ，明文 $M = m_1 m_2 \cdots m_n$ ，加密变换 $E_k(M) = c_1 c_2 \cdots c_n$，则加密模型为：

$$c_i \equiv (m_i + k_i) \bmod 26 ,\ i = 1,\ 2,\ \cdots,\ n$$

其中，26 个字母 A~Z 的序号对应是 0~25，c_i 是密文中第 i 个字母的序号，m_i 是明文中第 i 个字母的序号，k_i 是密钥 k 中第 i 个字母的序号。

例如，假设明文 M=“information”，k= STAR。首先，对明文分组加密，密钥循环使用，操作如下：

明文对应的数字为：	8	13	5	14	17	12	0	19	8	14	13
加密密钥为：	18	19	0	17	18	19	0	17	18	19	0
相加变换后为：	0	6	5	5	9	5	0	10	0	7	13
密文为：	A	G	F	F	J	F	A	K	A	H	N

信息加密后得到密文：AGFFJFAKAHN。

(6) Hill 密码

Hill 密码也是一种多字母替代密码，它是由数学家 Lester Hill 于 1929 年发明的。Hill 密码的算法是取 m 个连续的明文字母，并且用 m 个密文字母替代，如何替代由 m 个线性方程决定，每个字母对应一个数值($a = 0$，$b = 1$，…，$z = 25$)。若 $m = 3$，明文和密文的关系可以用向量矩阵来表示：$C = KP$。其中，C 和 P 是长度为 3 的列向量，分别表示密文和明文；K 是 3×3 的加密密钥矩阵，它是明文的线性组合。操作要执行模 26 运算。

将矩阵 K^{-1} 应用于密文，就可以恢复为明文。Hill 密码可表示为：

$$C = E_K(P) = KP$$

$$P = D_K(C) = K^{-1}C = K^{-1}KP = P$$

Hill 密码完全隐藏了单字母的频率，使用较大的矩阵还可以隐藏更多的频率信息。虽然这类密码由于加密操作复杂而未能得到广泛应用，但仍然在很大程度上推进了经典密码学的研究。

(7) 转轮密码

使用密码机可使前面介绍的密码系统更复杂、更安全，这些机器也可加速密码系统的加、解密过程，同时提供大量可选择的密钥。转轮密码机是一组由转轮或接线编码轮所组成的机器，用于实现长周期的多表替代密码，它是经典密码最杰出的代表，曾经被广泛应用于军事和外交保密通信中。最有名的两类密码机是 Enigma 和 Hagelin。Enigma 密码机由德国 Arthur Scherbius

发明，在两次世界大战中，曾经装备于德军。Hagelin 密码机由瑞典 Wilhelm Hagelin 发明，在两次世界大战中，Hagelin C-36 曾经装备于法军；Hegelin C40，即 M-209 转换机，曾经装备于美军，并一直沿用到 20 世纪 50 年代。另外，在第二次世界大战中，美国的 SIGABA 和日本的 RED、PURPLE 都是转轮密码机。

2. 现代密码体制

1949 年香农发表了一篇题为《保密系统的通信理论》的著名论文，该文首次将信息论引入了密码，从而把已有数千年历史的密码学推向了科学的轨道，奠定了密码学的理论基础。该文利用数学方法对信息源、密钥源、接收和截获的密文进行了数学描述和定量分析，提出了通用的密钥密码体制模型。

需要指出的是，由于受历史的局限，1970 年代中期以前的密码学研究基本上是秘密地进行，而且主要应用于军事和政府部门。密码学的真正蓬勃发展和广泛应用是从 70 年代中期开始的。1977 年美国国家标准局颁布了数据加密标准 DES 用于非国家保密机构，并完全公开了加、解密算法。此举突破了早期密码学的信息保密的单一目的，使得密码学在商业等民用领域得到广泛应用，从而赋予了这门学科巨大的生命力。

另外，美国学者 Diffie 和 Hellman 根据单向函数的概念，在 1976 年提出了公开密钥密码算法，引起了密码学的一场革命。这两位学者在一篇题为《密码学的新方向》的论文中提出了崭新的思想：不仅加密算法本身可以公开，甚至加密用的密钥也可以公开。

在此基础上，美国麻省理工学院的 Rivest、Shamir 和 Adleman 三位学者在 1978 年提出了 RSA 公钥密码算法，它是第一个成熟的、迄今为止理论上最成功的公钥密码算法。它的安全性是基于数论中的大整数因子分解，该问题是数论中的一个困难问题，至今仍没有有效的算法，这使得该算法具有较高的保密性。

在现代密码学中，除了信息保密外，还要求信息安全体制能抵抗对手的主动攻击。所谓主动攻击指的是攻击者可以在信息通道中注入他自己伪造的消息，以骗取合法接收者的信任。主动攻击还可能篡改信息，也可能冒名顶替，这就产生了现代密码学中的认证机制。该安全机制的目的就是保证用户收到信息时，能够验证消息是否来源于合法的发送者，同时还能验证该信息是否被篡改。在许多场合中，如电子汇款，能对抗主动攻击的认证体制甚至比信息保密还重要。

我国国产密码算法是指国家密码管理局认定的国产商用密码算法，目前主要使用公开的SM2、SM3、SM4三类算法，分别是非对称算法、哈希算法和对称算法。SM3是中华人民共和国政府采用的一种密码散列函数标准，由国家密码管理局于2010年12月17日发布。

在商用密码体系中，SM3主要用于数字签名及验证、消息认证码生成及验证、随机数生成等，其算法公开。

SM3杂凑算法是我国自主设计的密码杂凑算法，适用于商用密码应用中的数字签名和验证消息认证码的生成与验证以及随机数的生成，可满足多种密码应用的安全需求。为了保证杂凑算法的安全性，其产生的杂凑值的长度不应太短，比如MD5输出128比特杂凑值；输出长度太短，影响其安全性，SHA-1算法的输出长度为160比特，SM3算法的输出长度为256比特，因此SM3算法的安全性要高于MD5算法和SHA-1算法。

SM4分组密码算法是我国自主设计的分组对称密码算法，用于实现数据的加密/解密运算，以保证数据和信息的机密性。要保证一个对称密码算法的安全性的基本条件是其具备足够的密钥长度，SM4算法与AES算法具有相同的密钥长度(分组长度为128比特)，因此在安全性上高于3DES算法。2021年6月25日，我国SM4分组密码算法作为国际标准，由国际标准化组织ISO/IEC正式发布。

SM4分组密码算法是继SM2数字签名算法、SM3密码杂凑算法、祖冲之密码算法和SM9标识加密算法之后，又一个商用密码算法被纳入ISO/IEC国际标准予以正式发布，标志着我国商用密码算法国际标准体系的进一步完善，展现了我国先进的密码科技水平和国际标准化能力，对提升我国商用密码产业发展、推动商用密码更好服务“一带一路”建设具有重要意义。

3.2.2 对称加密体制

1. 对称加密

对称加密系统早在20世纪70年代就开始在商业网络中运用了。

对称加密又叫做私有密钥加密或单钥密钥加密，其特点是数据的发送方和接收方使用的是同一把私有密钥，即把明文加密成密文和把密文解密成明文用的是同一把钥匙，而且通信双方都必须获得这把钥匙，并保持钥匙的秘密。

利用私有密钥进行对称加密的过程是：

①发送方用自己的私有密钥对要发送的信息进行加密；

②发送方将加密后的信息通过网络传送给接收方；

③私有密钥通过一个安全的秘密信道传输给接收方；

④接收方用发送方进行加密的私有密钥对接收到的加密信息进行解密，得到信息明文。

整个加、解密过程，如图 3-6 所示。

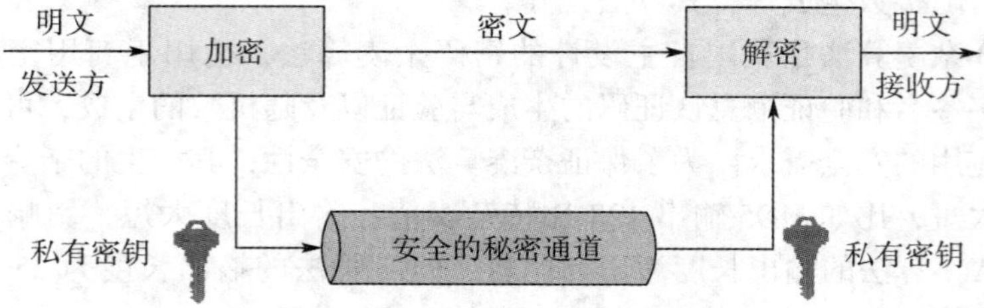

图 3-6　对称加、解密系统

对于一个安全的对称加密系统来说，除非在解密时通过安全的秘密通道获得正确的私有密钥，否则是不可能利用解密功能来获得明文信息的。

使用对称加密技术对信息加密和解密的速度很快，加密效率也很高，但需要仔细保存密钥。使用对称加密技术可以简化对加密的处理，进行电子商务的交易双方不必彼此研究和交换专用的加密算法，可以采取相同的加密算法并只需要交换共享的专用密钥即可。如果进行通信的双方能够确保专用密钥在密钥交换阶段未曾泄露过，那么数据的机密性和完整性就可以随数据一起发送的数字摘要来实现。由于加密与解密有着共同的算法，从而计算速度非常迅速，且使用方便、计算量小、加密效率高，所以对称加密算法广泛用于对大量数据文件的加密过程中。

对称加密技术的主要缺点是密钥的管理比较困难，因为交易双方必须持有同一把密钥，且不能让他人知道。一旦密钥泄露，则信息就失去了保密性，发送方和接收方再进行通信时就必须使用新的密钥。而把新密钥发送给接收方也是件困难的事情，因为必须要对传送的新密钥进行加密，而这就又要求有一把新钥匙。另外，当通信对象增多时，就需要相应数量的密钥。例如一个拥有 100 个贸易伙伴的企业，必须要有 100 个密钥，这就使密钥管理和使用的难度增大。因此，对称加密技术是建立在共同保守密钥的基础之上的，在管理和分发密钥过程中，任何一方的泄密都会造成密钥的失效，存在潜在的危险和复杂的管理难度。

2. 对称加密算法的类型

对称加密算法按加密方式可以分为序列密码算法和分组密码算法两种。

(1)序列密码算法

序列密码算法是将明文 X 看成是连续的比特流(或字符流) $x_1\ x_2\cdots$，并且用密钥序列 $K=k_1, k_2, \cdots$ 中的第 i 个元素k_i 对明文中的x_i 进行加密，即

$$E_K(X)=E_{k1}(x_1)\ E_{k2}(x_2)\cdots$$

图 3-7 给出了序列密码算法的工作图。在开始工作时种子I_0 对密钥序列产生器进行初始化。

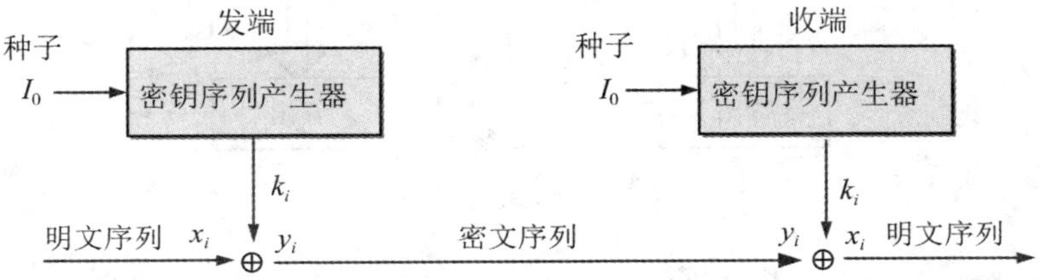

图 3-7 序列密码体制

k_i，x_i 和y_i 均为 1bit(或均为 1 个字符)，经运算，得出：

$$y_i=E_{ki}(x_i)=x_i\oplus k_i$$

在接收端，对 y_i 的解密算法为：

$$D_{ki}(y_i)=y_i\oplus k_t=(x_i\oplus k_i)\oplus k_i=x_i$$

序列密码又称为密钥流密码。这种体制的保密性完全在于密钥的随机性。如果密钥是真正的随机数，则这种体制就是理论上不可破的。这也可称为一次一密乱码本体制。

严格的一次一密乱码本体制所需的密钥量不存在上限，很难实用化。目前常使用伪随机序列作为密钥序列，关键是序列的周期要足够长，且序列要有很好的随机性(这很难寻找)。现在周期小于10^{10}的序列很少被采用，而周期长达10^{50}的序列也不罕见。这种伪随机序列一般用 n 级移位寄存器来构成。

(2)分组密码算法

分组密码算法与序列密码算法不同，它将明文划分成固定的 n 比特的数据组，然后以组为单位，在密钥的控制下进行一系列的线性或非线性的变换而得到密文，这就是分组密码算法。图 3-8 为分组密码算法的工作图。分组密码算法一次变换一组数据。分组密码算法的一个重要特点就是：当给定一个密钥后，若明文分组相同，那么所变换出的密文分组也相同。

分组密码算法的一个重要特点是不需要同步，因而在分组交换网中有着

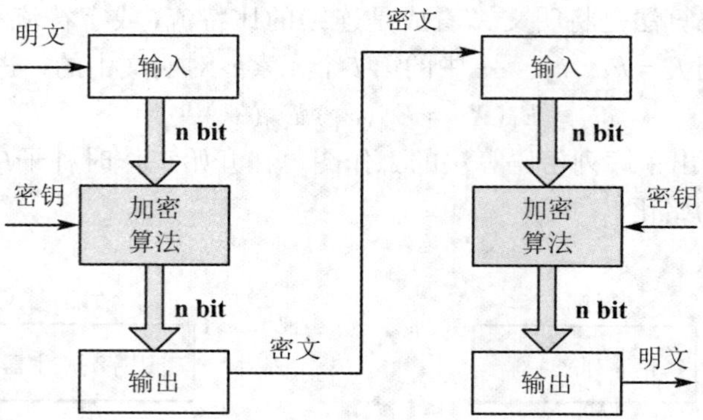

图 3-8　分组密码体制

广泛的用途。分组密码算法中最有名的就是美国的数据加密标准算法(DES)和国际数据加密算法(IDEA)。

3. 对称加密算法

对称加密算法有很多，下面是几种著名的对称加密算法：

(1)DES 算法

目前，经常采用的加密算法是 DES 算法。

DES(Data Encryption Standard)算法是美国国家标准局 NBS(National Bureau of Standard)于 1976 年 11 月 23 日作为一个官方的联邦标准颁布的。这种加密算法被规定用于所有的公开场合或私人的保密通信领域，后来该算法被 ISO 接受为国际标准，用作政府及商业部门的非机密数据的加密标准。

DES 算法可分为加密处理、加密变换及子密钥的生成几个部分。算法输入的是 64bit 的明文，在 64bit 的密钥控制下，通过初始换位 IP 变成 $T_0 = IP(T)$，再对 T_0 进行分组，左边的 32 位记为 L_0，右边的 32 位记为 R_0，经过 16 次的加密变换，最后通过逆初始变换(也称为最后交换)得到 64 比特的密文。密文的每一比特都是由明文的每一个比特和密钥的每一比特联合确定的。加密过程可用数学公式表示为：

$$\begin{cases} L_i = R_{i-1} \\ R_i = L_{i-1} \oplus f(R_{i-1},\ K_i) \\ i = 1,\ 2,\ 3,\ \cdots,\ 16 \end{cases}$$

其中的函数 f 较复杂，在此不赘述，有兴趣的读者可以参考有关书籍。

DES 加密过程中的密钥是长度为 64 位的比特串，其中 56 位是密钥，8

位是奇偶校验位，奇偶校验位分布在位于8，16，…，64位置上。56位密钥经过置换选择、循环左移，每次处理产生一个子密钥，共产生16个子密钥，组合成密钥。

DES的解密与DES的加密相似，只不过是子密钥的相反顺序。

DES加密、解密需完成的只是简单的算术运算，因此速度快，密钥生成容易，能以硬件或软件的方式非常有效地实现。

(2)三重DES

确定一种新的加密算法是否真的安全是极为困难的。由于DES的密钥长度相对比较短，为了提供DES算法的安全性，有关学者建议将一种分组密码进行级联，以增加密钥的长度。在不同的密钥作用下，连续多次对一组明文进行加密，通常把这种技术称为多重加密。对应DES算法，学者们提出使用三重DES，其工作原理如图3-9所示。

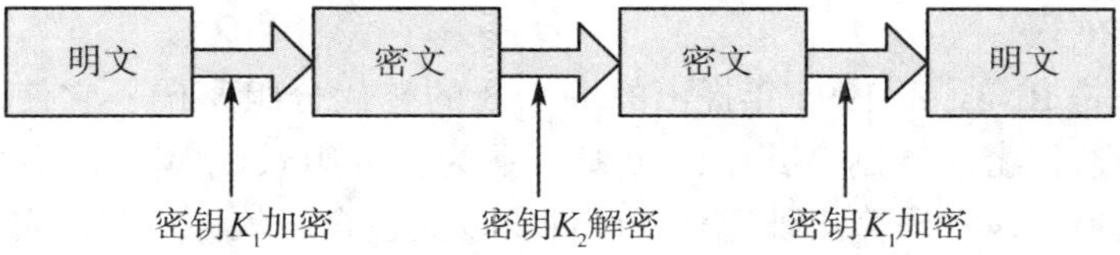

图3-9 三重DES加密

如果用三个密钥进行三个阶段的加密，密钥长度将达到56×3＝168bit，在现阶段有点过大。Tuchman提出了一种替代方法，即用两个密钥对明文进行三次加密，加密函数采用“加密－解密－加密”的序列。假设两个密钥是K_1、K_2，加密过程如下：

①用密钥进行DES加密；

②用K_2对步骤1结果进行DES解密；

③用步骤2的结果使用密钥K_1进行DES加密。

步骤2中的解密并没有密码编码上的意义，因为K_2无法解密由K_1加密的数据，它仅仅起到增加密码长度的作用。

这种方法的缺点是“开销”为原来的三倍，但从另一方面来看，三重DES的密钥长度是112比特，它应该是相当“强壮”的加密方式了。当然，随着计算机及其相关技术的发展，也许112比特的密钥长度也会受到威胁。

DES还有一些变种，如广义DES(G-DES)、使用独立子密钥的DES等。

(3)国际数据加密算法

国际数据加密算法(IDEA)的前身是由瑞士联邦理工学院的来学嘉和James Messey于1990年研制成的一种对称分组密码，当时被称为PES算法。1991年，经Biham和Shamir的差分密码分析之后，作者强化了PES得到新算法，称为IPES，1992年IPES被更名为IDEA(International Data Encryption Algorithm)，即国际数据加密算法。它被认为是现今最好、最安全的分组密码算法之一，已经被PGP采用。

IDEA是以64bit为单位对明文进行分组，密钥长128bit。而DES是用64bit的分组和56bit的密钥。IDEA可用于加密和解密。IDEA使用了混乱和扩散等操作，算法背后的设计思想是“在不同的代数组中的混合运算”，主要有三种运算：异或、模加、模乘，容易用软件和硬件来实现。

IDEA的速度较快，现在IDEA的软件实现同DES的速度一样快(IDEA密钥长度大于DES的密钥长度)。

(4)RC5

RC5是Rivest于1994年提出的一个新的替代分组密码，它使用可变参数的分组迭代密码体制，其中的可变参数为：分组长度W、密钥长度B和迭代轮数R。该密码算法既适合于硬件实现又适合于软件实现，实现速度非常快。它主要通过数据循环来实现数据的扩散和扰乱。每次循环的次数都依赖于输入数据，事先不可预测。

RC5是利用数据循环的观点设计的一种密码算法，利用这种观点设计密码算法是否成功还有待进一步探讨。

3.2.3 公开密钥加密体制

1. 公开密钥加密

公开密钥加密又叫做非对称加密和双钥密码加密，它的概念是由Stanford大学的研究人员Diffie与Hellman于1976年提出的。与对称加密系统不同，在公钥密码系统中，加密密钥与解密密钥不同，并且从其中一个密钥推出另一个密钥在计算上非常困难。其中一个密钥称为私钥，必须保密。而另一个密钥称为公钥，应该公开。这样就不必考虑如何安全地传输密钥。

依据公开密钥是用于加密密钥还是解密密钥，公开密钥加密系统有两种基本的模式：加密模式和验证模式。

(1)加密模式

在加密模式中，公开密钥系统对于信息的加密和解密过程为：

①发送方用接收方的公开密钥对要发送的信息加密；

②发送方将加密后的信息通过网络传送给接收方；

③接收方用自己的私有密钥对接收到的加密信息进行解密，得到信息明文。

整个加、解密过程，如图3-10所示。

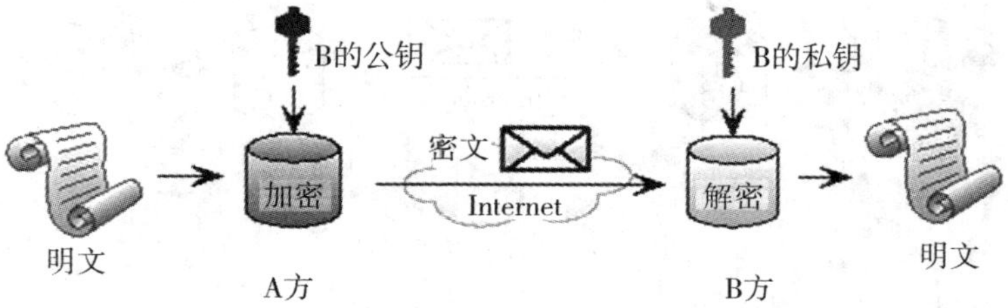

图3-10　公开密钥系统的加密模式

在这一过程中，只有真正的接收方才能解开密文，因为私有密钥在接收方的手中，这一点似乎和对称密钥很相似，但不同之处在于任何拥有该接收方公开密钥的发送方都可以向该接收方发送信息，而不是仅限于与接收方拥有同一把密钥的发送方。

在加密模式中，加密密钥(即公开密钥)PK是对外公开的，加密算法E和解密算法D也是公开的，但解密密钥(即私有密钥)SK是保密的。注意，虽然SK是由PK决定的，但却不能根据PK计算出SK。

因此，用于加密模式的公开密钥算法具有以下几个特点：

①发送方用公开密钥PK对明文X加密后，接收方用私有密钥SK解密，即可恢复出明文，即$D_{SK}\{E_{Pk}(X)\}=X$。

②公开密钥尽管是公开的，但不能用来解密，即$D_{PK}\{E_{Pk}(X)\}\neq X$。

③在计算机上可以容易地产生成对的PK和SK，但从已知的PK不可能推导出SK。

(2)验证模式

在验证模式中，公开密钥系统对于信息的加密和解密过程为：

①发送方用自己的私有密钥对要发送的信息进行加密；

②发送方将加密后的信息通过网络传送给接收方；

③接收方用发送方的公开密钥对接收到的加密信息进行解密，得到信息明文。

整个加、解密过程，如图3-11所示。

在这个过程中，任何能够对所接收到的密文成功进行解密的接收方，都能肯定该消息确实是来自发送方，因为只有发送方才拥有与解密公钥相对应的加密私钥，从而验证该信息确实来自发送方。

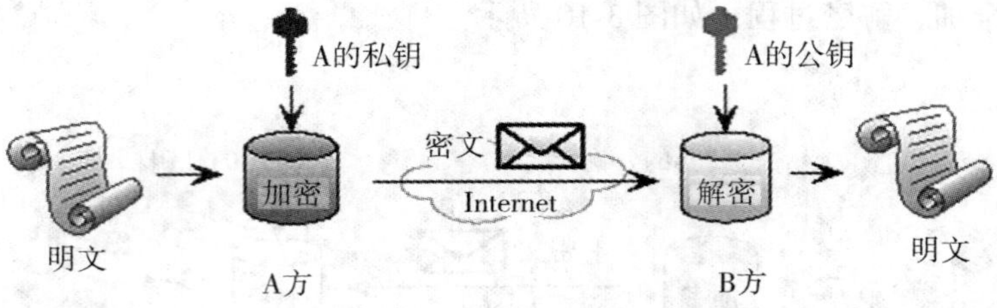

图 3-11　加、解密过程

通过使用私有密钥作为加密密钥，公开密钥加密系统可以用来进行数据发送方的验证并确保信息的完整性。这种公开密钥加密系统的验证模式为数字签名系统奠定了基础。

一般来说，既能以加密模式又能以验证模式运作的公开密钥加密系统被称为可逆的公开密钥加密系统。有些公开密钥加密系统只能运作在验证模式而不能运作在加密模式上，这种系统被称为不可逆的公开密钥加密系统。

(3)公开密钥算法与对称密钥算法的比较

公开密钥算法与对称密钥算法哪一个更好？这个问题自从公开密钥体制产生以来就一直争论不休。通过前面的学习，我们知道对称密钥算法具有加密速度快、效率高的优点，因此适合对大量电子文件的加密；但是，其密钥管理比较困难，同时密钥传送时存在安全隐患。正因为如此，才出现了公开密钥算法，它可以适应网络的开放性要求，密钥管理和传送问题较为简单。但是，要取得较好的加密效果和强度，公开密钥算法必须使用较长的密钥，这就导致了公钥算法加密速度较慢，加密效率低，因而不适合对数据量较大的电子文件进行加密。

网络中的加密普遍采用混合加密体制，即对大块数据加、解密时采用对称密钥算法，而密钥传送则采用公开密钥算法。这样既方便密钥管理，又可提供加、解密速度。本节最后将介绍这两大加密算法如何联合使用。

2. RSA 算法

目前著名的公开密钥加密算法是 1978 年由美国麻省理工学院的三位教授 Rivest、Shamir 和 Adleman 联合提出并正式发表的 RSA 算法，它是以这三位教授的首位字母结合起来而命名的。RSA 是迄今为止理论上最为成熟完善的一种公开密钥算法。

(1)算法描述

RSA公开密钥算法所依据的原理是：根据数论，寻求两个大素数比较简单，而将它们的乘积分解开则极其困难。在这一算法中，每个用户有两个密钥：加密密钥 $PK=\{e, n\}$ 和解密密钥 $SK=\{d, n\}$。用户把加密密钥分开，使得系统中的任何其他用户都可以使用，而对解密密钥中的 d 保密。这里，n 为两个大素数 p 和 q 的乘积(素数 p 和 q 一般为100位以上的十进制数)，e 和 d 满足一定的关系(下面将介绍)。当黑客等入侵者已知 e 和 n 时并不能求出 d。

①加密算法

若用整数 X 表示明文，用整数 Y 表示密文(X 和 Y 均小于 n)，则加密和解密算法为：

加密：$Y = X^e \bmod n$

解密：$X = Y^d \bmod n$

②密钥的产生

现在讨论RSA公开密钥密码体制中每个参数是如何选择和计算的。

A. 计算 n。用户秘密地选择两个大素数 p 和 q，计算出 $n=pq$。n 称为RSA算法的模数，明文必须能够用小于 n 的数来表示。实际上 n 是几百比特长的数。

B. 计算 $\varphi(n)$。用户再计算出 n 的欧拉函数

$$\varphi(n)=(p-1)(q-1)$$

$\varphi(n)$ 定义为不超过 n 并与 n 互素的数的个数。

C. 选择 e。用户从 $[0, \varphi(n)-1]$ 中选择一个与 $\varphi(n)$ 互素的数 e 作为公开的加密指数。

D. 计算 d。用户计算出满足下式的 d

$$ed = 1 \bmod \varphi(n)$$

作为解密指数。

E. 得出所需要的公开密钥和私有密钥：

公开密钥(即加密密钥)　　$PK = \{e, n\}$

私有密钥(即解密密钥)　　$SK = \{d, n\}$

③例子说明

限于篇幅，我们这里不去证明RSA加密算法的正确性，但可以用一个简单的例子来说明以上解密运算能正确地恢复明文。

设选择了两个素数(这里显然无法选择100位的大素数)，$p = 7$，$q = 17$。

计算出 $n = pq = 7 \times 17 = 119$。

计算出 $\varphi(n)=(p-1)(q-1)=96$。

从［0，95］中选择一个与 96 互素的数 e。我们选 $e=5$，然后得到等式 $5d=1 \bmod 96$，解出 d。不难得出，$d=77$，因为 $ed=5\times77=385=4\times96+1=1 \bmod 96$。

于是，公开密钥 $PK=(e, n)=\{5, 119\}$，而私有密钥 $SK=\{77, 119\}$。

现在对明文进行加密。首先将明文划分为一个个分组，使得每个明文分组的二进制值不超过 n，即不超过 119。现在设明文 $X=19$。

用公开密钥加密时，先计算 $X^e=19^5=2476099$。再除以 119，得出商为 20807，余数为 66。这就是对应于明文 19 的密文 Y 的值。

在对私有密钥 $SK=\{77, 119\}$ 进行解密时，先计算 $Y^d=66^{77}=1.27\cdots\times10^{140}$，再除以 119，得出商为 $1.06\cdots\times10^{138}$，余数为 19。此余数即解密后应得出的明文 X。

(2) RSA 算法的安全性

RSA 的安全性依赖于寻找较大的素数相对容易，但要找到积为该数字的两个因数却很困难。如果该数字相当大，则寻找因数需要大量的处理资源，想要计算所有范围内的数字是不可能的。

Rivest、Sharmir 和 Adleman 曾用已知的最好算法估计了分解 n 的时间与 n 的位数之间的关系，用运算速度为 100 万次/秒的计算机分解 500 比特的 n，计算机需进行 1.3^{109} 次分解操作，分解时间是 4.2^{1025} 年。因此，一般认为 RSA 的保密性能良好。

计算机硬件的发展势头是不可阻挡的，这一因素对 RSA 的安全性是很有利的。硬件计算能力的增强使我们可以给 n 加大几十个比特，而不致放慢加密和解密的计算，但同样水平硬件计算能力的增强对因数分解计算的帮助却不那么大。

但是，随着计算能力的持续增长和因式分解算法的不断改善，现在大数分解已经不像过去那么难了。在破解 RSA 方面比较著名的事件发生在 1999 年。当年 8 月，荷兰国家数学与计算机科学研究所的一组科学家成功分解了 512bit 的整数，大约 300 台高速 PC 机并行运行，整个工作花了 7 个月。同年 9 月，以色列密码学家 Adi Shamir 设计了一种名叫“TWINKLE”的因数分解设备，可以在几天内攻破 512bit 的 RSA 密钥。（但要做到这一点，需要 300～400 台设备，而每台设备价值 5000 美元。）

作为一种可行的算法，只要增大 RSA 的模 n 的位数，就可大大增加分解因数所需要的代价。就目前而言，512 比特的密钥长度已不够安全，1024 比特的密钥长度对于大多数商家来说还是足够强大的。若干年后，或许使用

2048 比特的密钥长度将比较合理，更加增强了算法的安全性。

(3)RSA 算法的速度

公钥密码系统与对称密钥密码系统相比较，确实有不可替代的优点，但它的运算量远大于后者，超过几百倍、几千倍甚至上万倍，复杂得多。由于进行的都是大数的高次幂计算，使得 RSA 最快的运算也比 DES 慢许多倍。速度一直是 RSA 的缺陷，因此，RSA 一般只用于少量数据加密。

RSA 算法是第一个能同时用于加密和数字签名的算法，也易于理解和操作。RSA 是被研究得最广泛的公钥算法，从提出到现在已近 20 年，经历了各种攻击的考验，其逐渐为人们所接受，被认为是目前最优秀的公钥加密算法之一。

3. 椭圆曲线密码算法

目前，绝大部分使用公开密钥进行加密的产品和标准都使用 RSA 算法。基于安全性考虑，RSA 所要求的比特长度已经增加了不少，给应用增加了处理的难度。这些处理对于那些每天要进行大量安全交易的电子商务网站影响极大。近年来，椭圆曲线密码编码系统 ECC(Elliptic Curve Cryptography)逐渐引起人们的关注。

与 RSA 相比，ECC 的主要优点是它可以用少得多的比特取得和 RSA 相当的安全性。

表 3-2 比较了椭圆曲线对数分解最快的 Polland rho 方法与用通用数域筛将一个大数分解为两个素数的效率。工作量的大小是用 MIPS 为单位衡量的，MIPS 是一个每秒运行 10 万个指令的处理器运行一年时间的工作量，大约执行 3×10^{13} 条指令。从图中可看出 ECC 的相对优势。

表 3-2 ECC 进行密码分析的计算量

Polland rho 方法		通用数域筛分解大数	
密钥长度	MIPS	密钥长度	MIPS
150	3.8×10^{10}	512	3×10^{4}
		768	2×10^{8}
205	7.1×10^{18}	1024	3×10^{11}
		1280	1×10^{14}
234	1.6×10^{28}	1536	3×10^{16}
		2048	3×10^{20}

3.2.4 两大加密体制的联合使用

公开密钥加密必须要有两个密钥配合使用才能完成加密和解密的全过程，因而有助于加强数据的安全性。但是，公开密钥加密也有其缺点，主要是加密和解密的速度很慢，用公开密钥加密算法加密和解密同样的数据所花费的时间是利用私有密钥加密算法的1000倍。所以，公开密钥加密不适合对大量的文件信息进行加密，一般只适用于对少量数据进行加密。另外，对称密钥算法加密速度快、效率高，但存在着密钥传输的安全隐患。

在实践中，为了保证系统的安全、可靠以及使用效率，一般可以采用由对称加密算法和公开密钥加密算法相结合实现的综合保密系统。在该系统中，用对称加密算法作为数据的加密算法对数据进行加密，用公开密钥加密算法作为对称密钥的加密算法，对对称密钥进行加密。这样的系统既能发挥对称加密算法加密速度快、效率高的优点，又能发挥公开密钥加密算法密钥管理方便的优点，扬长避短。

基于两大加密体制，发送方和接收方对文件进行加密和解密的实际过程如下：

(1)发送方生成一个对称密钥，并对要发送的信息使用自己的对称密钥进行加密。

(2)发送方用接收方的公开密钥对自己的对称密钥进行加密。

(3)发送方把加密后的信息和加密后的对称密钥通过Internet网络传输到接收方。

(4)接收方首先用自己的私有密钥对发送方传送过来的对称密钥进行解密，得到发送方的对称密钥。

(5)接收方用发送方的对称密钥对接收到的加密信息进行解密，得到消息的明文。

其整个过程，如图3-12所示。

因为只有接收方才拥有自己的私有密钥，所以即使其他人得到了经过加密的发送方的对称密钥，也因为无法进行解密而保证了对称密钥的安全性。在上述过程中，实际上分别实现了两次加密解密过程，即文件信息本身的加密解密和发送方对称密钥的加密解密，这是通过对称密钥加密和公开密钥加密的结合来实现的。

公开密钥加密技术可实现对发送方对称密钥的管理，使相应的密钥管理变得简单和更加安全，同时还解决了对称密钥加密中存在的可靠性和鉴别问题。发送方可以为每次交换的信息生成唯一的一把对称密钥，并且接收方的

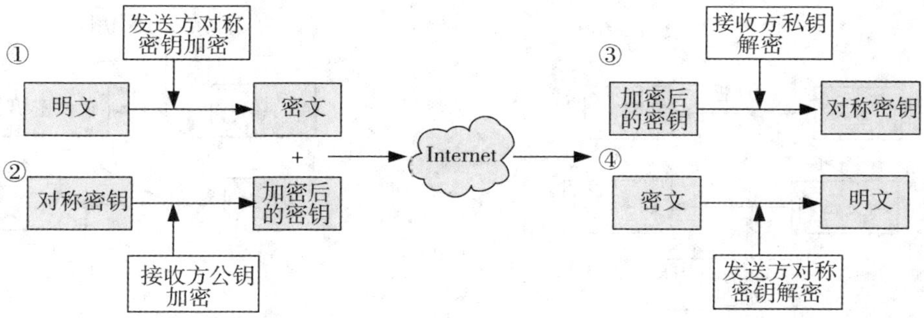

图 3-12 两种加密算法的联合使用方法

公开密钥对该密钥进行加密，然后再将加密的密钥与用该密钥加密的信息一起发送给相应的接收方。由于每次信息交换都对应生成了唯一的一把密钥，因此，各交易方就不再需要对密钥进行维护和担心密钥的泄露或过期问题。这种方式的另一优点是即使泄露了一把密钥，也只不过影响了一笔交易，而不会影响交易双方之间所有的交易关系。这种方式还提供了交易伙伴间发布对称密钥的一种安全途径。

值得注意的是，能否切实有效地发挥加密系统的作用，其关键点在于密钥的管理，包括密钥的生成、分发、安装、保管以及作废的全过程。

3.3 密码技术的应用

3.3.1 数字信封

数字信封又称电子信封，主要的目的是保证对称密钥传送过程中的机密性，它充分利用了对称密钥算法效率高、速度快和公开密钥安全性高且密钥管理简便的优点，将这两大机制完美地结合在一起。

信息发送方利用接收方的公开密钥，对随机产生的对称密钥进行加密，即形成了数字信封。然后传送给接收方，只有指定的接收方才能用自己的私有密钥打开数字信封，获取该对称密钥，用它来解读传送来的信息。这就好比在实际生活中，将一把钥匙装在信封里，邮寄给对方，对方收到信件后，将钥匙取出，再用它去打开保密箱一样。

数字信封的实现过程，如图 3-13 所示。

数字信封只能被接收方“拆封”，因为只有接收方才拥有解密的私钥。

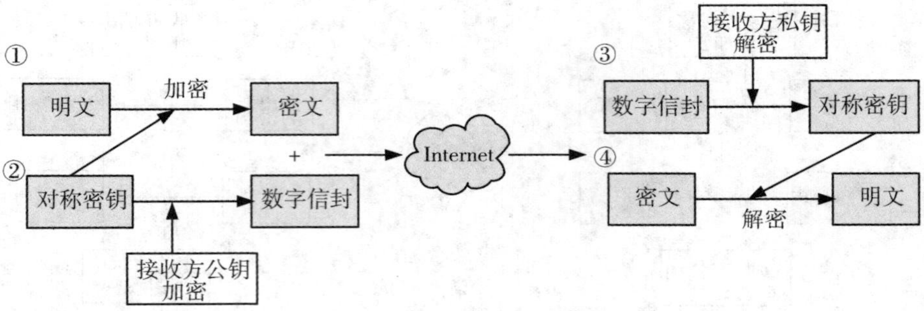

图 3-13　数字信封的实现过程

“拆封”时，接收方先用自己的私钥解密数字信封，得到对称密钥，然后使用对称密钥解开对称密钥加密的消息密文。数字信封的好处是提高了加密速度，并避免了对称密钥在传送时存在的安全隐患，保证了数据的机密性。只有用接收方的私钥才能够打开此数字信封，确保只有接收方才能对消息密文进行解密。

3.3.2　数字摘要

1. 数字摘要技术

虽然通过加密技术能保证数据信息的机密性，防止泄密，但被加密后的数据信息仍有可能被篡改或遭人部分删除，让信息的接收方得到一个错误信息。有一种保证信息的完整性，并可以避免信息传送过程中被篡改或遭人部分删除的方法，那就是同时发一个消息的简单摘要给接收方，供接收方将其与消息本身比对，如果相符则消息正确，未被篡改，说明接收到的是完整的报文。

这样的方法被称为数字摘要。数字摘要技术就是利用单向散列(Hash)函数把任意长度的明文输入映射为固定长度(如 128bit)的密文输出。这个固定长度的密文输出就叫做消息摘要，不同的明文映射成的消息摘要其结果总是不相同的，同样的明文其摘要必定一致，并且即使知道了映射而成的消息摘要也不能推出其明文。

数字摘要类似人类的“指纹”，因此我们把这一串映射而成的消息摘要又称为数字指纹，可以通过数字指纹鉴别其明文的真伪。只有数字指纹完全一致，才可以证明信息在传送过程中是安全可靠的，没有被篡改。数字指纹的应用使交易文件的完整性(不可修改性)得到保证。数字摘要的形成过程，如图3-14所示。

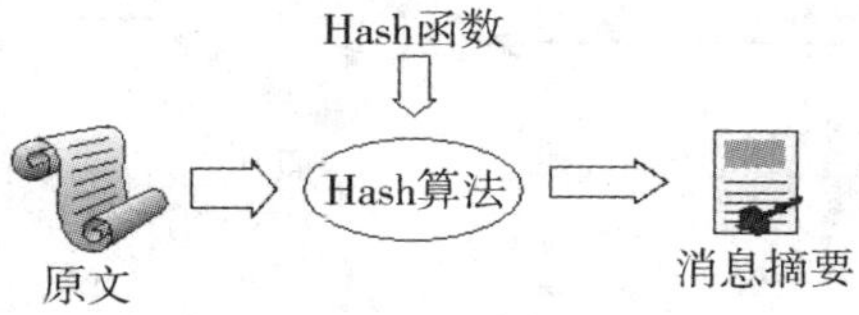

图3-14 数字摘要的形成过程

数字摘要技术的核心是散列函数(Hash)算法的设计。Hash算法并不是加密算法，但却能产生信息的“数字指纹”，以确保数据没有被篡改，即实现数据的完整性。

Hash算法有三个特性：

(1)能处理任意大小的信息，并生成固定长度(120bit或160bit)的消息摘要。

(2)具有不可预见性。消息摘要的大小与原信息的大小没有任何联系，信息输入中哪怕只有一点点微小改变，都将导致输出数据的显著变化。例如，在输入信息中的一个数据位的改变，将导致输出数据中一半数据位的变化。

(3)具有不可逆性。对于一个给定的输出值，不能够根据输出值的一些特点推断出它对应的输入信息，即没有办法通过信息摘要直接恢复原信息。

基于散列函数的数据完整性验证过程为：

(1)对原文使用Hash算法得到消息摘要；

(2)将消息摘要与原文一起通过Internet网络发送到接收方；

(3)接收方将收到的原文利用单向Hash函数产生一个新的消息摘要；

(4)将新的消息摘要与发送方发来的旧的消息摘要进行比较，若两者相同则表明原文在传输过程中没有被篡改，否则就说明原文被篡改过。

其整个过程，如图3-15所示。

图3-15给我们显示了一种信息完整性的验证机制，表面看起来是正确可行的。但是，它仍然存在着安全隐患。例如，原文和消息摘要在Internet传输过程中，“不幸”被入侵者非法截获了。入侵者将自己伪造的电子文件及其对应的消息摘要替代真实的原文和消息摘要，并将伪造后的这两部分发送给接收方，接收方通过以上的验证过程无法鉴别所收到的信息是伪造的。因此，单纯的数字摘要技术还不够完善，必须和其他电子商务安全技术结合

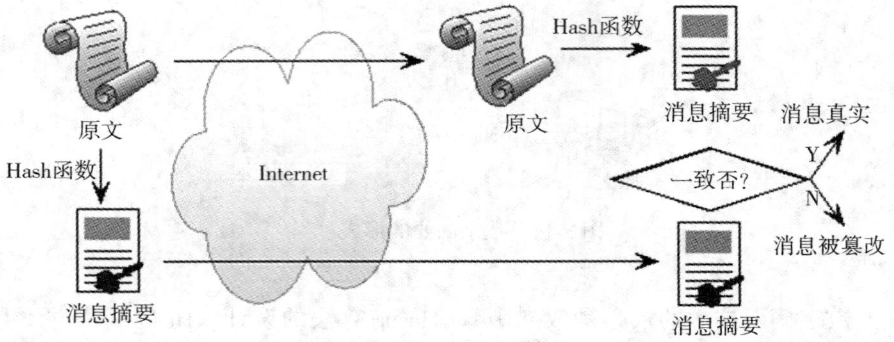

图 3-15　基于 Hash 函数的数据完整性验证过程

起来。在实际的电子交易过程中，一般是将数字摘要和数字签名技术进行结合，共同实现所发送信息的完整性验证。

2. Hash 算法

构造单向 Hash 算法的方法多种多样，目前主要有以下几种：第一种是利用某些数学难题(比如因子分解、离散对数问题等)设计 Hash 算法；第二种是利用一些对称密码体制(比如 DES 等)设计 Hash 算法，这种 Hash 算法的安全性与所使用的基础密码算法相关；第三种就是直接设计 Hash 算法，这类算法不基于任何假设和密码体制，如当前相当流行的 MD5 和 SHA 等。

(1)MD5

MD5 的全称是 Message-Digest Algorithm 5(信息-摘要算法)，在 20 世纪 90 年代初由 Ronald Rivest 开发出来，经 MD2、MD3 和 MD4 发展而来。其输入可以是任意长的报文，输出为 128 位的报文摘要。该算法对输入按 512 位进行分组，并以分组为单位进行处理。

MD5 的作用是让大容量信息在用数字签名软件签署私人密钥前被“压缩”成一种保密的格式(就是把一个任意长度的字节串变换成一定长度的大整数)。MD5 的典型应用是对一段信息产生消息摘要，以防止原文被篡改。MD5 将整个文件当做一个大文本信息，通过其不可逆的字符串变换算法，产生了这个唯一的 MD5 信息摘要。如果在以后传播这个文件的过程中，文件的内容产生了任何形式的改变(包括人为修改或者下载过程中线路不稳定引起的传输错误等)，只要对这个文件重新计算 MD5 时就会发现信息摘要不相同，由此可以确定得到的只是一个不正确的文件。如果再有一个第三方的认证机构，用 MD5 还可以防止文件作者的“抵赖”，这就是所谓的数字签名应用。

MD5还被广泛用于加密和解密技术上。比如在Unix系统中用户的密码就是以MD5(或其他类似的算法)经加密后存储在文件系统中。当用户登录的时候，系统就把用户输入的密码计算成MD5值，然后再去和保存在文件系统中的MD5值进行比较，进而确定输入的密码是否正确。通过这样的步骤，系统在并不知道用户密码的情况下就可以确定用户登录系统的合法性。这不但可以避免用户的密码被具有系统管理员权限的用户知道，而且还在一定程度上增加了密码被破解的难度。

(2)SHA-1

SHA-1(安全散列算法)是由美国国家标准技术研究所(NIST)提出的。SHA曾经于1993年作为联邦信息处理标准(FIPS180)安全散列标准(Secure Hash Standard，SHS)发布。SHS是标准，SHA是算法，标准使用了算法，算法是标准的一部分，1995年NIST发布了一个修订版本(FIPS180-1)，通常称为SHA-1。

SHA是设计用来与数字签名标准(DSS)一起使用的。NIST在标准中指出：本标准规定一种保证数字签名算法(DSA)安全所必需的安全散列算法(SHA)。当输入的是长度小于2^{64}比特的消息时，SHA产生被称为消息摘要的160比特输出。然后将该摘要输入到用于计算该消息签名的DSA中。

与MD5相比，SHA每次循环中操作数比较多(80次)，并且它处理的缓存更长(160比特)。这样，在相同的硬件上，SHA的速度比MD5稍慢，但SHA与MD5描述都很简单，无须冗长的程序或很大的替换表。

3.3.3 数字签名

1. 数字签名机制

在书面文件上签名是确认文件的一种手段，签名的作用有两个：一是因为自己的签名难以否认，从而确定了文件已签署这一事实；二是因为签名不能仿冒，从而确定了文件是真实的这一事实。数字签名与书面文件签名相似，数字签名的目的是使人们可以对数字文档进行签名。

(1)数字签名实现的功能

①接收方能够证实发送方的真实身份；

②发送方事后不能否认所发送过的信息；

③接收方或非法者不能伪造、篡改信息。

数字签名中包含了身份和信息鉴别的功能，防止第三方冒充，以及传输数据的伪造和否认行为。

(2)数字签名的原理

数字签名技术以公开密钥加密技术为基础，发送方用自己的私有密钥进行数字签名，而接收方则用发送方的公开密钥进行验证操作。另外，为了节约签名时间，数字签名经常和数字摘要技术结合使用，即发送方并不是对整个电子文件签名，只是对文件对应的消息摘要签名。数字签名的原理，如图3-16 所示。

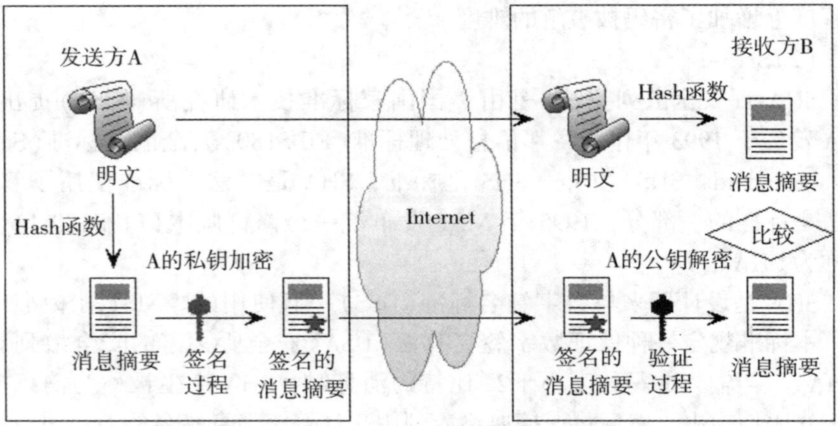

图 3-16　数字签名机制原理

①数字签名的产生过程：将原文按双方约定的 Hash 函数计算得到一个固定长度的消息摘要。然后，对所得到的消息摘要用发送方 A 的签名私钥进行加密，形成数字签名，并将数字签名附加在原文后发送给接收方 B。

②数字签名验证过程：接收方 B 收到数字签名和原文后，用相同的 Hash 函数对原文重新计算，形成新的消息摘要；再对所附数字签名用发送方 A 的签名公钥进行解密，得到旧的消息摘要。如果新旧两个消息摘要相同，数字签名得到验证，说明收到的原文确实来自发送方 A，并且原文信息内容具有完整性；否则无法通过对数字签名的验证，因为相应的签名私钥归真实合法的发送方 A 所拥有。

2. 常规数字签名方法

数字签名是建立在公开密钥体制基础上的，它是公开密钥加密技术的另一类应用。目前已有大量数字签名方法，这里简要介绍几种基本的数字签名方法。

(1)RSA

RSA 是最流行的一种加密标准，基于 RSA 公钥密码体制的数字签名方案通常称为RSA数字签名方案。RSA既可以用来加密数据，也可以用于身份认证，其安全性主要是基于大整数素数分解的困难性。下面介绍一下RSA数字签名的过程：

①安全参数：秘密选择两个大素数 p 和 q，令 $n = pq$，$\varphi(n) = (p - 1)(q - 1)$。选 e 并计算出 d，使 $ed = 1\bmod \varphi(n)$，公开 n 和 e，将 p，q 和 d 保密。

② 数字签名：对于消息 $M \in Z_n$，定义

$$S = Sig(M) = M^d \bmod n$$

为对 M 的签名。

③签名验证：对给定的 M 和 S，可按下式进行数字签名的验证：

设 $M' = S^e \bmod n$，如果 $M = M'$，则确认 S 为消息 M 的有效签名；否则，签名无效。

(2)ElGamal签名

该方法由ElGamal于1985年提出，是专门为签名的目的而设计的，其修正形式已经被美国NIST作为数字签名标准(DSS)。它是一种非确定性的双钥体制，即对同一明文消息，由于随机参数选择的不同而有不同的签名。这种方案的安全性基于求解离散对数的困难性，即对于 $y \equiv g^x \bmod p$（p 为素数，g 是 p 的原根)，已知 x，g，p 计算 y 是容易的，但是在已知 y，g，p 的情况下，计算 x 是非常困难的。

①ElGamal算法参数说明：

p：一个大素数，使得求解离散对数成为难题；

g：g 是 p 的模数序列中较大的一个元素；

M：明文；

x：$1<x<p$，x 为私钥；

y：$y=g^x \bmod p$，(p, g, y)为公钥；

$H(x)$：Hash函数。

②数字签名过程：

对于给定消息 M，选择随机数 k，$k < p$，则

计算 $H(M)$，并计算 $r=g^k \bmod p$，$s=\{H(M)-xr\}k^{-1}\bmod(p-1)$，签名结果是$(M, r, s)$。

③签名验证过程：

收信人收到(M, r, s)，先计算 $H(M)$，并验证$y^r r^s = g^{H(M)} \bmod p$，若两者相等，则签名有效。

(3)数字签名方法

数字签名标准(DSS)是由美国国家标准技术研究所和国家安全局共同开发的，它是一种基于公钥密码体制的数字签名方法，适用于签名方计算能力较低且计算时间短，而签名的验证方计算能力强的场合。

DSS 签名算法是基于离散对数数学难题实现的。与公钥加密算法 RSA 不同，DSS 是专门用于数字签名的，RSA 则不仅用于签名，还可以用于信息的加、解密。

3. 特殊数字签名方法

常用的数字签名方法有时不能满足特殊应用的需求，为了适应电子商务发展的需要，出现了特殊方式的数字签名方法，例如盲签名、接收方不可否认签名和群签名等。

(1)盲签名

一般数字签名中，总是要先知道文件内容而后才签署，这是通常做法。但有时需要某人对一个文件签名，但又不让他知道文件内容，此为盲签名。它是由 Chaum 在 1982 年最先提出的，在电子货币和电子投票系统中得到了广泛的应用。

利用盲变换可以实现盲签名。例如，A 要从 B 处获得盲签名的过程如下：

①A 取一文件并以一随机值乘之，此随机值称为盲因子。

②A 将此盲文件发送给 B。

③B 对盲文件签名，将其签名发送给 A。

④A 以盲因子除之，从 B 关于盲文件的签名中得到 B 对原文件的签名。

Chaum 对盲签名有一个形象的比喻：将盲变换看做信封，盲文件是对文件加个信封，而去掉盲因子的过程是打开信封的过程。文件在信封中时无人可读，而在盲文件上签名相当于在复写纸信封上签名，从而得到了对原文件(信封内容)的签名。

盲签名有两个要求：消息内容对签名者不可见；签名被接收方泄露后，签名方无法跟踪签名。

(2)接收方不可否认签名

通常的数字签名方案中，只能保证发送方(签名方)不能否认自己发送过的报文信息，但是对接收方却没有任何约束，这样就存在以下情况：接收方已经收到报文，并且已经阅读，但是事后否认自己收到报文。为了杜绝这种现象，需要采取某种方式实现接收方不可否认签名。通常的做法是发送方限制签名的使用，使得只有经过授权的用户才能进行签名的验证，也就是说，接收方只有经过与签名方的交互才能验证签名。

(3)群签名

群签名也称团体签名，在某些工作环境中，有时需要使用群签名，它是指群内的各成员可以以群组的名义签名，签名的验证方核实的是群组签名的正确性。群签名具有以下特点：

①只有该群内的成员能对消息签名。

②签名的接收者能够证实消息是该群的有效签名。

③签名的接收者不能确定是该群内哪一个成员签的名。

④在出现争议时，签名能够被“打开”，以揭示签名者的身份。

3.3.4 数字验证

验证是在远程通信中获得信任的手段，是安全服务中最为基本的内容。文件发送方必须通过可靠的验证来进行访问控制，决定谁有权接收或修改信息(从而影响机密服务)，增强责任性以及实现不可否认服务。

验证的方法很多，有些与加密技术有关，有些与此无关，下面介绍几种常见的验证方法。

1. 基于口令的验证

几乎所有的个人验证机制都会在一定程度上依赖口令。常规的口令方案一般不随时间而变化，即提供所谓的弱鉴别，它是目前电子商务系统的主要弱点之一，而且是许多系统不安全的根源。

对于基于口令的验证来说，主要会面临外部泄露、猜测、通信窃取、重放和危及主机安全之类的安全威胁。

要想制止这些威胁，就需要有有效的口令管理程序，需要进行有意识的培训，需要用户对自己的行为负责，还需要对系统进行认真仔细的设计。

2. 基于个人令牌的验证

个人令牌是一种个人持有物，它的作用类似于钥匙，用于启动电子设备。使用比较多的是一种嵌有磁条的塑料卡，磁条上记录有用于机器识别的个人信息。这类卡通常和个人识别号(PIN)一起使用。这类卡易于制造，而且磁条上记录的数据也易于转录，因此要设法防止被仿制。基于个人令牌的验证可以和口令验证结合起来，提供双因素验证。对攻击者来说，要想伪装成合法的用户，仅仅知道口令或仅仅知道令牌是不够的，他必须既要知道口令又要得到令牌。因此，要想设计一个针对双因素验证的成功攻击是很困难的。

3. 基于生物统计特征的验证

生物识别依据人类自身所固有的生理或行为特征。生理特征与生俱来，多为先天性的，如指纹、视网膜、面容等；行为特征则是习惯使然，多为后天性的，如笔迹、步态等。这些别人很难具有的个人特征可以作为个人身份识别的重要依据。

生物识别包括指纹识别、视网膜识别、面容识别、掌纹识别、声音识别、签名识别、笔迹识别、手形识别、步态识别及多种生物特征融合识别等，其中，视网膜识别和指纹识别被公认为最可靠的生物识别方式。

一般情况下，当需要进行可靠性要求特别高的身份验证时，可以利用生物测定技术来充当基本验证方法的补充，如充当对数字签名验证的补充。

4. 数字时间戳验证

在电子商务中，除了要考虑数据的保密性、完整性、不可否认性及不可伪造性之外，还需要对交易数据的日期和时间信息采取安全措施，而数字时间戳服务(digital time-stamp service，DTS)就能提供电子信息在时间上的安全保护。

数字时间戳服务是网上的安全服务项目，一般由大家均信任的第三方机构提供。数字时间戳其实是一个经加密后形成的凭证文档，包括三个部分：

①需要加时间戳的信息摘要。

②数字时间戳服务机构收到该信息的日期和时间。

③数字时间戳服务机构的数字签名。

数字时间戳可以作为电子商务交易信息的时间凭证，一旦发生争议时可作为时间凭证依据。

3.4 密钥管理技术

3.4.1 密钥管理的基本内容

所有的密码技术，无论使用的是对称密钥密码体制还是公开密钥密码体制，无论是用于基本的加密还是数字签名，最终依赖的都是密钥。这是因为在许多现有的密码体制中，加密和解密算法是公开的，对于信息的保护主要取决于对密钥的保护，而不是算法或硬件本身的保护，即一个密码系统的安全性取决于密钥的安全性。密钥的管理是复杂的，而且对安全起到决定性的作用。

一般来说，所有的密钥都有时间期限，这是因为：

其一，攻击者可以使用数学分析方法来进行密码分析从而破解加密系统，攻击者获得大量有效的密文可以帮助他们加快密码的分析。密钥使用的时间越长，攻击者收集密文的机会就越多。

其二，密钥有可能被泄露，攻击者可以对用某个特定密钥进行的加密处理进行密码分析，所以缩短密钥的使用期可以减少危险的发生。

特定密钥的使用周期被称为密钥周期。通常，密钥的生命周期是由密钥的产生、密钥的备份/恢复、密钥的替换/更新、密钥吊销和密钥期满/终止这五个阶段构成的。

1. 密钥的产生

密钥的产生必须考虑具有密码系统的公认的限制，如避免 RSA 的弱密钥。密钥的产生也必须确保处于一个合适的随机过程。如果密钥选择过程有一定的约束，就缩小了攻击者搜索密钥的空间。为此，应该用一个适当的随机数生成器来产生密钥，最好的办法是使用物理噪声源。当然，也可以使用一个秘密的由随机初始种子控制的伪随机软件来产生密钥，但是必须慎重使用。在一些保密要求比较高的应用场合中，密钥生成的算法必须经有关部门审批，密钥的产生与检验要有专门的密钥管理部门或授权人员确认。

2. 密钥的备份/恢复

密钥的备份/恢复是指密钥或私有密钥丢失或由于其他原因无法获得后，恢复密钥的备份。这里特别要注意的是，如果信息是以加密形式存储的并且需要用特定的密钥来解密的话，那么密钥的丢失可能就意味着信息的丢失。

3. 密钥的替换/更新

密钥的替换/更新是指在密钥使用期满或在特殊情况下重新产生密钥的过程。

4. 密钥吊销

密钥吊销是指在特殊情况下停止密钥的使用。

5. 密钥期满/终止

在密钥期满后要停止该密钥的使用，这可能会涉及密钥的销毁和归档问题。

密钥销毁是指删除所有与某个密钥有关的信息。一般来说，密钥在停止使用后其数值可能是需要长期保存的。例如，在若干年后要对以前发生的交易中的数字签名验证其合法性，这时就需要依赖于这一期间对密钥的保护。

此外，在密钥终止使用后如何安全地销毁所有的副本也是非常重要的。例如，一定不能让攻击者通过检测老的数据文件或丢弃的装备来获得老的密钥值。

密钥还需要归档。例如，为出于不可抵赖目的而验证某个以前的数字签名，就需要对数字签名中使用的公开密钥进行归档。一般来说，密钥的归档工作应该委托给第三方进行。

密钥的保护应该在其整个有效期内进行，也就是说从密钥的产生一直到密钥的终止都应该进行保护。从完整性的目的来说，对所有的密钥都应该进行保护，因为任何一个密钥若被入侵者篡改或替换，都会危及由该密钥所提供的保护服务。此外，除了公开密钥加密系统中的公开密钥外，所有的密钥都要保护其机密性。

3.4.2 对称密钥的分发

采用对称加密技术的贸易双方必须要保证采用的是相同的密钥，要保证彼此密钥的交换是安全可靠的，同时还要设法防止密钥泄密和更改密钥的发生。这样，对称密钥的管理和分发工作将变成一个危险的和繁琐的过程，而通过公开密钥加密技术就使此问题变得简单和更加安全，同时还解决了纯对称密钥模式中存在的可靠性问题和鉴别问题。下面介绍一种基于 RSA 算法的对称密钥传输方法。

在这里，对称密钥由一个系统生成，然后分发给一个或多个系统，在密钥的分发过程中采用 RSA 的加密模式来进行加密。这种方法的一个典型应用就是使用对称加密系统和 RSA 来保护电子文件信息，其过程如图 3-17 所示。

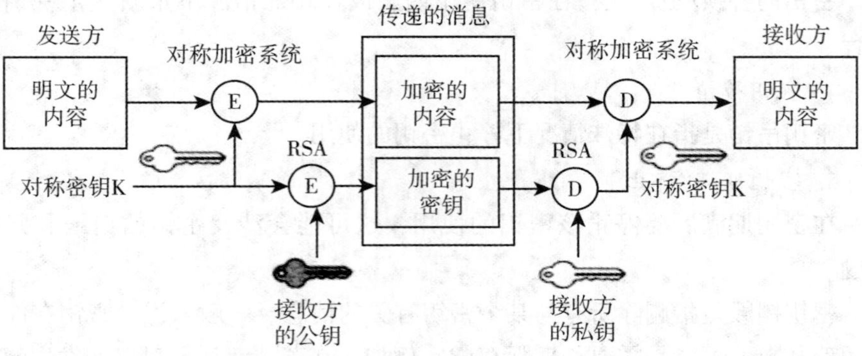

图 3-17　用 RSA 密钥传输加密电子文件

在这一过程中，信息发送方随机地生成对称密钥 K，用这把密钥对信息内容进行加密，然后用接收方的公开密钥来加密该对称密钥，并附加在加密后的信息上一起发送。只有持有正确的 RSA 私有密钥的接收方才能解密 RSA 加密的对称密钥，并用解密后的对称密钥来解密信息内容。对于任何想窃取加密信息的窃取者来说，只要他不知道 RSA 私有密钥，他就无法解密窃取的信息。

这种混合使用的方法把对称加密和公开加密这两者的优点都很好地发挥了出来。对于有一定规模的信息内容，用相对比较快的对称算法加密，而对称密钥是一个相对比较小的数据项，可以用接收方的公开密钥以 RSA 加密方式来进行传输，从而发挥了公开密钥的优势。

3.4.3 公开密钥的分发

公开密钥加密系统对密钥管理的要求与对称加密系统本质上是完全不同的。在对称加密系统中，对彼此间进行通信的信息进行保护的双方必须持有同一把密钥，该密钥对他们之外的其他方是保密的。而在公开密钥加密系统中，一方必须持有一把对其他任何方来说都是保密的密钥(私人密钥)，同时，还要让想要与私人密钥的持有者进行安全通信的其他方知道另一把相应的密钥(公开密钥)。

在分发公开密钥时并不要求保密，但必须保证公开密钥的完整性。也就是说，不能给攻击者任何替换密钥值的机会，因为这些密钥是一方所信赖的其他方的公开密钥，否则的话，就有可能会发生下列形式的攻击。例如，假定接收方正在对声称是由发送方进行数字签名的信息进行验证，但这时，冒名顶替者伪造了信息并用他自己的私有密钥签名，还用他的公开密钥代替了接收方所认为的发送方的公开密钥。这样，使用了错误的公开密钥，接收方对数字签名进行的检查当然认为是正确的。由此，攻击者成功地伪装成了发送方。

公开密钥的分发并不是像在电话号码簿中公布电话号码那么简单，除非所有的用户对这样的目录及相应的访问具有高度的信任感，但事实证明这类信任是很难实现的。由此便引出了需要以数字证书的形式来进行公开密钥的分发。所谓数字证书其实是一种数据结构，是由证书的使用者所信赖的某方进行数字签名的。基于公开密钥的数字证书是一种将某方的身份与某个公开密钥值安全地连接在一起的数据结构。有关数字证书的内容我们将在第 4 章进行介绍。

3.5 电子商务加密技术的综合应用

实际上，在一次信息传送中，可以综合利用两大类型的加密技术、数字信封、数字摘要和数字签名来共同实现信息的机密性、完整性、不可抵赖性和不可伪造性，具体过程如图 3-18 所示。

1. 发送方 A

发送方 A 对要发送的明文信息做 Hash 运算，形成消息摘要，A 方再使用自己的签名私钥对消息摘要进行加密，形成数字签名。然后，A 方将明文信息、消息摘要的数字签名按照预定的数据格式连接在一起，并随机产生一个对称密钥，对其加密，形成密文。同时，A 方用接收方 B 的公开密钥对所产生的对称密钥进行加密，形成数字信封。最后，A 方将密文及数字信封发送给 B 方。

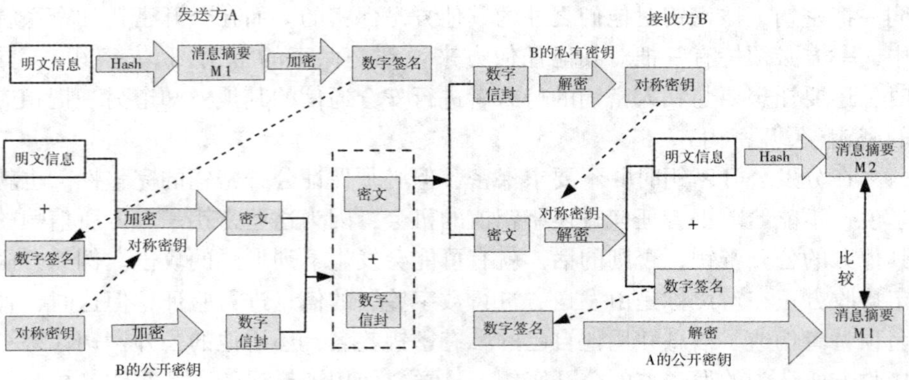

图 3-18 加密技术的综合应用

2. 接收方 B

当接收方 B 接收到密文和数字信封后，首先用自己的私钥对数字信封解密，从而得到解开密文的对称密钥，用该对称密钥解密后，得到明文信息、消息摘要的数字签名。然后，用 A 方的公开密钥对数字签名解密得到消息摘要(称 M1)。另外，再对接收到的明文消息做 Hash 运算得到新的消息摘要(称 M2)。如果 M1 和 M2 二者相同，则所接收到的明文信息具有数据完整性，在 Internet 网络传输过程中没有被篡改。

以上过程已经成为目前电子商务安全传送的标准模式，一般把它称为

“混合加密系统”，目前在电子支付系统中被广泛应用。

◎ 本章小结

数据加密技术是实施所有安全服务的一个重要工具，分为对称密钥加密系统和公开密钥加密系统两种基本的加密体制。对称密钥加密系统使用单一的密钥，用来加密数据以保障数据的机密性，相关的对称加密算法有 DES、IDEA、RC5 等。而公开密钥加密系统则使用一个密钥对：私有密钥由一方持有对其他方是保密的，公开密钥则对任何方都公开。RSA 是最有名和最容易理解的公钥加密算法。同时，椭圆曲线密码等算法也受到了越来越多人的重视。

本章在介绍数据加密技术的基础上，对密码技术的应用进行了详细的介绍。密码技术的应用涉及数字信封、数字摘要、数字签名和数字验证等技术。通过这些技术，可以分别实现数据信息的机密性、完整性和不可抵赖性。在此基础上，本章对前面各种加密技术及应用进行综合，介绍了一个综合的加密系统。

◎ 本章习题

1. 名词解释

(1)数字签名　(2)数字信封　(3)数字摘要　(4)DES　(5)RSA

2. 简述公开密钥加密体制的特点。

3. 简要叙述 RSA 加密算法的原理。

4. 简述数字信封的操作过程。

5. 什么是数字签名？它有什么特点以及有何必要性？

6. 简述数字签名及验证的过程。

7. 密钥管理的任务是什么？密钥生命周期主要有哪几个阶段？

8.“电子商务安全”课程采用无纸化考试，为了保密处理，考生考完后需要对答卷进行加密处理，假设有 DES、RSA 两种加密算法供选择，请问应该选择哪种算法？为什么？如何处理？

第4章 电子商务的安全认证

在电子商务的开放网络中，不同于传统的面对面和其他形式的物质交易，数字认证对于交易的电子化保证以及保障交易的进行起到了重要的作用。数字认证通过减少在组织内部、组织之间以及个人之间广泛流通的交易数据被窃取、泄露或伪造机会，确保了电子交易的安全性。

本章介绍了电子商务的认证体系。首先阐述电子商务中认证体系的必要性，并对相关概念进行简要的说明；其次对数字证书及其颁发机构 CA 进行解释，重点介绍了 CA 的功能及其在我国的发展现状；在安全认证机制的基础上，本章介绍了公钥基础设施(PKI)，包括 PKI 概述、PKI 的信任模型、PKI 的标准和应用等；最后介绍了人脸识别的方法和应用，以及基于人脸识别的安全认证。

4.1 网上身份认证与认证体系

随着计算机技术的发展和社会的进步，通过网络进行的电子商务活动在当今社会越来越频繁，身份认证是一个不得不解决的重要问题，它直接关系到电子商务活动能否高效而有序地进行。现代密码学的两个最重要的分支就是加密和认证。加密的目的是防止敌方获得机密信息。认证则是为了防止敌方的主动攻击，包括验证信息真伪及防止信息在通信过程中被篡改、删除、插入、伪造、延迟及重放等。认证主要包括三个方面：消息认证、身份认证和数字签名。

身份认证又称为身份识别，它是数字签名技术和身份鉴别技术一个重要的应用领域。在当今网络应用环境中，网络资源的安全性保障通常采用基于用户身份的资源访问控制策略。身份认证的作用就是对资源使用者即用户的身份进行鉴别，它是网络安全管理的重要基础之一。身份识别技术使得对方能够识别自己的真正身份，以使对方的合法权益得到保障。

身份认证作为网络安全中的一种重要技术手段，其作用是一方面能够保护网络中的数据和服务不会被未经授权的用户所访问，另一方面能够保障有足够的信息进行双方身份的确认。只有这样，商家才能放心地开展电子商务业务。

4.1.1 身份认证概述

身份认证一般是通过对被认证对象(人或事)的一个或多个参数进行验证，从而确定被认证对象是否名实相符或有效。这要求要验证的参数与被认证对象之间存在严格的对应关系，最好是唯一对应的。比如银行的自动取款机(ATM)可将现款发放给经它正确识别的账号持卡人。常用的参数有口令、标识符、随机数、密钥或人的生理特征参数如指纹、声纹、视网膜纹等。

身份认证是许多应用系统的第一道防线，可以鉴别和排除非法访问者。用户在访问安全系统之前，首先需经过身份认证系统进行身份识别，然后访问控制器，由其根据用户的身份和授权数据库决定用户能否对某个资源进行访问。授权数据库由安全管理员按照需要进行配置。审计系统根据审计设置记录用户的请求和行为，同时入侵检测系统检测是否有入侵行为。访问控制和审计系统都要依赖于身份认证系统提供的“信息”——用户的身份。可见，身份认证在安全系统中的地位是极其重要的，是最基本的安全服务，其他的安全服务都依赖于它。一旦身份认证系统被攻破，那么系统的所有安全措施都将会受到严峻挑战。身份认证在安全系统中的作用，如图4-1所示。

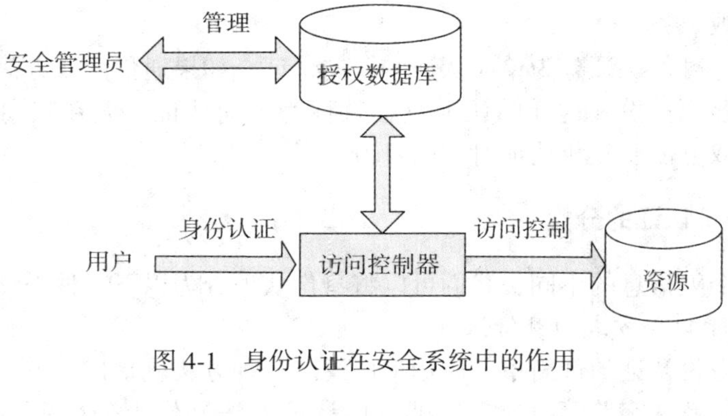

图4-1 身份认证在安全系统中的作用

身份认证包括几个重要概念：

(1)认证：在进行任何操作之前必须有有效的方法来识别操作执行者的真实身份。认证又称为鉴别、确认。身份认证主要是通过鉴别用户的身份，防止攻击者假冒合法用户身份获取访问权限。

(2)授权：授权是指用户身份被确认为合法后(即通过认证)，赋予该用户操作文件和数据等的权限。赋予的权限包括读、写、执行及从属权。

(3)审计：每一个人都应为自己所做的操作负责，所以在事情完成后都应该有记录，以便核查。

用户对资源的访问过程，如图 4-2 所示。

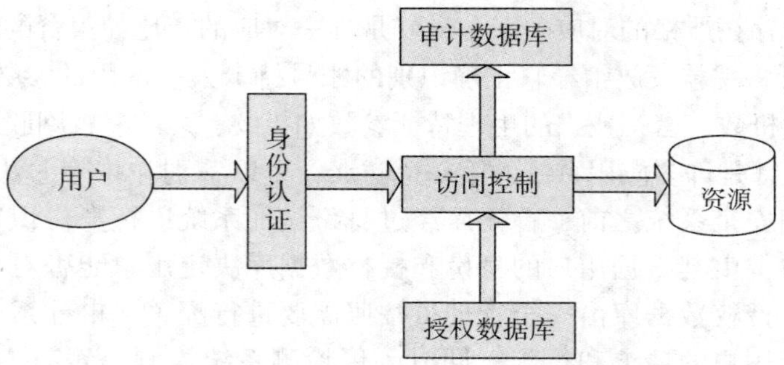

图 4-2　用户对资源的访问过程

日常生活中，人们的身份主要是通过各种证件来确认的，比如身份证、户口簿、军官证、驾驶证等。在计算机网络系统中，各种资源(如文件、数据等)也要求有一定的保证机制来确保这些资源被应该使用的人使用。身份认证通常是许多应用系统中安全保护的第一道防线，它的失败可能导致整个系统的失败。

通常，身份认证分为单向认证和双向认证。如果通信的双方只需要一方被另一方鉴别身份，这样的认证过程就称为单向认证。而在双向认证过程中，通信双方需要互相认证对方的身份。

4.1.2　身份认证的分类

根据个人信息的不同，我们可以将身份认证分为以下三种类型：

1. 基于口令方式的身份认证

用户身份认证的最简单、应用最广泛的一种方法就是口令方式，口令由数字字母、特殊字符等组成。这种身份认证方法操作十分简单，但最不安全，也不能抵御口令猜测攻击。

2. 基于标记方式的身份认证

标记是一种用户所持有的某个秘密信息(硬件)，上面记录着用于系统识别的个人信息。常用的标记多采用磁介质，而磁介质却有不少缺陷。磁介质最大的问题就是易受环境影响，而且也易被修改和转录，所以智能卡取代磁卡是很有必要的。智能卡的原理是在卡内安装电脑芯片以取代原来的磁介质，这样就克服了磁介质的缺陷，使身份识别更有效、安全。但智能卡仅仅为身份识别提供了一个硬件基础，要想得到安全的识别，还需要与安全协议配套使用。

3. 基于个人生物特征的身份认证

基于个人生物特征的身份认证是指利用某些人体生物学特征，如指纹、声音、DNA 图案、视网膜扫描图案进行身份认证。它的优点是严格依据人的物理特征并且不依赖于任何能被复制的文件或可被破解的口令。由于成本的原因，目前基于生物特征的身份认证设备还不是很多，但是随着新的功能更强大的软、硬件引入，这种方法正在成为电子商务中对用户身份识别的最佳解决方案。

4.1.3 认证体系

人们通常都采用最有效的安全技术来建立电子商务安全体系结构。电子商务认证体系包括两大部分，即符合 SET 标准的 SET CA 认证体系和基于 X. 509 的 PKI CA 体系。下面分别介绍这两种重要的认证体系。

1. SET CA

1997 年 2 月，由 Master Card 和 Visa 发起成立的 SETCO 公司，被授权作为 SET 的根 CA。从 SET 协议中可以看出，由于采用公开密钥加密算法，认证中心(CA)就成为整个系统的安全核心。SET 中 CA 的层次结构依次为：根认证中心(RCA)、区域性认证中心(GCA)，GCA 下设持卡人认证中心(CCA)、商户认证中心(MCA)、支付网关认证中心(PCA)。在 SET 中，CA 所颁发的数字证书主要有持卡人证书、商户证书和支付网关证书。在证书中，CA 利用 X. 500 识别名来确定 SET 交易中所涉及的各参与方。CA 层次结构如图 4-3 所示。

SET CA 是一套严密的认证体系，可保证 B2C 类型的电子商务安全顺利地进行，但 SET 认证结构仅适用于信息卡支付，对其他支付方式是有所限制的。

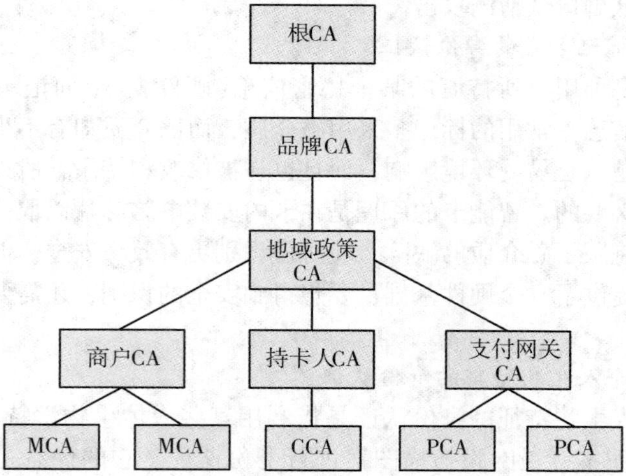

图 4-3　CA 认证体系

2. PKI CA

PKI CA 是提供公钥加密和数字签名服务的平台，采用 PKI 框架管理密钥和证书，基于 PKI 的框架结构及在其上开发的 PKI 应用，为建立 CA 提供了强大的证书和密钥管理能力，可以建立一个安全的网络环境。

PKI CA 增加网上交易各方的信任，也为它们之间的可靠通信创造条件，并为 B2B 及 B2C 两种电子商务模式提供兼容性服务（特别是 B2B 模式的服务），而 SET CA（支付型认证体系）只适应于部分 B2C 模式。

4.2　数字证书

4.2.1　数字证书概述

数字证书就是标志网络用户身份信息的一系列数据，它用来在网络通信中识别通信各方的身份，即要求在 Internet 上解决“我是谁”的问题，就如同现实中我们每一个人都要拥有一张证明个人身份的身份证或驾驶证一样，以表明我们的身份或某种资格。

数字证书是由权威公正的第三方机构即 CA 中心签发的，以数字证书为核心的加密技术，可以对网络上传输的信息进行加密和解密、数字签名和签名验证，保证信息的机密性、完整性，以及交易实体身份的真实性和签名信息的不可否认性，从而保障网络应用的安全性。

数字证书体系采用公开密码体制，即利用一对互相匹配的密钥进行加密、解密。每个用户拥有一把仅为本人所掌握的私有密钥(私钥)，用它进行解密和签名；同时拥有一把公开密钥(公钥)，用于加密和验证签名。当发送一份保密文件时，发送方使用接收方的公钥对数据加密，而接收方则使用自己的私钥解密，这样，信息就可以安全无误地到达目的地。即使被第三方截获，由于其没有相应的私钥，也无法进行解密。

数字证书可实现在网络环境下将公钥安全地分发给可信赖的个体。数字证书由认证机构签发，为证书主体所有。证书主体是指持有相应私钥的个人、设备或其他实体。当证书的主体是个人或法人实体时，一般将这类持有证书的主体称为认证机构的用户。图4-4给出了数字证书的生成过程。

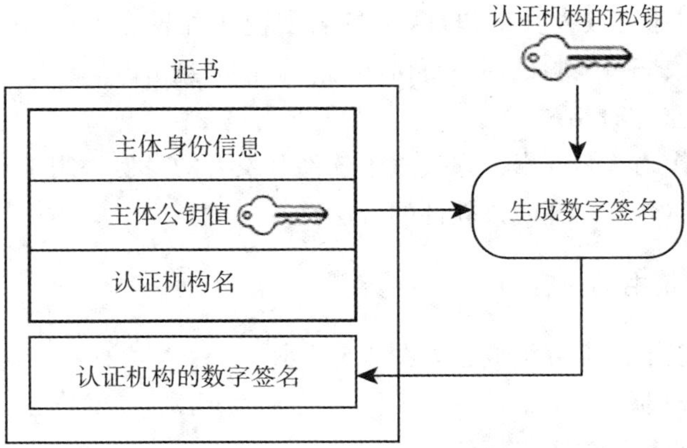

图4-4　数字证书的生成过程

使用数字证书的主要好处是，只要知道认证机构的公钥，就可以安全地获取各通信方的公钥。目前随着公钥密码技术在网络中的广泛应用，数字证书也广泛应用于发送安全电子邮件、访问安全站点、网上证券交易、网上采购招标、网上办公、网上保险、网上税务、网上签约和网上银行等数字电子事务处理和数字电子交易活动等领域。

4.2.2　数字证书的类型

应用程序能够识别的数字证书类型如下：

1. 个人证书(客户证书)

这种证书包含个人身份信息和个人公钥，用于标识证书持有者的个人身份。为了取得个人证书，用户可向某一 CA 申请，CA 经过审查后决定是否向用户颁发证书。

2. 服务器证书(站点证书)

这种证书证实服务器的身份和公钥。它主要用于网站交易服务器的身份识别，使得连接到服务器的用户确信服务器的真实身份，其目的是保证客户和服务器之间交易、支付时双方身份的真实性、安全性、可信任性等。

3. 安全电子邮件证书

其用于对普通电子邮件做加密和数字签名处理，以确保电子邮件内容的安全性、机密性、发件人身份的确定性和不可抵赖性。

4. CA 证书

这种证书证实 CA 身份和 CA 的签名密钥。有些传送安全电子邮件的应用程序使用该证书来验证用户身份和加、解密消息。

5. 代码数字证书

其又称代码签名证书，它代表了软件开发者的身份，用于对其开发的软件进行数字签名，以证明该软件的合法性。

4.2.3 数字证书的内容

证书由以下两部分组成，如图 4-5 所示。

1. 证书数据

证书里的数据包含以下信息：

①版本号：代表数字证书的版本格式是版本 1、版本 2 或版本 3，将来还可以是其他版本。

②证书序列号：每一个由 CA 发行的证书必须有一个唯一的序列号。

③签名算法标识符：认证机构用来对数字证书进行签名时所使用的数字签名算法的算法标识符。

④发放者的 X. 500 名称：发行数字证书的认证机构的 X. 500 名称。

⑤有效期：数字证书的起始和终止的日期和时间。

⑥ 主体的 X. 500 名称：与相应的被验证公钥所对应的私钥持有者的 X. 500 名称。

⑦ 主体的公钥信息：主体的公钥值以及该公钥被使用时所用的算法标

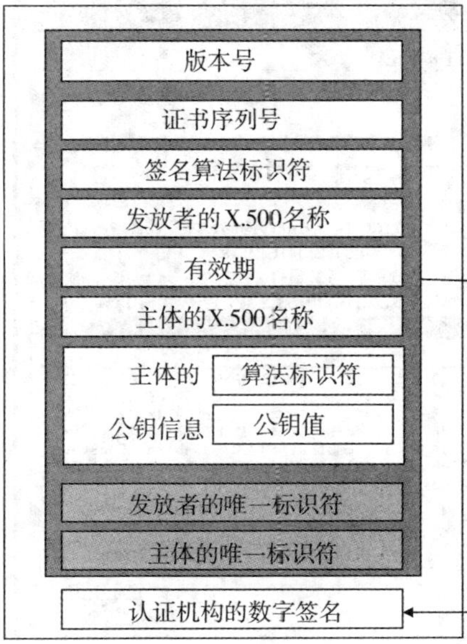

图 4-5　数字证书的组成

识符。

⑧ 发放者的唯一标识符：这是一个可选项，当不同的实体具有相同的名称时，利用该标识符可使发放数字证书的认证机构的 X. 500 名称不具有二义性。

⑨ 主体的唯一标识符：这是一个可选项，当不同的实体具有同样的名称时，利用该标识符可使主体的 X. 500 名称不具有二义性。

2. 认证机构的数字签名

证书第二部分包括发行证书的 CA 签名和用来生成数字签名的签名算法。任何人收到证书后都能使用签名算法来验证证书是不是由 CA 的签名密钥签署的。

图 4-6、图 4-7 给出了一份数字证书中的信息。

4.2.4　数字证书的验证和使用

数字证书的验证过程，如图 4-8 所示。

从图中可以看出，只有以下三个条件同时为真时，证书才是有效的。

(1) 证书没有过期，所有的证书都有一个有效期，只有在有效期以内证

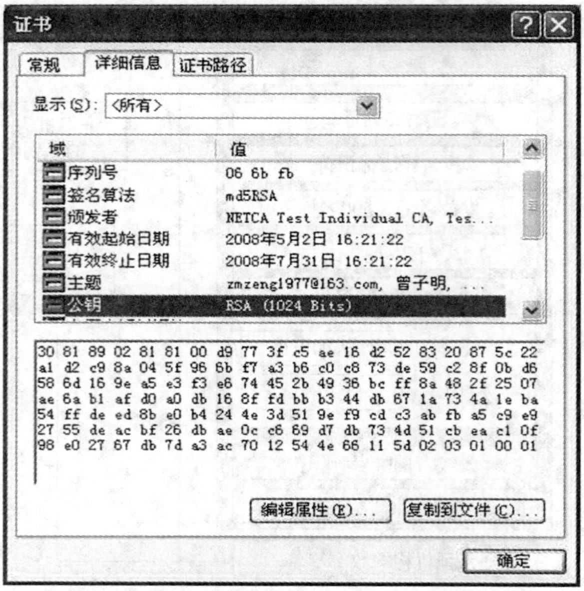

图 4-6 数字证书的信息(一)

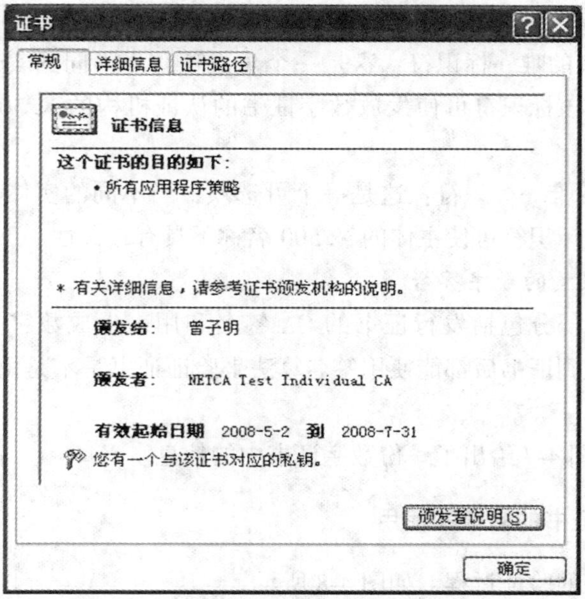

图 4-7 数字证书的信息(二)

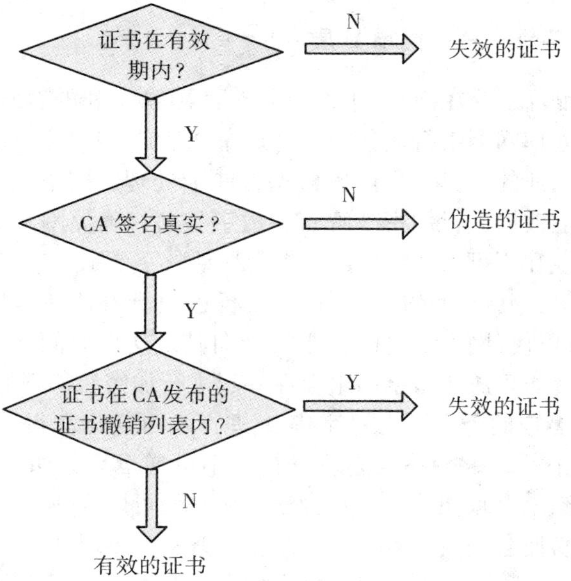

图 4-8　数字证书的验证过程

书才有效。

(2)证书中的公钥信息没有被修改。如果公钥被修改，就不应该再使用，公钥对应的证书就应当被收回。因此，必须对 CA 签名的证书进行验证。如果验证通过，则公钥信息没有被修改；否则，公钥信息已被修改，证书无效。

(3)证书必须不在 CA 发行的无效证书清单中。例如，某雇员离开了公司，雇员就不能再使用自己的证书；这时应通知发放该证书的 CA 认证机构，将证书进行作废，并将其放在证书作废列表(Certificate Revocation List, CRL)中。

证书帮助证实个人身份。当你把你的证书送给某人，并将消息用你的密钥加密，接收者就能用证书中的公钥来证实你的身份。你的证书和你的密钥就是“你是谁”的依据。如此一来，当有人冒用他人的公钥进行数字签名时，证书就可以马上提出疑问，从而解决了数字签名最棘手的问题。

认证机构发放的数字证书主要应用于：①通过 S/MIME 协议实现安全的电子邮件系统；②通过 SSL 协议实现浏览器与 Web 服务器之间的安全通信；③通过 SET 协议实现信用卡网上安全支付；④提供电子商务中认证证书标准。

4.2.5 移动数字证书——网银 U 盾

U 盾，即银行系统在 2003 年推出并获得国家专利的客户证书 USBkey，是银行提供的办理网上银行业务的高级别安全工具。U 盾是用于网上银行电子签名和数字认证的工具，它内置微型智能卡处理器，采用 1024 位非对称密钥算法对网上数据进行加密、解密和数字签名，确保网上交易的保密性、真实性、完整性和不可否认性。U 盾作为移动数字证书，它存放着银行客户的个人数字证书，并不可读取。同样，银行也记录着这一客户的数字证书。当银行客户尝试进行网上交易时，银行会向其发送由时间字串、地址字串、交易信息字串、防重放攻击字串组合在一起进行加密后得到的字串 A，客户的 U 盾将根据客户的个人证书对字串 A 进行不可逆运算得到字串 B，并将字串 B 发送给银行，银行端也同时进行该不可逆运算，如果银行运算结果和客户的运算结果一致便认为客户合法，交易便可以完成，如果不一致便认为不合法，交易便会失败。

基于 USBKey 身份认证系统主要有两种应用模式：一种是基于冲击/响应的认证模式，另一种是基于 PKI 体系的认证模式，其广泛运用于电子政务、网上银行等领域。

1. 基于冲击/响应的认证模式

采用冲击/响应的认证方法，每个 USBkey 都有用户 PIN 码，实现双因子认证功能。USBkey 内置单向散列算法，预先在 USBkey 和服务器端存储一个证明用户身份的密钥，当需要在网络上验证身份时，先由客户端向服务器发送一验证请求。服务器接收到此请求后生成一个随机数并通过网络传输给客户端(此为冲击)，客户端收到的随机数提供给插在客户端上的 USBkey，由 USBkey 使用该随机数与存储在 USBkey 中的密钥进行带密钥的单向散列运算，并得到一个结果作为认证证据传送给服务器(此为响应)。与此同时，服务器使用该随机数与存储在服务器数据库中的该客户密钥进行单向散列运算，如果服务器运算的结果与客户端传回的响应结果相同，则认为客户端是一个合法的用户。

2. 基于 PKI 体系的认证模式

此模式通过引入 PKI 安全体系，在 PKI 基础之上以数字证书的形式解决公钥信息的存储表示问题，通过把要传输的数字信息进行加密和签名，保证信息传输的机密性、真实性、完整性和不可否认性。同时使用硬件 USBKey，通过该 USBKey 中的存储空间存储用户的私钥、会话秘钥以及数字证书等机密数据，并通过该硬件保证用户的私钥不可导出，这样一来就又充分保证了私钥等机密信息的安全性。用户只能通过USBKey内部的CSP模块访问私密数据，提供了银行级别的安全性。

服务器端验证用户身份并传输数据的通信流程如下：

(1)客户端通过确认按钮，将信息A(用户名、密码等)发送给服务器。

(2)服务器收到信息A后，将信息A、当前系统时间、随机码序列(为了防止重放攻击)形成的数据B保存在服务器上，并通过服务器的加密函数将上述信息以客户公钥加密的方式加密成数据C发送给客户端。

(3)客户端收到该加密数据C后，用自己的私钥解密，再用服务器公钥加密后，形成数据D发还给服务器。

(4)服务器收到数据D后，用自己的私钥解密，并与服务器上原先保存的数据B进行比对，若完全一致，则服务器认为请求者是合法用户，允许用户的登录操作。

冲击响应模式可以保证用户身份不被仿冒，但无法保证认证过程中数据在网络传输过程中的安全。而基于PKI的“数字证书认证方式”可以有效保证用户的身份安全和数据传输安全。数字证书是由可信任的第三方认证机构——数字证书认证中心(CA)颁发的一组包含用户身份信息(密钥)的数据结构，PKI体系通过采用加密算法构建了一套完善的流程，保证数字证书持有人的身份安全。而使用USBKey可以保障数字证书无法被复制，所有密钥运算在USBKey中实现，用户密钥不在计算机内存出现也不在网络中传播，只有USBKey的持有人才能够对数字证书进行操作，安全性有了保障。

4.3 CA认证中心

4.3.1 CA概述

认证机构CA又称认证中心、证书授予机构，是承担网上认证服务，能签发数字证书并能确认用户身份的受大家信任的第三方机构。CA通常是企业性的服务机构，其主要任务是受理数字证书的申请、签发及对数字证书进行管理。

认证机构是保证电子商务安全的关键，是公正的第三方，它为建立身份认证过程的权威性奠定了基础，为交易的参与方提供了安全保障，为网上交易构筑了一个相互信任的环境，解决了网上身份认证、公钥分发以及信息安全等一系列问题。

认证机构对含有公开密钥的证书进行数字签名，使证书无法伪造。每个用户都可以获得认证机构的公开密钥，以此来验证任何一张数字证书的数字签名，从而确定该证书是否由某认证机构签发、该数字证书是否合法。数字证书与驾驶执照一样，用来表示个人身份，且有一定的有效期，有效期结束后必须重新申请。认证机构作为证书的发行机构具有一定的权威性，因而数字证书被社会所承认和接受。

数字证书与认证机构相结合为电子商务带来的好处是，如果两个用户都信任某个认证机构并从该认证机构得到一个证书，那他们就可以通过互相交换证书来得到对方的公开密钥。由于证书上有认证机构的数字签名，所以用户只要得到正确的认证机构的公开密钥，就可以通过对认证机构数字签名的鉴定来判断证书中的内容是否正确。数字证书和认证机构的结合减轻了公开密钥交换过程中验证公开密钥的麻烦。也就是说，有了数字证书和认证机构，用户就不再需要通过验证来核实每一个想要交换信息的用户的公开密钥，而只要验证和信任颁发证书的认证机构的公开密钥就可以了。

在电子商务的认证体系中，认证机构承担了权威的第三方的职责。在电子交易中，无论是数字时间戳服务还是数字证书的发放，都不是靠交易双方自己就能完成的，而需要一个具有权威性和公正性的第三方来完成。这个第三方可以是某个政府机构，也可以是某个独立的企业，但关键是大家都要信任它。因此，电子商务需要建立一个全国乃至全球性的认证中心。

从全球范围来说，目前世界上最权威的认证机构是美国的 VeriSign 公司。VeriSign 公司成立于 1995 年 4 月，是全球数字信任服务的主要提供商。它提供四种核心服务：网络服务、安全服务、支付服务及电子交流服务，目的是要创造一个诚信的环境，让企业和用户都能互相信任地进行商业往来和交流。目前世界 500 强企业无一例外都在使用 VeriSign 的网络服务。VeriSign 公司提供的数字证书服务遍及世界各地，提供了各种类型的数字证书，包括个人证书、服务器证书和开发者证书等。

4.3.2 CA 的组成和功能

一个典型的 CA 系统包括注册服务器、安全服务器、注册审核机构 RA、CA 服务器、LDAP 服务器和数据库服务器等。图 4-9 显示了 CA 系统的组成结构。

(1)注册服务器。通过 Web Server 建立的站点，注册服务器可为客户提供 24 小时不间断的服务，客户在网上提出证书申请和填写相应的证书申请表即可。

(2)安全服务器。安全服务器面向普通用户，用于提供证书申请、浏

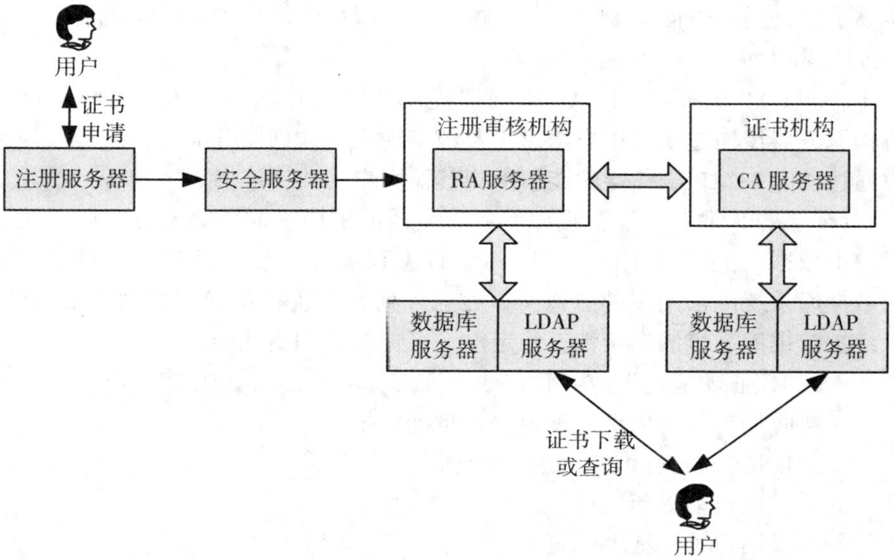

图 4-9　CA 系统的组成

览、证书撤销列表以及证书下载等安全服务。安全服务器与用户的通信采用安全通道方式(如 SSL 的方式，不需要对用户进行身份认证)。用户首先得到安全服务器的证书(该证书由 CA 颁发)，然后用户与服务器之间的所有通信，包括用户填写的申请信息以及浏览器生成的公钥均以安全服务器的密钥进行加密传输，只有安全服务器利用自己的私钥解密才能得到明文，这样可以防止其他人通过窃听得到明文，从而保证了证书申请和传输过程中的信息安全性。

(3)CA 服务器。CA 服务器是数字证书生成、发放的运行实体，同时提供发放证书的管理、证书撤销列表(CRL)的生成和处理等服务，是整个证书机构的核心。CA 首先产生自己的私钥和公钥(密钥长度至少为 1024 位)，然后生成数字证书，并且将数字证书传输给安全服务器。CA 还负责为操作员、安全服务器以及注册机构服务器生成数字证书。安全服务器的数字证书和私钥也需要传输给安全服务器。CA 服务器是整个结构中最为重要的部分，存有 CA 的私钥以及发行证书的脚本文件。出于安全的考虑，CA 服务器与其他服务器隔离，所有通信采用人工干预的方式，确保认证中心的安全。

(4)注册审核机构 RA。登记中心服务器面向登记中心操作员，在 CA 体系结构中起承上启下的作用，一方面向 CA 转发安全服务器传输过来的证书申请请求，另一方面向 LDAP 服务器和安全服务器转发 CA 颁发的数字证书和证书撤销列表。

(5) LDAP 服务器。LDAP 服务器提供目录浏览服务，负责将注册审核机构服务器传输过来的用户信息以及数字证书加入到服务器上。这样其他用户通过访问 LDAP 服务器就能够得到其他用户的数字证书。

(6) 数据库服务器。数据库服务器是认证机构中的核心部分，用于认证机构中数据(如密钥和用户信息等)、日志和统计信息的存储和管理。实际的数据库系统应采用多种措施，如磁盘阵列、双机备份和多处理器等方式，以维护数据库系统的安全性、稳定性、可伸缩性和高性能。

CA 的核心功能是发放和管理数字证书，应具备以下功能：

①接收用户证书申请，确定是否批准审批。

②向申请者颁发(或拒绝颁发)证书。

③手工或自动更新证书。

④接受用户关于证书的查询。

⑤证书撤销清单(CRL)管理。

⑥证书存档、归档、备份管理。

⑦密钥自动更新。

⑧密钥存储、归档、备份管理。

⑨作废过期的密钥管理。

⑩历史数据归档。

将以上的功能归纳起来，CA 认证机构的主要功能有：

其一，数字证书的颁发。CA 接收、验证用户(包括下级 CA 和最终用户)数字证书的申请。将申请的内容进行备案，并根据申请的内容确定是否受理该数字证书申请。如果 CA 接受该数字证书申请，则进一步确定给用户颁发何种类型的数字证书。新数字证书用 CA 的私钥签名以后，发送到 LDAP 服务器以供用户下载和查询。为了保证消息的完整性，返回给用户的所有应答信息都要使用 CA 的签名。

其二，数字证书的更新。CA 可以定期更新所有用户的数字证书，或者根据用户的请求来更新用户的数字证书。

其三，数字证书的查询。数字证书的查询可以分为两类：①数字证书申请的查询，CA 根据用户的查询请求返回当前用户数字证书申请的处理过程；②用户数字证书的查询，这类查询由 LDAP 服务器来完成，LDAP 服务器根据用户的请求返回适当的数字证书。

其四，数字证书的作废。当用户的私钥由于泄露等原因造成用户数字证书申请作废时，用户要向CA提出数字证书作废的请求，CA根据用户的请求确定是否将该数字证书作废。另外一种数字证书作废的情况是：数字证书已经过了有效期，CA自动将该数字证书作废。CA通过CRL(Certificate Revocation List)来完成上述功能。

数字证书作废的步骤如下：

①用户向注册机构操作员CRL Manager发送一封签名加密的邮件，声明自己自愿作废数字证书。

②注册机构同意数字证书作废，操作员键入用户的序列号，对请求进行数字签名。

③CA查询CRL，选出其中的一个。验证操作员的数字签名，如果正确的话，则同意用户的CRL申请，同时更新CRL列表，然后将CRL以多种格式输出。

④注册机构转发CRL，操作员导入CRL，以多种不同的格式将CRL公布于众。

⑤用户浏览安全服务器，下载或浏览CRL。

其五，数字证书的归档。数字证书具有一定的有效期，过了有效期之后就将作废，但是不能将作废的数字证书简单地丢弃，因为有时可能需要验证在以前的某个交易过程中产生的数字签名，这时就需要查询作废的数字证书。基于此类考虑，CA还应当具备管理作废数字证书和作废私钥的功能。

4.3.3 我国CA的发展及实例

目前，CA所提供的认证服务已经开始被越来越多的企业和个人所接受，被广泛地应用于公众网络上的商务活动和行政作业活动中，包括各类支付型和非支付型的电子商务活动，其应用范围涉及需要进行身份认证及数据安全的各个行业，包括传统的商业、制造业、流通业的网上交易，以及公共事业、金融服务业、工商税务海关、政府行政办公、教育科研、保险、医疗等各类网上系统。可以说，CA已经成为电子商务中必不可少的有机组成部分。

从我国CA的建设情况来看，国内的CA大致分为三类：

其一，行业性CA。在行业性CA中，中国金融认证中心(China Finance Certification Authority，CFCA)和中国电信安全认证系统(CTCA)是最典型的代表，然而经过规范化后，只有CFCA获得了电子认证服务资质，成为目前我国仅存的一家行业性CA。CFCA由中国人民银行牵头，组织国内14家银行共同组建，为银行系统提供SET和Non-SET认证服务。行业性CA的特点是规模比较大，由一个行业内的多家企业共同参与组建，为行业内的企业提供安全认证服务，同时也向非本行业的企业提供安全认证服务。

其二，区域性CA。区域性CA在我国的CA中占了很大一部分。它们通常由政府授权建立，以公司机制来运作，如广东CA中心(CNCA)、上海CA中心(SHECA)、深圳CA中心(SZCA)等。虽然它们不是政府直接建立的，但是仍然有浓厚的政府背景。

CA建设耗资巨大，上海和广东经济比较发达，于是在CA建设上走到了其他省的前面。它们都由政府授权建立，自主开发核心技术。上海CA的证书服务基本齐全，不仅包括了齐备的通用证书，而且还签发与信用卡捆绑的SET证书，而广东CA目前只签发部分通用证书。

上海和广东CA可谓是区域CA的老大，它们在建设过程中，考虑到了区域的互通性问题，都建立了跨区域的认证体系。广东CA更与香港地区实现了双向认证，为以后各省CA互通性建设提供了经验。另外，它们在电子商务法制方面也做出了努力，相继出台了认证法案条例，为我国电子商务法律的建设提供了参考。

其三，商业性CA。商业性CA没有政府色彩，完全是市场化的结果，一些商业机构看到了商机，筹资组建。目前我国的商业性CA并不多，只有少数几家，如天威诚信等。

下面以国内几种著名CA认证机构为例，对我国CA的发展情况进行介绍。

1. 中国金融认证中心(CFCA)

中国金融认证中心(CFCA)，是由中国人民银行于1998年牵头组建，经国家信息安全管理机构批准成立的权威电子认证机构。在中国人民银行和中国银联的领导下，历经多年技术的积淀，CFCA已发展成为以网络安全综合服务为核心的科技企业。

作为我国重要的信息安全基础设施之一，CFCA始终坚持自主研发与科技创新，先后参与了“国家金卡工程”“国家863计划”等重大科研项目，牵头30多项国家标准、金融行业标准、密码行业标准及重要团体标准的制定，多次荣获中国人民银行颁发的“银行科技发展奖”及政府、协会等颁发的重要奖项。

网络安全风险是全球共同面临的挑战，CFCA在自身不断发展的同时，积极投身国际安全认证体系构建。作为中国最早一批完成WebTrust国际标准审计并获得微软、Mozilla、谷歌、苹果等主流根证书库全入根，且是目前中国内地唯一获得LEI验证代理资格的电子认证机构，近年来CFCA积极参与CAB论坛、亚太PKI论坛等，共同打造全球化数字开放服务生态。

依托强大的安全技术实力和运营能力，CFCA开展了电子认证、网络安全产品与服务、安全支付、互联网财经媒体等多个业务板块经营项目，搭建了电子合同签署、电子数据存证与司法服务等核心平台，先后培育出无纸化、安心签、云证通、APP检测等旗舰产品。凭借多元化的综合服务优势，CFCA成为助力政府、金融机构、企业集团数字化转型升级的中坚力量。图4-10为中国金融认证中心的主页。

图4-10 中国金融认证中心的主页

中国金融认证中心在移动安全方面，提供云证通、FIDO+、手机盾和安全输入控件；在电子认证方面，提供数字证书认证系统、密钥管理系统、预植证书前置管理系统(预植前置机)、证书注册审核系统和证书保险箱；在证书产品方面，提供CFCA全球信任证书和CFCA数字证书等服务。同时拓展应用，覆盖安心签、立信签、易企存系统、无纸化手写电子签名、无纸化手写签名中间件、信令云统一身份认证平台、网络身份认证平台、TrustSignPDF、APS反钓鱼、网银助手、安全应用开发套件和云签名服务平台，提供金融IC卡、密码产品和交易监控及反欺诈系统等服务。

CFCA可以颁发的证书类型包括个人证书、机构证书、设备证书、SSL证书、安全邮件证书、代码签名证书等。根据特殊业务场景，CFCA定义了以下特殊证书类型及申请使用规则。

(1)CFCA 预植证书是 CFCA 的一项扩展业务。CFCA 与注册机构签订合作协议，注册机构根据其业务需要，委托 CFCA 为其用户在安全的环境下生成证书，再由注册机构对订户身份的真实性进行审核，然后将事先生成的证书与注册机构的用户信息进行绑定，该证书方可用于注册机构的相关应用。CFCA 预植证书可由 CFCA OCA1、CFCA CS OCA11、CFCA OCA21 或者 CFCA ACS OCA31 签发。

(2)CFCA 预植证书允许相关人申请个人证书、企业证书。此处的预植证书是指由 CFCA 预先在安全的存储介质(如 USBKey)中生成并植入的数字证书。订户申领该证书时，注册机构须对订户的身份进行审核，将证书的 DN(Distinguished Name)信息与订户的身份信息绑定，并与应用系统进行关联。当预植证书与订户身份信息的绑定信息经注册机构和 CFCA 数字签名确认后，该预植证书方可激活使用。

此处的绑定是指注册机构通过安全的通道将预植证书的 DN 信息与订户的身份信息(包括但不限于姓名、证件类型、证件号码)签名后传送给 CFCA，CFCA 在其预植服务器的数据库中建立订户与证书的对应关系，以确定预植证书对应的实体。此处的关联是指将预植证书的信息与应用系统的信息(包括但不限于发证机构名称、应用系统类型等)在应用数据库中建立对应的关系，以便使该证书用于特定的应用当中。CFCA 预植证书可以在不同的注册机构的应用中进行绑定，以便在多种应用中使用。

(3)CFCA 场景证书是一种适用于对即时业务或者特定场景业务进行签名认证的数字证书。在业务结束时自动申请，将业务场景中所有信息整合形成数字证书的扩展域信息。使用场景证书对即时业务或者场景业务证据签名后可证明证据在取证结束后无篡改，并保证多个证据之间的关联性和一致性。场景证书使用时不限制签名次数，也不限定特定文档，可用于对即时业务或者场景业务中的所有证据分别签名。脱离该场景后，证书即不能使用。CFCA 场景证书由 CFCA ACS OCA32 签发，签名算法为 RSA-2048/SHA256 或者 SM2/SM3。

(4)CFCA 云证通证书是用户通过云证通 APP 申请的用于移动应用的数字证书，主要应用于手机银行、P2P 以及电子政务等领域数字证书应用。CFCA 云证通证书由 OCA31 进行签发，密钥类型为 RSA-2048 或者 SM2，签名算法为 RSA-2048/SHA256 或者 SM2/SM3。

2. 上海市数字认证中心

上海市数字认证中心(简称：上海 CA 中心，SHECA)，是信任服务和安全认证服务的专业提供商，通过提供在线的信任服务，为电子商务和网上作业保驾护航。SHECA 是国内较早建立的 CA 认证中心，创建于 1998 年，经国家批准并被列为信息产业部全国电子商务综合性示范工程的试点项目。图 4-11 为 SHECA 的主页。

图 4-11 上海市数字认证中心的主页

上海 CA 中心是首批获得国家工信部电子认证服务资质、国家密码管理局电子认证服务使用密码许可资质、国家密码管理局电子政务电子认证服务许可资质的机构，首批通过国家卫健委认定的第三方 CA 机构。通过了国际 Web Trust 认证，并实现主流操作系统和浏览器根信任、Adobe 根信任。此外，先后通过了 CMMI3 认证、ISO9001 认证、ISO27001 认证。

上海 CA 中心坚持自主创新的技术路线，形成了基于国产密码算法的电子认证服务关键技术领先优势，为依法设立的第三方电子认证服务机构。上海 CA 中心遵照《中华人民共和国电子签名法》的要求和相关政策法规，为政府、企事业单位、个人等提供第三方电子认证服务、数字身份相关产品和集成实施服务，客户涉及政府公共服务、招投标、医疗卫生、金融、电信、电子商务、房地产、制造业、物流业、流通业等多个细分行业。

上海 CA 中心可以说是国内领先的第三方电子认证服务机构，能够提供数字身份服务和产品认证等工作。SHECA 在为电子商务、电子政务、网上金融、网上证券、网上办公等提供安全可靠的认证和信息服务的同时，还提供证书管理器、SHECA 安全引擎、基于 SHECA 认证的简易支付、小额支付系统、防伪票据等各种产品和软件，以及电子公证、证书目录查询、数据库安全托管、密钥托管、企事业单位安全办公、政府安全上网、CA 架构及各类安全架构建设、VPN 虚拟专网、培训等一系列服务和解决方案。

SHECA 的认证体系架构，可以为全国各个地区提供 SHECA 安全认证服务，服务的行业遍及与电子商务有关的电子贸易、电子政务、公共服务、企业办公、证券交易、电信等各个领域。目前该认证中心已经颁发了一系列完整的数字证书，包括与信用卡绑定的 SET 证书，以及不与业务挂钩的通用证书。发证对象包括个人、企事业单位、网站服务器、软件代码等。

为了推进电子商务的进程，SHECA 精心策划、提供安全和支付服务的 ECPASS 通道，已经完成基础建设，为商家、企业、个人提供高效、便捷、全面的服务。

SHECA 提供两种证书系统：(1) SET 证书系统。该系统符合 SET 协议，其特点是交易和信用卡绑定。(2) 通用证书系统。该系统是结合国情自行设计开发的，其特点是和用户或实体绑定，不仅可用于支付型的电子商务，也可用于政府办公网上作业。

上海 CA 中心开展数字身份认证与管理，能够为电子商务企业和机构提供合法、安全、高效、专业的网络信任产品和服务。

(1) e-dims 数字身份认证管理系统

任何组织均可通过 e-dims 数字身份认证管理系统，将信息系统的虚拟账号升级为真实可信的数字身份，实现用户身份防假冒、关键操作防抵赖、重要数据防篡改、敏感信息防窃取功能，能有效解决企业信息化面临的各种安全问题，合法合规，安全高效。

(2) 数字证书

数字证书是 CA 机构遵循国际国内相关标准颁发的，用来证明个人、组织、网站、物理设备等在互联网上的数字身份。其采用可靠的密码技术，对互联网上所传输的各种信息进行加密、解密、数字签名与签名认证等，保证信息和数据的完整性和安全性。

(3) 云 CA 服务

基于全新“云”技术建设的云 CA 系统，为用户提供数字身份认证管理云服务、电子印章云服务、密码云服务、多源身份认证云服务、可信时间戳云服务等云 CA 服务，实现网络空间身份可信、时间可信、操作可信的安全需求。

(4) 身份认证

以自然人公民身份号码为中心，上海 CA 中心整合多种维度的可信身份信息数据源，融合指纹、生物等多种身份认证技术，为各类互联网业务提供安全、可靠的身份认证服务，完成个人、企事业单位等网络用户的实名身份核实与认证。

(5)软硬一体化设备(PKI/CA产品)

为应对企业信息化系统中面临的各种安全问题，认证中心可提供安全认证网关、时间戳系统、签名验签系统、统一认证系统等PKI/CA安全产品，从而满足需求者身份认证、电子签名、可信保全、责任认定等安全需求。

(6)电子印章

基于PKI和电子印章技术，认证中心可将传统印章与电子签名技术结合，对电子文档加盖印章并进行数字签名，实现与纸质文件盖章操作相同的可视效果和法律效力，确保电子文档防伪造、防篡改、防抵赖，安全、合规、高效。

3. 北京数字证书认证中心

北京数字证书认证中心(简称：BJCA)是经北京市政府批准成立的认证机构，于2001年2月在北京正式成立。BJCA是中国协卡认证(UCA)体系的重要组成部分。作为权威、公正的第三方信任机构，北京数字证书认证中心遵循国际标准，采用了国内自主知识产权的高强度密码技术和其他相关安全技术，为用户提供数字证书的申请、审核、生成、颁发、存储、查询、废止等服务，并通过以数字证书为核心的信息安全解决方案为电子商务和电子政务提供安全保障。图4-12为北京数字证书认证中心的主页。

图4-12 北京数字证书认证中心的主页

北京数字证书认证中心采用的相关技术包括：

(1)安全代理软件(BJCA 安全组件之一)

针对 SSL 协议在国内网络应用中的局限和不足，并借鉴 SSL 协议中的有关流程，BJCA 自主开发了 CapinfoProxy 安全代理软件，该软件由客户端安全软件和服务器端安全软件两部分构成，分别与浏览器和 Web 服务器协同工作。CapinfoProxy 能够为 Internet 上的信息传输提供完备和灵活的安全服务，并且为应用系统提供了丰富的后台接口。

(2)证书接口 API

证书接口 API 是 BJCA 提供给软件开发商的一套 API，该接口为所有应用程序开发者提供安全的平台接口，任何使用 BJCA 证书的应用软件都可以实现无缝切入，所有的安全机制都由该接口实现(包括证书验证、黑名单查询等)。该接口可以同时提供 Windows 98、Windows NT、Unix 接口。此外，还发布数据库接口和 IC 卡接口，便于用户选择不同的数据库和 IC 卡。

北京数字证书认证中心提供的数字证书服务包括数字身份管理、电子签名/电子签章、数字化交付和数据安全和密码设备等服务。

①数字身份管理包括身份认证系统、证书管理服务器、全球认证证书、身份核验服务、数字证书服务和统一认证管理系统。

②电子签名/电子签章包括手写信息数字签名系统、易签盾签名系统、电子签章系统、移动协同签名系统、CAD 电子签章系统和云签名服务。

③数字化交付包括电子合同、可信电子档案管理系统、电子存证/保全服务和法律服务产品。

④数据安全和密码设备包括签名验签服务器、时间戳服务器、智能密码钥匙、服务器密码机、安全认证网关和密码云服务平台。

BJCA 在数字认证方面发展迅速，与国内外许多著名企业建立了战略合作伙伴关系，开展一些卓有成效的技术、产品和市场合作。可以说，BJCA 推出了适应不同行业的以数字证书为基础的安全解决方案，包括电子商务、电子政务的解决方案。这些方案已经成功地应用于网上报税、网上银行、网上证券、网上办公、网上交易等业务中。BJCA 以密码技术为核心，形成了网络信任服务、数字资产保护、网络安全服务的业务格局，应用覆盖政务、医疗、金融、教育、交通、电信等多个行业，为企业和个人用户提供网络安全服务。

4. 广东省电子商务认证中心

广东省电子商务认证中心(简称：CNCA)是经广东省人民政府批准成立的认证机构，其前身是中国电信南方电子商务中心。CNCA 目前也是广东省政府唯一认可的安全认证机构。图 4-13 为广东省电子商务认证中心的主页。

图 4-13 广东省电子商务认证中心的主页

广东省电子商务认证有限公司（简称：网证通 NETCA）依据《中华人民共和国电子签名法》及《电子认证服务管理办法》成为首批通过国家认定的合法的第三方电子认证服务机构，获得国家工信部颁发的《电子认证服务许可证》和国家密码管理局颁发的《电子政务电子认证服务机构》。网证通主要是建设网络安全体系，围绕互联网身份认证、信息安全加解密以及网络空间行为责任认定等信息安全需求，为政府机关、企事业单位和社会公众提供跨行业、跨地区、专业合法的第三方电子认证数字证书服务及信息系统密码集成服务和商用密码产品研发服务等。

网证通在国内网络安全和信息化领域具有完全自主知识产权的电子认证服务产品体系及一站式电子认证解决方案，同时，积极参加多项行业政策的制定，在信息系统安全建设和集成工作中，把完善应用系统的商用密码建设，构建基于数字证书的网络信任基础体系作为重点工程。网证通电子认证技术作为核心密码技术，具备可信身份认证、可信电子签名服务、可信数据传输、可信数据加密解密的四大应用。目前，网证通在服务国家网安战略、推进“互联网+”可信身份服务、全面护航智慧政府、助力数字经济提速等方面发力，充分契合了“建造智慧社会，助推数字经济，服务美好生活”的主题。

近年来，在信息系统安全建设和集成工作中，网证通把完善应用系统的商用密码建设，构建基于数字证书的网络信任基础体系作为重点工程，全面实现数字证书与5G移动终端PKI/CA应用、安全无线办公、移动支付等业务的结合，在移动互联网、区块链、云计算等领域不断推出创新的安全应用解决方案。其中，网证通提出的基于数字证书的身份鉴别方案见图4-14。

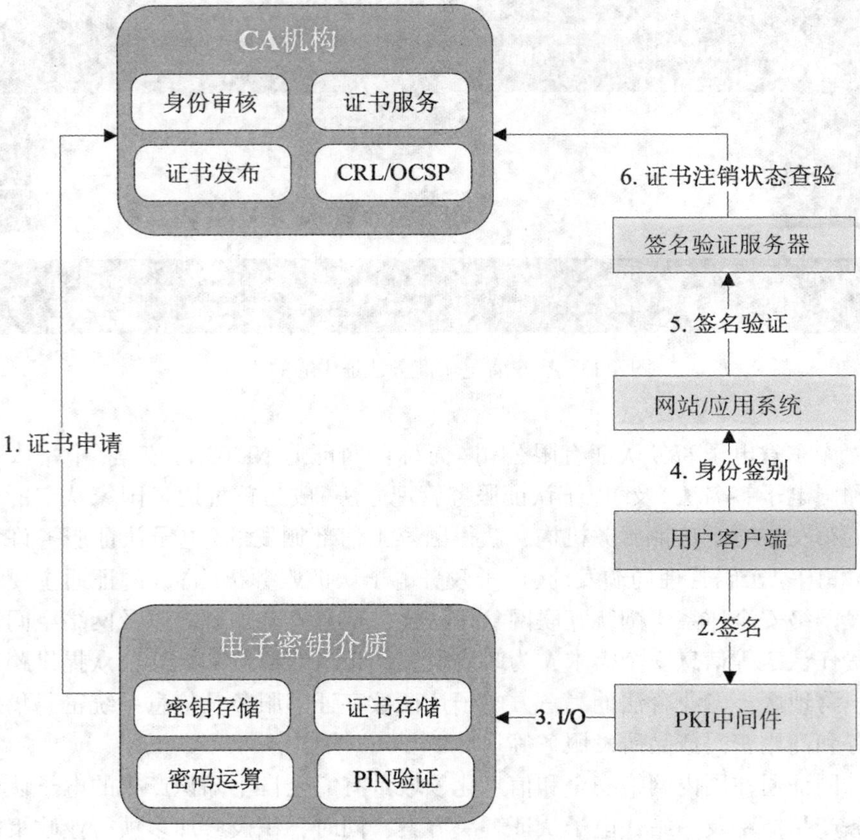

图4-14　基于数字证书的身份鉴别

①由具有电子认证服务许可的CA机构给用户签发数字证书。CA机构在签发证书前，会严格核对用户的身份证件，能满足身份真实性要求。

②用户客户端在登录应用系统时，会对登录表单进行数字签名。

③由PKI中间件对电子密钥进行私钥调用，完成数字签名操作。

④客户端提交的登录表单，主要包含被签名的挑战码、用户证书等，不具有私密性，可有效防止截获和重放。

⑤应用系统通过调用签名验签服务器对用户提交的登录表单进行验证，以保证用户身份的真实性、有效性。

⑥签名验签服务器调用 CA 的证书注销状态查验服务，以防止非法用户登录。

5. 北京国富安电子商务安全认证中心

北京国富安电子商务安全认证有限公司(简称：国富安)成立于 1998 年 12 月，是商务部中国国际电子商务中心全资公司，也是国内领先的第三方电子认证服务机构和商用密码应用及信息安全服务提供商。该公司具有电子认证服务许可证和电子政务电子认证服务许可资质，具有国家密码管理局颁发的商用密码销售、使用许可资质，能够开展信息安全风险评估服务和信息系统集成及服务。北京国富安电子商务安全认证中心的主页如图 4-15 所示。

图 4-15　北京国富安电子商务安全认证中心的主页

北京国富安电子商务安全认证中心主要为用户构建可信的网络安全体系，主营业务包含电子认证及电子签名服务、可信无纸化服务及网络安全服务。应用领域覆盖政府、电子商务、能源、金融、医疗卫生、电信等市场，重点在电子政务、网上招投标、电子签收等重点新兴应用领域谋求发展。

(1)电子签约与证据保全

安信签服务平台是国富安依托密码技术、电子认证、电子签名、区块链等技术，面向政府、企业打造的全在线、移动化、远程化、有法律保障的数字化 SAAS 云服务平台，具有全在线便捷签约、可信存管、司法举证等核心服务功能。

(2)电子认证与数据签名

国富安提供第三方数字证书服务、电子签名(云签名、移动端签名)、时间戳等服务。

①国富安是第三方权威认证机构，其数字证书(CA)安全认证体系的设计和建设符合各项国际安全协议标准，证书格式遵循国际电联(ITU)X. 509标准。国富安数字证书认证中心已通过国家密码管理局安全性审查。国富安CA 签发的数字证书满足《中华人民共和国电子签名法》的规定要求，由其产生的电子签名符合《中华人民共和国电子签名法》的要求。

②国富安电子签章系统(GFA-ESS)是基于成熟的 PKI 技术和图像技术，将传统印章与电子签名技术完美结合，对电子文档签名并加盖签章，用于辨识电子文档签署者身份，保护文档完整性，防止对文档未经授权的篡改，确保签名行为的不可抵赖，并实现数字签名的可视化展现。产品可通过整合数字证书服务，为客户提供场景化合同签署、单据生成、远程开户等可信无纸化服务。

③国富安安信签移动 APP 签名系统主要基于移动端协同安全技术、密钥安全分割分散存储、用户可靠身份鉴别等技术，通过移动 APP 及云端多系统协同完成数字签名。

(3)商用密码产品

国富安商用密码产品以商用密码产品应用为基础，提供网络身份安全、数据安全、传输安全等各类安全服务。

①国富安数字证书认证系统(GFA CA 系统)是对生命周期内的数字证书进行申请、审核、签发、注销、更新、查询的综合管理系统。GFA CA 支持通过挂接密钥管理中心(KM)来管理用户加密密钥，提高了用户加密密钥的安全性和可恢复性；通过支持证书模板，提高了签发各类型证书的灵活性。此外 GFA CA 还支持在线证书状态查询。

②在商务、政务活动中，活动产生时间和数字签名作为可信证据，在证明活动的抗抵赖性和可审计性方面同等重要。该公司研发了具有自主知识产权的高性能时间戳服务器(GFA TSA)。该产品基于国家标准时间源，采用PKI 技术，为应用系统提供精确可信的时间戳服务，有效应用于电子政务、金融、证券、税务、电子商务、电子病历、电子认证等多业务领域，对各关键操作进行时间认证，确保时间的有效性、合法性。

③国富安签名验签服务器(GFA SVS)是具有自主知识产权的高性能数字

签名验签服务器。通过数字签名、数字信封、数字摘要等密码技术，保证关键业务应用系统中业务数据的机密性、信息完整性、不可否认性和事后可追溯性。该服务器可广泛应用于网上办公、网上认证、网上交易等互联网活动中，帮助企业、政府、商务机构加强数据安全管理。

4.4 公钥基础设施

4.4.1 PKI 概述

公钥基础设施(PKI)是利用公钥密码理论和技术建立的提供安全服务的基础设施，PKI 的简单定义是指一系列基础服务，这些基础服务主要用来支持以公开密钥为基础的数字签名和加密技术的广泛应用。

PKI 以公钥加密技术为基本技术手段来实现安全性。公钥体制是目前应用最广泛的一种加密体制，在这一体制中，加密密钥与解密密钥各不相同，发送信息的人利用接收者的公钥发送加密信息，接收者再利用自己专有的私钥进行解密。这种方式既保证信息具有机密性，又保证信息具有不可抵赖性。作为公钥理论的安全体系，PKI 把公钥密码和对称密码结合起来，希望从技术上解决身份认证、信息的完整性和不可抵赖性等安全问题，为网络应用提供可靠的安全服务。PKI 通过管理在开放网络环境中使用的公钥和数字签名，使用户可以在多种应用环境下方便地使用加密和数字签名技术，为用户建立起一个安全的、值得信赖的网络运行环境，保证网上数据的机密性、完整性和有效性。

PKI 最初主要应用于 Internet 环境，由于其技术上的明显优势，PKI 在电子商务领域得到了广泛的应用。目前，PKI 已成为解决电子商务安全问题的技术基础，是电子商务安全技术平台的基石。PKI 采用数字证书管理公钥，通过第三方的可信机构，把用户的公钥和用户的其他信息(如名称、E-mail、身份证号等)捆绑在一起，以便在 Internet 上验证用户的身份。在国外，PKI 已被银行、证券、政府等部门的核心应用系统采用。美国 IDC (International Data Corporation)的 Internet 安全资深分析家认为，PKI 技术将成为所有计算机基础结构应用的核心部件。B2B 电子商务活动需要的认证、不可否认等功能只有 PKI 产品才有能力提供。

1. PKI 的功能

PKI 为电子商务提供了一整套安全机制，具体说来，这种安全机制主要包括以下内容。

(1)产生、验证和分发密钥

根据密钥生成模式的不同，用户公钥私钥的产生、验证及分发的方式有以下两种。

①用户自己产生密钥对

这种方式适用于分布式密钥生成模式。用户选取产生密钥的方法，负责私钥的存放；向 CA 提交自己的公钥和身份证，CA 对用户进行身份认证，对密钥的强度和持有者进行审查；审查通过后，对用户的公钥产生证书，然后将证书发放给用户，最后 CA 负责将证书发布到相应的目录服务器上。

在某些情况下，用户自己产生了密钥对后到 RA 去进行证书申请。此时，RA 完成对用户的身份认证，通过后，以数字签名的方式向 CA 提供用户的公钥及相关信息；CA 完成对公钥强度检测后产生证书，并将签名的证书返回给 RA，再通过 RA 将证书发放给用户或者 CA 以电子邮件方式将证书发放给用户。

②CA 为用户产生密钥对

这种方式适用于集中式密钥生成模式。用户到 CA 中心产生并获得密钥对之后，CA 中心应自动销毁本地的用户密钥对拷贝；用户取得密钥对后，保存好自己的私钥，将公钥发送至 CA 或 RA，按上述方式申请证书。

(2)签名和验证

在 PKI 体系中，对信息和文件签名，以及对数字签名的认证是很普遍的操作。PKI 成员对数字签名的认证是采用多种算法的，如 RSA、DES 等。这些算法可以由硬件、软件或硬软件结合的加密模式来完成。

(3)证书的获取

在验证信息的数字签名时，用户必须事先获取信息发送者的公钥证书，以对信息进行解密验证，并验证发送者身份的有效性。证书的获取有下面几种方式：

①发送者发送签名信息时，附加发送自己的证书。

②单独发送证书信息的通道。

③可经访问发布证书的目录服务器处获得。

④从证书的相关实体(如 RA)处获得。

在 PKI 体系中，我们可以采取某种或某几种上述的方式获得证书。另外，在发送数字证书的同时，可以发布证书链。这时，接收者拥有证书链上每一个证书，从而可以验证发送者的证书。

(4)验证证书

在使用每个证书前，必须检查相应的 CRL(对用户来说，这种在线的检查是透明的)。用户检查证书的路径是从最后一个证书(即用户已确认可以信任的CA证书)所签发的证书有效性开始，检验每一个证书，一旦验证后，就提取该证书中的公钥，用于检验下一个证书，直到验证完发送者的签名证书，并将该证书中包括的公钥用于验证签名为止。

(5)保存证书

保存证书是指PKI实体在本地存储证书。PKI实体可以选择存储其证书链上其他实体所接收到的所有证书，也可以只存储数字签名发送者的证书。

证书存储单位应对证书进行定时管理维护，清除已作废的或过期的证书及在一定时间内未使用的证书。证书存储数据库还要与最新发布的CRL文件相比较，从数据库中删除CRL文件中已发布的作废证书。证书存储区存满之后，一般删除最少使用的那些证书。

(6)证书废止的申请

当PKI中某实体的私钥被泄露时，被泄露的私钥所对应的公钥证书应当作废。

对CA而言，私钥的泄密不大可能，除非是有意破坏或恶意攻击所造成的；对一般用户而言，私钥的泄密可能因存放介质的遗失或被盗所引起。

另外一种情况是证书持有者已终止使用该证书或与某组织的关系已经终止，则相应的公钥证书也应该作废。

证书的作废方式有两种：①如果是密钥泄露，证书的持有者应以电话或书面的方式通知相应的CA；②如果是关系终止，应由原关系中的组织方出面通知相应的RA或CA。

证书作废处理过程如下：如果RA得到通知，RA应通知相应的CA，在作废请求得到确认后，CA将在数据库中为该证书记上作废标志，并在下次发布CRL时加入证书作废列表，并标明作废时间。在CRL中的证书作废列表时间有相应规定，过期后即可删除。

(7)密钥的恢复

在密钥泄密、证书作废后，为了恢复PKI中实体的业务处理和产生数字签名，泄密实体将获得(包括个人用户)一对新的密钥，并要求CA产生新的证书。每一个下属实体产生新的密钥时，都会获得CA用新私钥签发的新证书，而原来用泄露密钥签发的旧证书便作废，并被放入CRL中。在具体做法上，可采取双CA的方式来进行泄密后的恢复，即每一个PKI实体的公钥都由两个CA签发证书，当一个CA泄露密钥后，得到通知的用户可转向另一个CA的证书链，通知另一个CA签发的证书来验证签名。

(8)CRL 的获取

证书作废列表(CRL)可以定期产生，也可以在每次有证书作废请求后实时产生。每一个 CA 均可以产生 CRL，CA 应将其产生的 CRL 及时发布到目录服务器上。

(9)密钥的更新

在密钥泄露的情况下，可以产生新的密钥和新的证书。但在密钥没有被泄露的情况下，密钥也应该定时更换，而且更换的方式有多种。PKI 体系中的各实体可以在同一天，也可以在不同的时间内更换密钥。

其中有一个问题要引起注意，即密钥的更换时间，无论是签发者或是被签者的密钥作废时间，都要与每个证书的有效截止日期保持一致。

如果 CA 和下属的密钥同时到达有效截止日期，则 CA 和其下属将同时更换密钥，CA 用自己的新私钥为下属成员的新公钥签发证书；如果 CA 和其下属的密钥不是同时到达截止日期，则当用户的密钥到期后，CA 将用它当前的私钥为用户新的公钥签发证书；而 CA 密钥先到达截止日期时，CA 将用新私钥为所有用户的当前公钥重新签发证书。

不管哪一种更换方式，PKI 中的实体都应该在密钥截止日期之前取得新密钥对和新证书。在截止日期到达后，PKI 中的实体便开始使用新的私钥进行数据的签名，同时应注意将旧密钥对和证书归档保存。

2. PKI 的组成

PKI 是公钥的一种管理机制，宏观上呈现为域结构，即每个 PKI 都有一定的覆盖范围，形成一个管理域。这些管理域通过交叉认证相互关联，构成更大的管理域，最终形成全局性的公钥管理体系。不同的管理域对公钥的使用具有不同的要求。

PKI 的基本框架模型如图 4-16 所示。每个 PKI 都包含 PAA、CA、ORA 等功能，这些功能的数量随管理域的规模而变化。任何一个管理域都有能力决定域内哪一个证书管理是可以信任以及为什么可以信任。由于对证书的使用要附加特定的政策，因此不同的应用部门要使用不同的公钥证书。

(1)政策审批机构(Policy Approval Authority，PAA)制定整个体系结构的安全政策，并制定所有下级机构都需要遵循的规章制度，主要是证书政策和证书使用规定。证书政策是一组规则，指出一个证书对一组特定用户或应用的可适用性，表明它对于一个特定的应用和目的是否是可用的，它构成了交叉验证的基础。因此，公钥证书的含义就是用户实体和公钥之间一个符合证书政策的绑定。交叉证书实际上意味着一个 CA 对另一个 CA 的证书政策的承认，从而可以进行跨越 CA 管理域的认证。

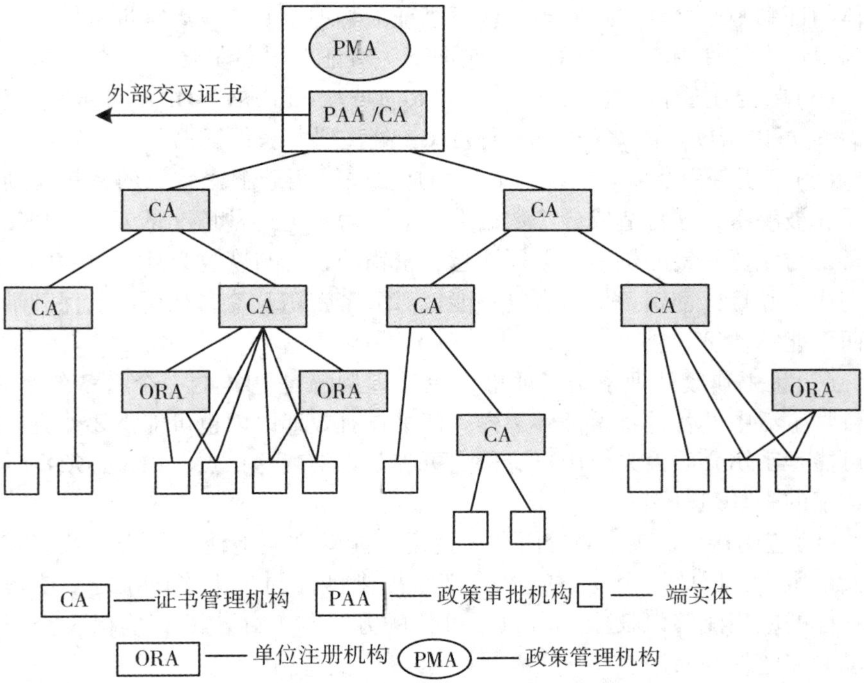

图 4-16 PKI 的基本框架模型

(2)证书使用规定比证书政策更详细，它综合描述了 CA 对证书政策的各项要求的实现方法，例如证书政策规定证书的安全等级，而证书使用规定则说明如何实现要求的安全等级。一个证书使用规定可对应多个证书政策；同时对于同一个证书政策，不同的 CA 可以使用不同的证书使用规定，但一个 CA 只能有一个证书使用规定。交叉验证以证书政策为基础，证书使用规定并不能确定 CA 之间的信任关系。

(3)证书政策是信息管理和信息技术基础设施的一个组成部分，使得这个基础设施从整体上能够安全地实现公开环境中的服务提供、管理和通信；用电子形式的认证代替书面形式的认证，从而加快信息流通速度，提高效率，降低成本；鼓励使用基于开放标准的技术，建立与其他开放安全环境的互操作。

(4)认证中心 CA 负责具体的证书颁发和管理，它是可信任的第三方，其作用就像颁发护照的部门。CA 证书要求是对称颁发的，因为每个证书只是证明了一个 CA 对另一个 CA 的信任关系。CA 既包括一些辅助功能，也包括基本的证书发放和管理功能，它可以具有层次结构，在自身直接管理一些具体的证书中心之外，还管理一些下级证书管理中心。政策审批机构通常也作为根证书管理中心(Root CA)，它向下一级证书中心发放证书。

(5)单位注册机构(Organizational Registry Authority，ORA)有时也简称RA，它可以帮助远离CA的端实体在CA处注册并获得证书。

(6)密钥备份及恢复系统。如果用户丢失了用于解密数据的密钥，则数据无法被解密，这将造成合法数据的丢失。为避免这种情况的发生，PKI提供备份与恢复密钥的机制。但须注意，密钥的备份与恢复必须由可信的机构来完成，并且，密钥备份与恢复只能针对解密密钥，签名私钥为确保其唯一性而不能够备份。

(7)证书作废处理系统。证书作废处理系统是PKI的一个必备的组件，与日常生活中的各种身份证件一样，证书在有效期以内也可能需要作废，原因可能是密钥介质丢失或用户身份变更等。为实现这一点，PKI必须提供作废证书的一系列机制。

(8)应用接口。PKI的价值在于使用户能够方便地使用加密、数字签名等安全服务，因此一个完整的PKI必须提供良好的应用接口系统，使得各种各样的应用能够以安全、一致、可信的方式与PKI交互，确保安全网络环境的完整性和易用性。

(9)端实体。这里的端实体主要指数字签名实体、加密实体或者两者都有。

通常PKI的最高管理是通过一个政策管理机构(Policy Management Authority，PMA)来体现的，这个机构主要用来对PKI进行宏观管理，其作用有点像公司的董事会，而PAA则像公司的行政班子。

3. PKI的安全服务

PKI作为安全基础设施，能为不同的用户实体提供多种安全服务，包括核心服务和附加服务。

一般认为，PKI所提供的核心服务包括三种：

(1)认证服务。认证服务即身份鉴别，证实用户的真实身份与其所声称的身份是否相符。

(2)完整性服务。数据完整性服务就是确认数据没有被修改，即数据无论是在传输还是在存储过程中经过检查没有被修改。显然，在电子商务活动和网上银行交易中，这种确认是非常重要的。

(3)机密性服务。机密性服务就是确保传输、存储的数据不被非法泄露。

PKI的附加服务也称为PKI的支撑服务。这些服务并不是任何PKI都具备的或本身固有的功能，但这些服务都建立在PKI的核心服务之上。有些PKI支持这些服务，有些则不支持。

PKI所提供的附加服务包括：

(1)不可否认性服务。不可否认性服务是指从技术上保证实体对其行为的认可。其中，人们更关注的是数据来源的不可否认性和接收的不可否认性以及接收后的不可否认性。此外，还有传输的不可否认性、创建的不可否认性和同意的不可否认性。

(2)安全时间戳服务。安全时间戳就是一个可信的时间权威，它用一段可认证的完整的数据表示时间戳，来证明数据处理所发生的时间。

(3)公证服务。PKI的公证服务与一般社会公证人提供的服务有所不同，PKI支持的公证服务是指"数据认证"，也就是说，公证人要证明的是数据的有效性和正确性，这种公证取决于数据验证的方式。例如，在PKI中被验证的数据是基于哈希值的数字签名、公钥在数字上的正确性和签名私钥的合法性。

4.4.2 PKI的信任模型

从互操作的角度看，一个信任模型代表了一个独立的信任域，建立域间操作就是将这些独立的域连接起来，在不同的域之间建立信任关系，从而形成更大的PKI框架。这个连接后形成的新框架称为互操作模型。互操作模型实际上是扩展信任模型。在互操作模型中，需要解决用户信任的起点不变和信任的传递两个问题。保持信任起点不变和信任传递路径的简洁是建立互操作信任模型的基本原则。

这里，首先介绍认证路径的概念。如果能建立一个可以给世界上所有的用户发放数字证书的认证机构，并且所有的用户都信任该认证机构的话，那么数字证书的认证问题就变得非常简单了。但遗憾的是，这是不可能的。要求一个认证机构能够对所有的潜在用户都进行充分的了解并建立适当的联系，而这些潜在的用户又都允许该机构来发放和管理证书，且证书又能被所有的用户接受，这是不切实际的。因此，在电子商务中也就必然存在着多个认证机构。

既然有多个认证机构，那么假设某一用户已经安全地拥有了某个特定认证机构的公钥，而该认证机构又恰巧是给此用户的安全通信方发放证书的认证机构，也是不切实际的。不过，为了获得那个特定认证机构的公钥，用户也许可以找到并使用另一证书，即由另一认证机构(用户已安全地拥有了该认证机构的公钥)所发放的包含了那个特定认证机构公钥的证书。这就引出了交叉认证的问题。

根据IETF的PKIX工作小组的定义，所谓交叉认证数字证书，是由一个认证机构对另一个认证机构签发的包含了该CA的签名密钥的数字证书。换言之，交叉认证数字证书就是在认证过程中用到的由一个认证机构对另一个认证机构签发的证明书。

在认证过程中，我们可以这样来考虑。先在某个认证机构处申请一份数字证书，然后循环地获得越来越多的认证机构的数字证书。相应地，也就获得了大量的密钥对持有者的公钥。这就引出了被称之为证书链或认证路径的问题，而认证路径是建立大规模公钥基础设施的基础。一开始某个用户需要可靠地获得某个可信任的根认证机构的公钥，然后，只要该公钥用户所信任的根认证机构和一些密钥对持有者之间存在着认证路径，当然中间可能会经过任意数目的中间认证机构，则该公钥用户就可以获得并使用这些密钥对持有者的公钥。

为了使用某个异地通信方的公钥，数字证书用户(使用方)必须找到一条有效的完整的认证路径，将公钥从一个或多个认证机构传送到可信任的根认证机构(数字证书用户持有该CA的公钥并信任该CA)。在建立公钥基础设施的过程中，一个主要的挑战就是如何使得寻找有效认证路径的过程变得简单、方便和高效，这在很大程度上要依赖于CA间的结构关系。

CA间的结构关系，也被称为CA间的信任模型。下面我们就对几种常见的信任模型进行介绍。

1. 严格层次结构模型

认证机构(CA)的严格层次结构可以被描绘为一棵倒转的树，根在顶上，树枝向下伸展，树叶在下面。严格层次结构模型也称为树型结构模型。在这棵倒转的树上，根代表一个对整个PKI域内的所有实体都有特别意义的CA——根CA(Root CA)，它充当信任的根或称信任锚(Trust Anchor)，也就是认证的起点或终点。在根CA的下面是零层或多层中介CA(Intermediate CA)，也被称作子CA(Subordinate CA)，因为它们从属于根CA。子CA用中间节点表示，从中间节点再伸出分支。与非CA的PKI实体相对应的树叶通常被称作终端实体或简称为终端用户。在这个模型中，层次结构中的所有实体都信任唯一的根CA，这个层次结构按以下规则建立：

(1)根CA认证(更准确地说是创立和签署证书)直接连接在它下面的CA。

(2)每个CA都认证零个或多个直接连接在它下面的CA。

(3)倒数第二层的CA为认证终端实体。

在层次结构中的每个实体(包括中介 CA 和终端实体)都必须拥有根 CA 的公钥。该公钥的安装是对所有通信进行证书处理的基础。因此，它必须通过一种安全的方式来完成。

值得注意的是，在一个多层的严格层次结构中，终端实体直接被其上层的 CA 认证(也就是颁发证书)，但是它们的信任锚是另一个不同的 CA(根 CA)。如果是没有子 CA 的较浅的层次结构，对所有终端实体来说，根和证书颁发者是相同的。这种层次结构被称作可信颁发者层次结构。

图 4-17 给出了严格层次结构的信任模型。

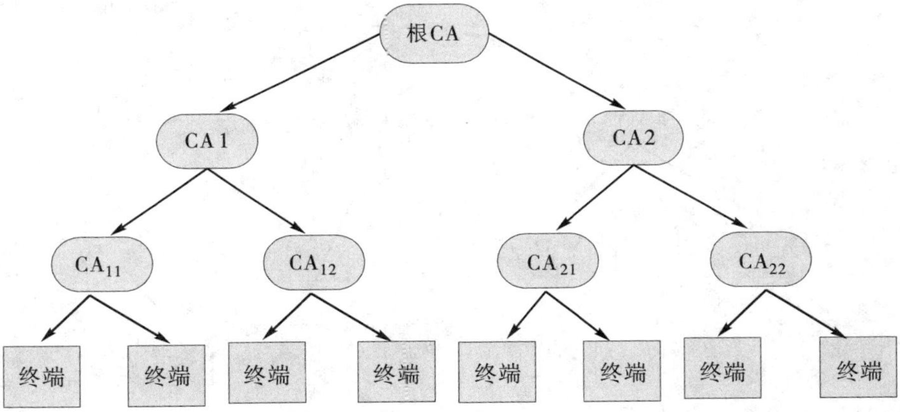

图 4-17 严格层次结构模型

这种模型的证书链始于根 CA，并且从根 CA 到需要认证的终端用户之间只存在唯一的一条路径，在这条路径上的所有证书就构成了一个证书链。这种模型结构清晰，便于全局管理。但对于大范围内的商务活动，难以建立一个所有用户都信任的根 CA，并且，如果根 CA 的私钥遭到泄露，整个 PKI 体系将崩溃。

2. 分布式信任结构模型

分布式信任结构模型也称为森林型层次结构模型。与在 PKI 系统中的所有实体都信任唯一一个 CA 的严格层次结构相反，分布式信任结构把信任分散到两个或多个 CA 上。也就是说，A 把 CA1 作为他的信任锚，而 B 可以把 CA2 作为他的信任锚。因为这些 CA 都作为信任锚，因此相应的 CA 必须是整个 PKI 系统的一个子集所构成的严格层次结构的根 CA(CA1 是包括 A 在内的严格层次结构的根，CA2 是包括 B 在内的严格层次结构的根)。

如果这些层次结构都是浅层的可信颁发者层次结构，那么该信任总体结构被称作完全同位体结构，因为所有的 CA 实际上都是相互独立的同位体(在这个结构中没有子 CA)。而另一方面，如果所有的层次结构都是多层结构，那么最终的信任总体结构就被叫作满树结构(根 CA 之间是同位体，但是每个根又是一个或多个子 CA 的上级)。

当然，混合式的信任结构也是可能的。在混合总体结构下，既具有一个或多个可信颁发者层次结构，同时也具有一个或多个多层树形结构。图 4-18 显示了分布式信任结构的模型。

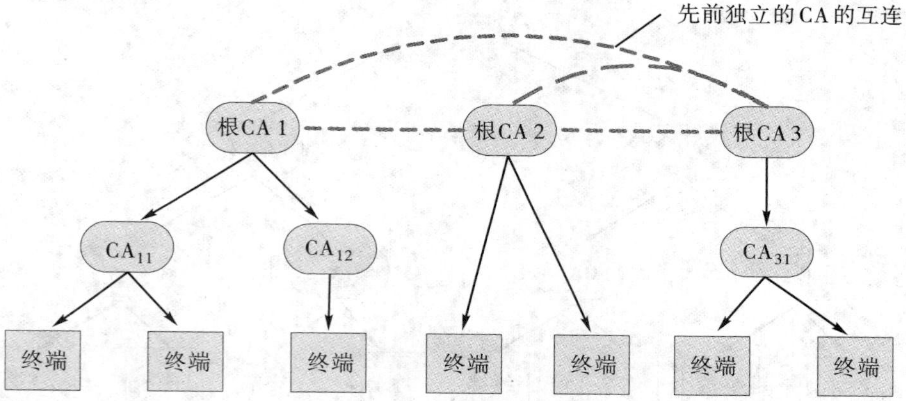

图 4-18　分布式信任结构模型

在图 4-18 中，根 CA1、CA2 和 CA3 是同位体根 CA，它们之间的互连过程通常被称作交叉认证。在交叉认证过程中，通常有两种不同的配置方法，即网状配置和中心辐射配置。

(1)网状配置

在该配置中，所有的根 CA 之间都有可能交叉认证，特别是在任何两个根 CA 之间需要安全通信时，它们就需要进行交叉认证。在完全连接的情况下，如果有 n 个根 CA，那么就要求建立 $n(n-1)$ 个交叉认证协议，当然在实际应用中总希望建立比完全连接要少的连接(部分连接)。

(2)中心辐射配置

在中心辐射配置中，每一个根 CA 都与单一的用于相互连接的处于中心地位的 CA 进行交叉认证。这个处于中心地位的 CA 有时被叫作中心 CA，其呈辐射状地与其他的 CA 相连(这就是该配置方式名称的由来)。中心 CA 有时也被称为桥 CA，其用于沟通任何一对根 CA 之间的联系。这种配置的吸引力在于对于 n 个根 CA 来说，完全连接时仅需要 n 个交叉认证协议(因为每个根 CA 只要与中心进行交叉认证)。

注意，中心 CA 不应被视为通过它进行交叉认证的系统的根；中心辐射配置并未建立一个层次结构。在严格层次结构中，所有的实体都以根 CA 的可信密钥作为锚(更准确地说，是认证路径处理的起点或终点)；而在中心辐射配置中，没有终端实体以中心 CA 的密钥为锚，而是每个终端实体持有在它所在域的根 CA 的密钥，之后通过认证路径处理取得中心 CA 的密钥，然后是另一个域中的一个 CA 的密钥，最后是在那个域中的目标终端实体的密钥。

3. Web 模型

Web 模型是在 WWW 上诞生的，而且依赖于流行的浏览器，如 Microsoft 公司的 Internet Explorer。在这种模型中，许多 CA 的公钥被预装在标准的浏览器上。这些公钥确定了一组浏览器最初信任的 CA。尽管这组根密钥可以被用户修改，然而几乎没有普通用户对 PKI 和安全问题能够精通到可以进行这种修改的程度。初看起来，这种模型似乎与分布式信任结构模型相似，但从根本上讲，它更类似于严格层次结构模型。实际上，浏览器厂商起到了根 CA 的作用，而与被嵌入的密钥相对应的 CA 就是它所认证的 CA，当然这种认证并不是通过颁发证书来实现的，而只是物理地把 CA 的密钥嵌入浏览器。用户在验证证书时，从被验证的证书开始向上查找，直到找到一个自签名的根证书，即可完成验证过程，如图 4-19 所示。

Web 模型在方便性和简单互操作性方面有明显的优势，但是也存在许多安全隐患。首先，浏览器的用户自动地信任预安装的所有公钥，假设这些根 CA 中有一个是“坏的”(例如，该 CA 从没有认真核实过被认证的实体)，其安全性将被完全破坏。另外，没有实用的有效机制来撤销嵌入浏览器中的根密钥。如果发现一个根密钥是“坏的”或者与根的公钥相对应的私钥被泄密了，要使全世界数百万个浏览器都自动地废止该密钥的使用是不可能的。最后，Web 模型还缺少有效的方法在 CA 和用户之间建立合法协议，该协议的目的是使 CA 和用户共同承担责任。因为浏览器可以自由地从不同站点下载，也可以预装在操作系统中，但 CA 不知道(也无法确定)它的用户是谁，并且一般用户对 PKI 也缺乏足够的了解，因此不会主动与 CA 直接接触。这样，所有的责任最终或许都由用户承担。

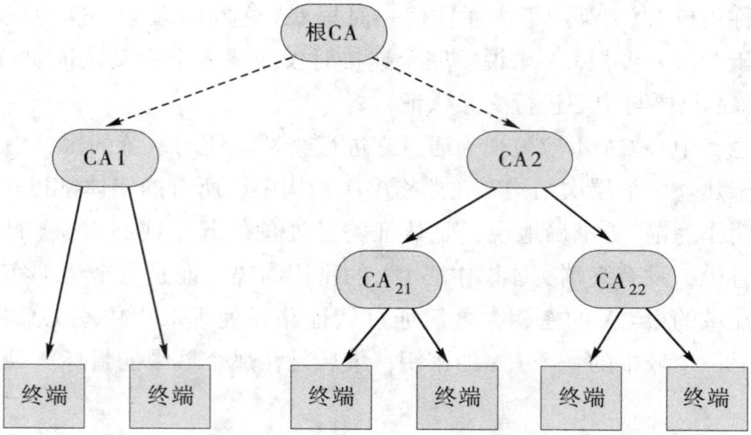

图 4-19　Web 信任模型

4. 以用户为中心的信任模型

在以用户为中心的信任模型中，每个用户自已决定信任哪些证书。通常，用户的最初信任对象包括用户的朋友、家人或同事，但是能否信任某证书则被许多因素所左右。

著名的安全软件程序 PGP 最能说明以用户为中心的信任模型。在 PGP 中，一个用户通过担当 CA(签署其他实体的公钥)并使其公钥被其他人所认证来建立(或参加)所谓的“信任网”(Web of Trust)。例如，当 Alice 收到一个据称属于 Bob 的证书时，她将发现这个证书是由她不认识的 David 签署的，但是 David 的证书是由她认识并信任的 Catherine 签署的。在这种情况下，Alice 可以决定信任 Bob 的密钥(即信任从 Catherine 到 David 再到 Bob 的密钥链)，也可以决定不信任 Bob 的密钥(认为“未知的”Bob 与“已知的”Catherine 之间的“距离太远”)。因为要依赖于用户自身的行为和决策能力，因此以用户为中心的模型在技术水平较高和利害关系高度一致的群体中是可行的，但是在一般的群体(它的许多用户仅有极少或者完全没有安全意识及 PKI 的概念)中是不现实的。而且，这种模型一般不适合用在贸易、金融或政府环境中，因为在这些环境下，通常希望或需要对用户的信任实行某种控制，显然这样的信任策略在以用户为中心的模型中是不可能实现的。

4.4.3　PKI 的标准

伴随着 PKI 技术的不断完善与发展、应用的日益普及，为了更好地为社会提供优质服务，水平参差不齐的 PKI 产品迫切需要解决互联互通问题，而且 PKI 产品自身的安全性也受到越来越多的生产厂商和用户的关注，这都要求专门的第三方制定相应的标准规范对其安全性能进行测评认定。因此，PKI 的标准化是电子商务安全认证的前提和基础。只有符合一定的标准，才能保证不同的 PKI 产品之间的正常交互。目前出现并且已投入使用的有以下几个标准。

1. X.509 标准

国际电信联盟(International Telecommunication Union，ITU)制定的 X.509 标准是 PKI 体系中应用最为广泛也是最为基础的一类国际标准。它的主要目的是定义一个规范的数字证书格式，以便为基于 X.500 协议的目录服务提供一种强认证手段。

X.509 的最初版本公布于 1988 年。X.509 证书由用户公开密钥和用户标识符组成，此外还包括版本号、证书序列号、认证中心标识符、签名算法标识、签发者名称、证书有效期等信息。X.509 目前有三个版本：X.509 v1、X.509 v2 和 X.509 v3。其中，最新版本是 X.509 v3，它定义了包含扩展信息的数字证书。该版数字证书提供了一个扩展信息字段，用来提供更多的灵活性要求及特殊应用环境下所需的信息传送。

目前，X.509 标准已经被广泛使用，其实用性来源于它的第 3 版(v3)和第 2 版(v2)中证书作废表所定义的强有力的扩展机制。这一机制是通用的，而且指明证书和验证者是否必须理解以及如何在认证过程中校验这些扩展。

2. PKCS 系列标准

PKCS(Public Key Cryptography Standard，公钥加密标准)是由美国 RSA 数据安全公司及其合作伙伴制定的一组公钥密码学标准，其中包括证书申请、证书更新、证书作废列表的发布、扩展的证书内容以及数字签名、数字信封的格式等一系列相关协议。

3. 在线证书状态协议(OCSP)

OCSP(Online Certificate Status Protocol)是 IETF 颁布的用于检查数字证书在某一交易时刻是否依然有效的标准。该标准提供给 PKI 用户一条方便快捷的数字证书状态查询通道，使 PKI 体系能够更有效、更安全地在各个领域中被广泛应用。

4. 轻量级目录访问协议(LDAP)

LDAP 规范简化了复杂的 X.500 目录访问协议，并且在功能性、数据表示、编码和传输方面都进行了相应的修改。1997 年，LDAP 第 3 版成为互联网标准。目前，LDAP v3 已经在 PKI 体系中被广泛应用于证书信息发布、CRL 信息发布、认证中心政策以及与信息发布相关的各个方面。

除了以上 PKI 标准，目前还有一些建构在这些 PKI 体系上的安全标准和协议，这些标准和协议是 PKI 体系在相关领域的应用，包括安全套接层（Secure Socket Layer，SSL）协议、安全电子交易（Secure Electronic Transaction，SET）协议、安全多用途互联网邮件扩充（Secure Multipurpose Internet Mail Extensions，S/MIME）协议、IP 安全协议（IPSec）等。目前，PKI 体系中已经包含了众多的安全标准和协议，随着 PKI 的不断发展以及应用的不断普及，将来还会有更多的安全标准和协议加入 PKI 体系。

4.5 基于人脸识别的身份认证

4.5.1 人脸识别概述

人脸识别是基于人的脸部特征信息进行身份识别的一种生物识别技术。其用摄像机或摄像头采集含有人脸的图像或视频流，并自动在图像中检测和跟踪人脸，进而对检测到的人脸进行图像识别，通常也叫做人像识别、面部识别。

自首个人脸识别算法被提出以来，人脸识别已经成为计算机视觉与生物识别领域被研究最多的主题之一。究其火爆的原因，一方面是它的挑战性——在无约束条件的环境中的人脸信息，也就是自然人脸，具有高度的可变性；另一方面是由于相比于指纹或虹膜识别等传统上被认为更加稳健的生物识别方法，人脸识别本质上是非侵入性的，这意味着它是最自然、最符合人类直觉的一种生物识别方法。

1. 人脸识别流程

人脸识别流程主要有人脸检测、人脸对齐、人脸编码、人脸匹配四个步骤。

(1)人脸检测

人脸检测的目标是寻找图像中人脸的位置。当发现有人脸出现在图像中时，就会标记出人脸在图像中的坐标信息，或者将含有人脸的区域图像切割出来。可以使用方向梯度直方图（HOG）来检测人脸位置，先将图片灰度化，接着计算图像中像素的梯度，通过将图像转变成 HOG 形式，就可以获得人脸位置。

(2)人脸对齐

人脸对齐是将不同角度的人脸图像对齐成同一种标准的形状。先定位人脸图像上的特征点，然后通过几何变换(仿射、旋转、缩放)，使各个特征点对齐(将眼睛、嘴等部位移到相同位置)。

(3)人脸编码

人脸图像的像素值会被转换成紧凑且可判别的特征向量，这也被称为模板。理想情况下，所有人脸图像都应该映射出相似的特征向量。

(4)人脸匹配

在人脸匹配构建模块中，两个模板会进行比较，从而得到一个相似度分数，该分数给出了两者属于同一个主体的可能性，也就是人脸匹配程度。

人脸识别和其他身份识别相比，有以下特点：①便捷性：脸是生物特征，不需要携带类似身份证的东西；②非强制性：识别的过程不需要对象的配合，只要拍摄到人脸就可以进行识别；③非接触性：不需要跟设备进行接触，相比指纹更加安全；④并行处理：一张照片里有多个人脸时可以一起处理，不像指纹和虹膜，需要单独处理。

2. 人脸识别系统业务架构

人脸识别系统的业务架构，可以分为三大层次：样本标注、模型训练和模型应用。样本标注，包括样本标注工具的使用、人脸区域检测样本标注和人脸特征点标定样本标注；模型训练，包括人脸区域检测模型训练和人脸区域检测模型评估，人脸特征点标定模型训练和人脸特征点标定模型评估，以及人脸比对模型训练和人脸比对模型评估；模型应用，包括视频采集、图像抓拍、人脸检测、人脸特征点标定、人脸特征点对齐、人脸对比、眨眼识别、张嘴识别等主要业务。通过人脸比对、眨眼和张嘴等动作识别，能够避免传统静态人脸图像识别的安全问题，防止人脸照片仿冒行为。人脸识别系统业务架构，如图4-20所示。

3. 人脸识别系统技术架构

人脸识别系统技术架构，包括基础设施层、学习框架层、算法模型层和视觉计算层等四个层次。基础设施层主要包括CPU/GPU/云计算和大数据中心，其中与人脸识别项目相关度最高的是GPU，对应的开发框架是Cuda。学习框架层主要包括与计算机视觉相关的Opencv、Pillow、Scikit-learn、TensorFlow、Pytorch和Keras等技术。算法模型层涉及的关键技术主要包括

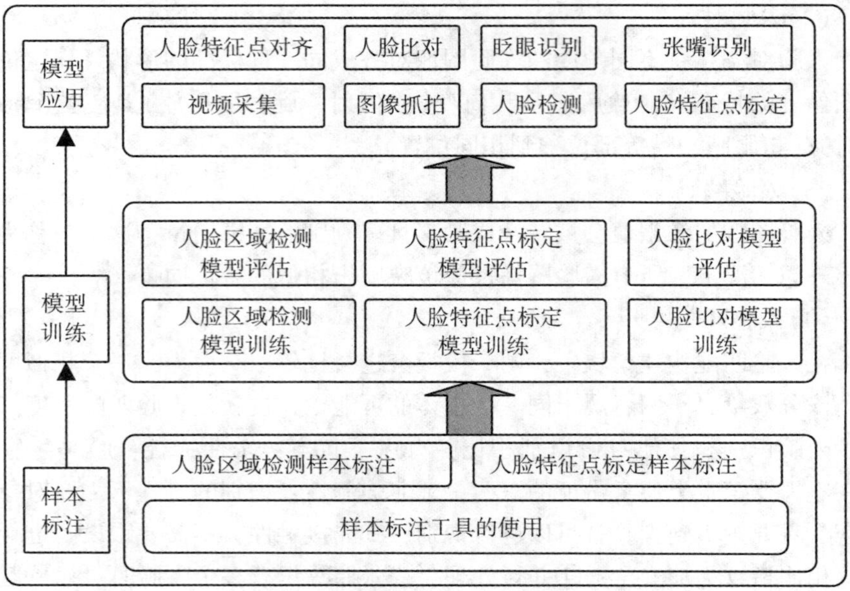

图 4-20　人脸识别系统业务架构

人脸区域检测算法模型(HOG/CNN)、人脸特征点检测算法模型(ResNet/VGG16/VGG19)、人脸对齐算法模型、人脸活体检测算法模型等。视觉计算层主要包括视频采集、图像抓拍、人脸检测、人脸特征点标定、人脸特征点对齐、人脸比对、眨眼识别、张嘴识别等视觉计算任务。人脸识别系统的技术架构，如图 4-21 所示。

4. 人脸识别系统应用架构

人脸识别系统一般采用 C/S/D 架构，分为客户端、服务器端和数据端。其中，客户端负责人脸采集和人脸注册。此外，人脸采集功能包括视频采集、人脸区域检测、人脸区域抓拍和人脸识别接口调用；人脸注册功能包括：视频采集、人脸区域检测、人脸区域抓拍和人脸注册接口调用。服务器端负责实际的人脸特征点检测、人脸特征点对齐、人脸比对、眨眼识别、张嘴识别等实际功能，并提供人脸识别服务接口和人脸注册服务接口。数据端负责数据资源和模型资源的管理和维护，包括注册人脸图像库、注册人脸标签库、人脸区域检测模型、人脸特征点标注模型和人脸验证模型等。人脸识别系统的应用架构，如图 4-22 所示。

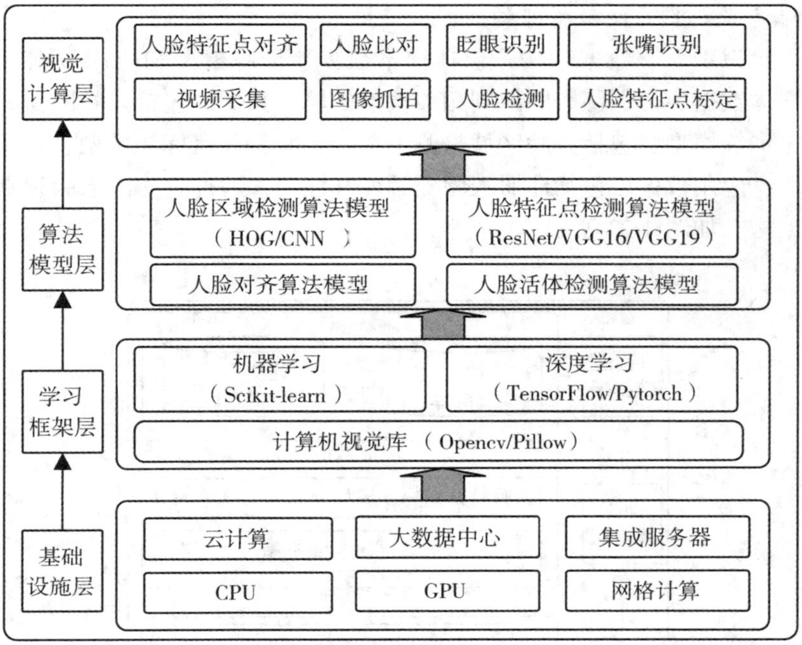

图 4-21 人脸识别系统技术架构

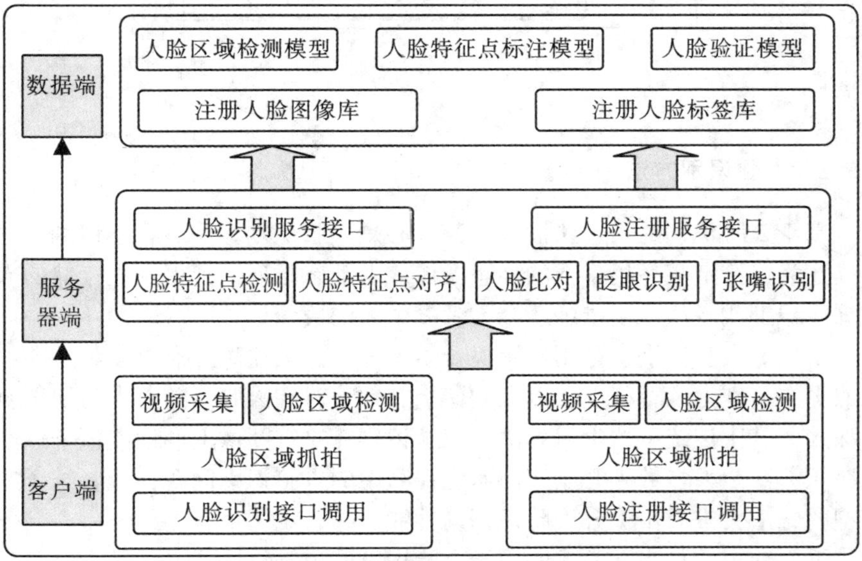

图 4-22 人脸识别系统应用架构

5. 人脸识别系统数据架构

人脸识别系统数据架构，包括样本数据、训练模型和应用数据三个层次。样本数据层是训练人脸识别相关模型的输入数据，包括人脸图像和标签数据；训练模型层包括人脸区域检测模型、人脸特征点标注模型、人脸验证模型等；应用数据层包括注册人脸资源库和注册人脸标签库。人脸识别系统数据架构，如图 4-23 所示。

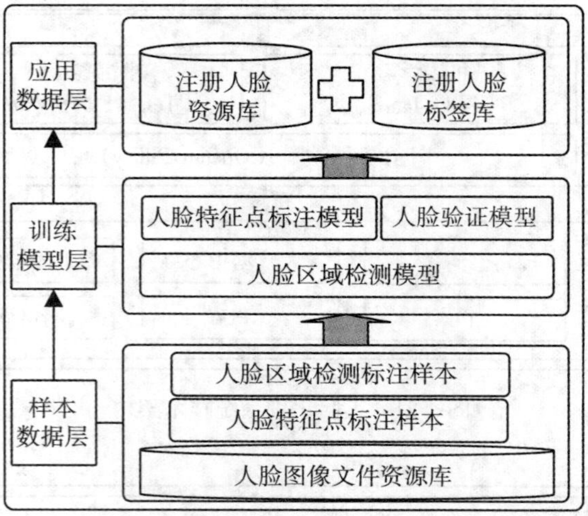

图 4-23　人脸识别系统数据架构

4.5.2　人脸识别方法

基于人脸识别的安全认证方法其核心是人脸识别算法。人脸识别方法可以描述为，给定某一场景下的静态图像或者动态序列，根据预先存储的人脸数据库识别或者认证场景中一个或者多个人的身份。

早期的人脸识别多采用传统机器学习算法，关注的焦点更多集中在如何提取更有鉴别力的特征上，以及如何更有效地对齐人脸。随着人脸识别研究的深入，基于传统机器学习算法的人脸识别在二维图像上的性能提升逐渐到达瓶颈，于是大多数人开始转而研究视频中的人脸识别问题，或者结合三维模型的方法去进一步提升人脸识别的性能。

下面介绍几种当下常见的用于人脸识别的视觉算法。

1. 主成分分析法(PCA)

PCA(Principal Component Analysis)是一种具有许多实际应用的通用统计方法。在人脸识别过程中使用时，PCA 旨在减少源数据的大小，同时保留最相关的信息。它生成一组加权特征向量，这些特征向量依次构建特征脸，即大量不同的人脸图像。特征脸的线性组合代表训练集中的每个图像。

PCA 用于从训练图像集的协方差矩阵中接收这些特征向量。对于每张图像，计算其主要成分，及其他组件编码面部和噪声之间的细微差异。识别过程包括将未知图像的主要成分与所有其他图像的成分进行比较。

PCA 分为以下几个步骤：

(1)数据预处理：均值归一化(mean normalization)；

(2)求取协方差矩阵：$\sum = \frac{1}{m}\sum_{i} X_i X_i^T$；

(3)求取协方差矩阵的特征值与特征向量；

(4)依据特征值大小选取适当数量的特征向量组成一子空间；

(5)将原始矩阵投射到该子空间得到降维矩阵。

2. 支持向量机(SVM)

SVM 是一种机器学习算法，它使用两组分类原则来区分人脸和“非人脸”。对于每个类别，SVM 模型都会接收一个标记的训练数据集来对新的测试数据进行分类。研究人员一般将线性和非线性 SVM 训练模型应用于人脸识别(图 4-24)。

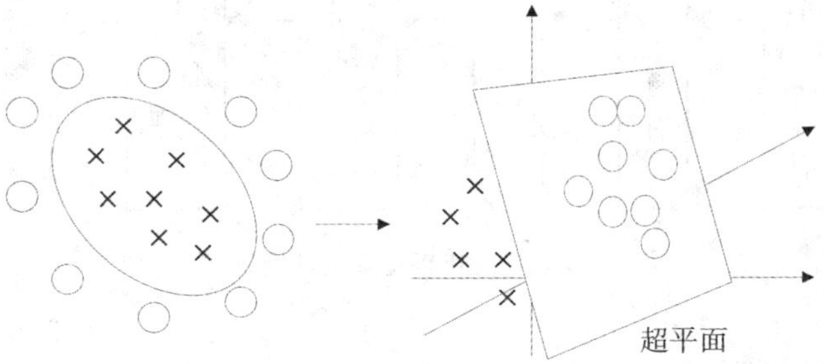

图 4-24　支持向量机非线性分类

3. 特征脸(Eigenfaces)

Eigenfaces 是一种人脸检测和识别方法，用于确定图像数据集中的人脸方差。一组特征脸是通过对大量人脸图像的统计分析确定的“标准化人脸成分”的集合。面部特征被分配了数值，这种方法不使用数字图片，而是使用统计数据库，任何人脸都是这些值以不同百分比的组合。

其人脸识别过程就是将人脸图像映射到由特征脸组成的子空间上，比较其与已知人脸在特征空间中的位置，具体步骤如下：

(1)初始化，获得人脸图像的训练集并计算特征脸，定义为人脸空间，存储在模板库中，以便系统进行识别。

(2)输入新的人脸图像，将其映射到特征脸空间，得到一组关于该人脸的特征数据。

(3)通过检查图像与人脸空间的距离判断它是否是人脸。

(4)若为人脸，则根据权值模式判断它是否为数据库中的某个人，并做出具体的操作。

4. SIFT 人脸识别

其首先对待检测的图像及人脸库中的人脸图像提取 SIFT 特征，然后用 Haar 特征分类器进行眼睛、鼻子和嘴的定位工作，在区分出双眼、鼻子、嘴巴的区域后，根据人脸“三庭五眼”的规则扩大子区域，然后针对子区域进行 SIFT 特征匹配，把匹配结果输入决策函数，进而对结果进行评估，最后输出最佳匹配结果。SIFT 人脸识别的算法流程见图 4-25。

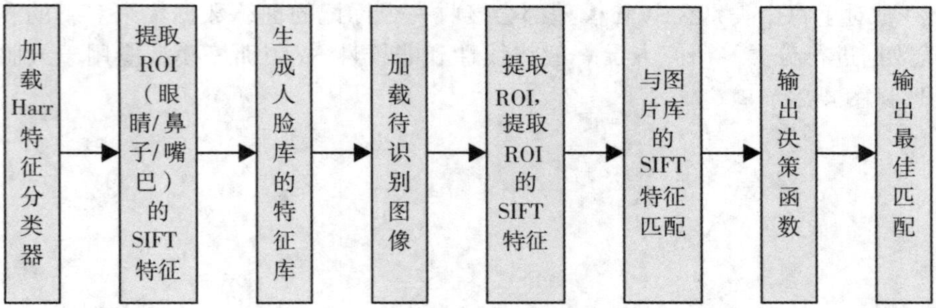

图 4-25　SIFT 人脸识别流程

(1)SIFT 特征提取与匹配

SIFT(Scale Invariant Feature Transform)特征算子是一种基于尺度空间的，对图像缩放、旋转甚至仿射变换保持不变的图像局部特征描述子。该特征提取方法由 Lowe 等人于 1999 年提出。它是一种尺度不变特征变换，采用这种变换提取的特征被称为尺度不变特征。

SIFT 特征提取主要分为以下 4 步：①检测尺度空间极值点。②精确定位极值点。③为每个关键点指定方向参数。④关键点描述子的生成。描述子的具体构造过程为：先确定任意一个关键点，在其所在的尺度空间取关键点为中心的16×16像素大小的邻域，再将此邻域均匀地分为4×4个子区域，最后对每个子区域计算梯度方向(8方向)直方图。这样就可以构成4×4×8=128维的向量，该向量即SIFT描述子。

当两幅图像的SIFT特征向量生成后，可采用关键点特征向量的欧氏距离来判定两幅图像中关键点的相似性。如，取图像a的某个关键点，找出其与图像b中欧氏距离最近的两个关键点；在这两个关键点中，设定参数为最近距离除以次近距离的商。如果参数小于某个阈值，则接受这个匹配点。降低这个比例阈值，SIFT匹配点数目会减少，但是会更加稳定，一般推荐阈值为0.3。

(2)人脸子区域划分

根据经验，人脸的独特性主要体现在眼睛、鼻子、嘴巴等部位，而额头、头发、脸颊则不具有好的区分性。另外，SIFT特征的提取和匹配过程中，难免产生错配现象。比如，a图的耳部的关键点和b图的下巴附近关键点为一对匹配点；a图鼻部的关键点和b图鬓角部位的关键点为一对匹配点。对此，可采取K均值聚类的方法先对图像进行区域划分，然后针对不同的区域分别进行匹配。

(3)人脸匹配

人脸的不同区域具有不同的特性，例如，眼睛的信息可能比嘴巴的信息更容易标明身份的唯一性。可使用分类器分割相关子区域，再对眼睛、鼻子、嘴巴进行人脸识别。在各区域统计独立的前提下，所对应的人脸库序号即为最佳匹配。

人脸识别的一个主要困难是遮挡，分区域进行匹配弱化了遮挡造成的影响。另外一个主要困难是光照和表情的变化，但是SIFT对图像缩放、旋转甚至仿射变换保持不变性的特性使得这个困难可以得到很好的解决。

5. 卷积神经网络

卷积神经网络(Convolutional Neural Network，CNN)是一个普通的神经网络，带有新的层——卷积层和池化层。CNN可以有几十个和几百个这样的层，每个层都可检测不同的成像特征。

完整的CNN包含以下结构：

输入层：网络的输入，以图像为例，一般代表一张图片的像素矩阵。

卷积层：CNN中最为重要的部分。通过卷积操作获取图像的局部区域信息。

池化层：对数据进行降采样(Down Sampling)，缩小数据规模，收集关键数据，同时提高计算速度。

全连接层：将计算出的特征映射到类标签空间，起到分类器的作用。

用 CNN 识别人脸图片，一般需要的步骤有：

①卷积层初步提取人脸视觉特征；

②池化层提取主要特征；

③全连接层将各部分特征汇总；

④产生分类器，进行人脸预测识别(图 4-26)。

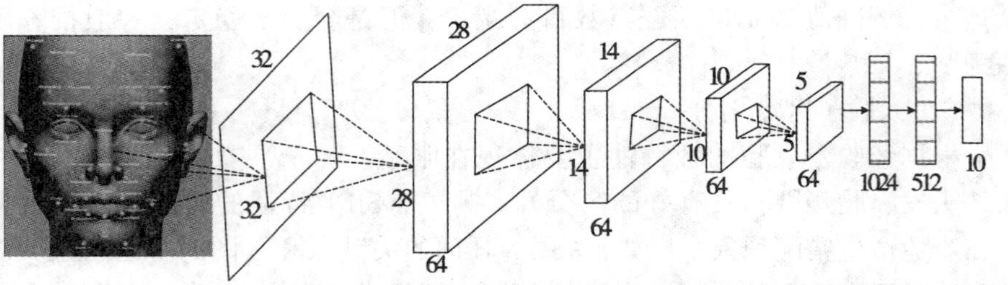

图 4-26　卷积神经网络结构

6. 三维识别

3D 人脸识别技术的基本思想乃基于人类头骨的独特结构。每个人的头骨结构都是独一无二的，可以用几十个参数来描述。这种面部识别方法基于将 3D 面部扫描与数据库模式进行比较。它有一个重要的优势——化妆、面部毛发、眼镜和类似因素不会影响检测和识别过程。最新研究使用了将 3D 几何信息映射到规则 2D 网格上的技术。它允许将 3D 数据的描述性与 2D 数据的计算效率相结合，并显示出 FRGC v2 报告的最高性能。

目前，根据摄像头成像原理，3D 人脸识别主要分为：3D 结构光、TOF 激光测距、双目立体视觉。

(1) 3D 结构光

通过红外光投射器，将具有一定结构特征的光线投射到被拍摄物体上，再由专门的红外摄像头进行采集。主要利用与三角形相似的原理进行计算，从而得出图像上每个点的深度信息，最终得到三维数据。基于 3D 结构光的人脸识别已在一些智能手机上得到实际应用，如国外使用了超过 10 亿张图像(IR 和深度图像)训练的 FaceId，国内自主研发手机厂商的人脸识别等。

(2) TOF 激光测距

照射光源一般采用方波脉冲调制，根据脉冲发射和接收的时间差来测算距离。采用TOF的方式获取3D数据主要在Kinect上实现，Kinect在2009年被推出，目的是作为与机器的交互设备，获取并处理人体的姿态数据。

(3)双目立体视觉

其是基于视差原理并由多幅图像获取物体三维几何信息的方法，由双摄像机从不同角度同时获得被测物的两幅数字图像，并基于视差原理恢复出物体的三维几何信息，从而得出图像上每个点的深度信息，最终得到三维数据。

4.5.3 人脸识别应用

在电子身份认证技术中，基于PKI技术以USBKey为认证介质的身份认证方法是一种值得信赖且常见的身份认证技术，但基于USBKey的认证方法也存在一些不足：一是认证介质存在转借、盗用或滥用的问题；二是认证介质存在丢失风险，如证书不及时撤销可能带来安全隐患；三是不能证明用户亲自到场操作。基于人脸识别的用户身份认证方式能够很好地解决这些问题。通过引入先进的人脸识别技术，对登录系统用户进行人脸图像信息现场采集、特征提取、识别分析，能够确保用户身份信息和登录的合法性。

正是基于人脸识别的身份认证可提高信息安全的主动防御能力，有效解决擅自盗用、私自替代、冒名出入等安全隐患问题，使得该认证方式被应用在电子商务安全支付、平台注册、信用评估等方面。立足于国家可信身份战略，基于人脸识别、数字认证、区块链技术等技术将是未来数字证书发展的方向，且具有较大的市场规模和发展前景。比如，据中国信息通信研究院安全研究所统计，2018年中国计算机视觉人脸识别市场规模为151.7亿元，2020年达到700亿元，市场发展前景广阔。

国内的互联网企业百度、阿里巴巴、腾讯对人脸识别技术应用相当重视。比如，阿里巴巴控股旷视科技、商汤科技、依图科技，并且开发了自己的人脸识别接口，已全面将人脸识别技术应用到支付宝、淘宝等APP中，并联合其他业务板块，研究基于人脸识别的身份认证应用场景，提高电子商务支付安全、在线购物安全和身份信息安全等；腾讯旗下拥有自己的优图团队，为QQ空间、腾讯地图、腾讯游戏多款APP提供图像技术支持，实现基于人脸识别的安全身份认证，防止账户信息泄露、被窃取等；百度人脸识别也依靠庞大的数据资源，通过使用人脸识别技术已推出百度识图等APP。

基于人脸识别的身份认证已逐渐成为一种不可或缺的安全认证方式。

◎ 本章小结

认证机制是解决电子商务交易安全与信任问题的基石，为此需建立 CA 认证机构以便为交易各方颁发数字证书并制定相应标准与法规。数字证书是电子交易中标识实体身份的凭据，是用户在虚拟的网络世界中表明自己身份最有效的方法。CA 作为数字证书的颁发和维护机构，其作用和性质同颁发护照和身份证的政府机关和权威机关类似，从技术上采用先进的安全保密技术对网络上的数据发送方、接收方进行身份确认，以保证交易各方信息的安全性、保密性和可靠性。另外，本章以国内几家著名 CA 认证机构为例，对我国 CA 的发展情况进行了详细的介绍。

在基于数字证书的安全认证基础上，本章介绍了 PKI 基础设施和人脸识别技术。PKI 体系就是一种遵循标准的利用公钥加密技术为电子商务的开展提供一套安全基础平台的技术和规范。PKI 可以构建一个可管、可控、安全的互联网，同时可以建设一个普适性好、安全性高的安全认证平台。PKI 的核心机构是认证中心，基于 PKI 的信任模型可以实现不同认证中心之间的用户证书的认证。流行的四种信任模型分别是：严格层次结构模型、分布式信任结构模型、Web 模型、以用户为中心的信任模型。目前，PKI 在虚拟专用网、安全电子邮件、Web 安全、电子商务和电子政务等领域都有实际的应用。

人脸识别是基于人的脸部特征信息进行身份识别的一种生物识别技术，用摄像机或摄像头采集含有人脸的图像或视频流，并自动在图像中检测和跟踪人脸，进而对检测到的人脸进行脸部识别的一系列相关技术。相较于基于 PKI 技术的数字证书安全认证，基于人脸识别的数字证书安全认证可提高信息安全的主动防御能力，有效解决擅自盗用、私自替代、冒名出入等安全隐患问题。

◎ 本章习题

1. 什么是数字证书？数字证书的作用是什么？数字证书包含哪些主要内容？
2. 简述 X. 509 证书各项格式的意义。
3. 何谓认证机构 CA？CA 的主要功能是什么？
4. 简述对数字证书验证的步骤。

5. 数字证书设定有效期的作用是什么？

6. 试述数字证书机构(CA)的组成及各部分作用。

7. 我国的CA大致可以分为哪几类？在每一类中选择一个CA，访问其网站。

8. 除了本章已列出的CA，你还能在每一类中各找出一个CA的例子吗？

9. 简述CFCA的体系结构以及CFCA证书的典型应用。

10. 登录网证通认证网站，为自己申请一个免费的数字证书。

11. 在网上搜索一下，还有什么网站可以提供免费的数字证书。为自己申请一个数字证书，并用该证书发送加密和数字签名的电子邮件。

12. 什么是PKI？PKI应用系统具有哪些功能？

13. PKI包括哪些组成部分？

14. 什么是认证路径，确认认证路径的工作包括哪些步骤？

15. 信任模型是什么？有哪几种典型的信任模型？

16. 严格层次结构模型进行认证的过程有哪些。

17. 分析和比较常用的四种信任模型的优缺点。

18. 结合自己的理解，阐述我国PKI的应用现状和发展前景。

19. PKI、CA认证中心和数字证书三者之间的关系是怎样的？

20. 简述PKI的应用。

21. 小李获得了广州的CA颁发的数字证书，但他想通过该证书在北京、上海等不同城市也同样能够获得认证，该如何实现呢？请讨论在我国不同城市CA或者不同CA发出的数字证书是如何相互认证的。

22. Alice、Bob的数字证书分别是VeriSign、Thawte公司颁发的，如果Alice与Bob想进行安全通信，他们俩如何利用不同公司颁发的证书进行认证？

23. 什么是人脸识别？人脸识别有哪些步骤？

24. 人脸识别中常用的视觉计算方法有哪些？

25. 人脸识别有哪些应用？

26. 基于人脸识别的安全认证有哪些优势？

第 5 章 电子支付与安全支付协议

电子商务活动必然涉及电子支付，如何实现在线支付功能及确保支付安全是电子商务中最为关键的问题。本章介绍电子商务的电子支付系统，包括电子支付的概念和发展、电子支付方式、电子支付协议等。同时，如何为电子支付过程提供安全保障是电子商务安全研究的重点和核心内容。在介绍电子支付系统的基础上，本章介绍了两种电子支付的安全协议：安全套接层协议(Secure Sockets Layer，SSL)、安全电子交易协议(Secure Electronic Transaction，SET)，并对这两种安全协议进行比较。最后介绍了区块链视角下的安全支付、数字货币与金融安全等内容。

5.1 电子支付的概念与发展

5.1.1 电子支付的定义和特点

电子支付是以金融电子化网络为基础，以商用电子化设备和各类交易卡为媒介，以计算机技术和通信技术为手段，将货币以电子数据(二进制数据)形式存储在银行的计算机系统中，并通过网络系统以电子信息传递形式实现流通和支付。

电子支付从基本形态上看是电子数据的流动，它以金融专用网络为基础，发送方通过支付命令把存放于商业银行的资金，通过一条线路划入收益者开户方银行，完成双方的交易过程。在线支付是电子商务的关键环节，是电子商务得以顺利发展的前提条件。

电子支付的类型按电子支付指令发起方式，分为网上支付、电话支付、移动支付、销售点终端交易和其他电子支付。按照支付指令的传输渠道，电子支付可以分为卡基支付(银行专用网络)、网上支付(Internet网络)和移动支付(移动通信网络)。

与传统的支付方式相比，电子支付具有以下特征：

(1)电子支付是采用先进的技术通过数字流转来完成信息传输的，其各种支付方式都采用数字化的方式进行款项支付；而传统的支付方式则是通过现金的流转、票据的转让及银行的汇兑等物理实体的流转来完成款项支付。

(2)电子支付的工作环境是基于一个开放的系统平台(即Internet网络)，而传统支付则是在较为封闭的系统中运作。

(3)电子支付对软、硬件设施的要求很高，一般都要求有联网的微机、相关的软件及其他一些配套设施，而传统支付则没有这么高的要求。

(4)电子支付具有方便、快捷、高效、经济的优势。用户只要拥有一台上网的PC机，便可足不出户，在很短的时间内完成整个支付过程。支付费用仅相当于传统支付的几十分之一，甚至几百分之一。

电子支付与传统支付从不同角度进行对比，其区别见表5-1。

表5-1 电子支付与传统支付的比较

特点 \ 支付方式	电子支付	传统交易支付
信息传输	数字流传输技术	物理实体
工作环境	Internet	封闭系统
对软、硬件的要求	高(微机、相关软件及配套设施)	低
方便、快捷性	方便、快捷、高效、成本低	差，成本高
安全性保障	加密、CA认证、信用要求高	防伪技术

就目前而言，电子支付仍然存在一些缺陷，比如安全问题一直是困扰电子支付发展的关键性问题。大规模地推广电子支付，必须解决黑客入侵、内部作案、密码泄露等涉及资金安全的问题。还有一个支付的条件问题，消费者所选用的电子支付工具必须满足多个条件，即要有消费者账户所在的银行，有相应的支付系统和商家所在银行的支持，被商家认可等。如果消费者的支付工具得不到商家的认可，或者说缺乏相应的系统支持，电子支付将难以实现。

5.1.2 电子支付的发展

银行采用信息技术进行电子支付的形式有五种，分别代表着电子支付发展的不同阶段：

(1)第一阶段是银行间采用安全的专用网络进行电子资金转账(EFT)，即利用通信网络进行账户交易信息的电子传输，办理结算。EFT 的好处是减少了管理费用，增加了效率，简化了簿记并且更加安全。

(2)第二阶段是银行计算机与其他机构计算机之间资金的结算，如代发工资，代交水费、电费、煤气费、电话费等业务。

(3)第三阶段是利用网络终端向用户提供各项银行服务，如用户在自动柜员机(ATM)上进行取、存款操作。它是由计算机控制的持卡人自我服务的金融专用设备，ATM 可以向持卡人提供提款、存款、余额查询、更改密码等功能。

(4)第四阶段是利用银行销售点终端(POS)向用户提供自动扣款服务。POS 是英文 Point of Sales 的缩写，该系统是由银行计算机与商业网点、收费网点、金融网点之间通过公用电话线或网络进行联机业务处理的银行计算机网络系统。

(5)第五阶段是最新发展阶段，电子支付可随时随地通过互联网进行直接转账结算，这一阶段的电子支付称为网上支付。目前国际通行的网上支付工具主要有电子信用卡、电子借记卡、电子支票和电子现金等。

另外，电子支付可以分为非 Internet 环境下的电子支付和 Internet 环境下的电子支付。电子支付发展的前四个阶段属于非 Internet 环境下的电子支付，而第五个阶段属于 Internet 环境下的电子支付，它形成了电子商务的环境，也称为电子商务的网上支付(本章介绍的电子支付即指网上支付)，网上支付是电子商务的关键环节之一。网上支付的工具主要有信用卡、电子现金、电子支票等。

5.2 电子支付方式

5.2.1 电子支付系统

1. 电子支付系统的构成

电子支付系统是电子商务系统的重要组成部分，它指的是消费者、商家和金融机构之间使用安全电子手段交换商品或服务，即把新型支付手段包括电子现金、电子支票、信用卡等的支付信息通过网络安全传送到银行或相应的处理机构，来实现电子支付；是融购物流程、支付工具、安全技术、认证体系、信用体系以及现在的金融体系于一体的综合大系统。电子支付系统的基本构成，如图 5-1 所示。

客户是指在 Internet 上与某商家或企业有商务交易关系并且存在未清偿的债权、债务关系的一方(一般是债务)。客户用自己已拥有的支付工具(如信用卡、电子钱包等)来发起支付，是支付体系运作的原因和起点。

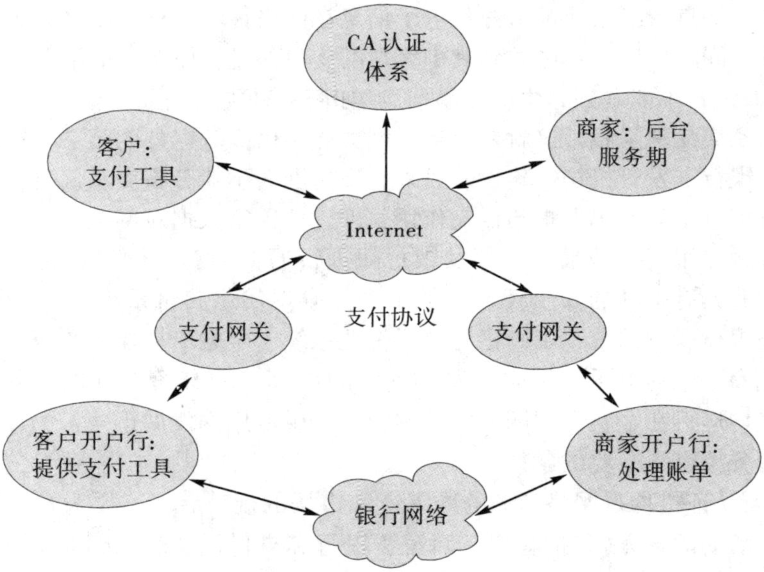

图 5-1　电子支付系统的基本构成

商家则是拥有债权的商品交易的另一方，可以根据客户发起的支付指令向中介的金融体系请求获取货币给付。商家一般设置专门的后台服务器来处理这一过程，包括协助身份认证及不同电子支付工具的处理。

客户开户行是指客户在其中拥有资金账户的银行，客户所拥有的电子支付工具主要是由开户银行提供的。客户开户行在提供网上支付工具的时候，同时提供一种银行信用，即保证支付工具是真实并可兑付的。在利用金融卡进行电子支付的体系中，客户开户行又被称为发卡行。

商家开户行是商家在其中开设资金账户的银行，其账户是整个支付过程中资金流向的地方或目的地。商家将收到的客户支付指令提交其开户行后，就有商家开户行与客户开户行之间的清算工作。商家开户行是依据商家提供的合法账单来工作的，因此又被称为收单行。

支付网关(Payment Gateway)是Internet公用网络平台和银行内部的金融专用网络平台之间的安全接口，网上支付的电子信息必须通过支付网关进行处理后才能进入安全的银行内部支付结算系统，进而完成支付的授权或获取。支付网关的建设关系着整个网上支付结算的安全及银行自身的安全，关系着电子商务支付结算的安排及金融体系的风险，必须十分谨慎。

在电子商务交易过程中，网络平台上同时传输两种电子信息，即交易信息与支付信息，必须保证这两种电子信息在网络传输过程中不被无关的第三者查看。同时，商家不能看到其中客户的支付信息(如客户信用卡号、密码等)，而银行不能看到其中的交易信息(如商品种类、商品价格)，以保护客户和商家交易的隐私。这就要求支付网关必须由商家以外的第三方银行或其委托的银行卡发行机构来建设。另外，支付网关不能分析交易信息，对送来的支付信息也只是起保护与传输作用，即这些保密数据对网关"透明"。

金融专用网络是银行内部及银行间进行通信的专用网络，它不对外开放，因此具有很高的安全性。包括中国国家现代化支付系统(CNAPS)、中国人民银行联行系统、工商银行电子汇兑系统、金融卡授权系统等。目前我国传统商务中的电子支付应用如POS支付结算、ATM资金存取、电话银行等系统均运行在金融专用网络上。银行的金融专用网发展迅速，为逐步开展电子商务提供了必要的条件。

CA认证机构是网络商务的准入者和市场的规范者，主要为参与网上电子商务活动的各方(包括客户、商家、银行和支付网关)发放和维护数字证书以及提供数字签名服务的支持等，以确认各方的真实身份，保证电子支付的安全性。当然为了确认参与者的资信状况(如银行账户状况、历史信用记录等)，认证过程也离不开银行的参与。

除以上参与各方外，电子支付系统的构成还包括支付中使用的支付工具以及遵循的支付协议。常用的电子支付工具有信用卡、电子现金、电子支票等。除此之外，网上银行也可以被看做一种电子支付工具。支付协议主要指支付的安全通信与控制协议，如SSL与SET等。

2. 电子支付系统的功能

虽然货币的不同形式会导致不同的支付方式，但安全、有效、便捷是各种支付方式追求的共同目标。对于一个支付系统而言(可能专门针对一种支付方式，也可能兼容几种支付方式)，它应具有以下的功能：

(1)使用数字签名和数字证书实现对各方的认证。为实现交易的安全性，支付系统对参与贸易的各方身份的有效性进行认证，通过认证机构或注册机构向参与各方发放数字证书，以证实其身份的合法性。

(2)使用加密技术对业务进行加密。可采用对称密钥体制或公开密钥体制来进行信息加密，并采用数字信封、数字签名等技术来加强数据传输的保密性，以防止未经授权的第三者获取消息的真正含义。

(3)使用消息摘要算法以确认业务的完整性。为保护数据不被未授权者建立、嵌入、删除、篡改、重放，能完整无缺地到达接收者一方，可以采用数字摘要技术；通过对原文进行 Hash 映射生成消息摘要一并传送给接收者，接收者就可以通过摘要来判断所接收的消息是否完整。若发现接收的消息不完整，应要求发送者重发以保证其完整性。

(4)当交易双方出现纠纷时，保证对业务的不可否认性。这适用于保护通信用户对来自其他合法用户的威胁，如发送用户否认他所发送的消息，接收者否认他已接收的消息等。支付系统必须在交易的过程中生成或提供足够充分的证据来迅速辨别纠纷中的是非，可以用仲裁签名、不可否认签名等技术来实现。

(5)能够处理贸易业务的多边支付问题。由于网上贸易的支付要牵涉到客户、商家和银行等多方，其中传送的购货信息与支付指令必须连接在一起，因为商家只有确认了支付指令后才会继续交易，银行也只有确认了支付指令后才会提供支付。但同时，商家不能读取客户的支付指令，银行不能读取商家的购货信息，这种多边支付的关系就可以通过双重签名等技术来实现。

5.2.2 信用卡支付

在信用卡支付系统中，客户使用信用卡作为支付工具。信用卡是当前基于 Internet 网络的电子支付系统最为常见的支付手段，是现实世界信用卡的替代者。信用卡支付系统的支付模式分为以下两种类型：

1. 基于 SSL 协议的信用卡支付模式

SSL 是设计用来保证互联网信息传递的保密性的，而不是专门用于电子支付的技术。通过 SSL，消费者在浏览商家页面信息的时候，其客户端的浏览器与商家服务器通过一个加密的安全通道进行信息交换，第三者无法通过窃听的方法把得到的加密数据还原成明文。同样，消费者的信用卡授权信息也将在安全的通道中传递。

SSL 协议在运行过程中可分为六个阶段：

(1)连接建立阶段：客户通过网络向服务器打招呼，服务商回应。

(2)交换密码阶段：客户与服务商之间交换双方认可的密码。

(3)会话密码阶段：客户与服务商之间产生彼此交谈的会谈密码。

(4)检验阶段：检验服务商取得的密码。

(5)客户认证阶段：验证客户的可信度。

(6)结束阶段：客户与服务商之间相互交换结束信息。

SSL在信息传递上的安全性，刚好适应了电子支付的需要，又由于其架构简单，处理的步骤少，速度快，所以虽然存在较大的安全漏洞，但依然被广泛地应用于信用卡在线支付模式中。

基于SSL协议的信用卡支付流程及通信过程如下：

(1)身份认证：SSL模式的身份认证机制比较简单，持卡人与在线商店在建立"握手"关系时交换数字证书即可。

(2)持卡人建立起与在线商店之间的加密传输通道之后，将商品订单和信用卡转账授权传递给在线商店。

(3)在线商店通过支付网关将转账信息传递给其收单行。

(4)收单行通过信用卡清算网络向发卡行验证授权信息，发卡行验证信用卡相关信息无误后，通知收单行。

(5)收单行通知在线商店电子支付成功，在线商店向收单行请款。

其整个在线支付工作流程，如图5-2所示。

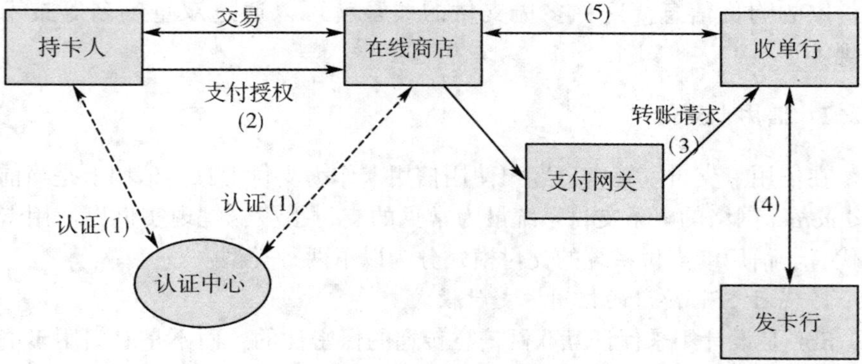

图5-2 SSL协议信用卡支付流程

基于SSL协议的信用卡支付流程简单，认证过程比较简便，处理速度快，费用较低；使用也比较方便，付款人只需在选购商品后输入卡号、有效期、姓名等资料后，立即就可以完成付款。但也存在一些缺点，例如只能提供交易中客户与服务器间的双向认证，在涉及多方的电子交易中，SSL协议并不能协调各方的安全传输和信任关系，因此无法达到电子支付的“不可否认性”要求。

2. 基于SET协议的信用卡支付模式

为了网络交易与电子支付的安全性，采用安全电子交易协议(SET)是个很好的选择。SET协议是专门用于信用卡支付的协议，可更好地保证信用卡在Internet环境下进行网上支付，现在已经成为网上银行支付的安全标准。它的应用将可以为网上信用卡支付提供信息的机密性、数据的完整性、消费者账号的可确认性、商家的确定性和可靠的互操作性。

根据SET协议的工作流程图，可以将整个工作程序分为7个步骤：

(1)持卡人通过浏览器在网上商店选择完所要购买的商品(即传送订单)，结账时会激活电子钱包，持卡人在输入自己电子钱包密码后，可以选择任何一张经SET认证的信用卡来支付。

(2)网络商店此时便将通过数字签名及加密过的信用卡数据，通过电子收款机及付款网关将数据格式加以转换，通过金融网络，传送到收单行申请授权。

(3)收单银行通过信用卡发卡组织的金融网络，连接到发卡银行向发卡银行申请授权。

(4)当发卡行检查信用卡持卡人的卡号真伪、信用额度、有效期限皆有效后，即核发授权给收单银行。

(5)当收单银行获取由发卡行授权成功的数据后，便将授权成功的信息转送给网络商店。

(6)此时网络商店立即将客户的订单回复给持卡人，并显示交易码、交易金额、商店代号及商店名称，以通知持卡人交易已成功。同时网络商店也将客户的订单转成送货单并通知商店的仓储系统出货。

(7)收单银行将货款数据汇总处理后，将货款转入商店户头。收单银行与发卡银行通过国际信用卡发卡组织进行清算，发卡银行累计消费者的消费款项数据，以账单通知消费者。

其整个在线支付工作流程，如图5-3所示。

SET支付系统的保密性好，具有一定的不可否认性，尤其是SET的出现为更多的信用卡公司以及特约商户，能按统一的标准处理信用卡结算的信息，提高Internet上信用卡结算的协调性和方便性，完善了电子货币的应用环境。安全性高是SET的优点，但为此也付出了过于复杂、使用麻烦、成本高、与别的支付协议难以兼容等代价。但这种统一的国际标准无论对顾

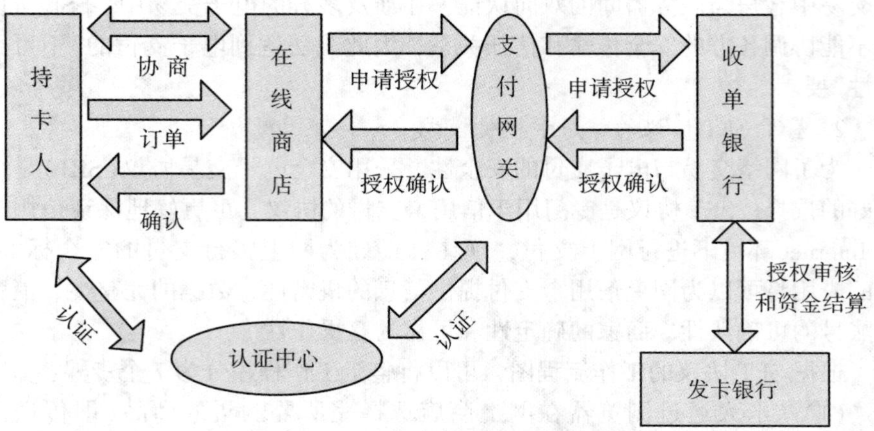

图 5-3　基于 SET 协议的信用卡支付流程

客、商家、信用卡公司或银行都是有利的。

5.2.3　电子现金支付

电子现金(E-cash)又称电子货币(E-money)或数字货币(Digital Cash)，被看做现实货币的电子或数字模拟，它以数字形式存在，以数据形式流通，是通过 Internet 购买商品或服务时使用的货币。随着贸易向无纸化方向发展，电子现金在电子支付中起着越来越大的作用。电子现金具有多用途、使用灵活、匿名性、快速简便的特点，无须直接与银行连接便可使用，适用于小额交易。在网上付款方式上，电子现金可能是最主要的取代纸钞的付款方式。它尤其适合于在 Internet 上进行小数目金额的实时支付，极有可能成为网络贸易应用中个人消费者的最常用的一个支付工具。

电子现金具有以下特性：

①具有货币价值。电子现金必须有一定的现金、银行授权的信用或银行证明的现金支票进行支持。

②可交换性。电子现金可以与纸币、商品/服务、网上信用卡、银行账户存储金额、支票或负债等进行互换。

③可存储性。可存储性将允许用户在家庭、办公室或路途中对存储在一个计算机的外存、IC 卡中的数字现金进行存储和检索。电子现金的存储是从银行账户中提取一定数量的电子现金，存入上述设备。

④匿名性。由于无须签名，所有没有办法跟踪付款人，这在某些场合下可以使个人的隐私权得到尊重。

⑤重复性。必须防止电子现金的复制和重复使用。因为买方可能用一个数字现金在不同国家或地区上的网上商店同时购物，这就造成数字现金的重复使用。一般的数字现金系统会建立事后检测和惩罚机制。

应用数字现金进行电子交易的具体流程分为以下五步，如图 5-4 所示。

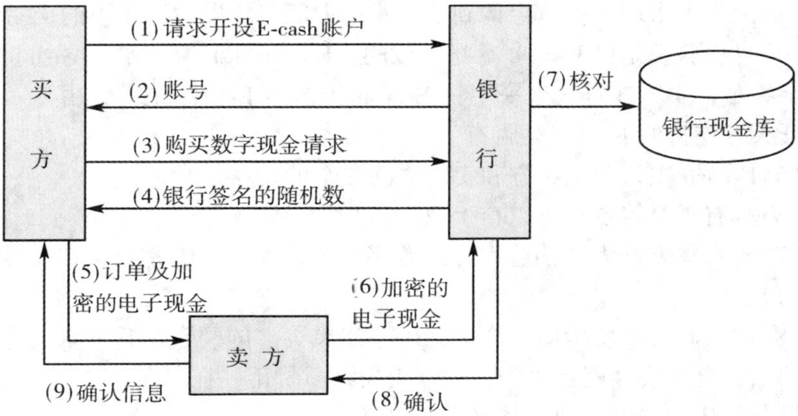

图 5-4　应用数字现金进行交易的流程图

1. 购买 E-cash

买方在数字现金发布银行开设 E-cash 账号，并购买 E-cash。用户需从网上的货币服务器(或银行)购买数字现金，首先要在该银行建立一个账户，将足够资金存入该账户以支持今后的支付。

2. 存储

使用计算机的 E-cash 终端软件，从 E-cash 银行取出一定数量的 E-cash 存储在硬盘上。一旦账户被建立起来，买方就可以使用数字现金软件产生一个随机数，这个随机数是银行使用私钥进行数字签名的随机数，银行通常发放不高于 100 美元的货币，之后把货币发回给买方。

3. 购买商品或服务

买方同意接收 E-cash 的卖方订货，用卖方的公钥加密 E-cash 后，传送给卖方。

4. 资金清算

接收 E-cash 的商家与 E-cash 发放银行之间进行清算，E-cash 银行将用户购买商品的金额支付给商家。

5. 确认订单

卖方获得付款后，向买方发送订单确认信息。

与其他电子支付方式相比，电子现金支付方式具有以下特点：

(1)银行和卖方之间应有协议和授权关系。

(2)买方、卖方和 E-cash 银行均需使用 E-cash 软件。

(3)因为电子现金可以申请到非常小的面额，所以适用于小的交易量。

(4)身份验证是由 E-cash 本身完成的，E-cash 银行在发放 E-cash 时使用了数字签名，卖方在每次交易中将 E-cash 传送给 E-cash 银行，由 E-cash 银行验证买方支持的 E-cash 是否有效。

(5)E-cash 银行负责买方和卖方之间资金的转移。

(6)具有现金特点，可以存、取、转让。

(7)买卖双方都无法伪造银行的数字签名，而且双方都可以确信支付是有效的。

(8)E-cash 与纸质货币一样会丢失，如果买方的硬盘出现故障并且没有备份的话，电子现金就会丢失，就像丢失纸质货币一样。

目前，典型的电子现金系统有：

其一，E-cash。E-cash 是一种实现无条件匿名的电子现金系统。由 Digicash 公司开发，也是最早的电子现金系统。目前使用该系统发布 E-cash 的银行有 Mark Twain、Eunet、Advance 等世界著名银行。在使用 E-cash 时，买方和卖方必须在发放 E-cash 的银行建立一个账户，银行向他们提供 Purse 软件，用于管理和传送 E-cash。然后，资金从常规账户输入到 Purse 软件上，并且在被支出前存储在买方的内置硬盘上。

其二，CyberCash。1994 年，CyberCash 开始提供一种 CyberCoin 软件，用于处理小额电子现金事务。在资金传输方面，资金从常规银行账户上传输给 CyberCoin 钱夹，然后，买方用这些资金进行各种事务处理。

其三，Mondex。Modex 是由英国最大的 West Minster 银行和 MidLand 为主开发和倡议的以智能卡为存储介质的电子现金系统，它属于预付式电子现金系统的一种，类似智能卡的应用模式。Mondex 于 1995 年 7 月在英国斯温顿市正式开始使用，可以说是全球唯一的国际性电子现金系统。

目前电子现金支付方式存在的问题主要有两个方面。首先，电子货币没有一套国际标准，只有少数商家接受电子现金，而且只有少数几家银行提供电子现金开户服务。其次，应用电子现金对于客户、银行和商家都有较高的软、硬件要求，成本较高。尽管如此，电子现金的应用仍呈现增长势头。随着较为安全可行的电子现金解决方案的出台，电子现金一定会像商家和银行界预言的那样，成为未来网上贸易通用、方便的交易手段。

5.2.4 电子支票支付

1. 电子支票的概念

电子支票是客户向收款人签发的、无条件的数字化支付指令，它通过互联网或无线接入设备来完成传统支票的所有功能，是一种借鉴纸张支票转移支付的优点，利用数字传递将钱款从一个账户转移到另一个账户的电子付款形式。

使用电子支票付款的时候，客户手中使用的不再是传统的支票簿，而是电子的“支票簿”。电子支票簿只是一个形象的称谓，它是手中类似于IC卡的一个硬件装置。这个卡片大小的装置中有一系列程序和设备，插入客户电子计算机的插口以后，客户通过密码或其他手段激活这个装置，使其正常运作。这个装置就能像传统的支票簿一样“制造”出支票来。这个支票不再是纸质的，而是显示在电脑的屏幕上，像填支票一样，客户在电子支票上填好应该填好的信息，填完以后，还要进行数字签名。

客户的电子支票簿中装有客户的私人密钥，可以自动生成客户的数字签名。同时，把购货信息、电子支票等一同做成数字签名，像一个信封一样，把所有的信息都缄封起来。“签完字”以后，客户则把这张“支票”通过网络传给商家。商家收到“支票”以后，再使用同样的数字签名技术在支票上进行数字签名，把经过签名的电子支票交给自己的开户银行，开户银行通过银行间的清算设备和网络同客户的开户行进行结算。最后，通知商家钱已经到了商家的账户上，客户的开户行也会通知客户，支票上的钱已经付给对方。

客户在电子支票上进行签名，采用数字签名技术。鉴别客户身份的真伪，则借助认证中心的功能。电子支票的运作，涉及了数字签名的多次运用，甚至是“双重”签名，其技术较为复杂。电子支票的运作，需要公开密钥、数字证书的广泛使用，同时也需要比较良好的管理。通常的情况是：银行负责管理自己客户的公开密钥，比如商家的开户行负责管理商家的公开密钥，为商家发放认证的数字证书；客户的开户行负责管理客户的公开密钥，为客户发放认证过的数字证书；银行之间的联合组织，比如负责银行间清算的自动清算所(Automatic Clearing House)，除了负责清算之外，还负责管理银行的公开密钥，发放数字证书。整个电子支票系统形成了一种网络状的结构，保障了电子交易的安全、可靠。

从以上介绍可以看出，电子支票的优势在于：

(1)加密的电子支票使它们比公共密钥加密的数字现金更易于流通，买卖双方的银行只要用公共密钥认证确认支票即可，数字签名也可以被自动验证。

(2)电子支票适用于各种市场，可以很容易地与 EDI 应用结合，推动 EDI 基础上的电子订货和支付。

(3)第三方金融服务者不仅可以从交易双方获取固定交易费用或按一定比例抽取费用，它还可以利用银行身份，提供存款账目，且电子支票存款账户很可能是无利率的，因此给第三方金融机构带来了收益。

(4)电子支票与传统支票工作方式相同，易于理解和接受。

(5)电子支票技术将公共网络连入金融支付和银行清算网络。

2. 电子支票的支付过程

电子支票的支付是在与商家及银行相连的网络上以密码方式传递的，多数使用公用关键字加密签名或个人身份证号码(PIN)代替手写签名。用电子支票支付，事务处理费用较低，而且银行也能为参与电子商务的商家提供标准化的资金信息，故而用电子支票支付有可能成为最有效率的支付手段。

使用电子支票进行支付，消费者可以通过电脑网络将电子支票发向商家的电子信箱，同时把电子付款通知单发到银行，银行随即把款项转入商家的银行账户。这一支付过程在数秒内即可实现。

电子支票交易的过程可分为以下几个步骤，如图 5-5 所示。

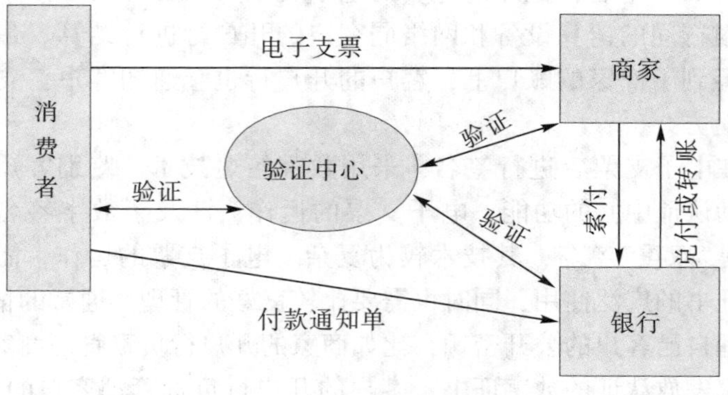

图 5-5 电子支票交易流程图

(1)消费者和商家达成购销协议并选择使用电子支票支付。

(2)消费者通过网络向商家发出电子支票，同时向银行发出付款通知单。

(3)商家通过验证中心对消费者提供的电子支票进行验证，验证无误后将电子支票送交银行索付。

(4)银行在商家索付时通过验证中心对消费者提供的电子支票再次进行验证，验证无误后即向商家兑付或转账。

3. 电子支票的发展状况

电子支票的支付目前一般是通过专用网络、设备、软件及一套完整的用户识别、标准报文、数据验证等规范化协议完成数据传输，从而确保安全性。电子支票支付发展的主要问题是今后将逐步过渡到公共互联网络上进行传输。目前的电子资金转账(Electronic Fund Transfer，EFT)或网上银行服务(Internet Banking)方式，一般在专用网络上进行，公共网络上的电子资金转账业务仍在实验之中。目前，大约80%的电子商务仍属于贸易上的转账业务。

近期，向互联网站点提供后端付款和处理服务的PaymentNet将开始处理电子支票业务。PaymentNet采用SSL标准保证交易安全，美国最大的支票验证公司Telecheck通过存储在数据库中的购物者个人信息及风险可靠度进行交叉检验来确认其身份。

1998年，CheckFree公司处理了8500万宗电子交易，总额达150亿美元。不过，目前还没有人试过在电子商务站点通过Internet直接使用支票。只有美国银行支持的支票才能在Internet上被接受，因为在线检验需要依赖美国的支票兑现基础设施。

因此，尽管电子支票可以大大节省交易处理的费用，但是，对于在线支票的兑现，人们仍持谨慎的态度。电子支票的广泛普及还需要有一个过程。

电子支票支付遵循金额服务技术联盟(Financial Services Technology Consortium，FSTC)提交的BIP(Bank Internet Payment)标准(草案)，典型的电子支票系统有NetCheque、NetBill、E-check等。

5.2.5 微支付

随着网络中一些中小商家的不断加入，交易额有时只有几元或几分，如客户从某商家中购买几分钟的游戏时间或为所浏览的网页付费，在这种情况下，信用卡支付将不适合于互联网上的小额支付。这主要是由于交易成本有可能超过所购买商品的费用，并且授权处理也有一定的延迟。而微支付是相对宏支付而言的一种新型电子商务支付方式。它是目前电子支付发展的一个新方向，可以很好地满足商品支付的需求。

在满足安全性的前提下，微支付系统还应满足以下需求：

(1)在满足一定的安全性条件下，系统应具有尽量少的信息传输量、较低的管理和存储要求。

(2)由于交易金额较小，所以系统的交易过程应尽量简单，并且完成每一笔交易所需要的费用也应尽量低。

(3)支付过程应具有较高的实时性、比较高的处理速度和效率，可以在网络环境下实现电子交易的实时支付。

(4)应用范围特殊。由于微支付的特点，其应用也具有特殊性，如信息产品支付(新闻、信息查询和检索、广告点击付费等)、移动计费和认证，以及分布式环境下的认证等，微支付一般不适合于实物交易中的电子支付。

通用的微支付模型如图5-6所示，其中虚线表示离线方式。微支付模型一般涉及顾客(Cosumer)、代理(Broker)和商家(Merchant)三方。顾客使用微电子货币购买商品；商家为用户提供商品并接收支付；代理是作为可信第三方存在的，用于为顾客和商家维护账号、通过证书或其他方式认证顾客和商家的身份、进行货币销售和清算，并解决可能引起的争端，它可以是一些中介机构，也可以是银行等。

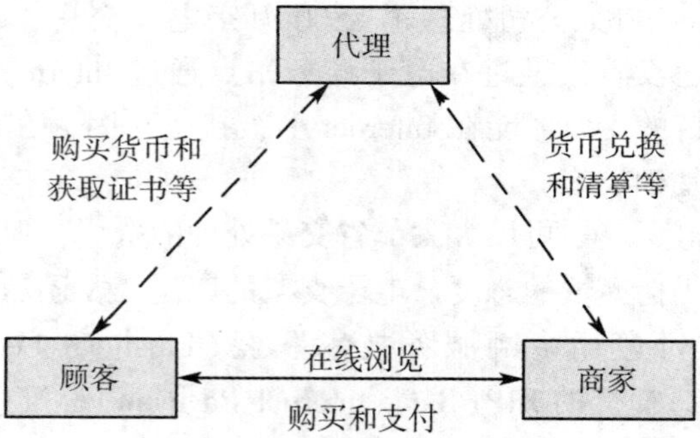

图5-6　典型的微支付模型

根据不同的支付类型，微支付中的货币可以由票据(Script)和Hash链等组成，可以由商家产生，也可以由代理(一般代理商家)和顾客产生。由商家或代理产生的微电子货币一般与特定的商家有关，如Millicent和SubScrip等；代理作为可信机构，也可独立产生电子货币，它一般与特定的商家类型无关；顾客也可以根据代理的授权(如通过颁发证书)来独立制造货币，它一般是基于Hash链形式的，可以与特点的商家有关，也可以无关，并具有灵活的扩展形式，如PayWord和Paytree等。

在进行支付之前，顾客一般通过离线方式获取微电子货币，或交易中使用的数字证书。在一般情况下，顾客和代理之间可以通过宏支付或其他方式建立联系，并在代理处建立账户。顾客通过在线方式同商家进行联系，浏览选择商家和进行支付。商家一般可以在本地验证电子货币的真伪，但一般不能判断顾客是否存在重复消费(除非对特定商家的货币)行为。每隔一定的时间，如一天或一周等，商家会把顾客支付的微电子货币提交给代理进行兑现；代理可以对电子货币进行验证，以防止商家的欺骗和顾客的重复消费，这个步骤一般通过离线方式完成。另外，还有其他的微支付模型，如 μ-iKP 和 LITESET，它们建立在宏支付基础之上，利用宏支付协议和消息来完成微支付过程。有些微支付途径更简单，甚至不需要代理的参与，交易中只涉及顾客和商家。

5.2.6 第三方支付

1. 第三方支付流程

第三方支付机构是最近几年才出现的新的支付清算机构，它是为银行业金融机构或其他机构及个人之间提供电子支付指令交换和计算的法人组织。在第三方支付模式下，支付者必须在第三方支付机构平台上开立账户，向第三方支付机构平台提供信用卡信息或账户信息，在账户中“充值”，通过支付平台将该账户中的虚拟资金划转到收款人的账户，完成支付行为。收款人可以在需要时将账户中的资金兑换成实体的银行存款。

第三方支付平台属于第三方的服务型中介机构，它主要面向开展电子商务业务的企业提供与电子商务支付活动有关的基础支撑与应用支撑的服务。提供第三方支付的服务商中立于网上交易买卖双方，中立于电子商务企业与银行，自行建立支付平台连接买卖双方，连接商家与银行，为提供网上购物资金划拨渠道的独立法人。

第三方支付平台的资金划拨是在平台内部进行的，此时划拨的是虚拟的资金，真正的实体资金还需要通过实际支付层来完成。图 5-7 显示的是有担保功能的第三方结算支付的流程。

图 5-7 中数字序号含义如下：

①付款人将实体资金转移到支付平台的支付账户中。

②付款人购买商品(或服务)。

③付款人发出支付授权，第三方平台将付款人账户中相应的资金转移到资金的账户中保管。

④第三方平台告诉收款人已经收到货款，可以发货。

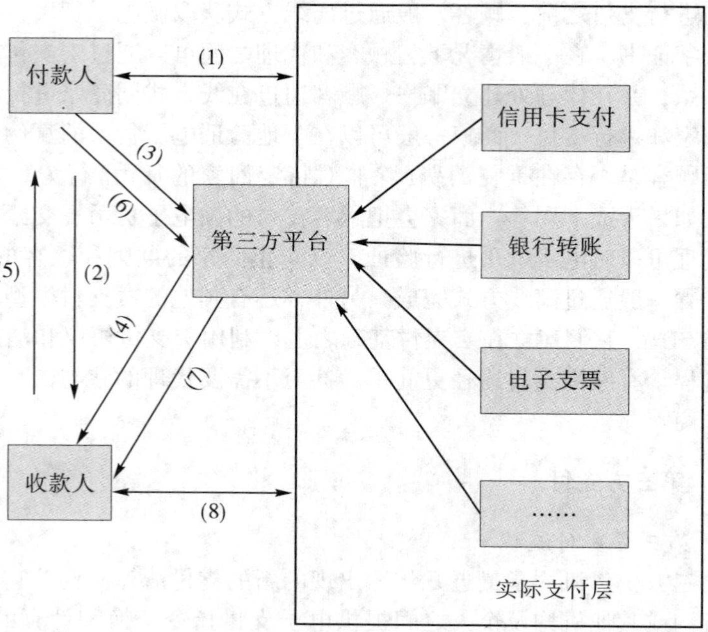

图 5-7 第三方支付平台的支付流程

⑤收款人完成发货许诺(或完成服务)。

⑥付款人确认可以付款。

⑦第三方平台将临时保管的资金划拨到收款人账户中。

收款人可以将账户中的款项通过第三方平台兑换成实体货币，也可以用于购买商品。

2. 第三方支付模式优缺点

第三方平台结算支付模式具有以下优点：

①比较安全。信用卡信息或账户信息仅需要告知支付中介，而无须告诉每一个收款人，大大减少了信息卡信息和账户信息失密的风险。

②支付成本较低。支付中介集中了大量的电子小额交易，形成规模效应，因而支付成本较低。

③使用方便。对支付者而言，他所面对的是友好的界面，不必考虑背后复杂的技术操作过程。

④支付担保业务可以在很大程度上保障付款人的利益。

当然，第三方平台结算支付也存在以下缺点：

①这是一种虚拟支付层的支付模式，需要其他的“实际支付方式”完成

实际支付层的操作。

②付款人的银行卡信息将暴露给第三方支付平台，如果这个第三方支付平台的信用度或者保密手段欠佳，将带给付款人相关风险。

③第三方结算支付中介的法律地位缺乏规定，一旦该中介破产，消费者所购买的“电子货币”可能成了破产债权，权益无法得到保障。

另外，由于有大量资金存在支付平台账户内，而第三方平台非金融机构，所以存在资金寄存的风险。

3. 第三方支付的发展

第三方支付企业在2000年前后出现，2001年前后第三方支付系统开始运行。首信易支付、上海环讯IPS、银联电子支付、云网是早期的第三方支付服务提供商。2000—2002年中国电子商务遭遇低潮，电子商务整体发展环境不佳，年电子支付额只有18亿元，这一阶段第三方支付企业基本处于维持生存的状态。随着2003年电子商务的复苏，电子商务交易额大幅增长，第三方支付企业获得了快速增长的机会。第三方支付企业除一次性为商户提供所有银行的接口以外，还提供了商户工具便于客户查询对账，这种类型的服务方式受到了商户的欢迎。第三方支付以每年50%以上的增速快速发展，到2005年第三方网上支付平台交易额已经占当年网上支付总额的34.2%，终于成为互联网支付产业中重要的组成部分。

第三方支付平台在2005年有了出色的表现，当年从事第三方支付的企业有10家左右，其中规模较大的企业包括上海环讯、北京首信、银联电子支付、IPAY和网银在线等。大部分公司处于一个相对公平的竞争环境，企业利润也非常可观。

但随着银行本身对网上支付的觉醒和热衷，以及支付宝、贝宝等多家国内外电子支付企业进入中国市场，整个行业处于“价格战”之中。为了抢占市场，很多第三方支付企业采取降低交易手续费的策略，有些企业甚至不惜“倒贴”，以零利润或者负利润去吸引商户。2006年初，首信集团将其电子支付平台“易支付”以250万美元卖给香港公司PayEase，被称为国内电子支付企业洗牌的开始。2006年3月，YeePay又并购了西部支付，国内的其他支付企业，也都借助种种方式扩张自己的规模。但即使如此，截至2006年7月仍有支付宝、贝宝、首信易支付、腾讯财富通、环迅、网银在线、云网、上海快钱、Yeepay、汇付天下等50余家第三方网上支付平台活跃在网上支付市场。绝大多数企业都受限于盈利难题，盲目的无序竞争让各企业的利润大幅缩水。而第三方网上支付平台的性质到底是金融公司还是技术公司，也尚未形成一个统一的认识，面对种种不确定的政策与法律风险，电子支付企业在业务选择和创新上也是小心翼翼。因此，随着这一新型的支付模型出现，以及其他网络交易模式的兴起，依靠科学技术、法律理论和依据来解决网上支付出现的问题，任重而道远。

5.3 电子支付的安全协议

5.3.1 SSL 协议

SSL 即安全套接层协议，是 Netscape 公司于 1994 年推出的一种安全通信协议。在 SSL 中，采用了公开密钥和私有密钥两种加密方式，它对计算机之间整个会话进行加密，从而保证了安全传输。SSL 的安全服务位于 TCP 和应用层之间，可为应用层(如：HTTP、FTP、SMTP)提供安全业务，服务对象主要是 Web 应用，即客户浏览器和服务器。它现已成为保密通信的工业标准，目前使用的版本为 3.0 版本。

SSL 服务器认证允许用户确认服务器身份。支持 SSL 协议的客户机软件能使用公钥密码标准技术(如用 RSA 和 DSS 等)检查服务器证书、公用 ID 是否有效和是否由在客户信任的认证机构 CA 列表内的认证机构发放。

SSL 客户机认证允许服务器确认用户身份。使用应用于服务器认证同样的技术，支持 SSL 协议的服务器软件能检查客户证书、公用 ID 是否有效和是否由在服务器信任的认证机构列表内的认证机构发放。

一个加密的 SSL 连接要求所有在客户机与服务器之间发送的信息由发送方软件加密和由接收方软件解密，对称加密用于数据加密(如用 DES 和 RC4 等)，从而连接是保密的。所有通过加密 SSL 连接发送的数据都被一种检测篡改的机制所保护，使用消息认证码(MAC)进行消息完整性检查、安全散列函数(如 SHA 和 MD5 等)用于消息认证码计算，这种机制自动地检测传输中的数据是否已经被更改，从而连接是可靠的。

SSL 主要工作流程包括：①网络连接建立；②与该连接相关的加密方式和压缩方式选择；③双方的身份识别；④本次传输密钥的确定；⑤加密的数据传输；⑥网络连接的关闭。

应用数据的传输过程为：

①应用程序把应用数据提交给本地的 SSL。

②发送方根据需要，使用指定的压缩算法，压缩应用数据。

③发送方使用散列函数对压缩后的数据进行散列，得到数据的散列值。

④发送方把散列值和压缩后的应用数据一起用加密算法加密。

⑤密文通过网络传给对方。

⑥接收方用相同的加密算法对密文解密，得到明文。

⑦接收方用相同的散列算法对明文中的应用数据散列。

⑧计算得到的散列值与明文中的散列值进行比较。

如果一致，则明文有效，接收方的SSL将把明文解压后得到的应用数据上交给接收方的应用层。否则就丢弃数据，并向发送方发出报警信息。严重的错误有可能引起再次的协商或连接中断。

SSL是一个两层协议，包括SSL握手层协议和SSL记录层协议。SSL握手层有SSL握手协议(SSL Handshake Protocol)、SSL更改密码说明协议(SSL change Cipher Spec Protocol)、SSL报警协议(SSL Alert Protocol)；SSL记录层有SSL记录协议(SSL Record Protocol)，它为更高层提供基于客户/服务器模式的安全传输服务。

SSL协议与TCP/IP协议间的关系，如图5-8所示。

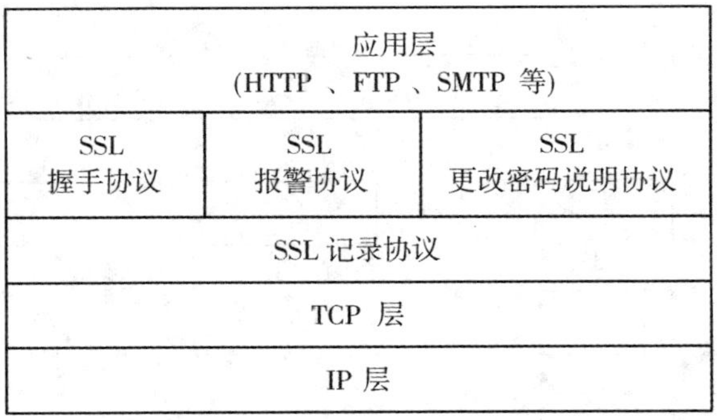

图5-8 SSL协议与TCP/IP协议间的关系

SSL协议提供的服务可以归纳为以下三个方面：

其一，用户和服务器的合法性认证。SSL协议使得用户和服务器能够确信数据将被发送到正确的客户机和服务器上。客户机和服务器都有各自的识别号，由公开密钥编排。为了验证用户，SSL协议要求在握手交换数据中进行数字认证，以此来确保用户的合法性。

其二，加密数据可隐藏被传送的数据。SSL协议采用的加密技术既有对称密钥，也有公开密钥。具体来说，就是客户机与服务器交换数据之前，先交换SSL初始握手信息。在SSL握手信息中采用了各种加密技术，以保证其机密性和数据的完整性，并且经数字证书鉴别，这样就可以防止非法用户的破译。

其三，维护数据的完整性。SSL 协议采用 Hash 函数和机密共享的方法，提供完整信息服务，来建立客户机与服务器之间的安全通道，使所有经过 SSL 协议处理的业务在传输过程中都能完整、准确无误地到达目的地。

1. SSL 协议规范

SSL 协议由 SSL 记录协议和 SSL 握手协议两部分组成。

(1) SSL 记录协议

SSL 记录协议基于 TCP 协议之上进行消息收发，它为 SSL 连接提供保密性和消息完整性这两种服务。通过握手协议建立一个共享密钥，通过对传送的消息加密来实现保密性，通过报文验证码 MAC 实现消息的完整性。

SSL 记录协议将高层的协议数据分成较小的单元，并对它进行压缩、附加报文验证码 MAC、加密、附加 SSL 记录头，然后通过低层的传输层协议发送，其过程如图 5-9 所示。接收消息的过程正好与发送消息的过程相反，即解密、验证、解压和拼装，然后送给高层协议。

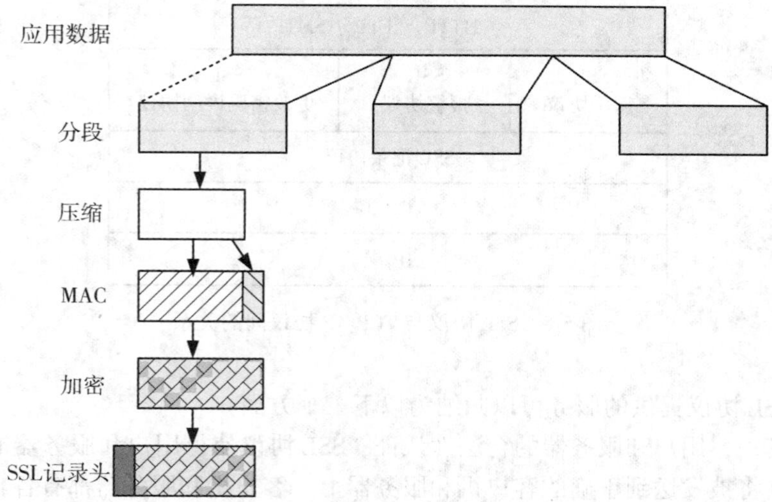

图 5-9　SSL 记录协议发送消息的过程

①分段：把上层传送来的数据信息块切分为小于或等于 2^{14} 字节的 SSL 明文记录。

②压缩：使用当前会话状态中定义的压缩算法对被切分后的记录块进行压缩。压缩算法将 SSL 明文记录转化为 SSL 压缩记录。压缩必须是无损压

缩，且对原文长度的增加不超过1024bit。

③加密与MAC：所有的记录均采用在当前的加密约定中定义的加密算法和报文验证MAC算法加以保护。当握手结束后，参与双方共享一个用于加密记录和计算报文验证码MAC的公共密钥。加密和报文验证(MAC)函数将一SSL压缩记录转换为一SSL密文记录。传输时将包含一序列号，这样即使包丢失、被改变或包被重复收到时也可以及时发现。

④SSL记录头：由5个字节组成，第一个字节说明使用SSL记录协议的上层协议类型，如：20表示修改加密约定协议、21表示报警协议、22表示握手协议、23表示应用；第二、第三字节表示版本号，如：SSL2.0或SSL3.0；第四、第五个字节表示消息的长度。

(2)SSL握手协议

SSL握手协议包含两个阶段，第一个阶段用于建立私密性通信信道，第二个阶段用于客户认证。

第一阶段是通信的初始化阶段，通信双方都发出HELLO消息。当双方都接收到HELLO消息时，就有足够的信息确定是否需要一个新的密钥。若不需要新的密钥，双方立即进入握手协议的第二阶段。否则，此时服务器方的SERVER-HELLO会给客户方一个新的密钥。若密钥产生成功，将给客户方发出CLIENT-MASSTER-KEY消息，否则发出错误消息。最终当密钥确定以后，服务器方向客户方发出SERVER-VERIFY消息。因为只有拥有合适公钥的服务器才能解开密钥。图5-10为第一阶段的流程。

需要注意的一点是每一通信方向上都需要一对密钥，所以一个连接需要四个密钥，分别为客户方的读密钥、客户方的写密钥、服务器方的读密钥、服务器方的写密钥。

第二阶段的主要任务是对客户进行认证，此时服务器已经被认证了。服务器方向客户发出认证请求消息，当客户收到服务器方的认证请求消息时，发出自己的证书，并且监听对方回送的认证结果。服务器收到客户的认证后进行认证，认证成功返回SERVER-FINISH消息，否则返回错误消息。到此为止，握手协议全部结束。

2. SSL相关技术

(1)加密算法和会话密钥

SSL协议V2和V3支持的加密算法包括RC4、RC2、IDEA和DES，而加密算法所用的密钥由消息散列函数MD5产生。RC4、RC2是由RSA产生的，其中RC2适用于块加密，RC4适用于流加密。

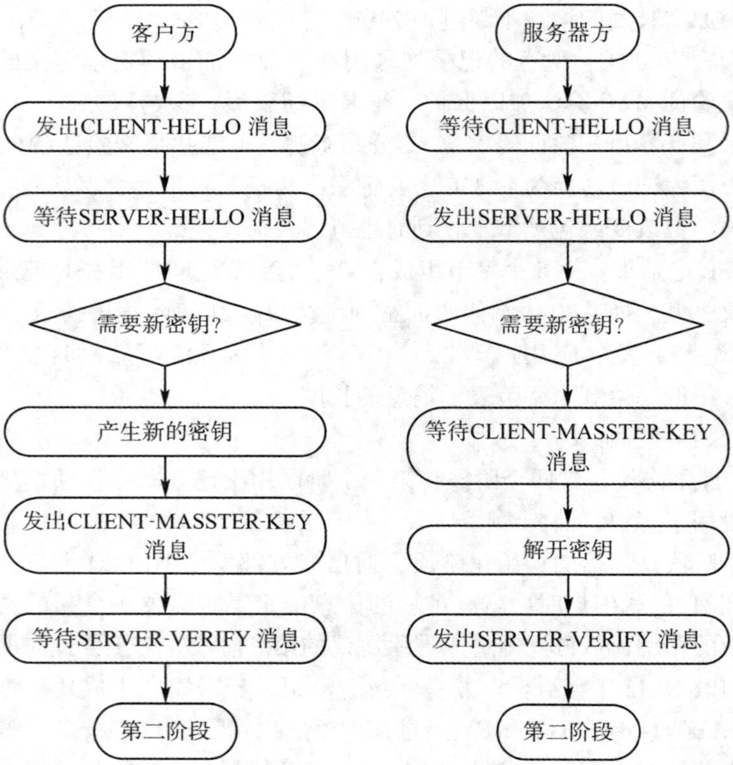

图 5-10　SSL 第一阶段通信流程

(2)认证算法

认证算法采用 X. 509 电子证书标准，通过使用 RSA 算法进行数字签名的实现。

①服务器的认证

在上述的两对密钥中，服务器方的写密钥和客户方的读密钥、客户方的写密钥和服务器方的读密钥分别是一对私有、公有密钥。对服务器进行认证时，只有用正确的服务器方写密钥加密 CLIENT-HELLO 消息形成的数字签名才能被客户正确地解密，从而验证服务器的身份。

若通信双方不需要新的密钥，则他们各自所拥有的密钥已经符合上述条件；若通信双方需要新的密钥，则服务器方首先在 SERVER-HELLO 消息中的服务器证书中提供服务器的公有密钥，服务器用其私有密钥才能正确地解密由客户方使用服务器公有密钥加密的 MASTER-KEY，从而获得服务器方的读密钥和写密钥。

②客户的认证

同样，只有用正确的客户方写密钥加密的内容才能被服务器方用其读密钥正确地解开。当客户收到服务器方 REQUEST-CERTIFICATE 消息时，客户首先使用 MD5 消息散列函数获得服务器方信息的摘要，服务器方的信息包括：KEY-MATERIAL-0、KEY-MATERIAL-2、CERTIFICATE-CHALLENGE-DATA（来自 SERVER-HELLO 消息）、服务器所赋予的证书（来自 SERVER-HELLO 消息）。其 KEY-MATERIAL-1、KEY-MATERIAL-2 是可选的，与具体的加密算法有关。然后客户使用自己的读密钥加密摘要形成数字签名，从而被服务器认证。

3. 对 SSL 协议安全机制的分析

SSL 协议可以被用来建立一个在客户和服务器之间安全的 TCP 连接。它可以鉴别服务器、执行密钥交换、提供消息鉴别、提供在 TCP 协议上的任意应用协议数据的完整性和机密性服务，其安全机制包括以下几个方面：

(1)加密机制

SSL 连接是受加密保护的，双方于连接建立之初即协商出一套对后续连接进行加密的会话密钥，并选择一种加密算法（如：DES 和 RC4 等），之后的传输信息将以协商的密钥进行加密保护。由于 SSL 使用的加密算法和会话密钥可适时变更，如果某种算法被新的网络攻击方法识破，SSL 只要选择另外的算法就可以了。

(2)身份鉴别

采用 SSL 协议建立会话时，客户端在 TCP 连接建立之后，发出一个 CLIENT-HELLO 消息发起握手，这个消息里面包含了可实现的算法列表和其他一些需要的消息。SSL 的服务器端会回应一个 SERVER-HELLO 消息，里面确定了这次通信所需要的算法，然后将自己的证书（包含了身份信息和公钥）发过去。默认情况下，客户端可以根据该证书的相关内容对其认证链路进行确认，最终实现对服务器端身份的鉴别。同样，在需要时也可以采用类似的方法对客户端进行身份鉴别。

(3)完整性机制

SSL 握手协议还定义了共享的、可以用来形成消息认证码 MAC 的密钥。SSL 在对所传输的数据进行分片压缩后，使用单向散列函数（如 MD5、SHA-1 等）产生一个 MAC，加密后置于数据包的后部，并且再一次和数据一起被加密，然后加上 SSL 首部进行网络传输。这样，如果数据被修改，其散列值就无法和原来的 MAC 相匹配，从而保证了数据的完整性。

(4)抗重放攻击

SSL 使用序列号来保护通信方免受报文重放攻击。这个序列号被加密后作为数据包的负载，在整个SSL 握手协议中，都有一个唯一的随机数来标记这个 SSL 握手，这样重放便无机可乘。序列号还可以防止攻击者记录数据包并以不同的次序发送。

SSL 协议解决的是点到点之间的信息传输安全，它并没有解决 Internet 上 Web 站点自身的安全。因此，应结合网络的实际情况，利用 SSL 协议和 CA 认证技术，并辅以其他的安全技术共同解决安全传输问题。

由于 SSL 不对应用层的消息进行数字签名，因此不能提供交易的不可否认性。这就是说，一旦交易双方事后对交易行为提出异议，SSL 没有能力判断谁是谁非。为了解决这一问题，可以对 SSL 协议进行改造。可以分别在 SSL 握手协议的 CLIENT-HELLO 和 SERVER-HELLO 消息中增加一栏表示是否需要对方对信息进行数字签名。当有数字签名的要求时，将 SSL 记录协议中的 MAC 用私钥加密后附加在原 MAC 记录的数据后面。如果交易一方对消息提出异议时，另一方可以将已签名的 MAC 提取出来，用对方的公钥进行解密，再与原 MAC 进行比较，如果相同，则对方无法否认所发消息，从而达到了防抵赖的目的。

5.3.2 SET 协议

安全电子交易协议(Secure Electronic Transaction, SET)是由国际知名的公司 MasterCard 与 Visa 会同一些计算机供应商共同开发的安全交易规范，主要用于保障 Internet 上信用卡交易的安全性。利用 SET 可以实现电子交易的机密性、可认证性、完整可靠和交易的不可抵赖性，特别是具有保护消费者信用卡号不暴露给商家等优点，因此它成为目前公认的基于信用卡网上交易的国际标准。

SET 协议采用了对称密钥算法和公开密钥算法相结合的加密机制，从而充分利用了对称密钥算法的速度和公开密钥算法用于密钥交换的便利性，可以很好地保证网络信息的机密性。另外，SET 采用 X. 509 数字证书、数字签名、数字摘要和双重签名等技术来保证商家和消费者的身份、交易行为的认证和不可否认性。如使用数字证书对交易各方身份的真实性和合法性进行验证；使用数字签名技术确保数据完整性和不可否认性；使用双重签名技术对 SET 交易过程中消费者的支付信息和订单信息分别签名，使得商家看不到支付信息，只能对用户的订单信息解密；金融机构只能对支付和账户信息解密，从而保障消费者的账户和订货信息的安全性。SET 通过制定标准和采用各种技术手段，解决了一直困扰电子商务发展的安全问题，包括购物与支付信息的保密性、交易支付信息的完整性、身份认证和交易的不可否认性，在电子交易环节上提供了更大的信任度、更完整的交易信息、更高的安全性和更少受欺诈的可能性。

SET虽然在很多方面解决了电子商务安全支付问题，但由于其成本太高，互操作性差，且实现过程复杂，再加上SET协议目前仅局限于卡支付方式，对其他方式的支付没有给出很好的解决方案，所以其推广应用较缓慢。另外，SET协议只支持B2C模式的电子商务，而不支持B2B电子商务交易，在应用模式方面也存在局限性。

尽管SET协议具有很多的缺点，但是其高度的安全性和规范性，已获得国际组织IETF的认可，成为目前安全电子支付的国际标准。目前，国外已有不少网上支付系统采用SET协议标准，国内也有多家单位正在建设遵循SET协议的网上安全交易系统，并且已有不少系统正式开通。

目前，SET协议由SETCo负责推广、发展和认证。SETCo是由Visa和MasterCard两家大公司为首组织的SET厂商联盟，用于SET协议的实施，并测试和推广SET兼容应用。SET应用主要包括三部分内容：

①商业描述：包括SET的背景信息和处理流程，用于提供SET的总体商业描述。

②程序员指南：介绍数据区、消息以及处理流程，用于提供SET协议的技术规范。

③正式的协议定义：提供SET消息和数据区严格的定义，协议采用ASN.1语法进行。

1. SET系统中的相关成员

SET交易的相关成员较多，图5-11给出了SET交易中各参与方的关系。

(1)持卡人(Cardholder)

持卡人是网上消费者或客户。SET支付系统中的网上消费者或客户首先必须是银行卡(信用卡或借记卡)的持卡人。持卡人要参与网上交易，首先要向发卡行提出申请，经发卡行认可后，持卡人从发卡行取得一套SET交易专用的持卡人软件(称为电子钱包软件)，再由发卡行委托第三方中立机构——认证机构SET CA发给数字证书，持卡人才具有上网交易的条件。

持卡人上网交易是由嵌入在浏览器中的电子钱包软件来实现的。持卡人的电子钱包具有发送、接收信息，存储自身的签名密钥和交易参与方的公开密钥，申请、接收和保存认证等功能。除了这些功能之外，电子钱包还必须支持网上购物的其他功能，如增删或修改银行卡信息、检查证书状态、显示

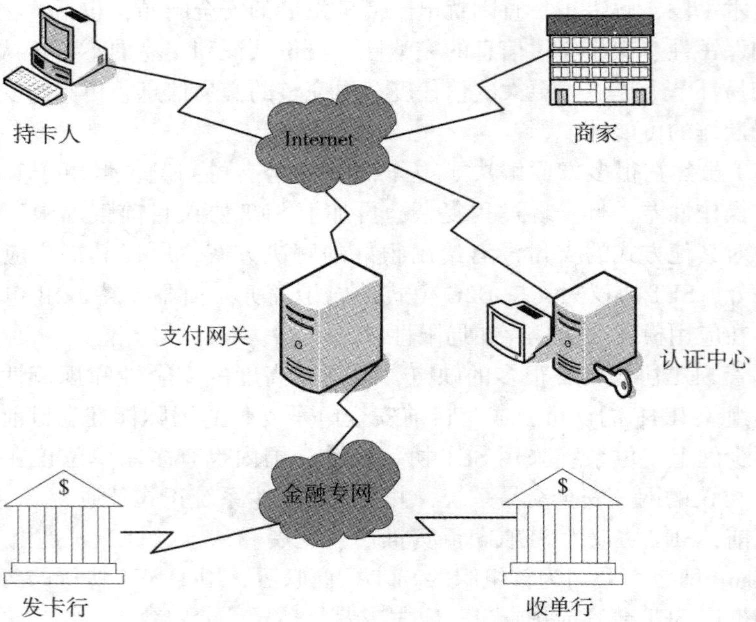

图 5-11　SET 交易的参与各方

银行卡信息和交易历史记录等功能。

（2）商家（Merchant）

商家是 SET 支付系统中网上商店的经营者，在网上提供商品和服务。商家首先必须在收单银行开设账户，由收单银行负责交易中的清算工作。商家要取得网上交易的资格，首先要由收单银行对其予以审定和信用评估，并与收单银行达成协议，保证可以接收银行卡付款。商家的网上商店必须集成 SET 交易商家软件，商家软件必须能够处理持卡人的网上购物请求和与支付网关进行通信，存储自身的公钥、签名密钥和交易参与方的公开密钥，申请和接收认证，与后台数据库进行通信及保留交易记录。与持卡人一样，在开始交易之前，商家也必须向 SET CA 申请数字证书。

（3）支付网关（Payment Gateway）

买卖双方的交易，最后必须通过银行进行支付，但由于 SET 是基于 Internet 这种安全性不太好的开放网络，而银行的计算机主机及专用网络因为安全原因不能与各种开放网络直接连接，为了接收从 Internet 上传来的支付信息，在银行与 Internet 之间必须有一个专用系统，接收处理从商家传来的扣款信息，并通过专线传送给银行，银行对支付信息的处理结果再通过这个专用系统反馈给商家，这个专用系统称为支付网关。

由于商家收到持卡人的购物请求后，要将持卡人账户信息和扣款金额等信息发送给收单银行，所以支付网关一般由收单银行来担任。但由于支付网关是一个相对独立的系统，只要保证支付网关到银行之间的通信是安全的，银行也可以委托信任的第三方来担任网上交易的支付网关。支付网关的一端必须连接到Internet上，并且24小时开放，接收商家传来的扣款信息，另一端则与收单银行相连，及时将信息转给收单银行。与持卡人一样，支付网关也必须到指定的SET CA申请数字证书，才能参与SET交易活动。

(4)收单行(Acquirer)

商家要参与SET交易，必须要有收单银行的参与。收单银行指的是为在线交易的商家在银行开立账号，并在每次SET交易中担任收款服务的金融机构。收单银行虽然不属于SET交易的直接组成部分，但却是完成交易所必需的参与方。支付网关在收到商家传来的SET支付请求后，要将支付请求转交给收单银行，收单银行要进行银行内部的联网支付处理工作，这部分工作与Internet无关，属于传统的信用卡受理工作。因此可以看出，SET交易实际上是信用卡受理的一部分，SET交易并未改变传统的信用卡受理过程。由于商家必须在收单银行开立账户，所以收单银行也是商家的开户银行。

(5)发卡行(Issuer)

发卡行即发行信用卡的银行。交易的扣款请求最后必须通过银行专用网络，经过收单银行传送到持卡人的发卡银行，进行授权和扣款。同收单银行一样，发卡银行也不属于SET交易的直接组成部分，但也是完成交易所必需的参与方。持卡人要参加SET交易，发卡银行必须要参加SET交易。SET系统的持卡人软件一般是从发卡银行获得的，持卡人申请数字证书，也必须先由发卡银行批准，才能从SET CA得到。可以说，发卡银行在安全电子交易中起着很重要的作用，在每一笔SET交易中，发卡银行和收单银行一样，要完成传统信用卡联网受理的那一部分工作。

(6)认证中心(Certificate Authority，CA)

在基于SET的认证中，认证中心是对网络上的各方进行网络身份认证的机构，其主要职责是向参与交易的各方发放数字证书。

CA虽然不直接参与SET交易，但在SET交易中起着非常重要的作用。为了保证SET交易的安全，SET协议规定参与交易的各方都必须持有证书，在交易过程中，每次交换信息都必须向对方出示自己的证书，同时也要验证对方的证书。CA的工作就是负责交易各方证书的发放、更新、废除等各种证书管理。

2. SET 中的购物流程

SET 购物流程与传统的银行卡购物流程十分接近，如图 5-12 所示。其中，支付网关设在收单银行。SET 购物流程一般包括以下几个步骤：

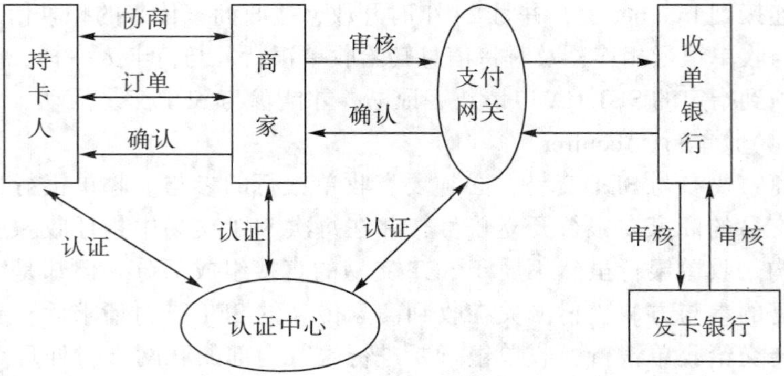

图 5-12　SET 购物流程

(1)持卡人使用浏览器在商家的 Web 主页上浏览商品。

(2)持卡人选择要购买的商品。

(3)持卡人填写相应的订单，包括商品名称、单价列表等。订单可以从商家服务器以电子形式发放，也可以通过电子购物软件在持卡人自己的机器上创建。

(4)持卡人选择支付方式。当选择 SET 方式进行支付时，SET 开始发挥作用。

(5)持卡人发送给商家一个完整的订单及要求支付的指令。在 SET 中，订单和支付指令由持卡人进行数字签名，同时利用双重签名技术保证商家看不到持卡人的账号信息。

(6)商家收到订单后，向持卡人所在银行发出支付请求。支付信息通过支付网关到收单银行，再到发卡银行。支付请求获得发卡银行的支付授权后，返回授权指令给商家。

(7)商家将订单确认信息通知持卡人，同时商家开始给顾客装运商品，或完成订购的服务。

(8)持卡人终端软件记录交易日志，以备将来查询。

到此为止，购物过程结束。之后，商家可在适当的时候请求收单行将此笔交易的款项从持卡人账户转账到商家账户。在这里，前三步与 SET 无关，

SET只是从第四步以后才开始介入。SET标准中定义了这些步骤中使用的通信协议、信息格式和数据类型等。在上述操作的每一步中，持卡人、商家和支付网关都通过CA来验证通信主体的身份，以确保通信的对方不是冒名顶替的。

3. SET相关技术

SET使用多种密钥技术来达到安全交易的要求，其中对称密钥技术和公钥加密技术是基础，在此基础上又产生了消息摘要、数字信封、数字签名和数字证书等新技术。

在第3章已经详细介绍了这些技术，这里重点介绍SET系统中所使用的双重签名技术。在安全电子交易过程中，持卡人、商家和银行三者之间，持卡人的订单信息（OI：Order Information）和支付指令（PI：Payment Instruction）是互相对应的，商家只有在确认了持卡人的订单信息对应的支付指令是真实有效的情况下，才可能按订单信息发货；同样，银行也只有在确认了持卡人的支付指令对应的订单信息是真实有效的情况下，才可能按商家要求进行支付授权。

因此，订单信息OI和支付指令PI必须捆绑在一起发送给商家和银行。例如，持卡人要购买商家的商品，持卡人将购买订单OI及持卡人的支付指令PI等信息构成一个购买请求报文一起发送给商家，由商家确认后再将购买请求报文一起发送给银行进行支付授权处理。但持卡人不想让银行看到订单信息OI，也不想让商家看到支付指令PI信息。可是，购买请求报文中的购买订单信息OI和支付指令PI信息又不能分开，因为只有商家同意持卡人的订单，银行才能进行支付授权。为了解决这一问题，出现了双重签名技术。

(1)双重签名的产生

一个双重签名是通过计算两种信息的消息摘要产生的，并将两个摘要连接在一起，用持卡人的私有密钥对消息摘要加密。

双重签名的产生过程，如图5-13所示。

①持卡人通过Hash算法分别生成订单信息OI和支付指令PI的消息摘要H(OI)和H(PI)。

②把消息摘要H(OI)和H(PI)连接起来得到消息OP。

③通过Hash算法生成OP的消息摘要H(OP)。

④用持卡人的私有密钥加密H(OP)得到双重数字签名Sign{H(OP)}。

⑤持卡人将Sign{H(OP)}用商家的公开密钥加密后发送给商家。

⑥持卡人将Sign{H(OP)}用银行的公开密钥加密后发送给银行。

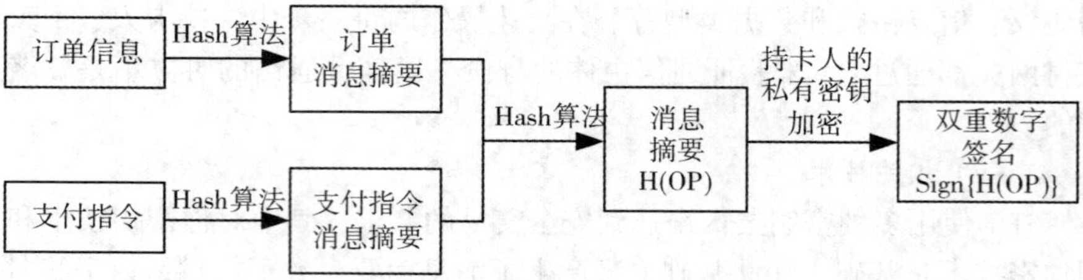

图 5-13　双重签名的产生过程

(2)双重签名的验证过程

商家所能看到的信息有：订单信息 OI、支付指令 PI 的消息摘要 H(PI)、订单信息 OI 和支付指令 PI 的双重签名 Sign{H(OP)}；银行所能看到的信息有：支付指令 PI、订单信息 OI 的消息摘要 H(OI)、订单信息 OI 和支付指令 PI 的双重签名 Sign{H(OP)}。

双重签名的验证过程，如图 5-14 所示。

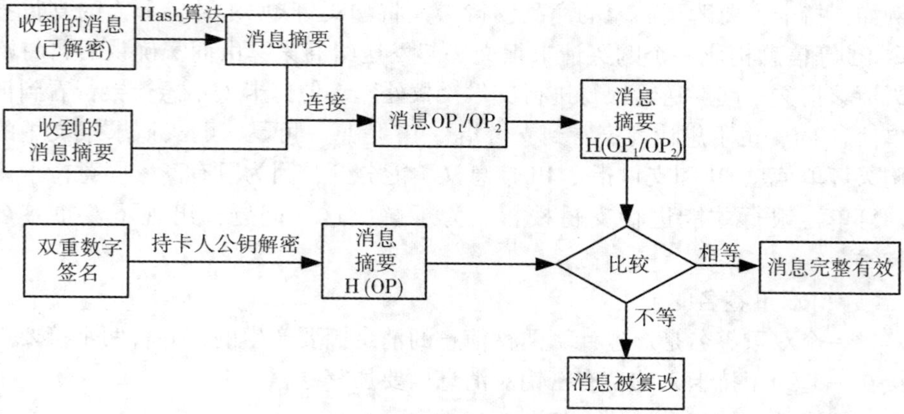

图 5-14　双重签名的验证过程

①商家将收到的消息用自己的私有密钥解密后，将消息 OI 生成消息摘要 H(OI)；同样银行将收到的消息用自己的私有密钥解密后，将消息 PI 生成消息摘要 H(PI)。

②商家将生成的消息摘要 H(OI)和接收到的消息摘要 H(PI)连接成新的消息 OP_1，银行将生成的消息摘要 H(PI)和接收到的消息摘要 H(OI)连

接成新的消息 OP_2。

③商家将消息 OP_1 生成消息摘要 $H(OP_1)$，银行将消息 OP_2 生成消息摘要 $H(OP_2)$。

④商家和银行均用持卡人的公开密钥解密收到的双重数字签名 Sign{H(OP)}得到 H(OP)。

⑤商家将 $H(OP_1)$ 和 H(OP)进行比较，银行将 $H(OP_2)$ 和 H(OP)进行比较。若相同，则证明商家和银行所接收到的消息是完整有效的。

通过双重签名，商家就只能看到订单信息(OI)，而看不到持卡人的支付指令(PI)；同样银行只能看到持卡人的支付指令(PI)，而看不到持卡人的订单信息(OI)。

在安全交易过程中，持卡人只与商家打交道。支付指令 PI 由持卡人发送给商家，再由商家转发给支付网关，支付指令 PI 由持卡人使用支付网关的公钥加密，只有支付网关才能用自己的私钥解密。为了便于商家验证持卡人支付指令 PI 的真实性，商家所能看到的只是支付指令 PI 的报文摘要 H(PI)，而不是支付指令 PI 本身。

商家通过订单信息 OI 和支付指令 PI 的双重签名 Sign{H(OP)}、支付指令 PI 的消息摘要 H(PI)和订单信息 OI，来验证订单信息 OI 和支付指令 PI 的一致性以及订单信息的完整性，并确保对应的支付指令的合法性。反之，银行所能看到的是订单信息 OI 的消息摘要 H(OI)，而不是订单信息 OI 本身。银行通过订单信息 OI 和支付指令 PI 的双重签名 Sign{H(OP)}、订单信息 OI 的消息摘要 H(OI)和支付指令 PI，来验证订单信息 OI 和支付指令 PI 的一致性以及支付指令的完整性，并确保对应的订单信息的合法性。

4. SET 安全性分析

SET 协议的出现，为电子商务安全交易的实现提供了标准协议。在 SET 上操作的每一步，持卡人、在线商家、支付网关都通过权威机构 CA 来验证通信主体的身份，以确保通信的对方不是冒名顶替者。所以，SET 协议充分发挥了认证机构的作用，可以充分保障电子商务支付的机密性、完整性和可认证性。同时，完整性中的数字签名技术也提供了安全电子支付的不可否认性。

(1)信息的机密性

在 SET 协议中，传输的信息都进行了加密处理，以保证信息的机密性。DES 是 SET 协议中标准的对称加密算法，但是这种算法的加密强度并不是很大，使用专用的计算机可在几十分钟之内攻破。在 SET 协议中，当银行与持卡人之间的信息交换要经过商店时，还需使用 CDMF(Commercial Data

Mashing Facility)算法来对信息加密。CDMF是一种对称加密算法，其加密强调相当于一个40位的DES算法，可以在几十秒内被强力攻击的方式攻破。因此，为了满足不同用户的要求，在SET 2.0中，使用三重DES加密，将来可能使用AES加密。三重DES的强度相当于112位的DES，在当前的技术条件下，可以满足大多数情况下的信息加密要求。

另外，为了保证信用卡信息不被商家非法获取，SET采用双重数字签名技术，以确保订购信息和支付信息的机密性，使商家只能看到订购信息，不能看到用户的信用卡信息；而银行只能看到信用卡信息，不能看到订购信息。

(2)数据的完整性

SET使用数字签名来保证数据的完整性。SET使用安全Hash算法SHA-1(Secure Hash Algorithm-1)及RSA算法来实现数字签名。在SET中，首先使用SHA-1算法将消息映射为散列值，再使用RSA算法对散列值进行数字签名。散列值保证了消息的完整性，如果支付数据遭到了篡改，则散列值就会发生变化，当接收者重新计算散列值的时候就会发现这个变化。另外，对散列值进行数字签名就可以验证其来源，因为没有签名私钥，就不可能对散列值进行加密。同时，数字签名也能实现发送消息的不可否认性。

因此，实现数据的完整性就取决于SHA-1和RSA这两种算法的安全性。下面分别进行讨论。

①RSA的安全性

RSA的安全性基于数论原理：对一个很大的合数进行素因数分解是不可能的。RSA用到的是两个非常大的素数的乘积，用目前的计算机水平在有限的时间内是无法分解的。目前，有三种技术的发展会威胁到RSA的安全性：素因数分解技术、计算机能力的提高和高性能计算机造价的降低。但是，RSA的安全性在可以预见的时间内还是非常安全的。在SET中，从根CA发出的信息使用2048位的RSA密钥加密，而其他的信息使用1024位的RSA密钥加密。

②SHA-1的安全性

SHA-1对于任意长度的消息都生成一个160位的消息摘要，如果消息中有一位发生变化，那么消息摘要中大约会有一半的数据发生变化，两个消息的摘要完全相同的概率是10^{-48}。因此，对SHA-1进行直接的攻击是不可能的。

还有一种攻击方法，称为生日攻击。生日攻击实际上也是为了找到能产生同样散列结果的明文。生日攻击的名称来自概率论中的生日问题，即在多于70人中至少有两个人生日相同的概率已经是99%以上了。对于SHA-1来说，如果尝试 2^{80} 条明文，那么它们之间至少有一对发生冲突的概率就是50%，但对当今的计算能力来说，这也是不可能的。因此，SHA-1算法是非常安全的。

(3)身份认证

SET使用基于X.509 V3的数字证书，通过数字证书和RSA签名来实现对持卡人账户、商家、支付网关以及银行的身份的认证。SET是一个基于可信的第三方认证中心的方案，CA在SET中扮演了很重要的角色。SET提供了通过认证中心对数字证书加以认证的方法来确保进行电子交易的各方能够互相信任。

总之，虽然SET现在的版本中还存在着加密强度不够等问题，但是它在B2C的电子商务模式中还是比较安全的。相信随着SET协议的不断发展和完善，它必将成为人们网上支付的首选安全标准。

5.3.3 SSL协议与SET协议的比较

在当今的电子商务中使用最为广泛的两种协议是SSL协议和SET协议，两者都提供了通过Internet进行支付的手段，那么哪个协议更加适用于电子商务呢？下面，我们从协议本身和它们的性能及费用两个方面，就这两种协议在电子商务方面的应用作简单的比较。

SSL提供两台机器之间的安全连接。SSL被广泛应用的原因在于它被大部分Web浏览器和服务器所内置和支持。虽然基于SSL协议的信用卡支付方式促进了电子商务的发展，但如果想要电子商务得以成功地广泛开展的话，必须采用更先进的支付系统。

SET是一种基于消息流的协议，用于保证在公共网络上进行银行卡支付交易的安全性，能够有效地防止电子商务中的各种诈骗。SET是一个复杂的协议，详细而准确地反映了交易各方存在的各种关系。SET还定义了加密信息的格式和完成一笔支付交易过程中各方传输信息的规则。

事实上，SET和SSL除了都采用RSA公开密钥算法以外，在其他技术方面没有任何相似之处，而RSA在两者中也被用来实现不同的安全目标。

1. SET与SSL协议本身的比较

SET是一个多方的消息报文协议，它定义了银行、商家、持卡人之间必需的报文规范；而SSL只是简单地在两方之间建立一条安全连接。SSL是面向连接的，而SET允许各方之间的报文交换不是实时的。SET报文能够在银行内部网络或者其他网络上传输，而基于SSL协议之上的支付卡系统只能与 Web 浏览器捆绑在一起。

SET 与 SSL 相比有以下几个方面的优势：

(1) SET 为商家提供保护手段，使得商家免受欺诈的困扰，从而降低商家使用电子商务的成本。

(2) 对消费者而言，SET 保证了商家的合法性，并且用户的信用卡号不会被窃取，SET 为消费者保守了更多的秘密，从而使消费者在线购物时更加轻松。

(3) 银行和发卡机构以及各种信用卡组织推荐 SET，因为 SET 帮助它们将业务扩展到 Internet 这个广阔的空间，从而减少信用卡网上支付的欺骗概率，这使得它比其他的支付方式具有更大的竞争优势。

(4) SET 为参与交易的各方定义了互操作的接口，使一个系统可以由不同厂商的产品构筑，从而使 SET 得到更加广泛的应用。

(5) SET 可以用于系统的一部分或者全部。例如，一些商家在与银行的连接中使用了 SET，而与客户连接时仍然使用 SSL。这种方式既回避了在顾客机器上安装电子钱包软件，同时又获得了 SET 提供的很大优点。绝大多数 SET 软件提供商在其产品中都提供了灵活构筑系统的手段。

(6) SET 提供不可否认的功能。SET 协议的交易凭证中有客户的签名，因而银行就拥有客户曾经购物的证据。该功能的前提是客户必须保证私人签名密钥的安全。如果客户的密钥丢失或被窃走，那将带来严重的后果。因此，用户私有密钥的保存手段是极其重要的。目前常用的方法是智能卡。智能卡提供了一种简便的方法，可以用它来存储和解释私有签名密钥和证书，并且非常容易携带。如果银行发行的信用卡内嵌芯片的话，将会给人们在使用电子商务时带来更大的方便和更高的保密性。

尽管 SET 与 SSL 相比具有更强的功能，但提供这些功能的前提是：SET 要求在银行网络、商家服务器、顾客的 PC 机上安装相应的软件；SET 要求必须向各方发放证书，这些成了大面积推广使用 SET 的障碍。

目前，Internet 上电子商务的规模与其潜力相比是微不足道的。因为电子商务的规模在增加，所以出现欺诈的可能性也在增加。但 SET 提供了完善的用于电子商务的支付系统，定义了各方的互操作接口，降低了金融风险。因此，基于 SET 交易的低风险以及各信用卡组织的支持，SET 将在基于 Internet 的支付交易中占据主导地位。

同时，我们应该看到，SET 的普遍应用还需假以时日。在未来的一段时间内，可能会出现商家需要配置 SET 和 SSL 两种支付方式的局面。但由于 SET 实施起来非常复杂，商家和银行都需要改造原有系统以实现互操作的可能性。另外，很多厂商还在致力于发展别的协议，以完善SET和SSL所不能支付的支付方式，例如微支付(Micropayments)以及对等支付(Peer to Peer Payments)等。

2. SSL和SET性能及费用比较

SSL目前用于许多电子商务服务器，提供会话级别的安全，这意味着一旦建立一个安全会话，所有通过Internet的通信都被加密。一个SSL会话相当于在电话线上加一个干扰器，当数据到达商家Web服务器时，解密所有数据。采用SSL，购买者可能要承担以下风险：

①购买者不得不信任商家能够安全地保护他们的信用卡信息。

②无法保证商家是该支付卡的特约商户。

商家在在线交易中同样要冒风险，如同进行邮件和电话订购交易一样，因为商家无法保证购买者就是该信用卡的合法拥有者。另外，因为SSL加密所有信息，显示复杂页面时时间会很长，所以使用SSL进行交易的站点一般使用文本界面，而很少使用图形界面。

而SET的设计增加了用户对支付处理的信心，能够保证商家是支付卡的授权商户，同时也保证持卡人是合法拥有者。从商家观点看，SET的典型应用是使用客户端(Client-side)认证来提供一种安全购买处理。这意味着，商家可以保证购买者不能否认交易。虽然客户端认证在SSL第3版中也能提供，但是它仅用于某些金融应用(如家庭银行)。在SET中，只有交易中的敏感信息才加密，当购物者浏览页面时，没有加密，因此可以在页面中使用更多的图形。然而，SET协议面临着许多批评，主要批评包括：SET协议过于复杂，处理速度慢，支持SET的系统费用较大。

3. SET和SET性能的对比

电子商务的处理过程是复杂的，从分析目的来看，有三个对象影响支付协议：客户计算机、商家的电子商务服务器、收单行支付网关服务器。

(1)客户计算机

SET和SSL协议对客户计算机性能影响较小，因为一次只处理一个交易。客户端的认证应用(电子钱包)保存购物者的认证证书、信用卡和地址信息，其与商家服务器的通信速度主要取决于网络速度和商家服务器的处理能力，与SET和SSL协议无关。也就是说，对于SET和SSL协议，其对客户计算机的性能影响不大。

(2)电子商务服务器

电子商务服务器提供多种功能，包括强大的防攻击保护、在线目录和广泛的销售报告功能，并连接财务数据库，购买的安全连接只是众多功能的一小部分。图 5-15 描述了 SET 的加密操作，每个连接代表一个加密/解密操作。从图中可以看出，在客户端每个交易需要两个操作，在商家一方则需要六个操作，在收单行需要四个操作。

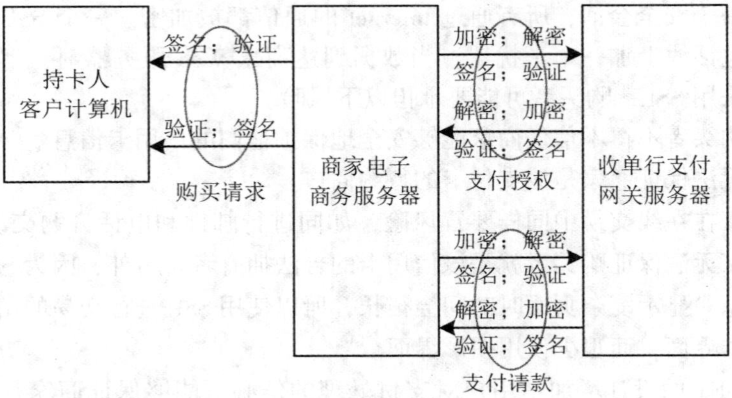

图 5-15　SET 加密操作

对于一个 SSL 连接来说，在客户端每个交易需要一个操作，商家需要三个操作，在收单行需要两个操作。客户端需要的一个操作是由 SSL 服务器配置的，对客户端来讲，它由服务器自己认证，不要求客户端认证服务器。在 SET 中，支付网关应用程序要求四个操作，而典型的 SSL 使用两个操作来建立电子商务服务器和支付网关的一个 SSL 会话。

通过以上分析对比，可以得出如下结论：

其一，对于小型和中型的电子商务应用，与 SSL 相比，SET 没有额外的服务器费用要求，在价格范围和预期负载上，目前其性能足够满足要求。

其二，对于大型电子商务应用，与 SSL 相比，SET 在中期要求额外的硬件加速，增加的费用占服务器费用的 5%~6%。

其三，对于小型支付网关应用，在短期需要硬件加速，但是随着服务器性能的迅速提高和其他性能的提高(如 ECC 密码技术的使用)，也可以不需要额外的费用。

其四，对于大型网关的应用，一般采用集群计算系统，如果要求额外的硬件加速，则增加的费用占服务器费用的 5%~6%。

5.4 基于区块链的安全电子支付

5.4.1 区块链的概念与特点

区块链(Blockchain)，是比特币的一个重要概念，其本质是一个去中心化的数据库。区块链为集分布式数据存储、点对点传输、共识机制、加密算法等计算机技术于一体的新型应用模式。作为比特币的底层技术，区块链是一串通过密码学方法产生的数据块，每一个数据块中存储着对应比特币网络交易的信息，用于验证其信息的有效性和生成下一个区块。

区块链能够实现一个分布的数据记录账本，这个账本只允许添加，不允许删除。其账本底层结构是一个线性的链表。链表由一个个“区块”串联组成，后继区块记录前导区块的哈希(Hash)值。对于某个区块是否合法，则是通过计算哈希值的方式进行快速检验。在区块链网络节点中可以增加新的区块，但必须经过共识机制来对区块达成确认。只有通过确认的节点，才能加入网络。

区块链为按照时间顺序将数据区块以链式相连的数据结构，类似于关系数据库的公共电子账本，分类账本在不同的用户之间公开共享，同时为他们的交易创建一个不可更改的交易记录。其主要特征有：

(1)去中心化。相对于“中心化”而言的传统互联网生态，区块链中的所有节点都是平等的，基于对等网络可以实现点对点的信息传输，是一个分布式的网络系统。

(2)可追溯性。单元块包括块头和块体，块体记录块生成期间的交易数，块头用于链接上一个块，并通过加密函数生成时间戳，所有的数据将被实时记录，不可篡改，并且可以进行跟踪和查询。

(3)共识信任。区块链所建立的新的信任机制是一种基于共同监督、共同信任的信任机制。在区块链网络中，数据存储与交易的安全都由数学方法和协议来建立信用，在参与者之间形成共识。

(4)高度安全。区块链上的每个块都可以获得完整的登记簿，如果有人试图篡改其中一个块的数据，它需要控制系统超过51%的节点，这几乎是不可能的。

(5)智能合约。区块链技术嵌入了基于编译的“脚本”概念，它使得基于区块链操作的后续纵深发展成为一种灵活智能、适应性强的可编程模式。

5.4.2 区块链和电子支付

电子支付，目前作为一种新型的支付手段，广泛地在世界范围内应用，其与传统的支付手段相比，具有便捷、快速、高效率、低成本等特点。当下我国的电子支付体系主要由消费者、商家及各相关金融机构组成。电子支付根据相应的处理机构，通过网络传输等手段获取支付中的信息。电子支付体系主要由客户、商家、认证中心、支付网关、商家银行、客户银行和金融网组成。

在互联网开放环境下，电子支付体系采用信息流代替传统的现金交换进行款项支付。这种支付方式打破传统支付的局限实现了跨时空交易，但对于软硬件设施有较高要求。在电子支付过程中，认证中心充当第三方中介机构，必须对参与体系的各方进行身份认证并确认参与者的资信状况，而支付网关是保障整个电子支付体系安全的关键所在。金融网可以将各个交易主体连接起来，并保持通信。

现阶段，电子支付面临的安全问题包括网络安全风险、信用风险、法律监管不到位和支付成本高等问题。

1. 网络安全风险

黑客可以利用系统中存在的漏洞并对网络进行恶意攻击，从而导致系统瘫痪或者用户信息数据被泄露甚至被损毁；内部操作人员故意泄露网络内部结构、安全管理员的用户名与口令、客户的私密信息造成各种安全风险；用户对网络系统中恶意代码等诈骗信息的识别能力有限，进而导致网络安全事故。

2. 信用风险

目前我国的诚信体系还不完善，信息不对称的情况在支付过程中也较为严重；通过第三方平台支付难以避免资金被挪用或平台跑路的风险。比如，2018 年安闪购支付平台跑路等。

3. 法律监管不到位

电子支付相关法律法规有待进一步完善，市场规范制度有待建立；采用匿名形式的线上支付方式难以明确税收标准，商户存在偷税漏税、洗黑钱等行为；监管体系不完善致使消费者信息易被一些商家和不法分子利用，消费者维权困难。

4. 支付成本高

以第三方支付为例，每调用一次银行快捷支付接口都需要向银行支付一定的手续费，从而导致第三方支付平台运营成本增加。个人支付成本、商家支付成本和支付平台运营成本等阻碍了电子支付的发展。

随着计算机技术的发展，区块链账本技术应运而生。作为一种分布式的加密算法，区块链技术拥有公开透明且去中心化的特点。通过密码学原理对区块链进行搭建，使得交易双方能够点对点进行支付，从而避免第三方平台的参与；区块链技术能够对信用以及中介信用问题有良好的规避，为电子支付手段的升级提供了良好的理论基础。基于区块链的电子支付，直接视客户、商家、银行三方为区块链上的一个节点，从而构成一个绕过第三方中心机构的体系。在基于区块链的支付网络中，信息流、资金流、商流、物流构成一个电子支付系统的闭环。

区块链电子支付系统，如图 5-16 所示。汇款行、收款行、账户管理行在区块链支付系统上通过区块链支付网关在区块链网络上连接。区块链网络管理系统是区块链支付系统的区块链节点管理平台，对区块链支付网关进行

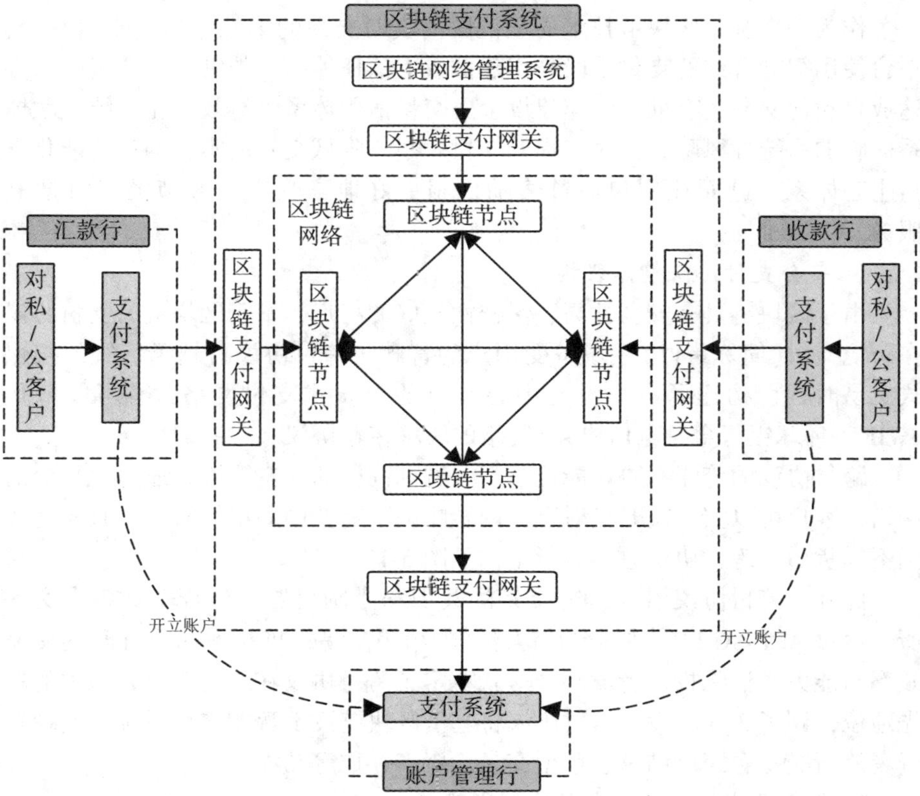

图 5-16　区块链电子支付系统

组织管理。汇款行、收款行和账户行利用支付系统从事账户建立和资金流动，并通过区块链节点进行资金支付记录和沟通。

5.4.3 基于区块链的安全支付协议

在数字经济大背景下，贸易活动总量急速提升，安全支付承担着越来越重要的作用。然而传统的支付大多采用集中式支付，存在着耗时长、费用高，以及信任风险高等生态缺陷，与此同时，区块链技术将改变原有格局，推动着"区块链+支付"时代的到来，其中应用于全球跨境支付领域的支付协议就是其中的典型代表。

基于区块链的安全支付协议是指基于区块链智能合约、分布式存储、共识机制、安全加密算法，以及端到端协议、跨链通信协议等技术的应用，构建一个没有中心节点分布的支付网络，帮助自觉合规的支付双方达成自动化交易。

作为一个基于区块链技术的全范围内实时交易的第三方信用支付平台，平台使用智能合约的支付手段来构建低成本信任体系，帮助自觉合规的双方达成自动化交易，有助于快速建设金融交易信用体系，有效分化传统金融体系面临的系统性风险；同时，提升支付效率，降低交易成本，构建智能化支付生态体系，进而让用户通过奖励机制更好地享受支付环节的各种便利服务。

1. 安全支付协议整体架构

由于区块链具有安全性高、保密性较好的特点，基于区块链的支付协议在跨境支付(简称跨付)领域备受用户的青睐，跨付协议跨越了传统的担保式交易时代，构建了一个没有中心节点的分布式支付网络，有可能取代SWIFT(环球银行金融电信协会)网络的跨境传输协议。

跨付协议的跨账本协议能让参与方看到同样的一本账本，通过此平台的网络，客户可以实现实时点对点跨国转账，不需要中心组织管理，且支持各国不同货币。跨付协议总体运行结构见图5-17。

此外，跨付协议引入跨链交易的共识和激励机制，整合全球各大交易所，通过APP/API/网站进行一键操作的币币交易，提高不同币种间的交易效率与能力，清除投资者障碍，这就奠定了跨付协议在跨境支付领域中的领先地位，到了3.0阶段，跨付协议将基于区块链技术智能支付系统，实现投资者跨所交易、跨所结算、币币交易、资产存取等功能。

2. 基于区块链的安全支付协议优势

从基于区块链跨付协议的分析中可以得出，相对于传统支付，基于区

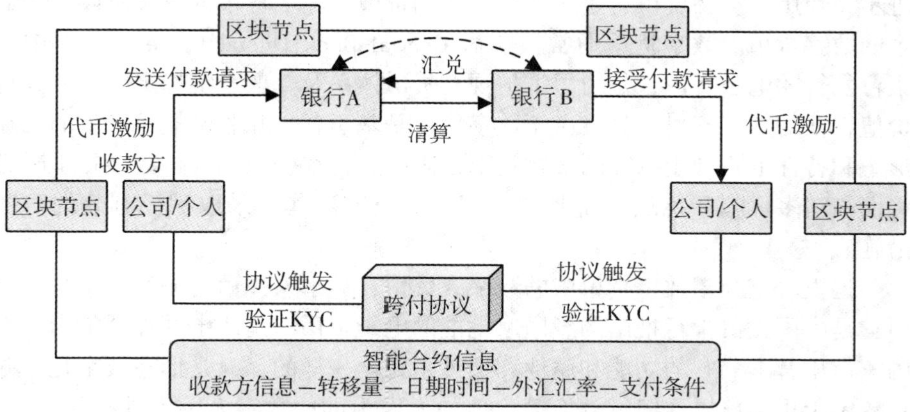

图 5-17　跨付协议总体运行结构

块链技术的支付协议提供了一种去中心化的信用创造方式，它依靠密码学和数学分布式算法，无须借助任何第三方中心的介入，交易双方就可以达成共识。这样就可以使交易双方直接进行端到端支付，不涉及中介机构，不仅免除了不同支付机构之间进行清算的时间成本，还能够大幅缩短交易周期。从到账时间来看，基于区块链的安全协议基本上可以实现实时到账。所有交易完成的瞬间，交易双方的账本信息也会实现同步更新，也即实现了清算。

基于区块链的支付协议极大地拓展了支付边界。在跨付协议中，由于SWIFT在跨国支付清算中占据核心地位，因此一些国家的跨境支付受到了这些机构标准的限制，而跨付协议基于区块链技术的支付系统具有天然的扩张优势，其低廉的基础设施成本、较少的人力资源成本，尤其是底层网络的兼容性，为其国际化拓展进程奠定了基础。

与传统的移动支付手段相比，区块链支付平台虽然具有较为明显的优势，但传统移动支付发展成熟，且具有广大的客户群体，与之竞争还有很长的一段路要走。

5.5　数字货币与金融安全

5.5.1　数字货币的概念和特点

货币，作为人类发展史中不可或缺的重要角色，随着社会生产力的不断进步，经历了实物货币、金属货币、信用货币、电子货币等发展阶段，到如今的数字货币。数字货币通常被叫做 Central Bank Digital Currency，即中央银行发行的电子货币，是为了维护现有货币体系及金融系统稳定的一种具有价值特征的数字支付工具，由于数字货币是基于新兴互联网技术产生的，在形态和特性上不同于以往的实物货币，因此央行在研究和发行数字货币时必将面临诸多风险和挑战，需要在前期做好研究工作，采取积极有效的防范措施。

这里着重介绍数字货币中的数字人民币，数字人民币是一种新型数字货币，是中国人民银行推出的经国家批准的电子货币，是法定的虚拟货币，由国家信用背书。它的功能和属性和纸钞是完全一样的，只是形态数字化，并且数字货币是可以在银行兑换等价值的人民币的。数字人民币具有便捷性、安全性、普惠性、隐私性、合规性等特点：

(1)便捷性。数字人民币兼容账户和价值特征，具有可编程性，实现数字人民币线上线下全场景应用。

(2)安全性。数字人民币综合使用多种技术，实现不可重复花费、不可非法复制伪造、交易不可篡改及抗抵赖等特性，并已初步建成多层次安全防护体系，保障数字人民币全生命周期安全和风险可控。

(3)普惠性。数字人民币具有与银行账户耦合度高、支付即结算、低成本等特性，有利于进一步降低公众获得金融服务的门槛。

(4)隐私性。数字人民币高度重视个人信息与隐私保护。在合规性方面，数字人民币适用现有反洗钱、反恐怖国际标准及国内法律要求，同时还将在现有法律框架下制定专门的监管要求。

与现有的电子支付工具相比，虽然支付功能相似，但是数字人民币具备独特的优势，首先数字人民币是国家法定货币，是安全等级最高的资产；数字人民币具有价值特征，可在不依赖银行账户的前提下进行价值转移，并支持离线交易，具有“支付即结算”特性；数字人民币支持可控匿名，有利于保护个人隐私及用户信息安全。

2022 年 8 月，在雄安新区改革发展局、财政支付中心和人民银行雄安营管部联合指导下，中国建设银行河北雄安分行通过“雄安新区建设资金管理区块链信息系统”(以下简称“区块链系统”)，成功落地数字人民币“穿透支付”业务。该业务实现了数字人民币在新区区块链支付领域应用场景的新突破，在全国是第一次。

该业务由分包企业通过区块链系统向总包企业发起农民工工资支付申请，并将农民工姓名、数字钱包编号、身份证号、发放金额等信息上链存证；总包企业根据链上资金申请，通过智能合约技术，将工资款以数字人民币形式，从总包企业的数字钱包流转至分包企业的数字钱包，最终“穿透支付”至农民工个人的数字钱包。在工资款支付过程中，分包企业仅有查询权限，无法截流、挪用工资款。这样，不仅形成了B端、C端数字人民币工资支付、收款全链条业务流，为施工企业和农民工提供了工资支付新途径，而且，通过区块链系统“穿透式”发放，极大简化了中间发放环节，显著提升了工资发放效率，避免分包企业拖欠、克扣工资款，从而保障农民工的合法权益。

5.5.2 数字货币的风险与挑战

目前，社会各界对零售型央行数字货币的认识存在分歧，有关其是否会引发金融脱媒、削弱货币政策、加剧银行挤兑等方面的争论较为集中。零售型央行数字货币所采用的研发设计方案会对货币政策及金融稳定产生不同的影响，人民银行也对此高度重视，努力从数字人民币体系顶层设计上防范潜在冲击，关注零售型央行数字货币对货币体系、货币政策、金融市场、金融稳定等方面的影响，并通过业务、技术和政策设计，确保数字人民币体系对现有货币体系、金融体系和实体经济运行的影响最小化。数字人民币坚持M0定位，不计付利息，以降低与银行存款的竞争，数字人民币的投放方式与实物人民币基本一致，采用双层运营模式且由商业银行承担向公众兑换的职能，同时人民银行也适当设置预防机制，防范银行挤兑的快速蔓延。

央行数字货币的发行、流通、回笼等环节均通过互联网实现，对信息技术的要求相当高，任何环节的疏忽都会导致数字货币系统出现故障，造成巨大损失，需关注技术实现风险。央行数字货币原型系统拟采用分布式账本技术实现部分功能。分布式账本技术也称区块链技术，目前还处于早期的发展阶段，尚未形成统一的技术标准，相关技术方案还在快速研发中。与传统技术相比，分布式账本技术能通过去中心化、防篡改和高透明的方式让金融系统极大地降低成本。此外，在跨国结算时，区块链技术也能实时清算，大大提高全球金融效率，由此改变全球金融格局。现阶段区块链技术已在系统资源耗费及数据处理容量上取得突破，但还面临技术可扩展性差的问题，需要经过大规模的实践考验才能应用。

央行数字货币目前仍处于早期研发阶段，现行的法律体系仍以传统货币为适用对象，无法满足法定数字货币发行、流通和监管的要求。因此需要有针对性地制定数字货币法律法规，并考虑以下风险：

(1)数字货币的发行依据问题。央行数字货币需要经立法明确发行权，依法纳入人民币范畴，赋予同纸币、硬币同等的法律地位，并在发行、使用和流通等问题上进行法律规制及立法保障。根据现行法律规定，人民币由中国人民银行依法统一印制和发行，其定义仅包含纸币和硬币，并未将数字货币纳入法定货币范畴。

(2)数字货币的法偿性问题。根据人民银行法和人民币管理的有关规定，任何单位和个人不得拒收以人民币支付的中华人民共和国境内的一切公共的和私人的债务。

央行数字货币的发行流通将给现有的金融体系带来诸多方面的冲击，会对宏观经济调控、政策制定带来新的挑战。

其一，对现有的金融体系带来诸多挑战。首先它改变了商业银行和中央银行的关系。现阶段中央银行主要承担“银行的银行”角色，负责制定货币政策并监管商业银行，并不具体运作金融业务。央行数字货币的发行，有可能会导致社会存款从商业银行转移到中央银行，即在经济大幅波动、利率下行时，社会公众将商业银行存款兑换成数字货币以规避风险，从而使商业银行丧失货币创造能力，导致流动性大幅萎缩，对金融体系产生极大的影响。其次是冲击现有的金融管理制度，当发生金融危机时，社会公众有可能将金融资产兑换为央行数字资产，从而将风险转移给央行。

其二，给宏观经济政策的制定带来新的挑战。央行法定数字货币推出之后，将对传统货币产生一定的替代效应，改变现有的货币供应结构、货币流通速度和货币创造机制。在制定货币政策时，央行需要对货币政策传导机制和工具进行重新审视，研究构建理论模型以预测政策的有效性，确定调控力度，防止发生系统性金融风险。在全球经济一体化的背景下，法定数字货币的流通也将刺激货币政策的溢出效应，通过资本流动、大宗交易等方式对其他国家金融系统产生影响，由此对央行现有的外汇管理制度提出新挑战。

5.5.3 数字货币安全保障策略

数字人民币定位于 M0，由中国人民银行统一发行统一管理。在这个基础上要明确发行管理的基本框架，即“用什么发”的问题。作为中央银行的负债，指定机构(一般是商业银行)需要向央行按 100%的比例全额缴纳准备金，再由央行向指定机构发行数字人民币，并由指定机构向公众提供数字人民币兑换服务(又称“代理投放”，指定机构又称“代理投放机构”)；同时，为实现数字人民币的中心化管理及可控匿名，支付数据并不是完全交由流通层管理，代理投放机构需要每日将交易数据异步传输至央行，相关机构也需要及时就数字人民币的大额及可疑交易向央行报告，便于央行掌握必要的交易数据以实现监管和反洗钱要求。这就要求央行和指定商业银行形成相应的数字人民币管理系统，并实现确权登记、身份认证、交易监管等功能，即构建“一币、两库、三中心”的央行数字货币核心体系(表5-2)。

表5-2　央行数字货币核心体系

一币	央行数字货币 (数字人民币)	由央行担保并签名发行的代表具体金额的加密数字串
两库	中央银行的发行库	在央行私有云上存放发行基金的数据库
	商业银行的银行库	负责代理投放的商业银行管理数字人民币所需的数据库
三中心	认证中心	对央行数字货币机构及用户身份信息进行集中管理
	登记中心	记录每笔央行数字货币及对应用户的身份，完成权属登记；记录交易流水，完成产生、流通、清点核对及消亡全过程登记
	大数据分析中心	反洗钱、支付行为分析、监管调控指标分析等

在数据适当脱敏的情况下，央行可以运用大数据和人工智能技术对数字人民币的发行、流通等各环节进行详细的分析，了解货币体系具体运行规律，为精准调控货币投放数量、投放频率提供数据支持，同时也能更好地满足宏观审慎监管和金融稳定性调控等干预需求。这也是数字人民币发行的一个重要意义。

综上，要解决“怎么发”的问题，就是通过一系列设计回答“用什么发”“发多少”，而要具体完成上述任务，则需要多个功能模块支撑，如交易通信模块、智能运算模块、安全保障模块等，图5-18展示了央行数字货币核心体系框架。

数字人民币的核心技术包括安全技术、交易技术以及可信保障技术，如图5-19所示。

①数字人民币的安全技术包括加密/解密技术和安全芯片技术，主要用于数字人民币的加密传输、身份认证以及硬件钱包的芯片安全保障等环节。

②数字人民币的交易技术分为在线交易技术和离线交易技术，确保数字人民币可在在线与离线情况下的稳定交易，可最大限度确保数字人民币如同纸币一般不受网络限制。

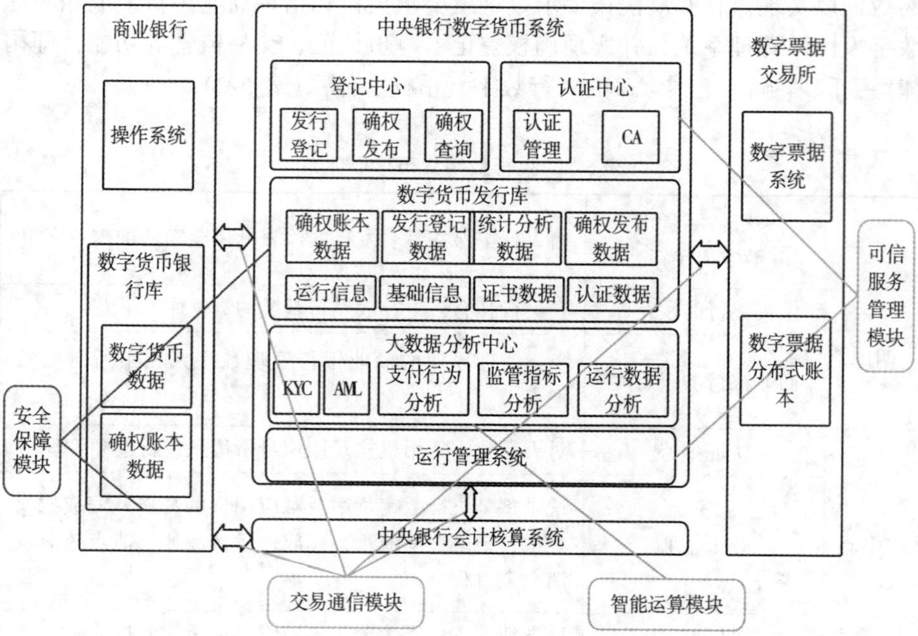

图 5-18　数字货币核心体系框架

③数字人民币的可信保障技术为数字货币发行、流通、交易提供安全及可信的应用环境。

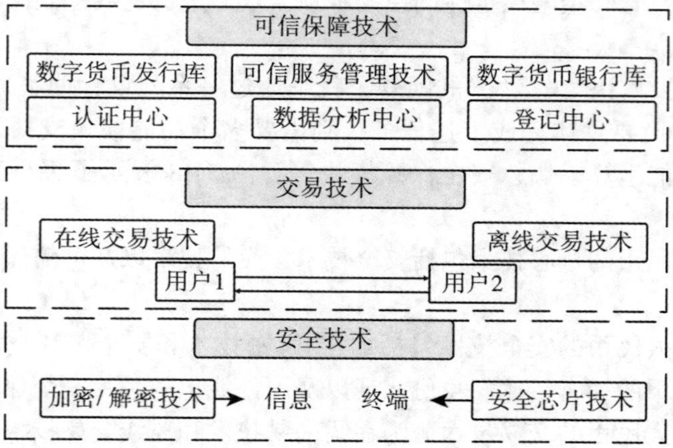

图 5-19　数字人民币的核心技术

针对数字货币，可以从多角度实施安全保障策略：

第一，信息技术方面，持续加大信息技术研发力度，如持续强化技术升级，积极建设信息系统。央行加大研发力度，重点关注区块链技术、数字货币加密技术等，加强信息系统架构的顶层设计。在设计数字货币原型系统时，充分考虑系统的稳定性和扩展性。①保障系统的实时交易处理能力。目前基于分布式账本技术的数字货币系统在并发处理效率上还存在难以克服的技术障碍，需要加以改进，以确保央行数字货币的稳健流通。②增强信息安全性，从系统的通信安全、信息安全、数据安全、交易安全和终端认证安全处着手，不断强化技术升级，建议在分布式账本技术的基础上，多措并举巩固加密算法体系，确保数字货币供给端和接收端系统的安全、稳定和可操作性。③政府强化网络管理平台，运用专业手段对危害网络安全的个人及组织团体的不法行为进行打击，定期开展整治网络黑客、清理网络病毒的专项行动，加大监控和防范力度，确保网络环境安全。

第二，确保数字货币的可持续发展，避免发生系统性金融风险。央行应联合其他监管机构，及时推出央行数字货币法及相应的监管制度，建立专业化的国家技术标准和应用审核体系。①完善央行数字货币法律规范。央行数字货币的发行和流通都需要在完善的法律和健全的制度环境中进行。为维持国民经济健康发展，减少新币发行给金融系统带来的影响，国家应在法律上明确央行数字货币的合法地位。②明确相关法律中"人民币"的含义，将央行数字货币纳入法定货币的范畴，明确数字货币的发行机构、发行方式等，明确央行数字货币的法偿性和所有权转移问题。③完善反假币、反洗钱法等相关法律法规，针对数字货币造假和洗钱等问题，修订出台专门的法律法规，加大打击力度。

第三，完善央行数字货币监管体系。央行数字货币作为一项新型货币，具有超越传统货币的诸多新特性，央行需要完善现有的监管体系以应对可能出现的风险。①建立监管框架，明确各监管部门的职责和分工。②人民银行作为组织协调方，应成立央行数字货币监测分析部门，依据大数据分析等新型的监测手段，重点分析央行数字货币对我国信用货币创造、对传统货币的挤出效应以及对金融系统运行效率的影响，为央行数字货币的运行以及国家宏观调控机构的政策制定提供数据支撑，降低央行数字货币对实体经济和金融系统的负面影响。

◎ 本章小结

电子安全支付是电子商务的关键环节，也是电子商务得以顺利发展的基础条件。本章首先介绍了电子支付系统的概念和发展，在此基础上重点讨论了信用卡、电子现金、电子支票和第三方平台结算几种电子支付方式的特点和流程，其中信息卡支付是现阶段网上购物的主要在线支付方式，它主要采用 SSL 安全模式和 SET 安全模式。

在此基础上，本章重点介绍了电子支付过程中常用的两种安全支付协议，即安全套接层协议(SSL)和安全电子交易协议(SET)。其中，SSL 协议是由 Netscape 公司开发的，它的目的是为客户机和服务器两个通信实体之间提供加密的安全通道，提供服务器的认证。本章重点介绍了 SSL 协议的规范，包括 SSL 握手协议和 SSL 记录协议。在此基础上讲述了 SSL 的加密和认证算法，并分析了 SSL 协议的安全性，指出该协议在安全方面存在的一些隐患和问题。

另外，SET 协议是专门为在线电子交易时保证信用卡支付安全而设立的一个开放的支付协议，由 MasterCard 和 Visa 以及其他一些业界主流的厂商设计发布的技术标准。SET 协议通过使用加密、对交易各方进行数字认证，以及数字签名等技术，能够有效地防止电子商务中的各种诈骗，提高电子商务应用的安全性。本章并将 SSL 协议和 SET 协议从协议本身、技术性能和费用方面进行了认真对比。通过比较可知，SET 协议较之 SSL 协议具有更强的安全性和可靠性，能够保证电子交易的安全性，包含交易各方的利益。但就目前现状而言，SET 协议在安全电子交易方面广泛采用还有一定的难度。

基于原有的支付相关理论基础，本章补充了新兴技术区块链在电子支付领域的应用，区块链技术因其特有的优势已经渗入各行各业，将区块链与电子支付结合起来创造新的支付协议，将大大改善目前支付的现状；最后介绍了我国目前数字货币的概念、特点、风险、挑战及其安全保障策略。

◎ 本章习题

1. 名词解释

(1)电子支付　(2)电子现金　(3)电子支票　(4)网上银行

(5)区块链　(6)数字货币

2. 简述信用卡支付的特点。

3. 简述电子现金支付方式的特点和存在的问题。

4. 在本章所介绍的基于 SSL 的信用卡支付和基于 SET 的信息卡支付中，哪一种支付模式更安全？它是如何保证支付安全的？

5. SSL 是否仅仅只能用于电子商务交易？试说明理由。

6. SSL 协议体系结构是由几层协议组成的？具体是哪些协议。

7. 简述SSL协议所使用的相关技术。

8. 在安全通信方面，SSL提供了哪些安全机制？

9. 简述SSL记录协议发送消息的过程。

10. 什么是SET？基于SET的交易包含哪些参与方？

11. SET认证技术主要涉及哪些内容？

12. 在SET协议中，支付网关的作用是什么？

13. 简述数字信封的实现原理。

14. 在SET协议中，双重签名的作用是什么？试阐述双重签名产生和签名验证的过程。

15. 安全电子交易协议SET的安全功能有哪些？

16. 试比较SSL协议和SET协议的优劣？

17. 如有条件，请上网分别应用SET协议和SSL协议进行一笔电子商务交易。

18. 区块链视角的安全支付协议具有哪些优势？

19. 试分析数字人民币对我国金融行业带来的影响。

第6章 电子商务安全管理

现代通信技术、计算机技术和网络技术的进步，促进了电子商务的发展。电子商务安全是一项系统工程，安全技术是该项工程的基础。但是，单凭技术手段是无法真正保障电子商务安全的。在电子商务交易开展的过程中，既需要安全技术，又需要社会环境、管理环境提供相应的保障。因此，电子商务安全架构应该是一个涵盖安全技术因素、管理因素和法律因素在内的一个综合体系。在对电子商务安全管理概述的基础上，本章主要介绍电子商务的安全管理制度、法律保障和安全风险管控等。

6.1 电子商务安全管理概述

6.1.1 信息系统安全管理

电子商务安全的前提是保障信息系统的安全性、稳定性和可用性。电子商务正常交易离不开安全稳定的电子商务信息系统。如何有针对性地保护电子商务信息系统安全是一项非常重要的工作。电子商务信息系统安全管理涉及实体安全、运行安全、信息安全和人员安全四个方面。

1. 实体安全管理

在电子商务信息系统中，计算机及其相关的设备、设施(含网络)统称电子商务信息系统的“实体”。实体安全包括环境安全、设备安全和媒体安全三个方面。随着计算机技术的普及，计算机信息系统实体安全的重要性日渐突出。如果电子商务信息系统遭到计算机病毒的袭击，将阻碍和破坏网上交易的顺利开展。目前我们主要通过使用防病毒软件进行防毒。由于很多计算机病毒都有潜伏期，因此有必要建立防火墙并定期清理处于潜伏期的计算机病毒，防止计算机病毒突然爆发，使计算机始终处于良好的工作状态，从而保证网上交易的正常进行。

2. 运行安全管理

电子商务信息系统的运行安全包括系统风险管理、审计跟踪、备份与恢复、应急策略等，系统的运行安全是电子商务信息系统安全的重要环节。

对于企业的电子商务信息系统来说，企业网络系统的日常维护就是针对内联网的日常管理与维护，这是一项非常繁重的工作。网络系统的日常维护包括：第一，对于硬件设备，通过手工操作来检查运行状态，做到定期检查与随机检查相结合，以便及时、准确地掌握网络的运行状况。一旦有故障发生，能够及时进行处理。第二，对于软件系统，及时对软件系统进行漏洞排查；定期清理日志文件和临时文件，监测用户注册情况、运行过程中延时和卡机情况。第三，定期进行数据备份。数据备份与恢复主要利用多种介质，如磁盘、光盘、微缩载体等，这种保护措施还包括对系统设备的备份。第四，对于服务器和客户机，通过手工操作检查状态。在UNIX环境下可以用Shell命令写一个巡查程序(Ping和PS命令)，检查各服务器或客户机是否处于活动状态及各机的用户注册情况。如果服务器采用冷备份，则应定时启动备份机检查。第五，通信线路管理。对内部线路应尽可能采用结构化布线，虽然采用结构化布线系统在建网初期投资比较大，但是网络故障率会很低。网络管理员应对线路的联通情况作好记录，当出现故障时，应及时与电信部门联系以便迅速恢复通信。

3. 信息安全管理

电子商务信息系统的信息安全是指防止信息财产被故意地或偶然地非法授权泄露、更改、破坏或使信息被非法系统识别、控制，即确保信息的机密性、完整性、可用性和可控性。针对电子商务信息系统中信息的存储形式和运行特点，信息安全主要包括操作系统安全、数据库安全、网络安全、病毒防护、访问控制、加密与身份认证等。

网上交易涉及企业的市场、生产、财务和供应等多方面的机密，必须实行严格的保密制度。保密制度要求严格划分信息的安全级别，确定安全防范的重点，并提出相应的保密措施。信息的安全级别一般可以分为三级：绝密级，例如公司的战略计划、公司内部的财务报表等，这些信息不能对外公开，只限于公司的高层管理人员掌握；机密级，例如公司的日常管理情况、会议通知等，这些信息不在互联网上公开，只限于公司中层以上人员使用；秘密级，例如公司新产品介绍及订货方式等，这些信息可以在互联网上公开，以供消费者浏览，但是必须有保护程序，以防止黑客入侵。保密工作的另一个重要问题是对密钥的管理。大量的网上交易必然使用大量的密钥，密钥的管理将贯穿于密钥的产生、传递、更新、作废和归档的全过程。密钥需要定期更新，否则可能使黑客通过积累密文增加破译的机会。

4. 人员安全管理

人员主要是电子商务信息系统建设、使用、维护和管理的相关人员，他们对系统安全起到直接作用。参与电子商务交易的个人或企业都有责任维护网上交易系统的安全，这对于在网络上从事大量商贸活动的企业来说尤为重要。电子商务信息系统安全对相关人员安全管理提出了更高要求。首先，对有关人员进行上岗培训。其次，落实工作责任制，采用双人负责制。也就是说，重要的业务不要安排一个人单独管理，实现两人或多人相互制约的机制，遵从任期有限的原则。明确规定只有网络管理人员才可以进行物理访问，只有网络管理人员才可以进行软件安装工作。最后，建立网上交易系统日志机制，用来记录系统运行的全过程。系统日志文件是自动生成的，其内容包括操作日期、操作方式、登录次数、运行时间、交易内容等。系统日志文件能够实现对系统的运行监督、维护、分析和故障恢复。

6.1.2 参与主体信用管理

1. 电子商务信用

电子商务信用通常指在电子商务活动中，交易主体取得另一方对其履约能力的信任，或指双方互守承诺。电子商务信用的内容包括但不限于：平台如实展示产品；平台或卖方对产品质量、物流配送或退换货的承诺；卖方对时限及服务质量的承诺；买方对产品的如实确认。电子商务信用是随着电子商务的发展衍生出来的一个词，具有长时间积累和难得易失的特性。电子商务信用是为了在这种新兴的商业模式中，为买家提供更好的购物决策，促进电子商务交易生态圈的安全发展。

电子商务中的很多安全问题比如交易的抵赖、否认、个人隐私权的破坏，说到底还是人的诚信问题，为了促进电子商务的发展，消除消费者对电子商务的安全顾虑，我们应该加强诚信教育，建立社会诚信体系。

2. 电子商务信用模式

电子商务中信用的形成是指在电子商务交易中由买方、卖方以及电子商务平台提供方构成三者互动的信赖关系。目前我国电子商务主要采用四种较为典型的信用模式，即中介人模式、担保人模式、网站经营模式和委托授权模式，确保电子商务交易安全。

中介人模式是将电子商务网站作为交易中介人，达成交易协议后，购货的一方将货款、销售的一方将货物分别交给网站设在各地的办事机构，当网站的办事机构核对无误后再将货款及货物交给对方。这种信用模式试图通过网站的管理机构控制交易的全过程，虽然能在一定程度上减少商业欺诈等商业信用风险，却需要网站有充足的投资去设立众多的办事机构，这种方式还存在交易速度慢和交易成本高的问题。

担保人模式是以网站或网站的经营企业为交易各方提供担保，试图通过这种担保来解决信用风险问题。这种将网站或网站的主办单位作为一个担保机构的信用模式，有一个核实谈判的过程，相当于无形中增加了交易成本。因此，在实践中，这一信用模式一般只适用于具有特定组织性的行业。

网站经营模式是通过建立网上商店的方式进行交易活动，在取得商品的交易权后，让购买方将货款支付到网站指定的账户上，网站收到货款后才给购买者发送货物。网站经营模式是单边的，是以网站的信誉为基础的。因此，这种信用模式主要适用于零售业的电子商务网站。

委托授权模式是网站通过建立交易规则，要求参与交易的当事人在协议银行中建立交易公共账户，网络计算机按预设的程序对交易资金进行管理，以确保交易在安全的状况下进行。在这种信用模式中电子商务网站并不直接进行交易，交易双方的信用保证是以银行的公平监督为基础的。

我国电子商务目前所采用的这四种信用模式，是从事电子商务企业为解决商业信用问题所进行的积极探索。但它们各自存在的缺陷也是显而易见的，特别是这些信用模式所依据的规则基本上都是企业性规范，缺乏必要的稳定性和权威性，这就极大地制约了电子商务的快速健康发展。而要克服这些问题，在加强政府部门对发展电子商务的宏观规划基础上，目前特别重要的是通过立法的方式为电子商务提供规范、严谨的信用规则。

3. 电子商务的社会信用体系

市场经济是契约经济，信用是一切经济活动的基础，也是电子商务安全交易的前提。电子商务作为一种商业活动，信用同样是其存在和发展的基础和安全保障。电子商务信用是社会信用的一部分，而电子商务安全开展的信用基础应当由一个完备的信用体系来支撑。只有系统地厘清电子商务活动中存在的信用问题，才能提出电子商务安全交易保障机制。

电子商务安全和信用服务紧密相关，从二者的关系看，电子商务需要信用体系以确保商务活动安全可信地开展，而信用体系也能在电子商务领域获得广泛的应用并体现其价值。

信用体系的第一层是政府，由其负责信用立法与执法；第二层是行业协会，由其负责准入、评定、制定游戏规则；第三层是中介机构，由其负责信用服务；第四层是企业与消费者。各个层次分别对应不同的解决机制，这其中包括政策法律机制、第三方认证机制、征信管理机制。

电子商务是信用体系在中国发展最快的领域。一方面，电子商务本身是信用体系存在和发展最好的土壤，在电子商务的基础上又很容易建立起信用体系，并且该信用体系对电子商务安全非常重要。另一方面，电子商务的信用体系又可以最大限度地使消费者成为参与者。对于同一类消费，很多消费者可以很快地建立联盟，对商品和交易服务进行点评，而这些真实可信的评价也是信用体系的重要组成部分。此外，互联网与传统传播方式的主要不同就在于其互动性。互联网的信息是双向流动的，所以，在这种沟通方式之上建立的信用机制也必然具有很强的时效性和动态性。电子商务安全交易离不开信用机制的保障。

4. 电子商务的信用机制

当前形势下电子商务存在各种信用问题。首先是交易活动中的信息不对称，在当今交易模式下电商所销售的各种商品具有虚拟化特征，使得消费者在具体的交易过程中难以真正了解商品的各种信息，对商品的性能可靠性进行准确评估，导致交易活动中产生了信息不对称问题，进而引发商品质量问题。电子商务交易活动开展是通过计算机网络进行的，消费者无法对商品的质量可靠性做出科学判断，加上部分电商实际销售的商品与图片所显示的信息有着一定的差异，影响了消费者的消费热情。其次是购物中的交易问题，由于消费者购物过程中采用的是第三方支付方式，其中会产生一定的问题。最后是操作中存在着技术风险，为了获得更多的经济效益，保持自身商品的良好信誉度，电子商务环境下电商通过建立相关的信用机制吸引消费者，但是这些信用机制在构建中可能存在技术风险。

电子商务环境下建立良好信用机制的策略体现在以下几个方面：

第一，不断完善相关的法律法规，确保交易安全性，为电子商务环境下各种交易活动的正常进行提供保障；加大交易过程中对违法行为的打击力度，在提高消费者购买电商产品自信心的同时创造出良好的交易环境，保持电子商务行业良好的服务水平。

第二，构建科学的信用评价体系，对所有电商信用进行综合评估，对信用差的电商进行及时处理，给出相关的整改意见，确保交易活动的正常进行；对消费者在电子商务环境下提出的合理意见与建议进行总结与分析，进而对电商的信用进行科学分析，从而制定出相关的管理机制约束电商的实际操作行为；强化电商的服务意识，采取科学的指导方法引导所有的电子商务企业健全自身的服务评价体系，对交易中存在的服务问题进行及时处理。

第三，优化网购环境，提高消费者网购自信心。运用各种信息技术对电子商务环境进行严格把控，对存在潜在交易风险的网站进行集中处理，为消费者创造安全的购物环境。不同的电子商务企业构建网站时应对其安全性进行综合评估，避免受到不法分子侵入，促使消费者能够正常地完成各种交易计划。

5. 电子商务的认证与征信机制

大力发展商业性第三方认证机构，是解决电子商务信用的有效途径。目前，国际上对电子商务认证比较通行的做法是，直接由国家有关部门设立或由政府部门授权组建具有公信力的第三方电子认证机构，从法律上明确电子认证机构的法律地位，确保电子认证机构具有公正性、权威性、标准化等。此外，对电子认证的程序和方法、电子认证的效力也制定统一规定。可见第三方认证是一种有效的解决机制。

征信业标准化是保证信用行业高效率、高起点建设与发展的一项十分重要的基础工作。通过征信标准化工作，将促进信用信息在不同部门、不同行业的管理信息系统和有资质的征信机构间顺畅交换，实现信用信息共享，保障个人征信系统采集范围和提供服务领域的不断扩大，提高征信行业运行的效率；规范征信业务操作流程，保证征信数据和征信产品的质量，有效保护被征信人合法权益和信息安全，促进征信业规范、安全、有序、健康发展；征信系统在采集、交换、发布、查询中都需要进行标准化建设。

6.1.3 交易安全风险管理

电子商务交易活动涉及多个参与主体，存在资金流、信息流的传递，对电子商务系统安全要求更为强烈。前面章节从电子商务安全技术的角度，对交易过程中的网络安全、支付安全和安全协议进行介绍。但是，如何进行风险管理以保障电子商务活动安全有序进行，也是一项重要的管理问题。

电子商务安全风险管理能够减少数字经济环境下企业经营安全问题和因风险造成的损失，提升电子商务企业发展的稳健性。首先，在识别风险因素的基础上，构建电子商务安全风险评价指标体系，并运用模糊综合评价法对风险进行辅助评估。其次，运用层次分析法和机器学习算法，确定风险的权重，构建风险预警预测模型。最后，使用归纳法针对风险因素和预警等级提出项目的风险管理方案。电子商务安全风险管理流程如图 6-1 所示。

电子商务平台可利用网络技术将多个相关企业整合协调，共同开展商务交易活动，实现信息快速收集和共享，最终实现快速响应、降低库存、降低成本、高效交易、互惠互利的目标。电子商务安全风险管理指运用合理有效

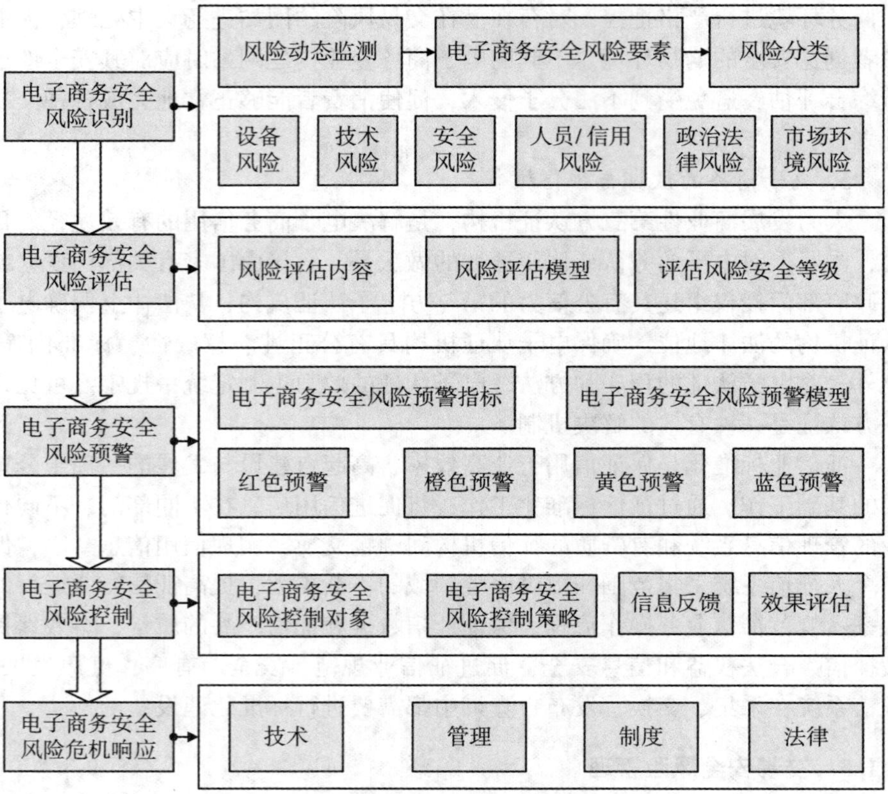

图 6-1　电子商务安全风险管理流程

的方法来识别、评估、缓解和监控电子商务交易中各环节所遭遇的风险事件，将风险因素对电子商务相关企业造成的损害程度降到最低，以保证电子商务平台健康、持续、稳定运行和交易的安全。

电子商务安全风险管理过程包括风险识别、风险评估、风险预警和风险控制。风险识别是在电子商务全流程交易过程中，梳理出潜在的各种风险并进行分类整理，再进行认识和辨别。风险评估即通过定量分析的方法对电子商务安全风险发生的可能性、风险发生的范围以及风险的损失程度进行估计与度量。风险预警即利用电子商务安全风险管理工具，通过不断检查、调整和修正的方式，及时提供风险预警，使风险管理更加及时有效。风险控制即通过风险管理工具的应用，实行风险管理目标导向，规避和降低电子商务系统整体风险。

6.2 电子商务安全的制度保障

6.2.1 信息系统运营维护制度

电子商务信息系统运营维护和规范化、标准化、周期性开展是电子商务信息系统安全运行的重要保障。电子商务信息系统建设方需要对系统制定运营维护制度，保障系统安全稳定运行，支持电子商务正常交易。电子商务信息系统的可维护性是对系统进行维护的难易程度的度量。一般来说，影响系统可维护性的因素主要有三个：可解释性、可测试性以及可修改性。

1. 可解释性

可解释性表现为外来人员理解系统的结构、接口、功能和内部过程的难易程度。这种理解包括对功能、性能的分析与理解，对原设计的分析与理解以及对源程序的分析与理解。模块化、详细的设计文档、结构化设计、源程序内部注释以及较好的程序设计语言等，都可以促进系统可理解性的提高。

2. 可测试性

可测试性表现为对系统进行诊断和测试的难易程度。良好的系统文档、可用的测试工具和调试手段是非常重要的，特别是在开发阶段的测试方案尤为重要，是进行回归测试和证明修改正确性的基础。

3. 可修改性

可修改性表现为对系统各部分进行修改的难易程度。系统的模块化程度，模块之间的耦合、内聚，控制域与作用域的关系以及数据结构的设计等问题都将直接影响系统的可修改性。提高系统的可修改性应当从系统分析与设计开始，直至整个系统开发的全过程。

电子商务信息系统维护工作具体要求为：

首先，系统维护需要付出很高代价，包括有形的代价，其直接来自维护工作本身。无形的代价，其来自维护所产生的效果和影响。

其次，系统维护工作对维护人员要求较高，因为系统维护所要解决的问题可能来自系统整个开发周期的各个阶段，因此承担维护工作的人员应对开发阶段的每个过程、每个层次的工作都有所了解，从需求分析、系统分析，一直到编码、测试等，都应具有较强的程序调试和排错能力。

最后，系统维护工作的对象是整个系统，由于问题可能来源于系统的各个组成部分，产生于系统开发的各个阶段，因此系统维护并不仅仅针对源程序代码，也包括系统从分析设计到编码测试的全部开发文档。

电子商务信息系统的维护主要内容按照维护对象的不同可分为硬件维护、软件维护以及数据维护。硬件维护主要是指对主机及外部设备的定期日常维护和管理。软件维护主要是针对系统中应用程序的维护，主要进行纠错性维护、适应性维护、完善性维护以及预防性维护。数据维护的工作内容包括数据内容的增加、数据结构的调整、数据的备份与恢复等，一般是由数据库管理员来负责的。系统维护工作也有许多注意事项，包括避免系统修改带来的副作用，妥善安排维护人员以及注意系统维护的限度等。

电子商务信息系统运营维护制度内容包括：①对电子商务系统的设计方案、实施方案、拓扑图、软件代码、系统设置、系统管理账户、运维账户、密码等关键信息资料要严加管理，严禁外泄；②与系统建设方、运维方签署协议，明确其保密职责，明确追责条款，并严格管理；③设置专门安全管理部门和安全管理负责人，并对该负责人和关键岗位的人员进行安全背景审查；定期对从业人员进行网络安全教育、技术培训和技能考核；④对重要系统和数据库进行容灾备份；⑤自行或者委托网络安全服务机构对网络的安全性和可能存在的风险每年至少进行一次检测评估，并拟定改进措施；⑥严格系统密码和账户权限以及 IP 地址操作权限的管理，避免对外泄露。

6.2.2 交易安全操作制度规范

电子商务的核心问题是交易的安全性，这是网上交易的基础，也是电子商务技术的难点。由于网络本身的开放性，网上交易面临着种种危险，也由此提出了相应的安全操作要求：

(1)信息保密性。交易中的商务信息有保密的要求，如信用卡的账户和用户名被人知悉，就可能被盗用，订货和付款的信息被竞争对手获悉，就可能丧失商机。因此，在电子商务的信息传播中一般均有加密的要求。

(2)交易者身份的确定性。网上交易的双方很可能素昧平生，相隔千里。确保交易成功，首先要能确认对方的身份，对商家来说要保证客户端不是骗子，而客户也会担心网上的商店会是一个黑店。因此，确认对方身份是交易的前提。

(3)不可否认性。由于商情的千变万化，交易一旦达成是不能被否认的，否则必然会损害一方的利益。例如订购黄金，订货时金价较低，但收到订单后，金价上涨了，如果商家能否认收到订单的实际时间，甚至否认收到订单的事实，则订货方就会蒙受损失。因此，电子交易通信过程的各个环节都必须是不可否认的。

(4)不可修改性。交易的文件是不可被修改的，如上例所举的订购黄金。供货单位在收到订单后，发现金价大幅上涨了，如其能改动文件内容，将订购数1吨改为1克，则可大幅受益，而订货单位就因此而蒙受损失。因此，电子交易文件也要能做到不可修改，以保障交易的严肃和公正。

早期的安全措施包括：

(1)部分告知。即将网上交易最关键的数据如信用卡号码及成交数额等略去，然后再用电话告之，以防泄密。

(2)另行确认。即在网上传输交易信息之后，再用电子邮件对交易做出确认，才认为有效。

(3)在线服务。为了保证信息传输的安全，用企业提供的内部网来提供联机服务。以上所述的种种方法，均有一定的局限性，且操作麻烦，不能实现真正的安全可靠性。

近年来推出的安全交易标准包括：

(1)安全超文本传输协议(S-HTTP)：依靠密钥对的加密，保障Web站点间交易信息传输的安全性。

(2)安全套接层协议(SSL)：安全交易协议，提供加密、认证服务和报文完整性。

(3)安全交易技术协议(STT)：将认证和解密在浏览器中分离开，用以提高安全控制能力。

(4)安全电子交易协议(SET)：涵盖了信用卡在电子商务交易中的交易协定、信息保密、资料完整及数字认证、数字签名等。这一标准被公认为全球国际网络交易标准，其交易协议成为电子商务的规范。

电子商务业是以信息技术应用和经济发展需求为基础，对社会全员和可持续发展具有重要引领带动作用的新兴产业。第三方电子商务交易平台在电子商务发展中沟通了买卖双方的网上交易渠道，大幅度降低了交易成本。加强第三方电子商务交易平台的服务规范，对于维护电子商务交易秩序，促进电子商务健康快速发展，具有非常重要的作用。

为规范第三方电子商务交易平台的经营活动，保护企业和消费者合法权益，营造公平、诚信的交易环境，保障交易安全，2011年4月12日，我国商务部制定了《第三方电子商务交易平台服务规范》。

首先，平台应遵循基本原则。

公正、公平、公开原则。平台经营者在制定、修改业务规则和处理争议时应当遵守公正、公平、公开原则。

业务隔离原则。平台经营者若同时在平台上从事站内经营业务的，应当将平台服务与站内经营业务分开，并在自己的第三方电子商务交易平台上予以公示。

鼓励与促进原则。鼓励依法设立和经营第三方电子商务交易平台，鼓励构建有利于平台发展的技术支撑体系，鼓励平台经营者、行业协会和相关组织探索电子商务信用评价体系、交易安全制度，以及便捷的小额争议解决机制，保障交易的公平与安全。

其次，第三方电子商务交易平台的设立与基本行为规范包括：

第三方电子商务交易平台的设立应当符合：①有与从事的业务和规模相适应的硬件设施；②有保障交易正常运营的计算机信息系统和安全环境；③有与交易平台经营规模相适应的管理人员、技术人员和客户服务人员；④符合《中华人民共和国电信条例》《互联网信息服务管理办法》《网络商品交易及有关服务行为管理暂行办法》《电子认证服务管理办法》等法律、法规和规章规定的其他条件。

平台经营者应当在其网站主页面或者从事经营活动的网页显著位置公示以下信息：

①营业执照、组织机构代码证、税务登记证以及各类经营许可证；②互联网信息服务许可登记或经备案的电子验证标识；③经营地址、邮政编码、电话号码、电子信箱等联系信息及法律文书送达地址；④监管部门或消费者投诉机构的联系方式；⑤法律、法规规定其他应披露的信息。

平台经营者应当保障交易平台内各类软硬件设施的正常运行，维护消防、卫生和安保等设施处于正常状态。平台经营者应按照国家信息安全等级保护制度的有关规定和要求建设、运行、维护网上交易平台系统和辅助服务系统，落实互联网安全保护技术措施，依法实时监控交易系统运行状况，维护平台交易系统正常运行，及时处理网络安全事故。此外，日交易额 1 亿元人民币以上(含 1 亿元)的第三方电子商务交易平台应当设置异地灾难备份系统，建立灾难恢复体系和应急预案。

在数据存储与查询方面，平台经营者应当妥善保存在平台上发布的交易及服务的全部信息，采取相应的技术手段保证上述资料的完整性、准确性和安全性。站内经营者和交易相对人的身份信息的保存时间自其最后一次登录之日起不少于两年；交易信息保存时间自发生之日起不少于两年。同时，站内经营者有权在保存期限内自助查询、下载或打印自己的交易信息。此外，商务部鼓励第三方电子商务交易平台通过独立的数据服务机构对其信息进行异地备份及提供对外查询、下载或打印服务。

在制定和实施平台交易管理制度方面，平台经营者应提供规范化的网上交易服务，建立和完善各项规章制度，包括但不限于下列制度：①用户注册制度；②平台交易规则；③信息披露与审核制度；④隐私权与商业秘密保护制度；⑤消费者权益保护制度；⑥广告发布审核制度；⑦交易安全保障与数据备份制度；⑧争议解决机制；⑨不良信息及垃圾邮件举报处理机制等。

在用户协议方面，平台经营者的用户协议及其修改应至少提前30日公示，涉及消费者权益的，应当抄送当地消费者权益保护机构。

在交易规则方面，平台经营者应制定并公布交易规则。交易规则的修改应当至少提前30日予以公示。用户不接受修改的，可以在修改公告之日起60日内书面通知退出。平台经营者应当按照原交易规则妥善处理用户退出事宜。

此外，当第三方电子商务交易平台终止经营时，应当提前一个月通知站内经营者，并与站内经营者结清财务及相关手续。涉及行政许可的第三方电子商务交易平台终止营业的，平台经营者应当提前一个月向行政主管部门报告，并通过合同或其他方式，确保在合理期限内继续提供对消费者的售后服务。

6.2.3 人员安全培训机制建设

电子商务人员安全培训机制建设内容包括提高电子商务安全意识、建立电子商务安全管理机构，完善电子商务安全管理技术。树立电子商务安全意识十分关键，尽管信息技术的发展为电子商务安全提供了技术保障，但缺乏安全防范意识，就为电子商务活动埋下安全隐患。只有提高网络安全防范意识，构建防范风险的心理屏障，才能维护电子商务的信息、交易和资金安全。对于建立电子商务安全管理机构，政府作为决策的制定者，在电子商务安全机制建立过程中应该发挥重要作用。

企业作为电子商务活动的重要参与者，应建立相应的电子商务安全培训机制，明确各部门人员职责，为企业的电子商务安全培训提供助力。

各企业法定代表人是电子商务安全工作第一责任人，负责对电子商务安全工作提供政策支持和资源保障，健全和落实可追溯的安全责任体系。电子商务部门各级领导是网络安全工作直接责任人，具体负责部署、督促、总结、考核和奖惩工作，定期召开会议，了解工作情况，组织和开展培训、检查，并对整改工作督办落实。

网络安全运维部门应按照规范和要求具体落实网络安全技术保障措施，监测、记录网络运行状态，并按照规定留存相关的网络日志；定期对运维人员进行保密教育和技能培训。

网络使用人员应遵守国家法律法规，服从企业电子商务网络安全管理，增强安全防范意识，保管好账号和密码，避免泄露；坚持上网自律，不故意传播非法和虚假内容信息。电子商务系统的安全保护等级必须参照国家有关网络安全保护等级划分标准确定。已投入使用的系统，必须确定安全保护等级，按相应管理规范和技术标准实施保护。新建或改建系统，必须经网络安全管理部门审批备案后方可建设或改建，在规划阶段确定安全保护等级，在设计阶段落实网络安全要求，原则上由具有相应资质的单位实施，同步建设相应的防护设施，上线运行前必须依据国家规定进行安全性测试。

6.3 电子商务安全的法律保障

6.3.1 网络空间安全法律保障

当前，网络和信息技术迅猛发展，已经深度融入我国经济社会的各个方面，极大地改变和影响着人们的社会活动和生活方式，在促进技术创新、经济发展、文化繁荣、社会进步的同时，网络安全问题也日益凸显。一方面，网络入侵、网络攻击等非法活动，严重威胁着电信、能源、交通、金融以及国防军事、行政管理等重要领域的信息基础设施的安全，云计算、大数据、物联网等新技术、新应用面临着更为复杂的网络安全环境。另一方面，非法获取、泄露甚至倒卖公民个人信息，侮辱诽谤他人、侵犯知识产权等违法活动在网络上时有发生，严重损害公民、法人和其他组织的合法权益。网络安全已成为关系国家安全和发展，关系人民群众切身利益的重大问题。

没有网络安全就没有电子商务安全。2017 年 6 月 1 日，我国网络安全领域的基础性法律——《中华人民共和国网络安全法》(以下简称《网络安全法》)正式施行，其对保护个人信息、治理网络诈骗、保护关键信息基础设施、网络实名制等方面做出明确规定，成为我国网络空间法治化建设的重要里程碑。

《网络安全法》坚持以总体国家安全观为指导，坚持积极利用、科学发展、依法管理、确保安全的方针，充分发挥立法的引领和推动作用，针对当前我国网络安全领域的突出问题，以制度建设提高国家网络安全保障能力，掌握网络空间治理和规则制定方面的主动权，切实维护国家网络空间主权、安全和发展利益。

为了保障电子商务网络空间的安全，我们应从数据、网络、个人信息保护等方面构筑网络安全防线。

根据《数据安全法》，数据是指任何以电子或者其他方式对信息的记录，包括数据的收集、存储、使用、加工、传输、提供、公开等。数据安全是指通过采取必要措施，确保数据处于有效保护和合法利用的状态，以及具备保障持续安全状态的能力。

根据《民法典》的规定，个人信息是以电子或者其他方式记录的能够单独或者与其他信息结合识别特定自然人的各种信息，包括自然人的姓名、出生日期、身份证件号码、生物识别信息、住址、电话号码、电子邮箱、健康信息、行踪信息等。

根据2021年4月29日公布的《个人信息保护法》(草案二次审议稿)第4条规定，个人信息是以电子或者其他方式记录的与已识别或者可识别的自然人有关的各种信息，不包括匿名化处理后的信息。

根据《个人信息保护法》(草案二次审议稿)第29条规定，敏感个人信息是一旦泄露或者非法使用，可能导致个人受到歧视或者人身、财产安全受到严重危害的个人信息，包括种族、民族、宗教信仰、个人生物特征、医疗健康、金融账户、个人行踪等信息。

在网络空间安全保障方面，《网络信息内容生态治理规定》《互联网信息服务算法推荐管理规定》等法规有效打击了网络传播违法不良信息行为，规范了网络信息服务提供者的运营行为。

在个人信息保护领域，《民法典》《个人信息保护法》《数据安全法》《关于审理使用人脸识别技术处理个人信息相关民事案件适用法律若干问题的规定》等法律法规为隐私权与个人信息权益提供法律保障。

在数据安全领域，《数据安全法》《区块链信息服务管理规定》等法律法规共同构建了兼顾维护数据安全与促进数据流动的平衡机制。

目前，互联网信息内容管理部门开展的网络空间治理专项活动正深入推进，治理能力不断加强。在执法依据上，互联网领域法律与互联网细分领域配套制度逐步建立，进一步规范和保障了互联网信息内容管理部门依法履行行政执法职责。在治理主体上，国家网信办积极与国家工业和信息化部等部门合作，多部门联合推进《网络安全法》实施落地，积极构建协同联动的网络安全保障体系。此外，国家网信办还通过政企联动、行业自治引导企业增强自治意识，督促企业履行社会责任，提高了监管效能。

6.3.2 电子商务交易安全法律保障

电子商务交易，是指运用现代电子信息技术手段，所进行的商品、服务、信息和其他商务的交易。根据《网络交易管理办法》的规定，网络商品交易，是指通过互联网(含移动互联网)销售商品或者提供服务的经营活动。

有关服务，是指为网络商品交易提供第三方交易平台、宣传推广、信用评价、支付结算、物流、快递、网络接入、服务器托管、虚拟空间租用、网站网页设计制作等营利性服务。

电子商务交易法律法规，是指对运用现代电子信息技术手段，进行的商品、服务、信息和其他商务交易所制定的法律规范。电子商务交易法律法规调整电子商务交易参与各方的关系，具体确定交易参与者的权利和义务，对于维护交易参与各方的权益，维持电子商务交易秩序，促进电子商务健康发展具有重要意义。

《电子商务法》第五条规定，电子商务经营者从事经营活动，应当遵循自愿、平等、公平、诚信的原则，遵守法律和商业道德，公平参与市场竞争，履行消费者权益保护、知识产权保护、网络安全与个人信息保护等方面的义务，承担产品和服务质量责任，接受政府和社会的监督。

网络商品经营者和网络服务经营者向消费者提供商品或者服务，应当遵守《消费者权益保护法》和《产品质量法》等法律、法规、规章的规定，不得损害消费者合法权益。同时，网络商品经营者和网络服务经营者提供商品或者服务，应当遵守《商标法》《反不正当竞争法》《企业名称登记管理规定》等法律、法规、规章的规定，不得侵犯他人的注册商标专用权、企业名称权等权利。

6.3.3　个人信息安全法律保障

依据《民法典》的规定，个人信息受法律保护，任何单位和个人不得非法收集、使用、加工、传输他人个人信息，不得非法买卖、提供或者公开他人个人信息。《中华人民共和国刑法》作为最为严厉的法律，对侵犯公民个人信息的行为做出了明确的法律规定。《中华人民共和国刑法》对侵犯公民个人信息罪做出了规定。该规定明确，向他人提供或者出售公民个人信息的行为均属于犯罪行为，若工作人员将自己在履行职责过程中获得的公民个人信息出售或者提供给他人，则从重处罚。犯此罪者，根据情节不同分别被处以罚金以及有期徒刑。《中华人民共和国刑法》作为我国法律体系中最严厉的法律，其将侵犯个人信息的行为归罪的做法充分显示了我国对个人信息安全的关注。

经过三次审议，2021 年 8 月 20 日，第十三届全国人大常委会第三十次会议表决通过了《中华人民共和国个人信息保护法》(简称《个人信息法》)，于 2021 年 11 月 1 日起施行。在信息化时代，个人信息保护已成为广大人民群众最关心最直接最现实的利益问题之一。《个人信息保护法》坚持和贯彻以人民为中心的法治理念，牢牢把握保护人民群众个人信息权益的立法定位，聚焦个人信息保护领域的突出问题和人民群众的重大关切。

《个人信息保护法》共 8 章 74 条，进一步细化、完善个人信息保护应遵循的原则和个人信息处理规则，明确个人信息处理活动中的权利义务边界，健全个人信息保护工作体制机制。

在电子商务环境中，消费者隐私权主要包含个人信息控制权、个人私事隐蔽权和个人生活安宁权。其中个人信息控制权最易受到侵害，如任意收集个人数据。当前电子商务经营者为自身经营目的或其他特定目的，经常任意收集和使用消费者个人信息。电子商务经营者收集消费者个人信息的主要方式是 IP 跟踪。消费者享有个人信息控制权，除非经消费者特别授权或公共机关为公共管理需求而使用个人信息，其他均为侵权。

个人数据在电子商务的流转主要有两种形式：①商家之间相互交换各自收集的信息，或者是与合作伙伴共享信息；②将个人数据作为信息产品销售给第三人或转让给他人使用。

电子商务环境下消费者具有一定的权利：

(1)知情权。网络经营者在收集和利用消费者的个人信息时，必须明确告知消费者自己的身份、地址、联系方式等，并告知收集哪些信息，这些信息的内容是什么。

(2)选择权。经营者在收集个人资料前必须征得消费者的同意，否则不得收集资料。

(3)控制权。消费者有权控制个人信息的使用，包括决定是否公开信息，是否与第三人共享，是否可以转让给第三人。商家有权通过合理的途径访问个人资料，有权对错误的个人信息进行修改和补充。在利用个人资料的特定目的消失或利用期限届满时，消费者有权要求永久删除相关信息。

(4)安全请求权。消费者有权要求网络经营者采取必要的合理的措施来保护客户资料信息的安全，网络经营者拒绝采取必要措施和技术手段来保护客户网络个人信息的安全时，消费者有权要求经营者停止利用。

(5)赔偿请求权。当网络消费者的隐私权利受到侵害时，消费者有权要求经营者承担相应责任，造成损失时经营者应依法赔偿。

对于个人信息安全保障的对策有加强网络隐私安全管理、加快网络隐私安全专业人才的培养、开展网络隐私安全立法和执法、强化网络隐私安全基础设施建设、建立网络风险防范机制、强化网络技术创新以及注重网络建设的规范化等。

6.4 电子商务安全的风险管控

6.4.1 电子商务安全风险识别

风险识别是指在潜在的风险发生前，通过各种科学技术、仪器检测或者理论模型等系统性的方法来预测各种造成经济损失的潜在威胁。随着我国经济实力的增强和电子商务的发展，电子商务安全风险种类繁多、越来越复杂且控制难度大。“东数西算”、数字货币、用户隐私保护等社会发展新需要，赋予电子商务安全更宽泛的定义。数字经济时代，电子商务企业具有所处环境复杂、风险发生概率增加和风险因素不可控等特点。提前预测不同环节潜在的电子商务风险因素，对于电子商务的全生命周期风险管理有着深远的意义。

电子商务安全风险识别是电子商务全生命周期风险管理的基础，只有在整个电子商务交易和开展过程中，精准全面地发现每一个可能的潜在危险，才能够选择有效便捷合适的办法来进行处理。风险识别需明确项目所面临的客观风险，并结合电子商务专业知识和风险管理理论，归纳分析风险因素。在此基础上，结合传统风险识别方法构建电子商务安全风险识别模型，通过挖掘异常数据，识别风险源、风险因素与风险事项，识别电子商务开展过程中隐含的各种风险。

电子商务企业发展面临的风险是指内外部因素对电子商务正常开展造成威胁和影响的各种潜在事件。从电子商务实际工作情况出发，结合风险管理理论，我们将风险类型分为设备风险、技术风险、安全风险、人员风险、政治和法律风险以及市场环境风险，具体风险内容见表 6-1。

表 6-1 电子商务安全风险类型

风险类型	风险对象	风险内容
设备风险	设备	软硬件设备包括服务器、数据库、电子商务 APP 等。软硬件设备的老化、升级、维护、漏洞等威胁基础设备安全，应予以尽早识别
技术风险	电子商务安全技术	主要包括加密技术、数字认证技术、密码管理技术、防火墙技术、电子商务安全支付技术和数字存储备份等

续表

风险类型	风险对象	风险内容
安全风险	数据	电子商务数据风险包括商品数据安全、电子商务交易数据安全、用户信息安全和企业内部数据安全等，导致数据风险的主要原因有数据安全保障能力低、人员泄露、外部攻击或窃取、缺少数据安全备份和防护措施
	网络	网络缺乏安全保障，难以抵御外部黑客、恶意程序、攻击者等入侵。保障电子商务网络安全，可为电子商务智能信息系统提供良好的通信及运行环境
人员风险	人员与组织	电子商务从业、交易、管理等人员风险及信用风险、道德风险和组织管理风险。即管理人员管理能力、执行能力不足，电子商务平台设计人员设计能力不足，运营管理人员能力不够，人员安全意识薄弱，交易主体不守信用等
政治和法律风险	政策法规	主要涉及电子商务、电子支付、数字货币、网络安全和个人信息保护等政策、法律法规的变更，因宏观经济政策调整等对电子商务开展带来的影响
市场环境风险	国内外市场环境	疫情爆发导致人员被隔离，国际人员流动受限，国内经济遭受停工停课停产等影响，电子商务贸易市场由国际向国内收拢，电子商务市场环境发生改变带来不确定性等

针对以上各类风险，电子商务安全风险识别模型能从多个维度预测某一类风险问题，从相关数据中挖掘异类信息，并实时发现风险。

1. 挖掘异常数据

挖掘电子商务发展中的异常数据可有效识别风险，方法是通过收集电子商务数据、数据清洗与提取、数据挖掘等步骤得到异常数据，并结合决策者自身的经验识别出风险。

2. 识别风险源、风险因素与风险事项

(1)根据大数据挖掘得到的客观异常数据与主观直觉判断分析，结合德尔菲法、故障树分析法、安全检查表法和危险因素识别法等传统风险识别方法，识别当前是否存在设备、技术、安全(数据+网络)、人员、政治和法律、市场环境等风险源。

首先采用德尔菲法，根据电子商务领域专家的专业意见，利用专家全面的理论知识体系识别电子商务开展过程中潜在的风险；之后利用故障树分析法，将电子商务安全风险层层分解为小风险，并对其进行逐层分析；最后利用安全检查表法，对电子商务经营过程进行风险识别。

(2)识别有形、道德、行为等风险因素。有形风险因素包括设备储存方式、网络技术规范、人员培训等；道德风险因素是指在电子商务开展过程中相关工作人员因不诚实或以不良企图故意促使风险发生，或扩大已发生风险造成损失的因素；行为风险因素是指因人员粗心大意而引发风险或扩大风险损失的因素。可采用危险因素辨识法对电子商务中存在的危险因素进行归纳，建立危险因素与风险之间的关联关系，通过识别危险因素推断风险类型和发生概率，为风险控制提供决策依据。

(3)识别风险事件。通过分析电子商务安全风险因素，当其达到设定阈值时，预测风险造成损失的概率，并采取对应的风险控制措施。

3. 电子商务风险可视化监测

在电子商务整个风险识别阶段均可进行监测和可视化管理操作，具体可使用云标签、热图、聚类图、统计分析图等进行数据可视化。

电子商务全生命周期风险管理的第一步为风险识别。在此阶段首先将风险源类型分为设备风险、技术风险、安全风险、人员风险、政治和法律风险以及市场环境风险；然后结合传统风险识别方法构建大数据环境下的电子商务安全风险识别模型，并在风险识别阶段进行监测和可视化管理，形成风险识别闭环，为后续的风险评估、风险预警与风险控制奠定基础。

6.4.2 电子商务安全风险评估

电子商务安全风险评估是计算电子商务开展过程中存在的设备风险、技术风险、安全风险、人员风险、政治和法律风险以及市场环境风险的危害等级。一般采用层次分析法和模糊综合评价法来构建风险管理评估指标体系，建立安全风险管理的系统评估模型。

在对电子商务安全风险管理进行评估时，首先根据系统性、层次性、全面性的原则建立电子商务安全风险评价指标体系，其次结合熵权法与层次分析法建立风险评价模型，最后根据模型计算出电子商务安全风险得分，并对电子商务安全风险进行重要性排序，从而决定项目决策中的风险防范与控制的优先次序。

1. 风险评价指标体系

根据风险管理生命周期理论，结合电子商务实施过程，可识别出电子商务开展过程存在的风险。其中，主要风险包括设备风险、技术风险、安全风险、人员风险、政治和法律风险和市场环境风险等。针对以上风险，构建的电子商务安全风险指标见表 6-2。

表 6-2 电子商务安全风险指标

一级指标	二级指标
设备风险	设备运行情况
	设备维修与保养
	设备使用效率
技术风险	电子商务安全技术能力
	电子商务安全技术方案
	新技术应用
安全风险	电子商务数据安全
	电子商务系统安全
	电子商务通信网络安全
人员风险	电子商务安全风险意识
	电子商务安全教育培训
	电子商务安全专业技能
	信用等级
	应急处理能力
	信息管理能力
	管理沟通能力
政治和法律风险	电子商务相关政策导向
	电子商务相关法律法规
	行业竞争
市场环境风险	国内外经济市场环境

针对电子商务安全的设备风险、技术风险、安全风险、人员风险、政治和法律风险及市场环境风险等，可建立二级指标用于检测和预警分析。

2. 风险评估模型

为了降低电子商务安全风险，可采用层次分析法，建立风险评价指标体系和模型，通过主、客观方法的结合来降低人为干扰；可以使用层次分析法与熵权法，对风险相关因素进行分层，并确定同一层次不同因素的权重，再通过模糊综合评价法进行安全评判，评估安全等级。

(1)用层次分析法与熵权法确定指标权重。层次分析法是一种主观评价方法，依靠专家经验知识的判断给定并计算得到指标权重，此法虽然具有所需数据信息量少、计算简单等优点，但是专家主观选择、偏好等对评价结果的影响较大，易造成决策失误，且不同专家的评价结果差异性也很大，难以对评价系统形成共识。而熵权法是一种根据所给定的原始数据信息综合判断的客观评价方法，其权重评价结果与被评价指标有直接的关系，但此法易受原始数据影响，若原始数据存在较大偏差，将严重影响其评价效果，所得结果与人们对该评价指标的认识不一致。针对单一评价方法的不足，可以将层次分析法和熵权法组合集成，运用层次分析法确定主观权重，运用熵权法确定客观权重，主客观结合，并采用最小二乘法来优化权重模型，综合各自的优点，来提高权重评价结果的准确性。

(2)用模糊综合评价法评价风险。模糊综合评价法是一种基于模糊数学理论将定性转为定量的综合评价方法，具有结果清晰、系统性强的特点，能较好地解决难以量化的问题。对于电子商务安全风险管理的评价，不能单从某一方面或某一个重要因素考虑，而要基于多方面多个因素，并考虑它们之间的内在联系，综合得出评价结果。这就相当于把它们看做一个模糊的整体，形成评价指标体系，建立评判矩阵，进而通过模糊矩阵合成得到评价目标的数值。

6.4.3 电子商务安全风险预警

风险预警是对电子商务可能发生的风险进行预测和防范的战略性管理手段，在电子商务活动过程中，亟须对电子商务风险全生命周期进行风险预警管理。通过健全项目的风险预警体系，可以有效减少甚至避免在电子商务开展过程中存在的不确定性因素给电子商务企业和消费者带来的经济、资源等损失。

电子商务安全风险预警是一个复杂的应急响应体系，需在风险识别、风险控制、风险评估过程中不断提高预警能力和响应效率。

电子商务安全风险的产生存在一定的潜伏期，风险预警即在风险发生前检测预警目标对象的演化状态，根据事先设定的分析指标，及时向相关工作人员发送风险预警信号。通过分析预警信息，电子商务安全运维人员根据潜在风险类型制定防范措施，最大程度防范风险的发生。

风险预警是电子商务安全风险管控的环节之一，不能脱离风险识别、风险控制、风险评估而独立存在。同时，电子商务活动中需要跨部门协同与对接，人员的组织调配是完成安全保障工作的前提条件。因此，建立风险预警，需要从宏观的视角力求发挥各环节、部门、人员的整体效能，以有效解决电子商务交易过程中面临的诸多问题。

风险预警是对识别的风险及其指标进行检测，以提供风险预警。通过风险识别以及风险评估构建电子商务安全风险评价指标体系，利用定性与定量相结合的方法确定指标的权重和风险的预警等级，构建并优化风险预警模型，在实际运行过程中自动监测风险指标，根据模型输出风险预警结果，并向关联组织及人员发出预警信号。

鉴于电子商务的风险预警涉及多层次、多目标，选用层次分析法进行风险指标权重的确定，对指标重要程度进行排序，可为构建风险预测模型和管理体系奠定基础。

风险等级的判别是指针对已经发生或者即将发生的电子商务安全案例进行一定的数据转换，输入训练好的模型中获得预警等级结果的过程。

电子商务安全管理重在预防，即在风险发生之前及时预警风险发生的可能性，并分析风险造成的危害，及时有效地控制风险，保障电子商务安全。为提供智能高效的电子商务安全风险预警，构建风险预警评价指标体系，可事先采用层次分析法分析风险指标，计算指标权重，根据风险预警分数设置风险预警信号，为下一步风险危机响应提供信号指引。

6.4.4 电子商务安全风险控制

电子商务安全风险控制建立在前期对电子商务开展过程中风险识别和分析的基础之上，对所识别出的重要风险采取对应的风险控制措施。针对电子商务活动中的设备风险、技术风险、安全风险、人员风险、政治和法律风险以及市场环境风险，可实行以下风险控制策略：

1. 设备风险

定期对硬件设备进行维修检查，对软件设备进行升级和维护，以避免其过时和出现漏洞而带来不必要的损失，并确保电子商务相关数据存储、传输、应用等基础服务正常开展；在电子商务活动中需要注重设备的管理工作，确保设备存放的区域安全，避免受多种因素影响，导致设备出现故障；定期对可能存在安全隐患的设备进行特殊检测，以确保电子商务平台的正常使用。

2. 技术风险

应对电子商务活动采取全生命周期管理，从系统设计开始，建设和运营团队就要介入，在设计过程中将后期可能出现的问题提出，并给予合理化建议，实现前期风险规避，保证电子商务平台建设的质量和进度；应合理地运用先进的大数据、人工智能、云计算、区块链、5G 技术，在提高工作效率的同时，提高电子商务开展质量；建立健全电子商务的安全风险防范机制，并在电子交易过程中不断完善。

3. 安全风险

建立安全的电子商务数据库，并按照规定对电子商务活动相关资料进行归档；采取电子商务数据安全备份、数据加密、控制访问、入侵检查和内容安全检查等措施，提高电子商务数据安全保障，避免出现人员泄露、外部攻击窃取、数据缺失等威胁；采用入侵防御机制，抵御外部黑客、恶意程序、攻击者等入侵，为电子商务信息系统提供良好的通信及运行环境。

4. 人员风险

对负责风险管理的人员、具备电子商务专业技能的人员、具备大数据挖掘与分析专长的人员开展专业培训；定期对电子商务安全运维相关人员进行考核，并实施激励措施或惩罚措施；安全运维人员上岗前必须进行安全技术培训，协调好各部门的人员安排，采用项目制人员管理模式，提高工作对接效率；对电子商务平台运营人员，规范其业务操作，定期记录和评定运营人员业务水平，保证业务流程安全规范；建立信用评估体系，营造安全可信的电子商务交易环境。

5. 政治和法律风险

电子商务企业各项工作应依法开展，避免受法律风险影响而无法保障电子商务活动的稳定，防止商品假冒、信息泄露、侵犯用户隐私、反洗钱等不良行为发生；明确相关税收政策与电子交易政策等，并时刻关注政策变化，避免由政策变化而影响电子商务开展，带来资金损失。

6. 市场环境风险

通过大数据采集技术，对电子商务展开全面调研分析，根据发现的问题采取有针对性的预防措施；电子商务相关企业应规范平台、交易运行法则，切实履行市场运行规范和政策法律规范，规避市场环境风险。

电子商务安全风险控制是电子商务全生命周期风险管理中十分重要的环

节，只有合理地分析电子商务开展中存在的隐患，及时采取有针对性风险控制方案，才能将风险降至最低，提高电子商务工作效率。

◎ 本章小结

电子商务安全问题不是单纯的技术问题，安全管理不完善也是电子商务安全的重要隐患，脱离管理的电子商务安全是不完整的。本章首先介绍了电子商务安全管理的基本概念，包括电子商务信息系统管理、电子商务参与主体信用管理和交易安全风险管理。电子商务信息系统是电子商务交易的主要场所和平台，参与主体信用是开展电子商务交易活动的基础条件和保障，而有效识别交易安全风险是确保电子商务安全的重要管理手段。

在此基础上，本章介绍了电子商务系统的维护、电子商务安全操作规范以及电子商务安全培训机制，从制度层面保障电子商务安全。此外，本章也重点阐述了电子商务安全的法律保障，主要从电子商务网络空间安全、电子商务交易以及个人信息保护三个方面阐述其法律保障。

最后，结合风险管理理论，针对电子商务安全风险进行全生命周期管控，构筑电子商务安全风险识别、风险评估、风险预警、风险管控全流程风险管控体系。通过对电子商务活动中存在的风险因素进行分析，识别风险类型，进而评估风险等级；对不同风险进行预警，并制定和实施对应的风险管控策略，将电子商务安全风险降到最低。

◎ 本章习题

1. 电子商务信息安全管理包括哪几个方面？
2. 简述电子商务信息系统中的人员管理制度。
3. 简述电子商务中的几种信用模式。
4. 简述电子商务安全的制度保障。
5. 电子商务网络空间安全的法律保障有哪些？
6. 电子商务交易安全的法律保障有哪些？
7. 电子商务中个人信息安全法律保障有哪些？
8. 电子商务安全风险有哪些？如何识别电子商务安全风险？
9. 电子商务环境下安全风险管控流程有哪些？

第 7 章 移动电子商务安全

随着移动网络和移动通信技术的发展，移动电子商务逐渐成为一种新型的电子商务活动。在国外，采用手机、PDA 等移动设备进行的移动支付，由于方便易行、兼容性好，近年来逐渐成为一种比较流行的支付方式。但是，自从移动电子商务出现以来，安全问题就一直困扰着这一新兴商务模式的发展。移动电子商务由于利用了很多新兴的技术和设备，导致出现了很多新的安全问题。与传统的电子商务相比，移动电子商务的安全问题更加复杂，解决起来难度更大。

本章首先介绍移动电子商务安全威胁、安全原则和安全体系结构。在此基础上，分析最流行的移动终端——手机的安全隐患及其防护措施；重点介绍移动电子商务安全协议和标准，基于 WPKI 体系的安全实现技术、移动支付及其安全解决方案；最后，对移动电子商务安全的发展趋势作简单的展望。

7.1 移动电子商务安全概述

7.1.1 移动电子商务概述

移动电子商务(M-Commerce)是指通过智能手机、智能手表、平板电脑、移动 POS 机等移动通信设备，通过连接 Internet 和专用网络，进行相应的电子商务活动，包括经营、管理、交易和娱乐等。相对于传统的电子商务而言，移动电子商务可以真正使任何人在任何时间、任何地点得到整个网络的信息和服务。它结合了移动通信技术、短距离通信技术及其他信息处理技术，扩展了传统电子商务的性质和作用范围。随着移动通信技术的不断成熟，全球拥有移动通信设备的人越来越多，如今移动电子商务已经得到了广大消费者的认可，为消费者提供随时随地、线上线下的购物与交易，在线电子支付以及各种交易活动、商务活动、金融活动和相关的综合服务活动。

移动电子商务与传统电子商务相比，具有以下优势：

1. 具有随时随地的特点

移动电子商务的最大特点是“随时随地”和“个性化”。传统电子商务已经使人们感受到了网络所带来的便利和乐趣，但它的局限在于台式电脑携带不便，而移动电子商务则可以弥补传统电子商务的这种缺憾，让人们随时随地购买彩票、炒股或者购物，感受独特的商务体验。

2. 用户规模大

到2021年底，我国互联网用户已达到10.32亿，上网计算机数量达到4560万台，而相比之下，我国的手机网民规模达到10.29亿，是全球之最。显然，从电脑和移动电话的普及程度来看，移动电话远远超过了电脑。而从用户群体来看，手机用户中基本包含了消费市场中的中高端用户，而传统的上网用户中以缺乏支付能力的年轻人为主。由此我们不难看出，从某种程度上说，以移动电话为载体的移动电子商务不论在用户规模，还是在用户的消费能力上，都优于传统的电子商务。

3. 有较好的身份认证基础

对于传统的电子商务而言，用户的消费信用问题是影响其发展的一大“瓶颈”，而移动电子商务在这方面显然拥有一定的优势。这是因为手机号码具有唯一性，手机SIM(Subscriber Identity Module，用户身份模块)卡上存贮的用户信息可以确定一个用户的身份。对于移动电子商务而言，这就有了信用认证的基础。

此外，与西方国家相比，目前我国银行卡的使用率不高，商业信用体系尚不健全，个人信用体系缺位。银行卡使用率低、使用网点少等现实问题的存在，给移动电子商务发展提供了机遇。一些专家认为，在我国，以移动终端为载体的移动小额支付，有可能代替信用卡，弥补整个社会消费信用制度的缺位，成为人们较为容易接受的新型电子支付方式。

由此可以看出，随着计算机、互联网和移动通信技术的发展和相互融合，移动电子商务具有巨大的市场空间。现在，更多的服务供应商推出更多的移动电子商务信息服务，包括移动支付、移动股市、移动办公、移动营销等功能。例如，目前中国移动通信公司就已经推出了手机支付、手机炒股、手机彩票、GPS(Global Positioning System，全球卫星定位系统)位置服务、移动办公、统一消息服务(Unified Message，UM)、个人信息管理(Personal

Information Management, PIM)和无线广告等移动电子商务服务。其中，移动支付是移动电子商务应用中最重要的内容。

移动电子商务不仅具备电子商务快速、灵活、方便等特点，更以其随时随地接入互联网进行商务活动的随时性、可移动性，引发其作为信息时代宠儿的“高温”效应。但是，由于电子商务本身存在的安全问题以及移动设施引发的新的商务安全隐患，使得其安全问题成为“高温”下的炸弹，直接关系到移动电子商务模式的运行前景。在无线网络环境中，人们对于商务活动安全性的考虑比在有线环境中要多。只有当所有的用户确信通过无线方式所进行的交易不会发生欺诈或篡改、进行的交易受到法律的承认和隐私信息被适当地得到保护时，移动电子商务才有可能蓬勃开展下去。

7.1.2 移动电子商务的安全威胁

移动电子商务是基于移动通信系统的商务活动，当前移动电子商务主要面临着来自移动通信系统和互联网的安全风险，包括移动终端安全威胁、服务网络安全威胁和无线链路安全威胁：

1. *移动终端安全威胁*

移动电子商务所用的终端设备主要包括智能手机、智能手表、便携式计算机、平板电脑和移动 POS 机等，它们主要面临以下的安全威胁。

(1)加密和认证安全措施难以使用

总体来说，移动终端设备具有计算能力和存储能力有限、电池寿命短等特点，而许多安全性相对比较好的加密和认证措施都需要客户端有比较强大的运算能力和存储能力。移动终端体积较小、功能较弱，这就限制了复杂加密认证程序的使用，从而给商务活动带来安全隐患。

(2)移动终端设备中的机密资料容易丢失或被盗用

移动设备体积较小，使用中很容易由于不小心跌落和进水而造成损坏，而现在手机和便携式电脑失窃的事件也是屡见不鲜。很多用户往往将比较机密的个人资料和商家机密存储在移动设备中，如果在没有备份的情况下丢失数据或被他人恶意盗用，将会造成很大的损失。

(3)手机 SIM 卡等身份识别设备易于被克隆

目前，手机 SIM 卡和其他一些移动设备开始成为移动电子商务中身份识别的一个重要部分，一旦这些设备被恶意克隆，在其他身份识别措施还不健全的情况下，用户的个人身份很容易被假冒，从而成为犯罪分子进行欺诈的手段，给用户造成损失。

(4)企业缺乏终端相关的安全制度和安全技术

虽然移动终端已经存储了大量的公司机密信息，但是还很少有公司将移动终端的安全问题纳入公司IT安全的考虑范围，相关的安全制度和安全技术也应用很少。移动设备自身的特点导致其更容易传染计算机病毒，攻击者可以通过获取的移动终端上的数据资源，非授权访问企业内部网络的系统资源或破坏移动终端中的数据完整性，从而给用户造成损失。

2. 服务网络安全威胁

在服务网络内的攻击可以分为以下几类：

(1)非授权访问数据

攻击者在服务网络内偷看用户数据、信令数据或控制数据，非授权访问存储在系统网络单元内的数据，甚至可以进行被动或主动的流量分析。

(2)对数据完整性的威胁

攻击者可以修改、插入、重传或删除合法用户的数据或信令数据，可以假冒通信的某一方对通信的数据进行修改，甚至可以修改存储在网络单元中的数据。

(3)拒绝服务攻击

攻击者通过从物理上或协议上干扰用户数据、信令数据或控制数据在网络中的正常传输，来实现网络中的拒绝服务攻击；可以通过假冒某一网络单元组织合法用户的业务数据、信令信息或控制数据，从而使合法用户无法接收到正常的网络服务。

(4)否认

在攻击者的“作祟”下，用户可能对业务数据或对接收到的其他用户的数据进行否认；网络单元否认发出信令或控制数据，或否认接收到其他网络单元发出的信令或控制数据。

(5)非授权访问

非授权访问包括三种情况：攻击者可能模仿合法用户使用网络服务，合法用户滥用其权限以获得对非授权服务的访问，服务网络滥用其权限以获取对非授权服务的访问。

3. 无线链路安全威胁

移动通信终端和服务用户网络的无线接口可能受到以下攻击威胁：

(1)窃听

非法用户截获移动台和基站、网络间交换的信息，分析并窃取信令、语音、数据等业务及用户与网络的身份。

(2)假冒

非法用户截获某个合法用户或网络足够多的信息，通过分析来假冒该合法用户或发送假冒信息欺骗其他用户，以达到某种非法的目的。

(3)重放

非法用户截获某次通信中用户和网络之间的全面交换信息。需要时，在某个时候将其重新发送以达到某种欺骗的目的。

7.1.3 移动电子商务的安全原则

通过前面论述可知，移动电子商务面临的挑战之一就是安全问题。和传统电子商务一样，为了保证移动电子商务的正常运作，移动电子商务系统必须遵循以下的安全原则。

1. 身份认证(Authentication)

移动电子商务系统中，移动终端的 SIM 卡就像无线通信中的物理地址，具有全球唯一性。随着移动用户的实名制实施，一个用户对应一张 SIM 卡，SIM 卡通常需要具有加密和身份认证的能力，从而确保这一身份标识的确是代表合法的用户。利用可编程的 SIM 卡，不仅可以存储用户的银行账户、CA 证书等用于标识用户身份的有效凭证，还可以用来实现数字签名、加密算法、身份认证等电子商务领域必备的安全手段。

2. 访问控制(Access Control)

通过授权等安全机制来保证有合适权限的用户才能访问相应的数据、应用和系统，使用相应的功能。

3. 数据完整性(Integrity)

移动电子商务简化了电子贸易过程，减少了人为干预，同时也带来维护贸易各方商业信息的完整、统一的问题。由于数据输入时的意外差错或欺诈行为，可能导致贸易各方信息的差异。此外，数据传输过程中信息的丢失、信息重复或信息传送的次序差异也会导致贸易各方信息的不同。贸易各方信息的完整性将影响贸易各方的交易和经营策略，保持贸易各方信息的完整性是移动电子商务应用的基础。因此，要预防对信息的随意生成、修改和删除，同时要防止数据传送过程中信息的丢失和重复并保证信息传送次序的统一。

4. 不可否认性(Non-repudiation)

如何确定进行交易的贸易方正是进行交易所期望的贸易方这一问题是保证移动电子商务顺利进行的关键。在传统的纸面交易中，贸易双方通过在交易合同、契约或贸易单据等书面文件上手写签名或印章来鉴别贸易伙伴，确定合同、契约、单据的可靠性并预防抵赖行为的发生。在无纸化的移动电子商务方式下，则是通过数字签名等手段来保证交易各参与方对整个交易过程中的指令和活动不得抵赖，保证交易数据的正当保留，维护双方当事人的合法权益。

5. 数据机密性(Confidentiality)

移动电子商务作为一种贸易手段，其信息直接代表个人、企业的商业机密。传统的纸面贸易都是通过邮寄封装的信件或通过可靠的通信渠道发送商业信息来达到保守机密的目的。移动电子商务是建立在一个较为开放的网络环境下的，维护商业机密是移动电子商务全面推广应用的重要保障。因此，要通过一些加密安全机制来保证数据在交易过程中不被未经授权的人员所非法窃取。

为了实现这些安全原则，移动电子商务中采用了多种安全协议和标准，本章我们将对这些安全技术作相应的介绍。

7.1.4 移动电子商务的安全体系结构

移动电子商务的安全体系结构是对移动电子商务应用系统的抽象描述，有助于我们对移动电子商务整体安全架构的认识。移动电子商务系统的安全体系结构如图 7-1 所示。

从该体系结构中我们不难发现，移动电子商务应用系统可以分为四层：无线终端应用层、无线数据服务层(一般指企业端服务器)、业务管理平台层(一般指企业端业务管理平台和数据仓库，如政府城市管理中心的业务管理平台以及数据库)，另外还包括一个常常被用户忽略的空中无线通道层。

1. 无线终端应用层

无线终端应用层一般包括三个子层：行业应用功能模块(移动终端应用软件)，一般支持流行的 B/S 结构和 C/S 结构访问方式；移动终端操作系统；移动终端硬件平台。从体系结构上看，无线终端应用层基本就是一台浓缩了的计算机。

2. 空中无线通道层

空中无线通道主要指当前国内四大 5G 运营商使用的 5GNR 网络的分组域。基于 OFDM 的全新空口设计的 5GNR 标准是全球 5G 商用部署的主流标准，因为 5G 的 NR 与核心网各自独立，所以不同运营商可以根据成本和建设时间需要在 NR、核心网与已经成熟的 4G 核心网和 LTE 之间进行混合搭配，这就衍生出了目前国外已经开始投入使用的 NSA(非独立组网)以及真正 5G 网络体验的 SA(独立组网)两种 5G 网络的部署发展方式。

3. 无线数据服务层

无线数据服务层支持无线终端对后台业务管理平台的数据库系统的代理

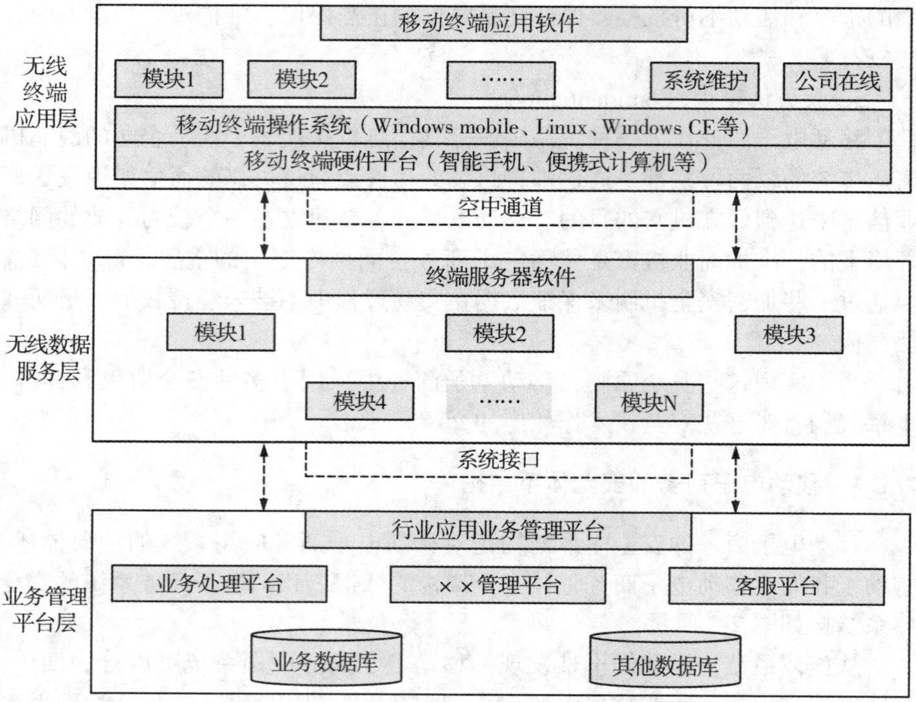

图 7-1　移动电子商务系统的安全体系结构

访问，它相对独立于无线终端应用层，各个服务模块提供标准的功能调用接口，可以将终端对数据的操作标准化，保证数据的安全，同时便于自身的功能升级。

4. 业务管理平台层

业务管理平台层是行业应用中根据业务管理的需要建设的后台指挥管理平台(一般带有自己的数据库系统)，如城管监察系统与移动终端之间的在线互动管理平台。

7.2　移动电子商务安全协议与标准

7.2.1　WAP 协议

无线应用协议(Wireless Application Protocol，WAP)是为无线设备定义应用体制和网络协议而发布的标准应用协议，是数字移动电话、Internet 或其他个人数字助理(PDA)、计算机应用之间进行通信的开放性全球标准。通过 WAP 技术，就可以将 Internet 的大量信息及各种各样的业务引入到移动电话中。无论身在何时、何地，只要用户需要信息，就可以打开 WAP 手机，去享受无穷无尽的网上信息和网上资源。

WAP 是开展移动电子商务的核心技术之一。通过 WAP，手机可以随时随地、方便快捷地接入互联网，真正实现不受时间和地域约束的移动电子商务了。WAP 提供了一套开放、统一的技术平台，用户使用移动设备很容易访问和获取以统一的内容格式表示的互联网或内联网信息和各种服务。目前，许多电信公司已经推出了多种 WAP 产品，包括 WAP 网关、应用开发工具和 WAP 手机，向用户提供网上资讯、机票订购、流动银行、游戏、购物等服务。

WAP 协议定义了一系列将互联网内容过滤和转化为适用移动通信的标准，使内容可以更容易地在移动终端上显示，利用手机就可以接入互联网并使用互联网上的各种应用。与传统的 WWW 通信相比，WAP 也采用客户机/服务器方式，但 WAP 模型多了一个 WAP 网关。客户机通过 WAP 网关然后与资源 WAP 服务器通信。WAP 的典型通信模型如图 7-2 所示。

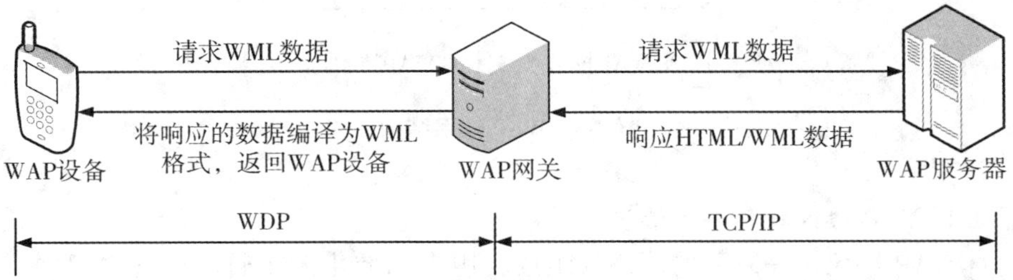

图 7-2　WAP 通信模型

其中，WAP 服务器和 WAP 网关是客户机/服务器通信模型中服务器端的一部分。无线 WAP 设备(例如，移动电话、PDA 等)是通信模型中客户领域的一部分。WAP 服务器存储 WAP 可读的文件，这些服务器也可以为其他通信协议存储和支持其他不同格式的文件，如通过 HTTP 协议可读的 HTML 文件。WAP 网关通常是一台充当代理服务器的计算机，它驻留在 WAP 服务器和无线 WAP 设备之间。WAP 网关会接收来自无线 WAP 设备(通常是支持 WAP 的手机)的请求，然后转换传输的请求，并将其转发给 WAP 服务器。然后，WAP 服务器通常将请求的 WML 文档发回给 WAP 网关来进行响应。WAP 网关随后分析和检查 WML 页面，以确保正确性以及与 WAP 标准的兼容性，并将该文档(或页面)发回给无线 WAP 设备。

另外，WAP 体系结构为移动通信设备的应用开发提供了一种可伸缩、可扩展的环境。它采用类似 TCP/IP 协议栈的分层设计思想，但进行了修改和优化，以适合无线通信环境。其中的每一层协议均定义有标准的接口，可被上层协议调用，亦可被其他的服务和应用直接访问。WAP 的体系结构如图 7-3 所示。

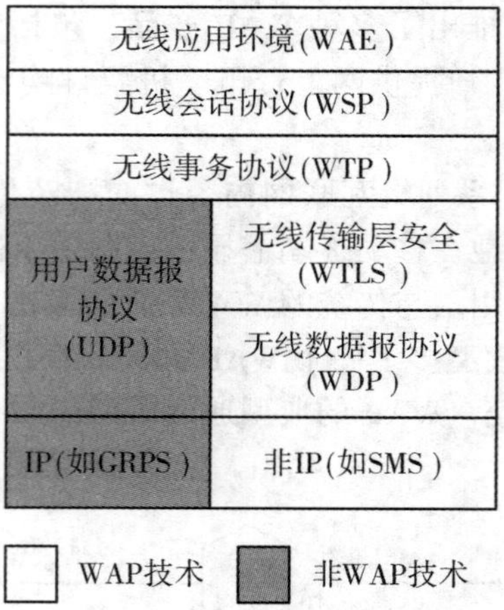

图 7-3　WAP 体系结构

1. WAP 协议栈各层子协议

WAP 协议由一系列的子协议组成，用来标准化无线通信设备之间的信息传递和共享。它用于无线 Internet 访问，包括收发邮件、访问 WAP 网站以及商务应用等。WAP 将移动网络和 Internet 紧密地联系起来，提供一种与网络类型、运营商和终端设备独立的移动新增值业务。

(1)WAE

WAE(Wireless Application Environment，无线应用环境)协议是基于 Web 和移动电话技术而建立的一种通用应用环境，其基本目的是构建一个可共同操作的环境，支持在不同无线通信网络上方便高效地开发和运行应用服务。

(2)WSP

WSP(Wireless Session Protocol，无线会话协议)采用统一的接口给应用层的 WAE 提供两种类型的服务：基于 WTP(Wireless Transaction Protocol,

无线事务协议)的面向连接服务和基于 WDP(Wireless Datagram Protocol，无线数字报协议)的无线连接服务。目前，WSP 包含适合浏览器应用的服务(WSP/Browsing)。WSPB 允许通过 WAP 代理实现 WAP 客户机与标准 HTTP 服务器的连接。

(3)WTP

WTP 提供一种轻量级的、面向事务处理的服务，专门优化并适用于移动终端的设计。

(4)WTLS

WAP 体系结构中值得注意的是增加了一个安全层。它吸取了 TCP/IP 体系结构中没有安全机制从而给网络通信带来极大威胁的教训，专门设立了一个安全层对通信加以安全保护。

WTLS(Wireless Transport Layer Security，无线传输层安全)是一个基于传输层安全(Transport Layer Security，TLS)的安全协议。WTLS 经过优化，适合于无线通信较窄的带宽，并在 WDP 基础上向上提供安全的传输服务。

(5)WDP

作为 WAP 体系结构中的传输层协议，WDP 利用下层网络载体为上层协议提供一致的服务和透明的数据传输。WDP 向上层协议屏蔽了下层网络的细节，从而使上层的协议可以用与下层网络无关的方式正常工作，同时也使上层应用可以在不同的网络平台间移植。

2. WAP 安全架构模型的组成

WAP 安全架构模型是由 WTLS、WIM(WAP identity module，WAP 身份标识模块)、WPKI 和 WMLScript(无线标记语言脚本)四部分组成。各个部分在实现无线网络应用的安全中起着不同的作用，其中 WPKI 作为安全基础设施平台，是安全协议能有效实行的基础，一切基于身份验证的应用都需要 WPKI 的支持，它可与 WTLS、TCP/IP、WMLScript 相互结合，实现身份认证、私钥签名等功能。网络安全协议平台包括 WTLS 协议及有线环境下的安全协议 TLS、SSL 和 TCP/IP。安全参与实体作为底层安全协议的实际应用者，相互之间的关系也由底层的安全协议决定。当该安全架构应用于实际移动电子商务时，这些安全参与实体间的关系即体现为交易方(移动终端、Web 服务器)和其他受信任方(WAP 网关、代理和无线认证中心)的关系。

(1)WTLS 协议

WTLS 协议将 Internet 的安全扩展到了无线环境，对于 SSL 在 Internet 上所实现的安全在无线环境中给予了实现。WTLS 定义了与工业标准 TLS 非常相似的安全协议。与 TLS 协议相似，它支持面向数据报和面向连接的传输层服务。WTLS 提供了数据完整性、机密性和不可否认等安全功能，它既可以作为 WAP 协议栈中的安全传输层协议，也可以独立于 WAP，应用于无线终端之间的安全通信。WTLS 作为 WAP 协议栈中的重要组成部分，充分考虑到了移动网络的复杂性和移动设备的诸多限制，适合应用于无线通信设备中。

另外，由于移动网络中的数据速率较低，WTLS 对 TLS 握手协议进行了必要的改造和优化。WTLS 还定义了动态密钥更新，这样加密密钥就可以在已经建立的安全连接中进行交换。这个特征是很有用的，因为它避免了“握手”成功后的系统开销。

基于安全性的要求，WTLS 能够提供以下安全服务：使用交换的公共密钥建立安全通信信道，使用对称算法加密/解密数据，检查数据完整性；可以交换服务器证书和客户证书，完成对服务器的鉴别和对恶意用户冒充的抗击。

(2) WIM

WIM 是 WAP 协议中一个独立的安全模块。它用来存储和处理用于用户标识和身份认证的信息，其主要功能是将安全功能从移动终端设备转移到抗损害设备中。为了获得最佳安全性能，必须将安全功能的某些部分用具有防篡改设备来完成，使得攻击者无法获取敏感信息。WIM 本身不是一个特定的设备，只是定义了某个设备应该遵循的标准，其实际的应用可以用移动 SIM 卡或其他 CPU 卡来实现。

WIM 是 WAP 定义的用于完成 WTLS 和应用层安全功能的防篡改设备。概括起来，WIM 主要解决以下两个基本的安全问题：

①在 WAP 网关服务器和移动终端之间实行 WTLS 协议。WTLS 从某种意义上等同于今天 Internet 上的 SSL 协议，它提供双方身份验证和信息校验。WIM 通过保存在智能卡中的密码学算法来执行这些任务。

②通过数字证书签名和反抵赖技术来保证应用层的安全。PKI 提供了一个高可信度的构架来发放和管理数字证书。

(3) WPKI

WPKI 是将互联网电子商务中 PKI 安全机制引入无线网络环境中的一套遵循既定标准的密钥及证书管理平台体系，用它来管理在移动网络环境中使用的公开密钥和数字证书，以有效建立安全和值得信赖的无线网络环境。

WPKI 并不是一个全新的 PKI 标准，它是传统的 PKI 技术应用于无线环境的优化扩展。它采用了优化的 ECC 椭圆曲线加密和压缩的 X. 509 数字证书技术。另外，它还采用证书管理公钥，通过第三方的可信任机构——认证中心(CA)验证用户的身份，从而实现信息的安全传输。

WPKI 利用 WAP 网关作为桥梁，将安全服务分为两部分：①在内容服务器与 WAP 网关之间采用 TLS 协议来实现有线环境下的安全服务；②在 WAP 网关与无线用户之间采用 WTLS 协议实现无线环境下的安全服务，重点放在无线用户与 WAP 网关之间相互的身份认证，以及无线用户与内容服务器之间通过数字签名实现保密通信上。

(4) WMLScript

WMLScript 是一种能够提供编程功能的语言，它属于 WAP 的应用层，可以用在基于 WAP 的应用开发之中。它是类似于 JavaScript 的新型脚本语言，能够支持窄带通信和瘦客户端。WMLScriptSign 作为该脚本语言的一部分，提供了在应用层获取数字签名的功能。它可以用于移动电子商务在线支付的过程中，用户对自己的购物清单确认无误后，使用自己的私钥对该清单数字签名，授权在线商店有权在交易完成后从用户的银行账户划转相应金额的款项。

3. WAP 的应用

无线网络和移动终端在数据传输方面一直存在局限。无线网络因带宽有限，需要对数据进行压缩，反应时间较长，移动终端处理能力弱，功率、存储容量和显示屏都较小。WAP 就是为了克服这些局限，针对无线环境的特性提出的新协议。

常见的 WAP 应用是使用具有 WAP 功能的移动终端，直接连接 Internet 网络收发电子邮件，浏览交通状况、气象信息、娱乐资讯，或者与智能网站结合、修改个人数据等。WAP 最有潜力的应用是与电子商务结合，实现移动中的电子商务。例如可随时参与证券交易，使用移动网上银行业务在移动中实现网上购物。用户可能只需携带一部具有 WAP 功能的移动电话，就可以实现打电话、付账、买车票、管理个人工作安排等。

WAP 将改善当前许多已有的电子商务应用，并使一系列创新的增值业务成为可能。比如，WAP 与 STK(SIM Tool Kit，用户识别应用发展工具)结合的 WIM 卡将 WAP 应用的便利与 STK 的端到端的安全性有机结合，使移动电子商务较之有线网的电子商务更方便、更安全，因此移动电子银行、移动证券交易、移动电子订票等 WAP 应用将得到广泛关注和发展。

7.2.2 无线 PKI

无线应用协议 PKI(WPKI)并非一套全新的 PKI 标准，它只是对传统的 PKI 进行优化扩展，进而应用于无线环境中。与 PKI 类似，WPKI 同样通过管理关系、密钥以及证书执行移动电子商务策略。WPKI 技术主要解决电子商务中安全策略问题，并且利用 WTLS 和 WMLSCrypt 为无线应用环境提供安全服务。在有线的环境中，IETF PKI 标准的应用最广泛，而在无线的环境中，WAP 环境下的 WPKI 标准使用最多。

WPKI 是将互联网电子商务中 PKI 安全机制引入到无线网络环境中的一套遵循既定标准的密钥及证书管理平台体系，用它来管理在移动网络环境中使用的公开密钥和数字证书，有效建立安全和值得信赖的无线网络环境。

1. WPKI 主要组件

WPKI 和传统 PKI 所需的组件相同，包括终端实体应用程序(EE)、注册机构(RA)、证书机构(CA)、PKI 目录。

在 WPKI 中，终端实体与注册机构的操作差别不大，其引入一个新的组件，叫做 PKI 入口。WPKI 安全体系中的终端实体是运行于 WAP 设备中的软件，它以 WMLSCrypt API 提供的密钥服务与加密操作为基础，和传统 PKI 的终端实体所具备的功能相同，主要包括以下几个方面：

①生成并存储公、私钥，供用户使用；

②能够进行数字签名，并提交数字证书应用程序；

③申请更新数字证书；

④申请撤销数字证书；

⑤提供针对数字证书的查找、检索服务；

⑥对数字证书的有效性进行验证，并读取证书内容；

⑦生成数字签名，并对签名的有效性进行验证。

PKI 入口本质上为网络服务器，和 WAP 网关相同，就逻辑功能而言，和注册机构一样，主要功能是将 WAP 客户端的请求翻译后传送给 PKI 体系中的 RA 和 CA。RA 的功能嵌于 PKI 入口中，并和无线网络中的 WAP 设备以及有线网络中的 CA 进行互操作。

2. WPKI 的工作流程

WPKI 的工作流程主要由发放 WPKI 证书和 WAP 的安全连接两部分组成，其工作流程，如图 7-4 所示：

①用户利用移动终端向注册中心(RA)递交证书申请。

②RA 审查用户递交的申请，审查合格后将申请传递给认证中心(CA)。

③CA 为用户生成一对密钥并制作证书，之后将证书传回给 RA。

④CA 将证书存于证书目录数据库中，供所有在线用户查询。

⑤RA 保存用户的证书，为每一个证书生成一个对应的 URL，并将该 URL 发送给持有移动终端的用户。

⑥在线网络服务器从证书目录服务器处下载证书列表以备使用。

⑦CA 颁发的证书为移动用户终端和 WAP 网关之间建立安全的连接。

⑧WAP 网关和在线网络服务器之间建立起安全连接，保证移动用户终端和在线网络服务器的信息安全传输。

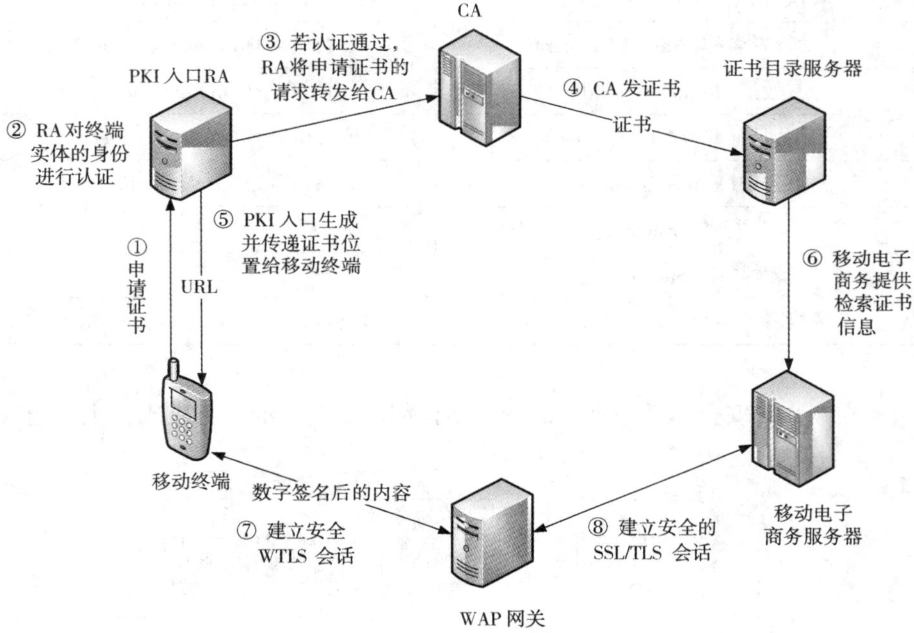

图 7-4 WPKI 的工作流程

对于未在 PKI 安全体系中注册的用户而言，想要与移动电子商务供应商建立连接时，由于供应商需要对交易进行数字签名，则会提醒用户与 PKI 入口 RA 联系，并且同时提供 PKI ID 信息，包括 URL、CA 服务名称等。

3. WPKI 的证书格式和证书分级体系结构

WPKI 支持 WTLS 和 X. 509 两种证书，前者多使用 ECC 签名算法，后者则使用 RSA 签名算法。一般来说，WTLS 证书比 X. 509 证书小 100 多字节，更适合移动终端贫乏的存储资源。另外，相比于在 WAP 的 WIM 中存放一个完整的证书，一个更好的方法是存放一个指向完整证书位置的指针，典型的指针是一个 UML 地址。验证者、网关和服务器都能根据证书的 UML 地址从证书库里访问到完整版本的证书。WTLS 证书和 X. 509 证书的格式对比见表 7-1。

表 7-1　WTLS 证书和 X. 509 证书的格式对比

X. 509	WTLS
版本(Version)	版本(Version)
序列号(Serial number)	
算法标识(Algorithm identifier)	算法标识(Algorithm identifier)
发行者名称(Name of issuer)	发行者名称(Name of issuer)
有效期(Period of validity)	有效期(Period of validity)
证书所有者(属主)(Subject)	证书所有者(属主)(Subject)
属主公钥(Subject's public key)	属主公钥(Subject's public key)
发行者(Issuer ID)	
属主 ID(Subject ID)	
发行者签名(Issuer's signature)	发行者签名(Issuer's signature)

在 WPKI 安全体系中证书的分级结构如图 7-5 所示，组成成分主要包含

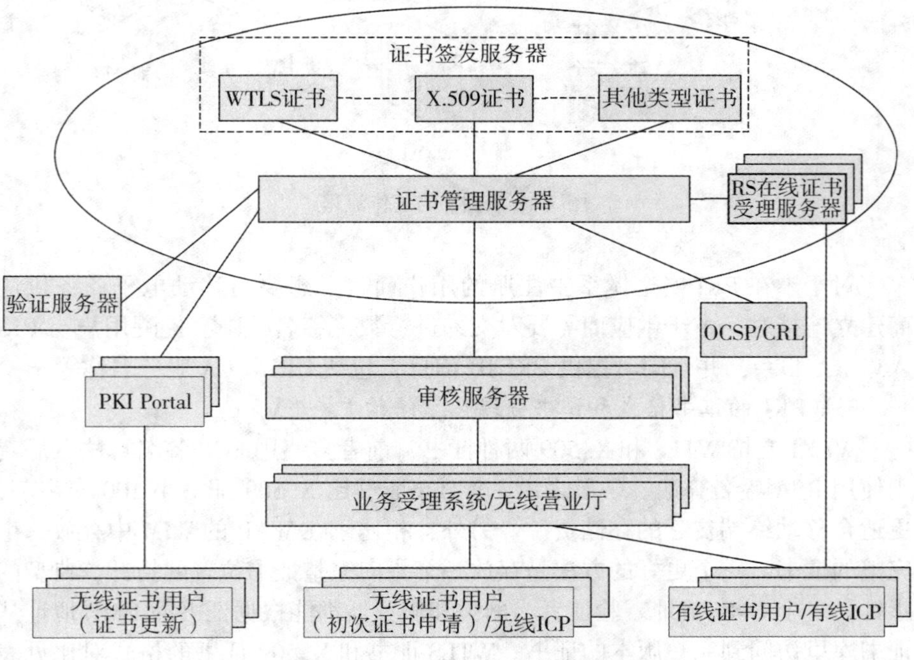

图 7-5　WPKI 证书分级体系结构

RA 中心、CA 中心、业务受理系统、OCSP 服务器、LDAP 服务器、CRL 服务器、验证中心(VA)等。其中，CA 中心还包含证书签发服务器、证书管理服务器、密钥管理中心等。

7.2.3 蓝牙技术

蓝牙(bluetooth)是由爱立信、IBM、诺基亚、英特尔和东芝共同推出的一项短程无线电技术标准，旨在取消有线连接，实现数字设备间的无线互联，使计算机和通信设备之间可方便地进行通信。蓝牙作为一种低成本、低功率、小范围的无线通信技术，可以使移动电话、个人电脑、个人数字助理、便携式电脑、打印机及其他计算机设备在短距离内无须线缆即可进行通信。

蓝牙技术是一种短距离无线数据与语音通信的开放性全球规范，它是以低成本的近距离无线连接为基础，为固定与移动设备通信环境建立一个特别连接的短程无线电技术。蓝牙技术在推出时就瞄准了无线局域网的通信，在10米到100米的空间内所有支持该技术的移动或非移动设备可以方便地建立网络联系、进行音频通信或直接通过手机进行 Internet 冲浪。其应用范围相当广泛，可以应用于局域网络中各类数据及语音设备，如 PC、拨号网络、笔记本电脑、打印机、传真机、数码相机、移动电话和高品质耳机等，使用无线的方式将它们连成一个微微网(Piconet)，多个 Piconet 之间也可以互连形成分布式网络(Scatternet)，从而方便快速地实现各类设备之间随时随地的通信。

1. 蓝牙技术协议结构

蓝牙技术协议结构分三大部分：底层硬件模块、中间协议层和高层应用。

(1)底层硬件模块

底层硬件部分包括无线跳频(Radio Frequency，RF)、基带(Base Band，BB)和链路管理(Link Manager，LM)。RF 层通过 2.4GHz 无须授权的 ISM(industrial，scientific and medical，工业、科学和医用)频段的微波，实现数据位流的过滤和传输，本层协议主要定义了蓝牙收发器在此频段正常工作所需满足的要求。BB 负责跳频以及蓝牙数据和信息帧的传输。LM 负责连接的建立和拆除以及链路安全和控制。

(2)中间协议层

中间协议层包括逻辑链路控制和适应协议(Logical link control and adaptation protocol，L2CAP)、服务发现协议(Service discovery protocol，SDP)、串口仿真协议(RFCOMM)和电话通信协议(Telephony control protocol, TCS)。L2CAP 具有完成数据拆装、控制服务质量和复用协议的功能，该层协议是其他各层协议实现的基础。SDP 为上层应用程序提供一种机制来发现网络中可用的服务及其特性。RFCOMM 具有仿真 9 针 RS232 串口的功能。TCS 则提供蓝牙设备间话音和数据的呼叫控制指令。

在 BB 和 LM 上与 L2CAP 之间还有一个主机控制接口层(Host controller interface, HCI)。HCI 是蓝牙协议中软硬件之间的接口，它提供了一个调用下层基带、链路管理、状态和控制寄存器等硬件的统一命令接口。蓝牙设备之间进行通信时，HCI 以上的协议软件实体在主机上运行，而 HCI 以下的功能由蓝牙设备来完成，二者之间通过一个对两端透明的传输层进行交互。

(3)高层应用

各种高层应用框架是蓝牙协议栈的最上部，其中较典型的有拨号网络(Dial-up Networking)、耳机(Headset)、局域网访问(LAN Access)、文件传输(File Transfer)等，它们分别对应一种应用模式。各种应用程序可以通过各自对应的应用模式实现无线通信。拨号网络应用可通过仿真串口访问 Piconet，数据设备也可由此接入传统的局域网；用户可以通过协议栈中的音频层在手机和耳塞中实现音频流的无线传输；多台 PC 或笔记本电脑之间不需要任何连线，即可快速、灵活地进行文件传输和信息共享，多台设备也可由此实现同步操作。随着手机功能的不断增强，手机无线遥控也将成为蓝牙技术的主要应用方向之一。

2. 蓝牙网络的安全体系

(1)安全模式

蓝牙技术标准中定义了三种安全模式。

①无安全要求。在这种模式下，蓝牙设备屏蔽链路级的安全功能，适于非敏感信息的数据库的访问。

②强制业务级安全。提供业务级的安全机制，允许更多灵活的访问通过。例如，并行运行一些有不同安全要求的应用程序。在这种模式中，蓝牙设备在信道建立后启动安全性过程，也就是说它的安全过程在较高层协议进行。

③强制链路级安全。提供链路级的安全机制，链路管理器对所有建立连接的应用程序，以一种公共的等级强制执行安全标准。在这种模式中，蓝牙设备在信道建立以前启动安全性过程，也就是说它的安全过程在较低层协议进行。

(2)链路级安全

蓝牙协议从链路层解决安全问题，所采用的安全手段是身份验证和加密。链路层安全的基本原理是两台通信设备之间使用共享的密钥。链路密钥是对应每一对设备单独存储的一些 128 位的随机数。在链路层中，蓝牙系统提供了认证、加密和密钥管理等功能，每一个用户都有一个 PIN(安全码)，蓝牙设备中所用的 PIN 的长度可以在 1 到 16 个字节之间变化。通常 4 个字节的 PIN 已经可以满足一般应用，但是更高安全级别的应用需要更长的码字。PIN 可以为蓝牙设备提供的一个固定码，也可以由用户任意指定，它会被一个 128 位链路密钥来进行单、双向认证。一旦认证完毕，链路层会以不同长度的密钥来加密，其过程如图 7-6 所示。

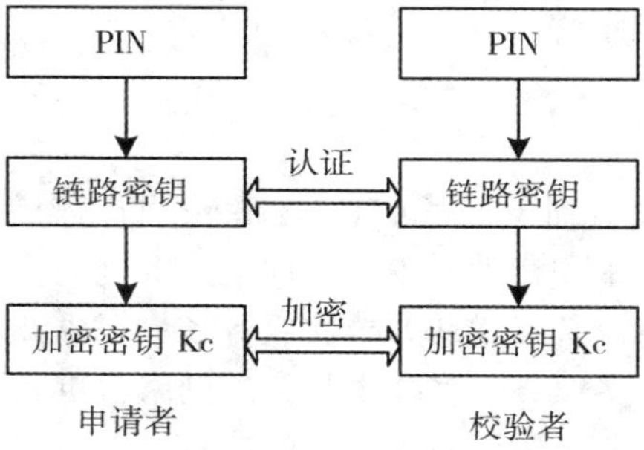

图 7-6　链路层加密过程

(3)密钥管理

蓝牙系统用于确保安全传输的密钥有几种，其中最重要的密钥是用于两个蓝牙设备之间鉴权的链路密钥。加密密钥可以由链路密钥推算出来，这将确保数据包的安全，而且每次传输都会重新生成。最后还有 PIN，用于设备之间互相识别。

蓝牙系统一共有四种链路密钥，所有链路密钥都是 128 位的随机数，它们或者是临时的或者是半永久性的。

加密密钥由当前的链路密钥推算而来，每次需要加密密钥时它会自动更换。之所以将加密密钥与鉴权密钥分离开，是因为可以使用较短的加密密钥而不减弱鉴权过程的安全性。

蓝牙安全码(通常称为 PIN)，是一个由用户选择或固定的数字，长度可以为 16 个字节，通常采用四位十进制数。用户在需要时可以改变它，这样就增加了系统的安全性。另外，同时在两个设备输入 PIN 比其中一个使用固定的 PIN 要安全得多。事实上它是唯一可信的用于生成密钥的数据，典型情况是四位十进制 PIN 与其他变量结合生成链路密钥和加密密钥。

(4)加密算法

蓝牙系统加密算法为数据包中的净荷(即数据部分)加密，其核心部分是数据流密码机 E0，它包括净荷密钥生成器、密钥流生成器和加/解密模块。由于密钥长度从 8 位到 128 位不等，信息交互双方必须通过协商确定密钥长度。

(5)认证机制

认证采用口令—应答方式，在连接过程中，可能需要一次或两次认证，或者无须认证。认证对任何一个蓝牙系统都是重要的组成部分，它允许用户自行添加可信任的蓝牙设备。例如，只有用户自己的笔记本电脑才可以通过用户自己的手机进行通信。

7.2.4 5G 网络

移动通信系统发展到第五代(5G)之后在用户体验速率、连接数密度、端到端时延、峰值速率和移动性等关键性能力上比前几代移动通信系统更加丰富，能为实现海量设备互联和差异性服务场景提供技术支持。第五代移动通信系统不仅是一个多业务、多技术融合的网络，更是面向业务应用和用户体验的智能网络，打造了以用户为中心的信息生态系统，进一步促进全方位的移动电子商务的实现和广泛开展。

1. 5G 网络安全

5G 时代将会出现全新的网络模式与通信服务模式。同样，终端和网络设备的形态也将发生改变，各类新型终端设备的出现将会产生多种具有不同态势的安全需求，在大型物联网场景中，大量的无人管理机器与无线传感器将会接入 5G 网络，由成千上万个独立终端组成的诸多小的网络也将会同时连接至 5G 网络中。在这种情况下，现有的移动通信系统简单的可信模式可能不能满足 5G 支撑的各类新兴的商业模式要求。因而，需要对可信模式进行变革，以满足相关领域的安全需求。为了确保 5G 网络能够支撑各类新兴商业模式的需求，并确保足够的安全性，安全架构应进行全新的设计。

同时，5G 网络是能力开放的网络，可以向第三方或垂直行业开放网络安全能力，如认证和授权能力。第三方或垂直行业与运营商建立了信任关系后，当用户允许接入 5G 网络时，也同时允许接入第三方业务。5G 网络的能力开放有利于构建以运营商为核心的开放业务生态，增强用户黏性，拓展新的业务收入来源。对于第三方业务来说，可以借助被广泛使用的运营商数字身份来推广业务，快速拓展用户。

(1)用户的安全

用户需要一个可以信赖的5G网络空间，信息能够按照自己的预期产生和传递，个人银行账户、网络交易、病历信息等隐私不被泄露，个人身份信息不被盗用和冒用；手机、电脑、汽车等也能正常地工作，不被别人操纵，即使手机等支付终端损坏、丢失，也不至于给自己造成过大的损失。在5G时代，5G网络空间能够实现以下目标。

①保证5G网络空间和现实空间的可信对接，5G网络空间身份不被冒用，对自身及关联者的网络行为能够合法溯源。

②可获得稳定可靠的5G网络空间信息传输、处理等服务。

③根据安全需求的不同，获得不同防护水平的信息通信服务。

④5G网络空间的信息等隐私能够得到较好的保护。

⑤使用和操纵的实体安全可信，具有对病毒和木马等网络信息攻击的预警和免疫能力。

(2)网络与服务平台的安全

网络与服务平台提供者最重要的目标是为用户提供优质的服务，并满足社会监管的需要，构建一个让用户信赖而且方便使用的网络，保障其中的实体运转良好，保证使用服务的用户身份真实可信、信息传输安全可靠。网络服务者需要为政府、金融、电力、电信、交通等行业提供相应的安全保障。针对网络与服务平台提供者，5G网络能够实现以下目标。

①优化网络资源配置，面向个人、企业、社会团体、物联网节点提供定制化安全服务。

②具有确认用户身份和信用的能力。

③5G网络空间基础设施稳定可靠，易于维护管理。

④保护用户隐私，防止信息泄露。

⑤满足5G网络空间监管要求，协助执法，具有追查信息来源的能力。

2. 5G网络安全框架

安全框架是将系统的安全需求分而治之的一种处理方式。目前，4G的安全框架无法完全地刻画5G的安全需求：首先，4G的信任模型不适用于5G通信，而5G引入新的利益相关者(如服务提供商和新型的设备)使得4G的信任模型不再完整；其次，虚拟化及其管理也并不存在于4G安全框架中，因而无法准确地展示新系统对虚拟化方面的安全需求；最后，垂直服务行业，尤其是涉及健康、交通、工业自动化控制等服务需要考虑新的安全威胁因素。

5G网络安全框架可以满足5G多样化业务场景和新技术、新特征引入的安全需求和挑战。5G网络安全框架的设计原则包括支持数据安全保护、体现统一认证框架和业务认证、满足能力开放需求，以及支持服务型架构的安全和应用安全保护机制。

根据IMT—2020(5G)推进组和5G PPP最新的安全白皮书，5G安全框架包括接入安全域、网络安全域、用户安全域、应用安全域、可信安全域和安全管理域，如图7-7所示。

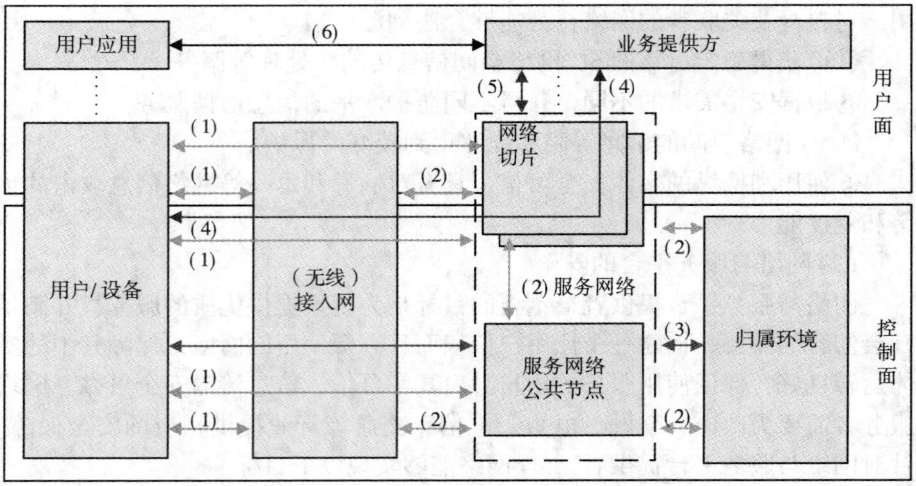

图7-7　5G安全框架

(1)接入安全域。接入安全域关注设备接入网络的安全性，主要目标是保证设备安全地接入网络以及用户数据在该段传输的安全性。该域通过运行一系列认证协议来防止非法的网络接入，在此基础上提供一些完整性保护和加密等安全措施，以保护通信内容在无线传输路径上免受各种恶意攻击。在5G中，服务网络由底层的公共服务节点和独立的网络切片组成，设备的接入安全包括设备与服务网络公共节点直接交互的信令安全，也包括设备与网络切片的信令和数据交互的安全。

(2)网络安全域。网络安全域关注接入网内部、核心网内部、接入网与核心网以及服务网络和归属环境(网络)之间信令和数据传输的安全性。

(3)用户安全域。用户安全域关注设备与身份标识模块之间的双向认证安全，在用户接入网络之前确保设备以及用户身份标识模块的合法性以及用户身份的隐私安全等。

(4)应用安全域。应用安全域主要关注用户设备上的应用与服务提供方之间通信的安全性，并保证所提供的服务无法恶意获取用户的其他隐私信息。

(5)可信安全域。可信安全域关注用户、移动网络运营商和基础设施提供商之间的信任问题，也包括用户根据不同的信任强度选择符合服务条款的安全措施和垂直服务将信任关系授权给第三方实体等。

(6)安全管理域。由于5G安全需求繁多复杂，5G需要同时应对多种不同层级的安全诉求。为了保证5G的整体安全，安全管理域需要在监测和分析的基础上为系统维护者提供全局的系统安全视角，例如密钥管理和安全编排(orchestration)。其中，密钥管理关注密钥的派生、更新等问题的安全性，安全编排则是由于网络切片引入的安全要求。

3. 5G网络安全保障

(1)网络域安全

在5G网络中，网络域安全的划分和隔离机制在两个方面发生了变化。

①增加了SBA域安全。3GPP（3rd Generation Partnership Project，第三代合作伙伴计划)在5G安全标准中定义了5G网络安全框架。与4G网络安全架构相比，5G新增了SBA域安全。SBA域的安全是一组安全功能，它保障SBA下各网络功能之间的通信安全。这些功能包括网络功能注册，以及对基于服务的接口保护。

②针对跨网信令的防护新增了SEPP(Security Edge Protection Proxy，安全边界保护代理)网元，可以对每条信令的不可抵赖性、完整性进行保护，避免在传输中被篡改。

(2)用户认证增强

AKA的安全性经过了3G、4G时代的检验，5G也将继承AKA作为5G接入的认证方式之一。但伴随着网络接入方式的增加，以及运营商商业环境日益复杂，还有5G将支持物联网和垂直行业的应用场景，5G认证机制较4G增加了新的考虑，最重要的点包括认证体系的扩展(切片认证、次认证)，对EPS AKA的增强并将EAP AKA提升到一种主要的认证方法等。

另外，5G不再支持与2G的互操作，因为兼容2G而形成的单向认证留下的缺口将在5G通信中得到解决。

(3)加密算法强度增强

在5G加密算法选择的过程中，沿用了4G的算法；同时，考虑5G的商用需求，其应用场景和算力有一些更新。

①在mIoT(massive IoT，大规模蜂窝物联网)场景中对轻量级算法的要

求。由于 mIoT 终端可能是计算能力比较弱的传感器，且从其服务寿命来看，在保证一定安全性的前提下，加、解密上的开销越小越好，所以在 mIoT 的场景中，可能会引入轻量级的算法。目前 ISO 中已经有一些轻量级算法的标准，但 3GPP 在现阶段并没有提出具体的需求和候选算法的情况。

②基于量子计算机的 Grover 搜索算法能将对称密钥算法的蛮力破解复杂度降至为 0，此意味着 256 bit 的密钥长度，在量子计算时代，其密钥空间等效于传统计算机的 128bit 密钥长度。正是由于这个原因，3GPP 考虑在 5G 时代应支持 256 bit 密钥长度。

(4)完善的保护机制

2018 年 6 月 27 日，德国的大学研究人员公布了被 IEEE Symposium on Security & Privacy 会议录用的论文 *Breaking LTE on layer two*。该论文提出了针对 LTE 攻击的“aLTEr”漏洞已出现，攻击者利用该漏洞，可篡改用户的 DNS 数据报文，并将受害者的访问重新引到欺诈网站。虽然攻击的难度很高，但由于 LTE 国际标准并未要求对用户面数据进行完整性保护，所以在将来攻击技术进一步发展后，LTE 网络运营商有可能受到该漏洞的影响。

形成该漏洞的原因是对用户面数据缺乏保护导致攻击者篡改用户数据；该问题在 2G、3G 和 4G 都存在，攻击者可通过空口中间人的方式对信令和用户数据进行篡改。

在 5G 中，已有支持信令面、用户面数据的完整性保护算法，篡改问题将从技术支持的层面得到解决。

(5)全面用户隐私保护

考虑到用户隐私保护需求，除了传统意义上的对信令和用户数据的机密性保护之外，5G 安全提出了一个新的诉求，即对可能出现在空口上的 IMSI (5G 中称为 SUPI)进行隐私保护。一般在认证过程之后，在用户终端和网络之间就会生成用于加、解密的会话密钥，这个过程也称为安全上下文建立的过程。在安全上下文建立之后，就可以对空口的信令和用户数据加密。这个思路从 2G 到 5G 都是如此，但 5G 标准提供了一个新的、之前各标准均不具备的加密特性，即在安全上下文建立之前，就可以对空口上出现的 IMSI 进行加密。

5G 引入了新的保护方式对 SUPI 进行加密保护，即通过利用归属网络的公钥对 SUPI 进行加密。在用户的 USIM 卡中存放一个归属网络的公钥，一旦需要向空中接口发送 SUPI，就用该公钥对 SUPI 进行加密，加密后的数据称为 SUCI(Subscription Concealed Identifier)。拜访网络收到这个加密后的 SUCI 后，将其送回到归属网络，用归属网络的私钥进行解密。这其中涉及的公钥加密算法目前尚未完成定义，只是限定了需要采用 ECTES(Eliptic Curve Integrated Encryption System，椭圆曲线集成加密系统)的方式进行计算。ECIES 包含密钥生成模块和数据加密模块两部分，密钥生成模块使用发送方的私钥和接收方的公钥在椭圆曲线上进行多倍点运算，进而生成会话密钥；数据加密模块使用生成的会话密钥对数据进行加密。

4. 5G 网络安全标准

随着 5G 网络部署和行业融合应用的不断推进，5G 终端连接数量快速增长，网络连接包括无线接入网、核心网、边缘网络、网络切片以及网络设备等。此外，个人信息保护、数据处理、存储数据安全、应用和服务数据安全等对 5G 网络安全标准要求更高，可结合基础共性、终端安全、IT 化网络设施安全、通信网络安全、应用与服务安全、数据安全、安全运营管理等制定 5G 网络安全标准。

(1)基础共性类标准

基础共性类标准提供 5G 网络安全标准的基础技术支撑，包括参考模型、通用技术等标准。其中，参考模型类标准用于规范 5G 网络安全参考模型等相关标准。对于 5G 网络安全参考模型，主要参考《5G 系统的安全架构和流程》(3GPP TS 33. 501)。通用技术类标准用于提出 5G 网络安全通用要求相关标准，包括《信息安全技术 网络安全等级保护基本要求》(GB/T222239—2020)、《5G 移动网络通信 安全技术要求》(YD/T 3628—2019)。

(2)终端安全类标准

终端安全类标准主要针对连接 5G 网络的终端提出安全要求，包括移动智能终端安全、物联网终端安全、专用终端安全等。其中，移动智能终端安全标准包括移动智能终端操作系统、应用软件安全模型和防护机制、安全开发和生命周期管理等方面，如 TC260 已发布《信息安全技术移动终端安全保护技术要求》(GB/T35278—2017)、《信息安全技术移动智能终端应用软件安全技术要求和测试评价方法》(GB/T 34975—2017)等多项相关标准。物联网终端安全标准包括《信息安全技术物联网感知层接入通信网的安全要求》(GB/T 37093—2018)、《信息安全技术物联网感知层网关安全技术要求》(GB/T 37024—2018)、《信息安全技术物联网感知终端应用安全技术要求》(GB/T 36951—2018)等相关标准。专用终端安全标准一般面向高安全级别或有特殊安全要求的行业，主要涉及特定行业的安全资产定义和威胁分析、安全体系结构、行业特色安全要求、安全功能和保障、安全评测等。

(3)IT 化网络设施安全类标准

IT 化网络设施安全类标准主要保障 IT 技术实现的基础设施安全，包括

SDN安全、虚拟化安全、云平台安全等。其中，SDN安全类标准应重点关注SDN控制器、转控分离接口等方面的安全要求。目前，ITU已发布了《基于软件定义网络的服务功能链的安全框架和要求》(X.1043)和《软件定义网络/网络功能虚拟化网络中的软件定义安全框架》(X.1046)两项标准。虚拟化安全标准《信息技术　网络安全·第七部分：网络虚拟化安全指南》(ISO/IEC 27033-7)正在研制，为网络虚拟化设施、虚拟化网络功能、虚拟化控制和资源管理等提供了安全实施指南。云平台安全标准保障了云基础设施、组件、网元隔离等安全，主要包括《信息安全技术云计算服务安全指南》(GB/T31167—2014)、《信息安全技术云计算服务安全能力要求》(GB/T31168—2014)。

(4)通信网络安全类标准

通信网络安全类标准包括无线通信安全、核心网安全、切片安全、边缘计算安全和5G设备安全。其中，无线通信安全标准保障终端接入鉴权、空中接口协议、通信接口、通信协议及参数、通信数据安全、通信密钥管理、双向认证、日志审计等方面的安全。核心网安全标准确保核心网网元间的通信安全，包括SBA架构下网元直接通信和间接通信、SEPP安全等。边缘计算安全标准覆盖MEC平台、MEC编排管理系统、UPF以及APP安全等。切片安全标准应重点关注终端与切片安全隔离、切片安全认证、切片管理等。

目前，已发布了《5G系统的安全架构和流程》(3GPP TS 33.501)、《5G移动通信网安全技术要求》(YD/T 3628 2019)，以及TC485在研的《5G移动通信网通信安全技术要求》。我国已发布的强制性国家标准《网络关键设备安全通用要求》(GB 40050—2021)对5G网络相关设备提出了应满足的最基本安全要求。

(5)应用与服务安全类标准

应用与服务安全类标准用于指导重要行业和领域的5G网络安全规划和建设，包括基于5G网络的通用应用安全和行业应用安全等标准。其中，通用应用安全标准有《5G系统的安全架构和流程》(3GPP TS 33.501)，其提供了相关接口定义，为网络层、应用层之间职责划分、安全交互提供规范指导。行业应用安全标准针对工业互联网、智慧城市、车联网、智能家居、智能安防、智慧医疗、公共服务等行业领域，指导各行业安全开展5G网络应用和服务，相关安全标准包括《信息安全技术智慧城市建设信息安全保障指南》(GB/Z 38649—2020)等。

(6)数据安全类标准

数据安全类标准为数据安全管理和安全技术等提供指导。5G网络的数据安全问题是由边缘计算、网络切片、虚拟化等新技术的应用所引入，其标准包括《信息安全技术数据安全能力成熟度模型》(GB/T 37988—2019)、《信息安全技术大数据安全管理指南》(GB/T37973—2019)等，规范了边缘节点数据采集、传输、存储、处理、交换、销毁等全生命周期的安全标准。

(7)安全运营管理类标准

安全运营管理类标准指导 5G 网络运维管理、应急响应、供应链安全等方面工作。目前，该标准可参考《信息安全技术信息系统安全运维管理指南》(GB/T36626—2018)、《信息安全技术信息安全应急响应计划规范》(GB/T 24363—2009)、《信息安全技术 ICT 供应链安全风险管理指南》(GB/T 36637—2018)等。

7.2.5 物联网

随着我国第五代移动通信技术(5G)正式商用化，在政策、市场双重驱动下，物联网行业即将进入创新发展期，物联网终端规模也将随之高速发展，物联网卡和物联网终端呈现进一步紧密耦合的发展趋势。物联网作为电子商务产业链上游企业生产、加工、制造、运输、存储等关键技术，对企业数字化转型和供给侧改革提供技术支撑。然而，物联网终端安全事件频发，安全隐患凸显，安全形势严峻。物联网终端被破坏、被控制、被攻击，物联网卡被滥用等，不仅影响应用服务的安全稳定，导致隐私数据泄露、生命财产安全受损，更会危害移动网络关键基础设施，威胁国家安全。

1. 物联网体系结构

对于物联网安全的体系结构的理解有助于快速找到安全的切入点，引出物联网安全的体系结构，保障电子商务产业链上游企业智能化生产管理。物联网的体系结构通常认为有 3 个层次：底层是用来感知(识别、定位)的感知层，中间是数据传输的网络层，上面是应用层。

感知层包括以传感器为代表的感知设备、以 RFID 为代表的识别设备、GPS 等定位追踪设备以及可能融合部分或全部上述功能的智能终端等。感知层是物联网信息和数据的来源，从而达到对数据全面感知的目的。

网络层包括接入网和核心网。接入网可以是无线近距离接入，如无线局域网、ZigBee、蓝牙、红外，也可以是无线远距离接入，如移动通信网络、WiMAX 等，还可能是其他形式的接入，如有线网络接入、现场总线、卫星通信等。网络层承载的通常是 IPv4 网络。网络层是物联网信息和数据的传输层，将感知层采集到的数据传输到应用层作进一步的处理。

应用层对通过网络层传输过来的数据进行分析处理，最终为电子商务产业链各主体提供丰富的特定服务，如智能电网、智能物流、智能交通、智慧能源、智能制造等。依靠感知层提供的数据和网络层的传输，进行相应的处理后，应用层可能再次通过网络层反馈给感知层。应用层对物联网信息和数据进行融合处理和利用，达到信息最终为人所使用的目的。

物联网的安全架构可分为感知层安全、网络层安全和应用层安全。感知层安全的设计中需要考虑移动设备的计算能力、通信能力、存储能力等的局限，不能直接在物理设备上应用复杂的安全技术。网络层安全用于保障移动通信安全。应用层则关注各类电子商务业务及业务支撑平台的安全。

2. 物联网安全技术

物联网安全技术包括异常行为检测技术、防火墙技术、访问控制等。

(1)异常行为检测技术。物联网与互联网的异常行为检测技术有一些区别，如利用大数据分析技术，对全流量进行分析，进行异常行为检测，在互联网环境中，这种方法主要是对 TCP/IP 协议的流量进行检测和分析，而在物联网环境中，还需要对其他的协议流量进行分析。此外，物联网的异常行为检测也会应用到新的应用领域中，如移动终端设备异常检测。

(2)防火墙技术。物联网环境中，有许多很小并且通常很关键的设备接入网络，这些设备由 8 位的 MCU 防火墙控制。由于资源受限，这些设备如何发挥安全保障功能面临现实挑战。基于资源和成本方面的考虑，除密码认证外，许多防火墙设备并不支持其他的安全功能。将防火墙集成到 MCU 中，可提供基于规则的过滤、SPI(Stateful Packet Inspection)和基于门限的过滤(threshold-based filtering)。

(3)访问控制。传统企业网络架构通过建立一个固定的边界使内部网络与外部世界分离，这个边界使用了系列的防火墙策略来阻止外部用户的进入，但是允许内部用户对外访问。由于封锁了外部对于内部应用和设施的访问，传统的固定边界做法确保了内部服务的安全，防范钓鱼攻击等。访问控制为企业网络安全提供重要保障，相当于守门员，可阻挡外部网络的恶意访问。

3. 物联网安全协议

在构建网络以服务于物联网生态系统时，技术人员可以从多种通信协议中进行安全选择，最常见的包括 AMQP、蜂窝、CoAP、LWM2M、MQTT、XMPP 和 Zigbee。

(1)AMQP

AMQP 是 Advanced Message Queuing Protocol 的缩写，是一种开放标准

协议，无论使用何种消息代理或平台，它都允许系统之间消息传递的互操作性。它提供安全性和互操作性以及可靠性，即使是在远距离或在较差的网络上也是如此。

(2)蜂窝

蜂窝是物联网应用中最广泛可用和最知名的选项之一，适用于通信范围更远的部署。蜂窝提供高带宽和可靠的通信。它能够发送大量数据，当然，这些功能需要更高的成本和功耗。

(3)CoAP

CoAP 依靠用户数据报协议来建立安全通信并实现多点之间的数据传输。CoAP 通常用于机器对机器(M2M)的应用程序，即使存在低带宽、低可用性和/或低能耗设备，也能让受限设备加入物联网环境。

(4)LWM2M

轻量级 M2M（LWM2M)是一种为传感器网络和 M2M 环境需求而设计的设备管理协议。该通信协议专为物联网环境和其他 M2M 应用中的远程设备管理和遥测而设计。因此，该协议适用于处理和存储能力有限的低功耗设备。

(5)MQTT

MQTT 开发于 1999 年。MQTT 使用发布-订阅架构来实现 M2M 通信。其简单的消息传递协议适用于受限制的设备，并支持多个设备之间的通信。它旨在在低带宽情况下工作，例如用于不可靠网络上的传感器和移动设备。虽然 MQTT 最初是一种专有协议，但现在是连接物联网和工业物联网的领先开源协议设备。

(6)XMPP

追溯到 2000 年代初，Jabber 开源社区首次设计了可扩展消息传递和在线状态协议（XMPP)，用于人与人之间的实时通信，XMPP 现在用于轻量级中间件中的 M2M 通信和路由 XML 数据。XMPP 支持网络上多个实体之间结构化但可扩展的数据的实时交换，它常用于面向消费者的物联网部署，例如智能设备。

(7)Zigbee

Zigbee 是一种网状网络协议，专为建筑和家庭自动化应用而设计，是物联网环境中最流行的网状协议之一。Zigbee 是一种短距离和低功耗协议，可用于扩展多个设备之间的通信。这种网络协议由 Zigbee 联盟监督提供。

7.3 移动支付安全技术

7.3.1 智能卡安全技术

智能卡类似于信用卡，但卡上装的不是磁条，而是计算机芯片和小的存储器。其将用户信息和电子货币存储起来，可用来购买产品或服务、存储信息等。

RFID 智能卡作为移动支付核心部件，其密钥系统是移动支付应用系统安全的核心。密钥系统的管理和控制是移动支付应用系统的关键，密钥系统的安全性将直接影响整个移动支付应用系统的安全性。

密钥系统主要有单层和多层两种解决方案。单层密钥的解决方案直接使用根密钥来生成智能卡的密钥，这种密钥的生成需要系统的根密钥，而根密钥的安全性难以保证，并且难以扩展智能卡的应用系统的密钥，无法满足在智能卡上集成多种应用需求。

多层密钥体系是在对称密钥技术的基础上提出的密钥系统，满足移动支付的多应用安全需求。首先，该系统密闭式运行，并采用加密机和密钥母卡分别存储、传输密钥，而且密钥母卡需要密钥认证卡的配合才能使用，保证了系统运行和密钥的安全。其次，多层密钥体系采用密钥的多索引多版本安全机制和密钥分散机制，降低了密钥泄露所带来的风险，也保证了不同应用间的独立性。最后，全国密钥管理中心和省密钥管理中心均可接入第三方的应用密钥，保证了电信运营商与第三方合作的灵活性。该密钥管理系统实现了技术安全性、可管理性和方便扩展性，能支持丰富的智能卡应用。

7.3.2 手机终端安全技术

手机终端处理能力不断增强，可以在其上开展的业务越来越多，而且由于手机的可移动性，其相对于个人计算机的优势也越来越明显。但随着架构在手机终端上业务的愈加丰富，手机终端的安全问题也越来越受到人们的关注，如果不能提供安全的服务将直接影响用户的最终体验，导致许多新业务无法推广运营。终端安全问题已经成为制约 5G 移动数据业务发展的瓶颈。

手机终端 PKI 安全应用体系是针对移动互联网高安全身份认证需求而推出的一套安全认证体系。该体系基于手机 USIM（Universal Subscriber Identity Module，全球用户识别卡）或者 SD 卡的高安全芯片完成机密数据存储和加密，同时在手机上提供基于 PKCS#11 的安全中间件为应用提供安全身份认证功能。该体系结构如图 7-8 所示。

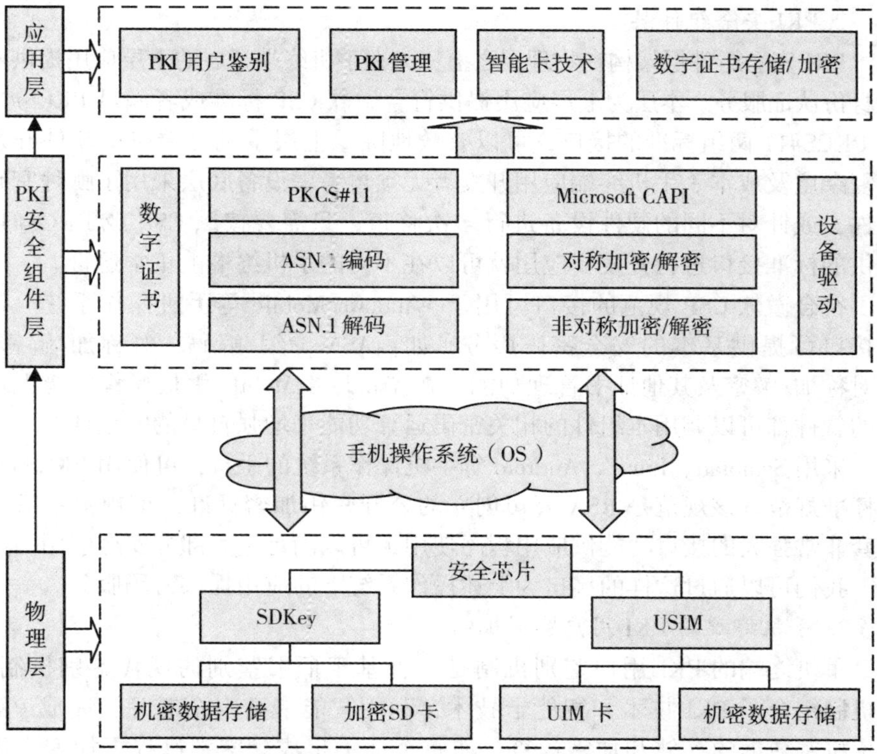

图 7-8　手机终端 PKI 安全应用体系

该体系主要由两部分组成，即物理层和 PKI 安全组件层。

1. *物理层*

物理层主要涉及 SDKey 及 USIM 等硬件设备。SDKey 是提供高安全芯片，完成机密数据存储和加密算法的 SD 卡，而 USIM 是提供高安全芯片，完成机密数据存储和加密算法的手机智能卡。用于标识用户身份的私有密钥存储在这些硬件设备中，所有密码运算也都在硬件设备中完成，这样可以有效地防止用户私有密钥的泄露，为用户提供硬件级的安全保证。

目前市场上已经有可以提供带 PKI 功能的 SDKey 及 USIM 产品，其性能亦可满足一般移动增值业务应用的要求。一般情况下，满足以下性能要求的产品都可以满足移动增值应用的要求。

(1)非对称密钥生成速度小于 1s。

(2)非对称密钥签名小于 300ms，验证签名小于 100ms。

(3)对称密钥加、解密为 300μs/128 位。

2. PKI 安全组件层

PKI 安全组件层架构在物理层之上，为在手机终端开展的上层应用提供安全身份认证服务。本层为上层应用提供符合微软 CSP 标准或者满足 PKCS#10 及 PKCS#11 两组标准的接口，可以有效地降低上层手机终端应用软件开发的复杂度及成本。手机终端应用开发者无须再考虑设备底层采用了哪种密码硬件，或针对不同的硬件设备进行多次移植，只需要按照 CSP 或 PKCS#11 提供的标准接口进行开发，应用就可以在不同的手机终端上正常运行。

符合微软 CSP 规范的接口可用于 Windows Mobile 等手机操作系统。该组接口可提供基本的安全密码服务，如：ASN.1 编/解码、对称加/解密、非对称加/解密及其他证书管理功能。在 Windows Mobile 手机操作系统上运行的软件都可以调用本组件的相关密码运算功能来增强自身的安全性。

采用 Symbian、Linux、Android 等手机操作系统的手机，可使用 PKCS#11 的标准规范。该规范是 RSA 公司创立的公开密钥加密标准，该规范定义了一套非常强大的接口功能供应用程序使用，可以满足绝大部分安全应用的需要。我们可以通过这样的接口为上述操作系统下的应用提供密码服务。

3. 手机终端的 PKI 用户鉴别机制

手机终端的 PKI 用户鉴别机制是一种基于证书鉴别的现代鉴别机制，该机制结合了 PKI 技术和智能卡技术，利用智能卡高安全芯片，完成 PKI 相关机密数据的存储和加密运算，使整个证书生成、鉴别过程更加安全可靠。在智能卡中生成公钥/私钥对，并且存储数字证书，私钥总是存在于智能卡中，安全、可靠，不会被篡改。公钥和证书可以导出到外部。另外，可以在智能卡中执行数字证书运算功能，如加密、解密、生成消息摘要和签名等。

基于证书鉴别的工作流程如下。

(1)生成、存储与发布证书。证书管理机构对每个用户生成数字证书并将其存储在智能卡内。服务器数据库中以二进制格式存储证书副本，以便在用户进行证书鉴别时验证证书。

(2)登录请求。用户向服务器发送用户名。

(3)服务器生成随机数。服务器收到请求首先检验用户名是否有效。如果无效，返回错误消息；如果有效，服务器返回一个随机数给用户。

(4)用户签名随机数。用户用私钥签名随机数，返回服务器，服务器从用户数据库中取得该用户的公钥进行解密，并进行消息对比。

(5)服务器向用户返回响应消息。根据上述操作成功与否，服务器向用户返回消息。

7.3.3 移动平台安全技术

随着移动互联网的普及和移动电子商务的发展，当前移动支付多依托于第三方移动支付平台完成移动支付服务。目前拥有第三方移动支付牌照的移动支付平台有蚂蚁金服的支付宝、腾讯公司的微信支付、苏宁公司的易付宝、京东的京东支付、电信的翼支付、华为公司的华为 Pay 等。这些平台的技术实现、网络安全、交易信息的加密机制以至平台技术人员的职业操守等，都会影响移动支付交易安全风险的控制问题。

移动平台安全技术包括 Web Service 接口安全技术和区块链安全技术。

1. Web Service 接口安全技术

Web Service 接口安全技术可以保证外围系统安全接入支付平台系统，满足信息的一致性、完整性要求，主要包括网络防火墙技术和简单对象访问协议 SOAP 消息监控网关技术。

(1)网络防火墙技术

支付平台安全威胁可能来自包含恶意数据的 SOAP 消息，因此，有必要在支付平台外部署一套网络安全防火墙技术来对付恶意 SOAP 消息，网络防火墙可以对恶意 SOAP 消息仔细地进行内容审查和过滤。如果支付平台和外围系统之间使用少量有限的 SOAP 消息，那么部署传统防火墙就能够满足需求。如果需要验证 SOAP 消息，则需要在传统防火墙后再部署一道应用程序层面的防火墙，以验证消息发送者是否经过授权。

(2)SOAP 消息监控网关技术

SOAP 消息路由器、SOAP 消息检查器和 SOAP 消息阻截器三者共同组成了 SOAP 消息监控网关，可以实现 SOAP 消息数据级、消息级、传输级的安全。

SOAP 消息路由器通过对 SOAP 消息进行加密和数字签名，提供数据级机密性和完整性功能，同时采用单点登录令牌，使消息可以在多个端点之间安全地传递，保证将消息安全传达给服务提供者。

SOAP 消息检查器主要用于检查和验证 XML 消息的质量，安全机制包括：认证、验证、授权、XML 数字签名、XML 加密、XML 密钥管理及消息级安全识别。

SOAP 消息阻截器是实施 SOAP 消息传输的安全机制，通过安全检查接收和发送的 XML 数据流，验证 SOAP 消息是否符合标准的 XML 格式，鉴别消息的唯一性和发送者的真实性。另外，SOAP 消息传输安全还应通过 TLS/SSL 连接建立、IP 检查和 URL 访问控制来实现。

2. 区块链安全技术

区块链是一种分布式数据库技术，在区块链之上发生的转账信息会通过共识机制被记录在所有节点中，使得买卖双方可以在不需要第三方介入的情况下完成交易。此外，区块链用户拥有自己的公钥绑定地址，用私钥进行数字签名，免去了传统中心化的认证方式。

为保证移动支付的安全交易，移动支付平台可以基于区块链架构与征信业结合，构建真正独立、可信赖的第三方数据交易平台，进而解决移动支付数据孤岛问题。在基于区块链的去中心化的共享征信模式中，征信机构可以通过区块链平台进行征信数据和征信结果等信息的交换共享，能够一定程度上提升数据交易的可信性。

虽然现有的区块链技术效率相对低下，但对于交易支付的机构具有颠覆性作用，其未来的发展依赖算法和硬件的提升。

7.3.4 移动数据传送安全技术

移动数据传送安全技术包括移动网络接入安全技术和无线局域网接入安全技术。

1. 移动网络接入安全技术

移动网络接入安全技术基于数据传输安全技术和无线公钥基础设施来完成。

(1)数据传输安全技术

数据传输安全技术主要包括传输层安全协议(TLS)和安全电子交易协议(SET)。

TLS 协议是建立在其前身安全套接层协议(Secure Sockets Layer，SSL)之上，由 IETE 指定的一种新的协议，目的是为互联网通信提供安全及数据完整性保障。TLS 提供了一种可靠的端到端的安全服务，它使客户与服务器应用之间的通信不被攻击者窃听，并且始终对服务器进行认证，还可以选择对客户进行认证。该技术基于 RSA 公钥算法，通过数字签名和数字证书来实行身份认证，广泛应用于 Web 浏览器与服务器之间的身份认证和加密数据传输，可确保数据在网络传输过程中不会被截取和窃听。

SET 协议是由美国 Visa 和 MasterCard 两大信用卡组织联合国际上多家机构共同制定的在线交易安全标准，该标准是在 B2C 上基于信用卡支付模式而设计的，主要目的是保障消费者的信用卡在线购物安全，保证有关支付等敏感信息在网络上安全传输的机密性与完整性。它采用的技术有对称密钥/公开密钥加密、Hash 算法、数字签名技术等。

(2)无线公钥基础设施

无线公钥基础设施的思想来源于公钥基础设施 PKI，它将互联网电子商务中 PKI 安全机制移植到无线网络环境中，WPKI 是一套遵循已有标准的密钥和证书管理的平台体系。移动网络中使用的公开密钥和数字证书都是由 WPKI 进行管理的，WPKI 可以建立安全可信的无线网络环境，方便实现交易双方信息的安全传递。

2. 无线局域网接入安全技术

无线局域网接入安全技术主要体现在无线局域网的安全协议上，目前常用的是 IEEE802.1li 协议体系和无线局域网鉴别与保密基础结构(Wireless LAN Authentication and Privacy Infrastructure，WAPI)。

(1)IEEE802.11i 协议体系

IEEE802.11i 协议体系是美国电气和电子工程师协会(IEEE)工作组针对 IEEE802.11 在安全机制上存在的 WEP(Wired Equivalent Privacy)安全缺陷，于 2004 年 6 月发布的新一代安全标准，该安全标准为增强 WLAN 的数据加密和认证功能，重新定义了健壮安全网络(Robust Security Network，RSN)概念。

IEEE802.11i 协议体系按照功能划分为三层，最上层为可扩展认证协议(Extensible Authentication Protocol，EAP)，用户的接入认证使用基于 EAP 的各种认证协议来完成。EAP-TLS 协议是对基于接入点(Access Point，AP)和客户端(Station，STA)所拥有的数字证书进行双向认证的协议。中间层为 IEEE802.1x 接口访问机制，该机制用以实现合法用户对无线网络访问的认证、授权和动态密钥管理功能。底层包括三种协议：临时密钥完整性协议(TKIP)、计数器模式密码块链消息完整码协议(Counter CBC-MAC protocol，CCMP)、无线健壮安全认证协议(Wireless Robust Authenticated Protocol，WRAP)，该层协议可实现信息通信的机密性和完整性。

(2)WAPI 安全技术

WAPI 是一套无线局域网安全标准，以 PKI 架构为基础，全新定义了 WLAN 实体认证和数据保密通信安全基础架构。这种安全机制由无线局域网鉴权基础设施(WLAN Authentication Infrastructure，WAI)和无线局域网保密基础设施(WLAN Privacy Infrastructure，WPI)两部分组成，分别用于鉴别用户身份和加密传输数据。

WAI 可以实现无线接入点和无线用户之间的双向鉴权认证，其中身份凭证采用基于公钥密码体系的数字证书，签名算法采用 192/224/256 位椭圆曲线签名算法，认证管理方法采用集中式或分布集中式管理方法。

WPI 对 MAC 服务数据单元进行加密和解密处理，其主要功能有：WLAN 设备的密钥协商、访问控制、链路验证和身份鉴别，传输数据和数字证书的加密和解密与用户信息的加密保护。

7.4 基于 WPKI 体系的安全实现技术

7.4.1 WPKI 概述

在传统的电子商务中，PKI 是遵循标准的密钥管理平台，能够为所有的有线网络应用透明地提供加密和数字签名等密码服务所必需的密钥和证书管理。简单来说，PKI 技术就是利用公钥理论和技术建立的提供信息安全服务的基础设施。PKI 的系统概念、安全操作流程、密钥、证书等同样适用于解决移动电子商务交易的安全问题，但在应用 PKI 的同时要考虑到移动通信环境的特点，并据此对 PKI 技术进行适当的补充和优化改进。

WPKI(Wireless PKI)即“无线公开密钥基础设施”，它能满足移动电子商务安全的要求，即保密性、完整性、真实性、不可抵赖性，并采用了一些不同于有线 PKI 的管理机制，以适应移动电子商务的特点。从客户角度上讲，他们依然能享受 PKI 式的安全服务，只是终端设备不同，其载体是无线网络。

WPKI 并不是一个全新的 PKI 标准，它是传统的 PKI 技术应用于无线环境的优化扩展。它采用了优化的椭圆曲线加密和压缩的 X.509 数字证书。它同样采用证书管理公钥，通过第三方的可信任机构——认证中心(CA)验证用户的身份，从而实现信息的安全传输。WPKI 对 PKI 系统的部分优化如下：

(1)采用短期微型证书代替 SSL 服务器证书。WAP 构建中的网关起到了代理服务器的作用，主要实现了基于 WAP/WTLS 的无线环境与基于 HTTP/SSL/TCP/IP 的有线环境之间的协议和格式转换。由于移动设备受到其资源限制，所以在携带 SSL 证书和实现 SSL 证书的颁发、核查、撤销等功能上具有困难，但是可以通过 WAP 网关的桥梁功能来实现 SSL 协议。在这个网关中可实现短期微型证书与 SSL 服务器证书的转换，同时改进客户终端设备，使其能够使用短期微型证书。

(2)采用短期证书来简化对WAP服务器和网关的认证。认证中心定期向移动终端颁发WAP服务器和网关的短期认证证书，在需要撤销对它们的认证时，不需要采用任何证书撤销行为，只要停止颁发下一张证书就可以了。如果客户定期没有收到一个当前有效的证书，也就停止同这个服务器继续对话了。

(3)移动客户身份认证。在电子商务应用中，移动客户经常需要向一个无线网关或一个应用服务器证明自己的身份。PKI对于客户认证的支持方式基本上与下述(4)中对客户数字签名的支持方式相同。X.509格式的证书存放在有线基础设施中，通过WAP网关实现客户认证。

(4)交易的不可抵赖性。电子商务中通常采用数字签名的方法来支持交易的不可抵赖性或解决交易的事后纠纷。由于资源的限制，移动终端不可能存储或处理相应公钥的证书。所以，移动终端只持有自己的私钥和数字签名逻辑地址，而将证书以一定的存储方式存放在有线基础设施里。当用户的数字签名需要被确认时，通过服务器可以到有线基础设施里提取和使用。因此，服务器就不需分别处理两种不同的数字签名，而移动终端也不用顾虑该证书的大小。

(5)无线环境中的加密算法。在有线互联网环境中，商业化的公钥加密技术主要使用基于RSA的加密系统。在无线环境中，一种新的椭圆曲线加密(ECC)算法具有很大的应用前景。由于移动终端的CPU计算能力、存储容量、电池寿命的限制，有线互联网中的RSA算法不能很好地满足其要求，而ECC可以完成同RSA一样的基本功能，而且由于ECC具有指数级复杂度，正好可以满足移动终端的特殊要求。

7.4.2 WPKI体系结构

WPKI在体系结构上和PKI有明显区别，表现在：由PKI Portal代替RA来完成类似的功能，即可将PKI Portal看作RA，终端实体是WAP手机等移动设备，而WAP网关则是新增的用于连接无线网络和有线网络的接口。WPKI的体系结构如图7-9所示。

与PKI系统的组成方式类似，WPKI由移动终端、CA、PKI Portal、证书目录数据库等部分组成。在WPKI中，RA的建立以及在客户端和服务器端实现的具体应用与传统PKI不太相同，需要一个全新的组件——PKI Portal。

根据移动设备使用的协议不同，服务器认证所使用的安全协议体系也不同。目前移动设备使用的主要无线协议为WAP标准，而随着技术的发展，

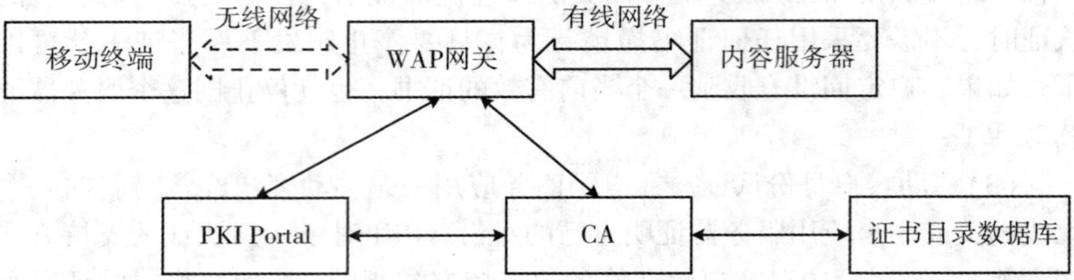

图 7-9　WPKI 的体系结构

目前市场上也出现了一些可以使用 TCP/IP 协议的手机和 PDA，下面就这两种不同的方式来对 WPKI 体系进行介绍。

1. 基于 WAP 协议的 WPKI 体系

受手机和 PDA 等移动设备的特性所限，基于 WAP 协议的无线 Internet 在无线网络和有线网络连接的环节无法像传统电子商务一样使用 SSL 安全协议来保证安全性。WAP 应用环境中具有以下安全问题。

①只能支持连接和数据报协议(UDP)。

②通信过程中较长的(长达 10 秒)往返时间。

③动态的密钥刷新。

④较低的带宽(低至 100bps)、处理能力和存储空间。

为此，人们对 SSL/TLS 协议作了修改，提出了无线传输层协议(WTLS)。WTLS 是在 TLS/SSL 的基础上发展出来的，SSL 和 WTLS 的主要区别在于传输层。SSL 依靠 TCP 保证传输的可靠性，例如丢失分组和乱序分组的重传等。使用 WTLS 的 WAP 设备，不能使用 TCP 实现这些功能，因为 WAP 设备只能使用用户数据报协议(UDP)。

WTLS 服务器认证主要用于对服务器的身份进行确认，并为随后的通信提供一个加密通道。加密通道就是一种点到点的加密数据流，它是通过使用公开密钥对随机生成的会话密钥进行加密而形成的。随机生成的会话密钥可以安全地进行交换并应用于保证随后的安全通信。而 WTLS 客户端认证主要用于客户端向服务器申请身份验证，主要通过数字签名的方式来实现。客户身份的识别主要通过 WIM 卡中存放的私钥来进行认证。

传统的 SIM(Subcriber Identity Module，用户身份模块)工具箱(STK)可以用来支持通信服务、人机接口控制、菜单管理、应用程序控件和附件管理等功能，在移动电子商务安全方面的主要作用是它具有处理公开密钥的能力。在 WAP1.2 中定义了一种支持 WAP 识别模块(WIM)的方法，利用 WIM 可以对移动客户进行身份认证。WIM 是一个具有抗破坏能力的芯片，可以驻存于 WAP 设备或智能卡中。许多移动设备都有此类设备的插槽。WIM 卡可以存储一些关键的信息，如初始化网络连接或进行安全身份验证的私有密钥和公开密钥等。

而接入了有线网络以后，利用传统的 SSL 协议来保证安全显得更为可靠，这样就形成了图 7-10 所示的 WPKI 体系。

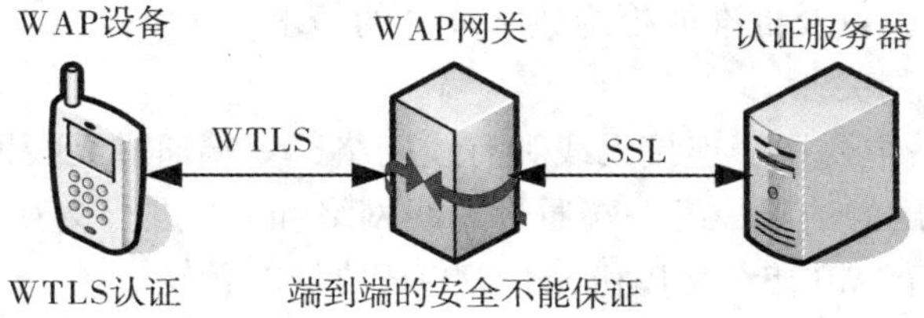

图 7-10　基于 WAP 协议的 WPKI 体系

同 PKI 体系类似，一个完整的 WPKI 体系是由认证中心 CA、注册机构 RA、证书目录数据库、WAP 网关和终端实体所组成，如图 7-11 所示。WPKI 和 PKI 的区别仅在于终端实体是 WAP 手机等移动设备，而 WAP 网关则是用于连接无线网络和有线网络的接口。

下面简要说明一下各部分的功能。

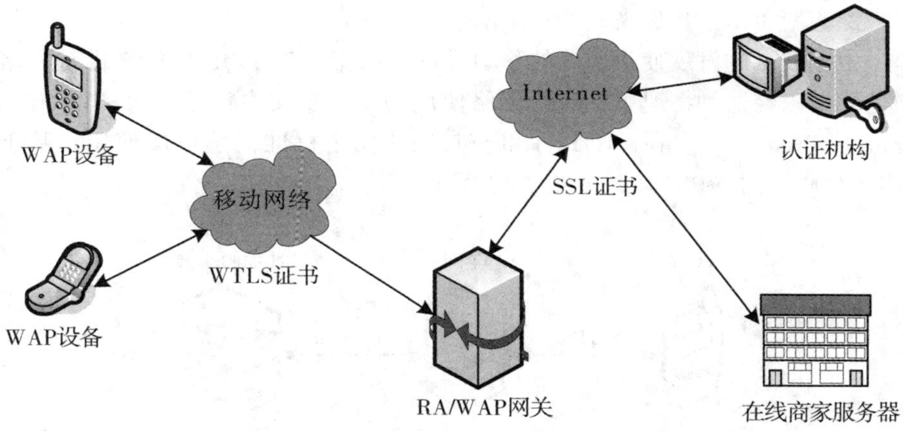

图 7-11　基于 WAP 协议的 WPKI 组成

（1）WAP 设备

例如含 WIM 智能卡的手机，它能够存储证书和用户密钥并能进行加密/解密运算。WIM 卡在当前 SIM 卡上加入了新的功能和增加了更大的存储空间。

（2）认证机构（Certification Authority，CA）

与 PKI 中的 CA 一样，主要执行证书的发放、更新、撤销和验证，其核心功能就是发放和管理数字证书。

（3）注册机构（Registration Authority，RA）

需要得到证书的用户需要在此注册来申请数字证书，由 RA 来校验申请者的信任状况，以及批准或拒绝数字证书的请求。

（4）WAP 网关

WAP 网关主要用于连接无线和有线网络，一端通过无线网络接收 WAP 客户向 RA 发出的请求，另一端通过有线网络和 CA 进行交互。另外，WAP 网关还负责进行 WTLS/WAP 和 SSL/HTTP 协议的转换。

（5）在线商家服务器

在线商家服务器用于向客户提供商品信息服务。

值得注意的是，传统 PKI 所采用的 ASN. 1 标准相对于移动设备来说运算量太大。针对这种情况，目前市面上出现的移动设备则采用了 WML 和 WMLScript 函数，在加密算法上 WPKI 采用了优化的 ECC 算法，可以在不影响安全性能的情况下，使用较少的密码位数进行信息的加密和解密。另外，WPKI 证书也只是选取了 X. 509 标准的部分内容并缩短了字节长度，以便适用于无线网络环境中。

2. 基于 TCP/IP 协议的 WPKI 体系

由于技术的发展使得部分的移动设备可以支持 TCP/IP 协议来进行网络通信，所以在这种情况下，有线网络使用的安全超文本传输协议（Hypertext Transfer Protocol Secure，HTPS）和 SSL/TLS 安全标准仍然可以使用。基于 TCP/IP 协议的 WPKI 体系如图 7-12 所示。

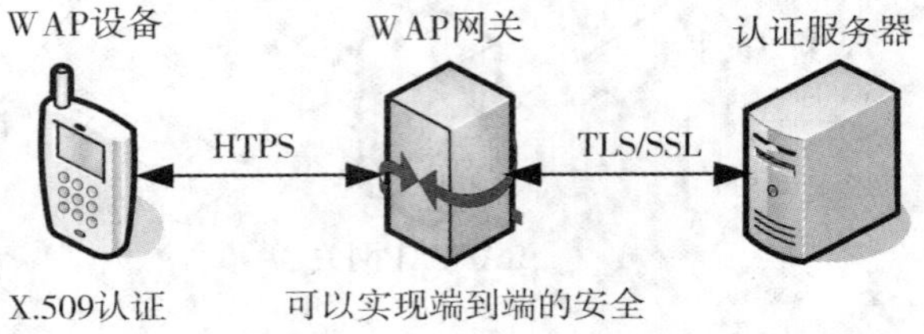

图 7-12　基于 TCP/IP 协议的 WPKI 体系

7.4.3 WPKI 与 PKI 的对比

WPKI 基本上是 PKI 在无线环境下的扩展，二者的目的都是在各自的应用环境中提供安全服务，二者的相同点包括以下几个方面：

(1)都具有公开的、可信任的第三方权威机构：认证机构 CA。

(2)都具有注册中心 RA。

(3)每个实体占有一对密钥。

(4)证书是公钥的载体，是密钥管理手段。

(5)都具有身份认证、机密性和数据完整性的功能。

它们之间的区别来源于 WAP 终端处理能力弱以及无线网络带宽有限等问题，为此 WPKI 必须采用更加简洁高效的协议和技术。WPKI 和 PKI 区别如表 7-2 所示。

表 7-2 WPKI 与 PKI 的区别

	WPKI	PKI
应用环境	无线网络	有线网络
证书	WTLS 证书、X. 509 证书	X. 509 证书
加密算法	ECC	RSA
安全连接协议	WTLS	SSL/TLS
证书撤销	短时网关证书	CRL，OCSP
本地证书保存	证书 URL	证书
CA 交叉认证	不支持	支持
弹性 CA	不支持	支持

7.4.4 WPKI 在移动电子商务安全中的应用

在移动电子商务中，如何实现在线、实时、安全的支付是技术实施的核心，尤其在移动环境下，需要准确地识别人员身份、判别账号真伪，并迅速、安全地实现资金转账处理。WPKI 在移动电子商务中有以下方面的应用：

1. 网上银行

用户可以用移动设备通过网上银行轻松实现电话费缴纳、商场购物、缴泊车费、自动售货机买饮料、公交车付费、投注彩票等手机支付服务。如果在网上银行系统中采用了 WPKI 和数字证书认证技术，不法分子即使窃取了卡号和密码，也无法在网上银行交易中实现诈骗。从世界范围看，数字证书技术已经被广泛地应用在国内外网上银行系统中，至今尚未发现一例由于数字证书被攻破而使网上银行诈骗得逞的案件。网上银行的应用主要有如下两种：

无线电子支付：用户可以利用手机完成实时的支付，在付款过程中用户通过认证后输入相应的银行卡账号，支付系统会从远程账号上自动减掉这笔账目，交易完成之后回传给用户相应信息并加以确认。

无线电子转账：用户可以通过手机连接到银行，执行登录操作后进行转账交易。此时，银行的相应服务器必须确认用户的转账交易资料，它会要求用户端做电子签章的确认，也会发给用户一份电子收据。

2. 网上证券

网上证券为用户提供了有效的移动终端服务，只需要利用手机就能随时随地进行信息查看和证券交易活动。WPKI 技术提供了加密服务，用户只能使用手机短信息来操作授权信息，而输入的股票代码和股票数量再以加密短信息的形式进行无线传输，服务器会提供一层有效的安全屏障，交易结束后相关信息会再次通过加密形式传输到用户手机上，形成两者之间可靠、便捷的回馈。

3. 网上缴税

网上缴税功能的推出在为用户节约大量操作时间的基础上提高了办事效率，但在追求快捷、方便的同时也要提高安全性、可靠性。WPKI 技术正好为网上银行系统提供了固定的安全框架，每个移动用户都会拥有属于自己的数字证书，这就使得信息的传输和显示都得到了有效的安全保证。

7.5 移动电子商务安全技术的发展新趋势

随着移动技术的迅速发展，移动应用和功能中将面临新的安全风险。目前，支付宝、网银在线等支付平台尝试将 PC 平台的安全防护措施转移至移动平台。这里，我们简要介绍一下移动电子商务技术的主要发展趋势，以使我们更好地应对将来可能出现的安全风险。

移动电子商务安全技术的发展趋势主要体现在自动识别技术、微护照验证技术、手机盾技术，以及区块链 5G 无线网络技术等多个方面。这里，我们仅从其功能特点上来探讨移动电子商务安全技术的发展方向。

1. 自动识别技术

以二维码、图像识别技术为代表的自动识别技术的出现，大大增强了交易环节的安全防范。用户凭借智能终端内置的摄像头，利用图像识别软件，只需扫描二维码，即可快速完成信息验证、身份识别，安全登录各类网页与APP账户，实现支付平台跳转，完成移动交易。例如，各类网站的扫码登录功能和付费界面提供的支付宝和微信二维码支付功能。

2. 微护照验证技术

微护照系统是以移动身份识别技术为基础的，它的组成元素包括移动终端APP、后台数据认证中心、前端微印章以及微POS机等专用设备。该平台支持NFC、超声波通信等近场通信技术，能够为移动支付提供具有金融等级安全加密机制的电子凭证发放与验证服务。

3. 手机盾技术

手机盾是以手机TEE(Trusted Execution Environment，可信执行环境)和SE(Secure Elemen，安全元件)为载体实现的二代USBKey，为移动终端提供密码运算支撑能力，用于身份认证、电子签名、数据保护等。手机盾安装在手机的独立安全芯片中，完全不依赖任何外部硬件设备，也无须用户安装任何额外的软件，可以实现可靠的密码设备、密码运算和CA数字证书等全部功能，是实现移动互联网安全应用的核心技术。主要服务对象为工农中建等商业银行和非银行的金融企业，提供金融级安全保障。例如，华为自Mate10系列手机开始为移动支付内置手机盾，为用户的手机支付提供安全支付保障。

4. 区块链技术

随着区块链技术的发展，其已经成为解决数据安全问题的有效手段，如比特币钱包、金融安全和物联网安全等应用。通常，区块链是一个在网络成员间复制和共享的分布式数据库，当创建事务时，将通过挖掘过程由网络中的某些节点并行且透明地验证。之后，事务被分组为块，块之间的链接及其内容受加密保护，不能伪造。一旦进入区块链，交易就无法删除。因此，区块链包含每个交易的准确时间戳和可验证的记录，将其应用于移动电子商务中，可利用其技术特性为移动交易的安全性、效率和可扩展性提供有效保障。

5. 5G无线网络

第五代移动通信(5G)于2020年进入全球商用阶段，具备超高带宽、超高可靠度与低延迟等三大优良特性，除了可提供超带宽无线上网服务外，还能满足移动互联和移动物联的多样化业务需求，带动包括高品质视听娱乐、智能物联网、智能工厂、无人车、无人飞机、智慧城市等各种创新垂直应用的蓬勃发展。然而5G开放的网络架构和海量物联网设备的频繁接入使信道数据的隐私性和完整性受到威胁，网络切片也使5G的密钥管理、安全编排和证书管理面临更大的挑战。这对 5G 发展提出以下要求：一是进行系统安全加固，对管理控制操作进行安全跟踪和审计，提升防攻击能力；二是提供端到端、多层次资源的安全隔离措施，对关键数据进行加密和备份；三是加强开源第三方软件安全管理。

◎ 本章小结

移动电子商务由于使用了无线通信技术，这就不可避免地带来了比传统有线电子商务更多的安全问题。本章首先对移动电子商务安全进行了概述，主要介绍了移动电子商务的安全威胁、移动电子商务的安全原则以及移动电子商务的安全体系结构；在此基础上，从移动电子商务安全协议和标准的角度，介绍了 WAP 协议、无线 PKI、蓝牙技术、5G 网络和物联网中的网络安全协议与标准。本章重点介绍了在移动电子商务中扮演重要角色的移动支付安全技术，包括智能卡安全技术、手机终端安全、移动平台安全技术和移动数据传送安全技术；然后，介绍了基于 WPKI 体系的安全实现技术，论述了 WPKI 的基本概念和体系结构，并将 WPKI 和 PKI 进行了对比分析，同时阐述了 WPKI 在移动电子商务安全中的应用。最后，本章讨论了移动电子商务的发展新趋势。

◎ 本章习题

1. 移动电子商务是在什么背景下产生的？移动电子商务与有线电子商务相比有何特点？
2. 简要分析移动电子商务面临的安全威胁，以及应遵循的安全原则。
3. 什么是 WAP 协议？它的模型组成有哪些？
4. 什么是无线 PKI？它有什么作用？
5. 什么是蓝牙技术？简述蓝牙网络的安全体系。
6. 简述手机终端的 PKI 用户鉴别机制。
7. 简述几种移动平台安全技术。
8. 简述 WPKI 和 PKI 的相同点与不同点。
9. 5G 网络下移动电子商务的安全需求有哪些？
10. 简述 5G 网络安全框架。
11. 5G 网络安全标准有哪些？
12. 以第三方支付为例，简述移动电子商务系统在移动支付以及移动交易、移动数据传输等方面面临哪些安全问题及其解决方法。
13. 通过本章的学习，你认为移动电子商务未来发展还有哪些新方向？

第8章 大数据环境下的电子商务安全

"东数西算"战略和大数据技术的发展，给电子商务带来了诸多新的安全挑战。为应对电子商务面临的新型安全风险，云计算、区块链发挥了重要作用。云计算具有自动管理和配置数据资源的能力，其为电子商务数据资源的存储与传输提供了安全平台。区块链技术以其去中心化、可溯源的优势，打造了基于区块链的商务交易可信平台、电子交易数据安全共享平台以及物流数据安全共享平台，以保障电子商务中的交易安全、物流安全。其中，数据是电子商务蓬勃发展的核心要素，对数据进行治理要求在保障数据安全的情况下，对数据进行合理调度、挖掘和利用。通过云计算、区块链等技术对电子交易数据、物流数据、用户/商品数据等进行安全存储、传输与共享，有利于电子商务企业实现安全、稳定和可持续发展。同时，电子商务活动中用户个人信息安全面临巨大挑战，侵犯用户隐私情况时有发生，为此应平衡电子商务信息服务与用户隐私之间关系，建立基于权益维护的用户隐私保护机制，保障用户隐性信息安全。

本章首先对大数据环境下的电子商务安全进行概述；其次将云计算技术、区块链技术用于数据资源的安全存储与传输，以及电子商务交易安全保障中；最后阐述电子商务发展中的用户隐私保护措施与保障机制。本章旨在结合新兴技术，驱动大数据环境下的电子商务安全开展。

8.1 大数据环境下电子商务安全概述

党的十八大以来，以习近平同志为核心的党中央高度重视数字经济发展。2016年10月，习近平总书记在主持党的十八届中央政治局第三十六次集体学习时发表重要讲话，强调要加大投入，加强信息基础设施建设，推动互联网和实体经济深度融合，加快传统产业数字化、智能化，做大做强数字经济，拓展经济发展新空间。2021年5月24日，国家发展改革委、中央网信办、工业和信息化部、国家能源局联合印发《全国一体化大数据中心协同创新体系算力枢纽实施方案》，首次提出“东数西算”工程。“‘东数西算’中的‘数’，指的是数据，‘算’指的是算力，即对数据的处理能力。”国家发展改革委高技术司副司长孙伟介绍说，我国西部地区资源充裕，特别是可再生能源丰富，具备发展数据中心、承接东部算力需求的潜力，“要像‘南水北调’‘西电东送’一样，充分发挥我国体制机制优势，从全国角度一体化布局，优化资源配置，提升资源使用效率”。

在数字经济发展的当下，数据要素成为数字经济深化发展的核心引擎，各行各业以及企业纷纷加入数字化大潮中。而在数字化转型过程中，很多企业把重点放在了线下业务，忽视了数据安全问题。数据安全是事关国家安全和经济社会发展的重大议题。2021年6月10日，第十三届全国人民代表大会常务委员会第二十九次会议通过《中华人民共和国数据安全法》，明确规定要在数据的收集、存储、使用、加工、传输、提供、公开等数据处理中，保证数据处理的全过程安全。在电子商务企业中，数据是体现公司价值的关键因素。电子商务企业通过对数据展开收集、整合与分析，了解自己在销售中存在的问题，挖掘新的商机，从而使企业在激烈的竞争中处于不败之地。

然而，“东数西算”战略发展和大数据环境下，数据在给电子商务企业提供资源基础和便捷服务的同时，其可靠性、真实性及在存储传输过程中的完整性、保密性等也成为大数据环境下电子商务安全亟待解决的难题。目前，各行各业都涉及大量的数据，使得大数据环境下电子商务安全比传统安全变得更加复杂。大数据给电子商务安全带来了以下几个方面的安全风险：

1. 数据存储存在安全风险

在大数据环境下，电子商务企业积累了大量的企业数据、消费者数据、交易数据以及物流数据等。为便于存储与管理，电子商务企业往往会将数据集中存储至云端，以减少企业信息管理的成本。但是，在开放性的云环境下，企业存储的数据往往会面临丢失、泄露、盗取等安全风险，难以保证数据的完整性、可靠性与准确性。同时，大多数电子商务平台在交易的过程中，未能严格开展所存储数据信息的安全分析与管理工作，不能确保相关数据信息存储的安全性，无法满足当前的数据存储安全需求。

2. 数据传输存在安全风险

在大数据环境下，电子商务平台数据信息传输过程中面临两种数据传输安全风险。首先，电子商务在应用云平台存储数据信息的过程中，需要将企业自身积累的数据传输至共享性的云平台中，在此过程中数据公开性的传输和共享，为非法分子提供了入侵的机会。其次，在云端数据信息传输期间，假使云服务提供商不能全面开展信道、数据内容的安全管理工作，则无法准确认证与辨别数据发送方与接收方的身份，很容易在数据信息传输期间出现篡改与截取等问题，不能保证数据传输的安全性。

3. 网络系统存在安全风险

电子商务，顾名思义，其是由电子和商务两个部分组成。商务指的是其核心，电子指的是计算机网络技术。如果没有技术的支持，电子商务的开展就不能进行下去。因此，网络安全问题是电子商务安全的重要组成部分。在大数据环境下，电子商务平台在实际运行过程中，需要网络系统的支持，只有确保网络系统的安全性，才能有效规避和预防整体电子商务平台的安全隐患。然而，当前多数电子商务平台中，尚未创建网络系统的安全管理工作机制与模式，不能在局域网、网络平台运行期间有效开展各方面的管理工作，难以有效维护网络系统的良好运行，对大数据环境下的电子商务平台安全性会造成诸多不利影响。

除了数据外，算法在电子商务安全领域同样发挥了重要作用。在大数据环境下，算法在推动电子商务发展的同时，其本身存在的复杂性和不透明性会导致信息主体对个人信息的保护产生担忧。欧盟于2018年5月25日出台了《通用数据保护条例》(GDPR)，其取代了执行20余年之久的《欧盟个人资料保护指令》，被认为是对人工智能商业应用方式的一次彻底整改。GDPR通过对数据利用的严格限制，来终止目前的数字世界乱象，其创造了一项新的权利即“解释权”，要求每个制定决策的算法必须能够证明决策的正确性，即打开“黑箱”，向数据主体提供算法的可解释性。然而现实中ML(机器学习)模型的预测能力在很大程度上是难以解释的，这就意味着算法解释权的可行性不高。同时，设置算法解释权不利于社会多元主体利益保护。例如，商业算法决策系统中通常会有一些公司商业秘密、知识产权、个人隐私数据，设置算法解释权有可能会造成个人隐私、商业秘密、知识产权等数据的泄露，不利于数据安全保护，也难以防止黑客攻击、算法恶意利用、竞争对手剽窃和篡改等风险。因此，大数据环境下电子商务安全的关键任务是数据安全。

8.2　云环境下电子商务大数据资源存储与传输安全

云计算是一种通过网络方便快捷地访问和利用计算资源(包括服务器、存储器、应用等)的模式。通过云计算，可为电子商务企业提供高效能、低成本、低功耗的计算与数据服务。作为“东数西算”战略工程和大数据环境下电子商务企业数据资源存储与管理的全新手段，云计算的安全问题成为制约其发展的关键因素。在开放网络和业务共享的场景下，云计算主要面临三种安全风险：用户身份安全风险、共享业务安全风险和用户数据安全风险。

首先，云计算通过网络提供弹性可变的 IT 服务，用户需要登录到云端来使用应用与服务，系统需要确保使用者身份的合法性，才能为其提供服务，如果非法用户取得了用户身份，则会危及合法用户的数据和业务。其次，云计算的底层架构(IaaS 和 PaaS 层)是通过虚拟化技术实现资源共享调用的，这使得云计算需要制定全新的面向虚拟对象的安全保护策略，以保证数据资源的共享安全。最后，数据存储的安全性在云环境下也比较突出。在云计算架构下，数据常常存储在离用户很“远”的数据中心，需要对数据采用有效的保护措施，如多份拷贝、数据存储加密等，以确保数据的安全。

8.2.1　基于云计算的大数据资源存储与管理

互联网自 1960 年开始兴起，主要用于军方、大型企业等之间的纯文字电子邮件或新闻集群组服务。直到 1990 年才开始进入普通家庭，随着 Web 网站与电子商务的发展，网络已经成为目前人们离不开的生活必需品之一。云计算这个概念首次在 2006 年 8 月的搜索引擎会议上提出，成为互联网的第三次革命。自此，“云计算”成为计算机领域最令人关注的话题之一，全球诸多信息技术企业都纷纷向云计算转型。

例如，每家公司都需要做数据信息化工作，存储相关的运营数据，进行产品管理、人员管理、财务管理等，而进行这些数据管理的基本设备就是计算机了。对于一家企业来说，一台计算机的运算能力是远远无法满足数据运算需求的，那么公司就要购置一台运算能力更强的计算机，也就是服务器。而对于规模比较大的企业来说，一台服务器的运算能力显然还是不够的，那就需要购置多台服务器，甚至演变成为一个具有多台服务器的数据中心，而且服务器的数量会直接影响这个数据中心的业务处理能力。除了高额的初期建设成本之外，计算机的运营支出中花费在电费上的金钱要比投资成本高得多，再加上计算机和网络的维护支出，这些总的费用是中小型企业难以承担的，于是云计算就成为企业数据信息化建设着力研究的重要方向。

云计算，从狭义上讲，是一种提供资源的网络，使用者可以随时获取"云"上的资源，按需求量使用，并且可以看成是无限扩展的，只要按使用量付费就可以。"云"就像自来水厂一样，我们可以随时接水，并且不限量，按照自己家的用水量，付费给自来水厂就可以。从广义上说，云计算是与信息技术、软件、互联网相关的一种服务，这种计算资源共享池叫做"云"，云计算就是把许多计算资源集合起来，通过软件实现自动化管理，只需要很少的人参与，就能使资源快速提供给当事人。

云计算的工作原理，如图 8-1 所示。

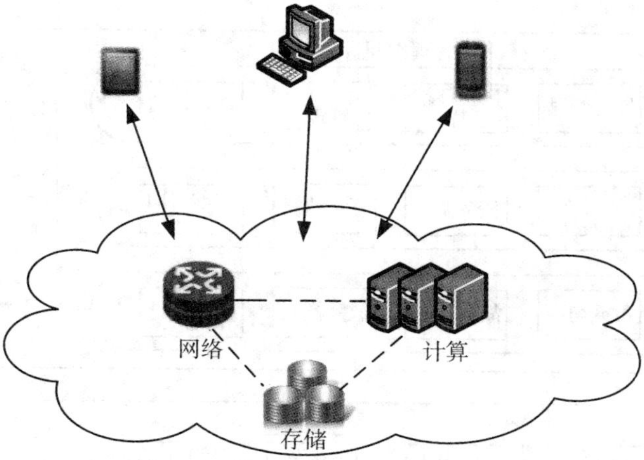

图 8-1　云计算工作原理

与传统的网络应用模式相比，云计算具有以下优势与特点：

(1)虚拟化技术。云计算采用虚拟化技术将原来数据中心的物理资源进行抽象整合，使得用户可以在虚拟环境中实现其在真实环境中的部分或者全部功能。

(2)动态可扩展。云计算具有高效的运算能力，在原有服务器基础上增加云计算功能能够使计算速度迅速提高，最终实现动态扩展虚拟化的层次达到对应用进行扩展的目的。

(3)按需部署。云计算能够根据用户的需求快速配备计算能力及资源，使每一个使用互联网的人都可以使用网络上的庞大计算资源与数据中心。

(4)灵活性高。云计算将虚拟化要素统一放在云系统资源虚拟池当中进行管理，兼容性非常强，不仅可以兼容低配置机器、不同厂商的硬件产品，还能够获得更高性能计算。

(5)性价比高。云计算将资源放在虚拟资源池中统一管理，在一定程度上优化了物理资源，用户不再需要昂贵、存储空间大的主机，可以选择相对廉价的PC组成云，一方面减少费用，另一方面计算性能并不逊于大型主机。

云计算的体系架构，如图8-2所示。

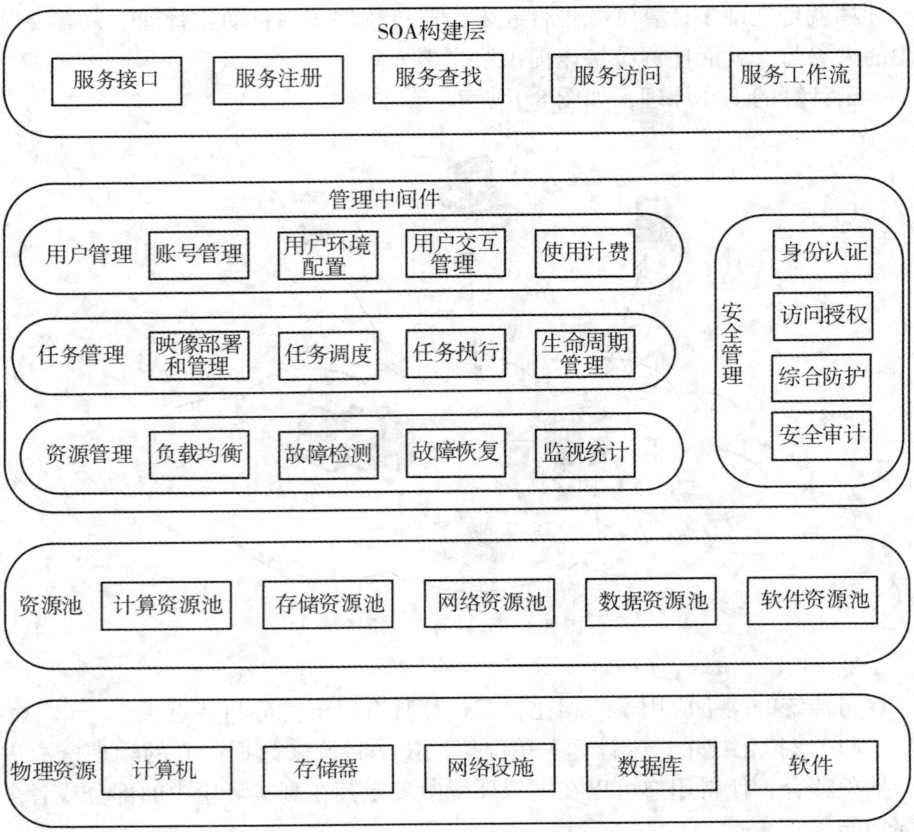

图8-2　云计算体系架构

通过计算、存储、服务器、应用软件等IT软硬件资源的虚拟化，云计算在数据存储和管理方面具有自身独特的技术。在电子商务发展过程中，企业的数字资源一般包括用户信息数据、产品信息数据、商业资源数据等，各企业一般会通过购买商业数据库的形式存储自身企业的数据资源。然而，当数据量不断增长时，这些数据库的数据量会变得非常大，并且占据了较大的存储空间。因此，在云计算环境下，企业会将自身大量的商务数据资源存储在云计算平台提供商的服务器中，这样用户可以在任何地方通过终端访问云端的数据，对数据进行管理。云端的数据可以在不同终端间转移，也可以在不同云间转移。而企业不需要对数据存储单元进行过多的管理，数据的管理工作主要由云计算提供商进行。目前最著名的数据管理技术是谷歌的 BigTable 数据管理技术，同时 Hadoop 开发团队正在开发类似 BigTable 的开源数据管理模块。

借助分布式、高吞吐率和高传输率的数据存储技术和高效的数据管理技术，云服务提供商能够构建一个高效、可靠的大数据资源存储平台，为企业或者个人用户提供多样化、个性化的数据存储服务。基于云计算的大数据资源存储平台构架如图 8-3 所示。

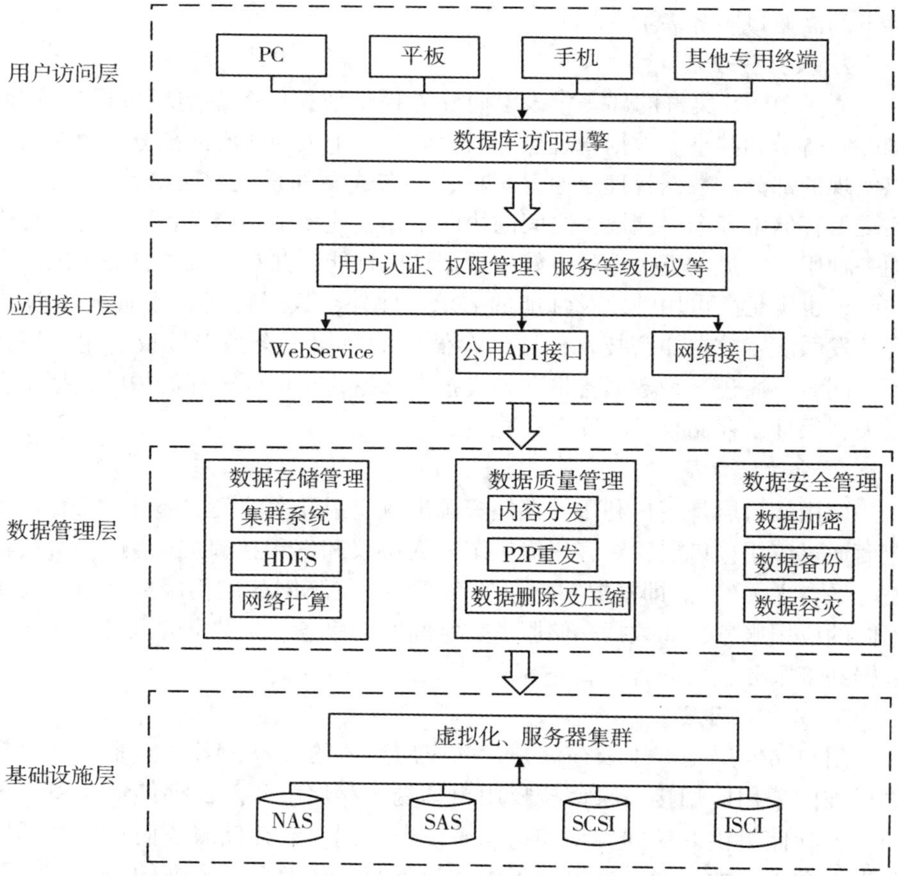

图 8-3　基于云计算的大数据资源存储平台构架

基于云计算的大数据资源存储平台主要分为四层架构，包括基础设施层、数据管理层、应用接口层和用户访问层。

1. 基础设施层

基础设施层作为云存储平台的基础架构，将不同类型的存储设备连接起来，实现对海量数据的统一管理，同时实现对存储设备的集中管理、状态监控以及容量的动态扩展。

目前在用的数据存储架构主要有两种：①基于单服务器的数据存储；②基于多存储服务器的数据存储。其中，基于单服务器的数据存储无法满足现有网络多用户条件下存储容量的需求；基于多存储服务器的数据存储技术克服了单服务器的缺点，可以在无限扩展存储容量的同时拥有强大的吞吐性能，还可以通过构建分布式数据中心的方式满足不同地区的大用户量使用条件下的高质量服务需求。

2. 数据管理层

通过 HDFS 集群的部署，该层向外界提供数据服务，实现数据的读写、删除、备份和共享。数据管理层是云存储平台中最为核心的部分，也是最难以实现的部分。数据管理层通过集群、分布式文件系统和网格计算等技术，实现云存储中多个存储设备之间的协同工作，使多个存储设备可以对外提供同一种服务，提供更大更强更好的数据访问性能，并在实现了良好扩展性的同时，也满足高可用性以及性能的需求。此外，数据管理层还通过 CDN 内容分发系统、数据加密技术保证云存储中的数据不会被未授权的用户所访问，同时，通过各种数据备份和容灾技术和措施，保证云存储中的数据不会丢失，保证云存储自身的安全和稳定。

3. 应用接口层

应用接口层是用户利用云存储资源进行应用开发的关键部分。云存储供应商通过应用接口层，对客户提供统一的协议和编程接口（通常这些协议都是与平台无关的）。即根据实际业务类型，开发不同的应用服务接口，提供不同的应用服务，如数据存储服务、空间租赁服务、公共资源服务、多用户数据共享服务、数据备份服务等。

4. 用户访问层

用户访问层是基于云存储开发的应用程序的入口，云存储系统通过提供标准的公用应用接口来使授权用户享受云存储服务。云存储运营单位不同，云存储提供的访问类型和访问手段也不同。云存储服务商可以根据服务类型和用户的不同，来提供不同访问手段，从而保证数据的安全性和服务质量。通过用户访问层，任何一个授权用户都可以在任何地方，使用一台联网的终端设备，按照标准的公用应用接口来登录云存储平台，享受云存储服务。

8.2.2 基于云计算的大数据传输安全

在企业使用云计算服务进行数据资源集中存储过程中，企业首先通过云平台客户端登录大数据资源存储平台，将本地存储的商务数据通过客户端上传至云存储平台。在此过程中，所有的操作和处理指令都需要通过 Internet 进行传输，而且安全措施的实施指令也需要通过 Internet 进行传输，这改变了传统 IT 模式下可以通过局域网甚至物理传输的方式进行通信的模式，对电子商务企业数据安全产生了严重的威胁。

在云计算环境下，数据传输安全涉及多个方面，一旦在数据传输过程中发生被截取、被泄露的情况，将会给企业和消费者用户带来巨大的损失。网络数据传输是整个云计算系统中最薄弱的环节，极易发生安全问题。因此，必须采取更加先进、完善的数据安全技术和加密技术，保障数据在云计算系统中的安全传输。常用的数据传输安全保障机制包括以下几种：

1. 基于安全协议的数据传输

传统的数据传输安全技术保障在云环境下较为通用，通常采用基于安全协议的传输方式，对传输的数据进行加密处理，典型的安全协议包括：

(1)SSL 协议，即通过在通信双方之间建立加密通信，保障数据传输的机密性。SSL 协议是在 TCP/IP 协议的基础上发展的一种协议，是一种新型的 WWW 安全协议。其服务功能在于能够在客户端处建立一个安全通道，此通道只有通过身份认证后才可以进入，进行数据的传输，而且能够设置密码，有效防止病毒的侵入。同时，SSL 在进行数据传输的过程中是通过了精密的算法的，而且可以采用函数的形式，从而确保信息在传输的过程中保证完整性，不会出现丢失现象。此外，在信息传递过程中，SSL 协议可以与第三方加强联系，通过认证的方式，提高数据传输的安全性。

(2)IPSec(Internet Protocol Security)协议，它是 VPN 中使用最广泛、最成熟的安全协议，该协议包括协议部分和密钥部分。基于 IPSec 的 VPN 传输将 IP 报文封装成新的 IP 报文发送到公共网络中，内网的 IP 地址允许其通过公共网与另一个内网 IP 地址通信，另外将 IP 地址进行封装，隐藏了敏感的信息，使其不受外部网络攻击。IPSec 中最复杂的一部分是密钥交换协议即 IKE(Internet Key Exchange)处理，所有数据包的安全都建立在 IKE 上，IKE 为通信的双方建立了一个身份认证和安全保护的密钥，以此保障传输数据的安全。

(3) Kerberos 协议，它是一种安全认证的协议，其作用是对网络的安全进行认证。该协议利用密钥交换用户的机密信息在客户端和云服务器之间进行认证，以此来提供服务。与此同时，该协议还能够防止非法窃听，对于来自非法用户的攻击进行回复。Kerberos 协议在提供安全认证的功能之外，还能够对数据的机密性和完整性进行保护。Kerberos 认证协议中的 KDC(Key distribution center) 成为 kerberos 认证协议的的密钥分发中心，主要用于执行用户和服务在可信第三方平台中的安全认证。

2. 基于加密机制的数据传输

为防止资源在传输过程中因被外部恶意人员窃取或攻破导致保密性受损，需要采用加密机制，对数据资源进行加密。常用的加密算法有：

①对称加密算法；②非对称加密算法；③混合加密算法。因前文对此已有多次介绍，此处不再赘述。

3. 基于安全防御的数据传输

云计算环境下，数据通过网络在云平台与客户端进行传输，在此过程中，难以避免不法分子入侵盗取数据信息，导致数据泄露。目前，防火墙技术、入侵检测技术等网络访问防御技术应用较多，然而这些防御技术能力有限，未能达到预期的主动防御效果，信息传输期间遭受攻击并受损的问题频繁出现。为了解决此问题，需要采用防御措施以保障数据传输安全。常用的安全防御模型有：

(1) FSM 防御模型

FSM 防御模型(Finite State Machine，有限状态机)一般用来描述对象在其生命周期内所经历的状态以及响应各种外界事件的过程。FSM 可以用来实现对主动防御系统建模和分析。主动防御 FSM 关系式如下。

$$F=(S,\ I,\ \psi,\ s_0,\ m)$$

其中，有限输入记为 I；有限状态集合记为 S；初始状态记为 s_0，该数值在集合 S 范围之内；结束状态记为 m，该状态数值也在集合 S 范围之内；转换函数记为 ψ。根据主动防御系统的机制和功能，构建的主动防御系统状态为

$$S=\{s_0,\ s_1,\ s_2,\ s_3,\ s_4,\ s_5,\ m\}$$

s_0 为构建的主动防御系统初状态，当系统受到攻击时，主动防御系统会转换为 s_1 检测状态，当防御系统退出时，主动防御系统转换为 m 状态；s_1 为构建的主动防御系统攻击检测状态，若检测到攻击，则转为 s_2 重定向状态，若非攻击特征，则回到初始态；s_2 为构建的主动防御系统攻击行为定向和重定向状态，若重定向完成，则转为 s_3，若未完成重定向，则维持状态并报告

状态；s_3为构建的主动防御系统日志记录状态，攻击行为记录完毕则转为s_4，若未完成记录，则保持原状态；s_4为构建的主动防御系统攻击数据采集状态，数据采集完成之后，转为s_5，如未完成数据采集，则维持原状态；s_5为构建的主动防御系统攻击行为还原状态，基于采集的数据对攻击行为和攻击源进行还原，若识别为新攻击，则在s_1状态中加入新的未知攻击及特征，否则返回s_0状态；m为构建的主动防御系统结束状态。FSM 防御模型具有主动防御功能和跟踪功能，弥补了以往安全模型的不足。

(2)P2DR 网络安全模型

P2DR 网络安全模型包括策略(Policy)、防护(Protection)、检测(Detection)和响应(Response)，其中"防护—检测—响应"组成一个动态的安全循环，在策略指导下保证网络信息系统的安全，这是当前流行的信息安全模型。其最大的特点就是允许系统存在一定的漏洞，然后要求信息系统能够在一定时间内发现漏洞，并及时进行修补，实现对系统网络安全的实时处理。

①策略是通过建立和健全各种相关的规章制度和操作规范，如信息安全管理制度、网络通信应急预案、互联网接入管理办法等，明确安全规划的总体原则，建立有关系统恢复的机制。

②防护就是在网络系统上部署一些传统的静态安全技术，或者通过病毒防杀、漏洞补丁、访问控制、身份认证、机房检测等方法来实现安全维护。

③检测是通过入侵检测、外联检测和网络监测来监控网络和系统，以发现网络上的新威胁或者弱点，再结合事件反馈在规定的时间内做出有效的响应。

④响应是在检测到安全漏洞或发生安全事件之后，对事故进行排查，及时做出正确的应急响应，排除故障，把系统调整到安全状态，重点做好系统的备份与恢复。

(3)SAT 双向防御模型

SAT 双向防御模型利用经过优化的动态因子来规范大数据端和终端的安全权限，从而设计云端网络应用、网络服务、网络资源和云客户端之间的协同依赖，确定它们彼此的安全关系，达到双向的安全防御。双向防御架构可分为行为数据拆分中心(S 层)、行为数据分析中心(A 层)、行为数据包装中心(T 层)、云客户端四层架构。行为数据拆分中心主要负责大数据的分布式处理；行为数据分析中心负责大数据的并发处理操作；行为数据包装中心完成数据的加工整合、数据转换和封装存储；云客户端是整个系统的底层，不仅要上报自己的分析报告，同时也要负责对云端下发的处理意见进行自身的可选择操作。

动态SAT双向防御模型是一个有别于其他数据安全防御模型的研究概念，主要包括两个方面，即大数据端动态安全因子的获取以及大数据端数据和终端数据之间的数据安全性鉴权和合法性鉴权。这主要体现为云端服务商随机计算动态安全因子来提高安全级别，而终端安全主要依靠终端实体自身及相互之间的安全性和合法性的信任关系。

4. 基于访问控制的数据传输

为保障网络传输中数据的安全性，需要按照网络传输和访问人员职责的不同，分配适当的权限，实现分权管理，以保障数据的安全性。常用的访问控制模型包括：基于属性的访问控制和基于角色的访问控制。

(1)基于属性的访问控制

基于属性的访问控制针对目前复杂信息系统中的细粒度访问控制和大规模用户动态扩展问题，将实体属性(组)的概念贯穿于访问控制策略、模型和实现机制这3个层次，通过对主体、客体、权限和环境属性的统一建模，描述授权和访问控制约束，使其具有足够的灵活性和可扩展性。简单来说，RBAC是ABAC的一个子集，ABAC可以提供基于各类对象属性的授权策略，同样支持基于用户角色的授权和访问控制。角色在ABAC中仅仅是用户的一个单一属性。

目前，基于属性的访问控制将RBAC和ABAC结合起来，既保证提高用户的隐私，又支持访问控制。另外，时间的约束是云计算环境下比较重要的属性约束。时间因素无处不在，用户仅在特定的时间段具有特定的角色；云计算的工作模式就是按时计费，所以必须通过时间来约束对云中数据的访问控制。因此，迫切需要RBAC模型能够支持复杂的时间约束建模。

(2)基于角色的访问控制

基于角色的访问控制模型表述了用户、角色和权限之间的复杂关系，解决了在传统的访问控制中主体和特定的实体捆绑的不灵活问题，确保了主体的灵活授权。RBAC96是RBAC模型家族的基础，之后的所有模型都是在RBAC96的基础上发展的。RBAC96包括了4种基于角色的访问控制模型，它们之间的相互关系如图8-4所示。

RBAC0是基本模型，由4个基本要素构成。即，用户(U)、角色(R)、会话(S)和授权(P)。在一个信息系统中，存在着多个用户和多个角色，模型同时对每个角色设置了多个权限关系，称为权限的赋予(PA)，模型如图8-5所示。

在RBAC模型中，授权就是将这些客体存取访问的权限在可靠的控制下

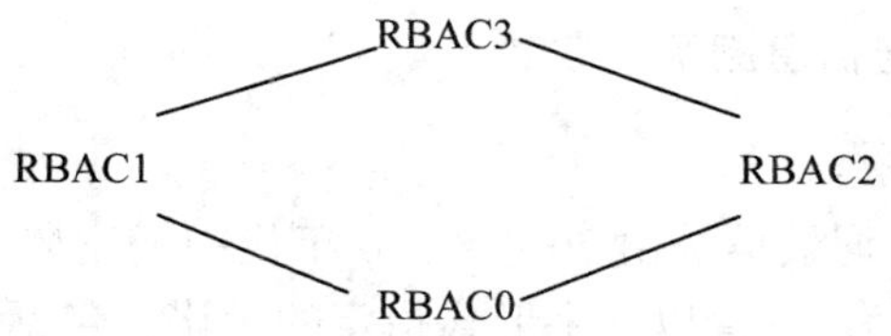

图 8-4　RBAC96 模型之间的关系

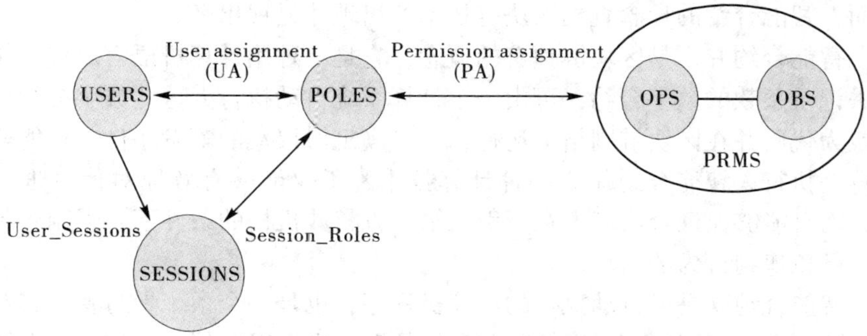

图 8-5　RBAC0 模型

连带角色所需要的操作一起提供给那些角色所代表的用户。通过授权的管理机制，可以给予一个角色以多个权限，而一个权限也可以赋予多个角色。RBAC1 为角色分级模型，在角色域中加入了角色的继承；RBAC2 为角色限制模型，加入了约束条件；RBAC3 为统一模型，是 RBAC1 模型和 RBAC2 模型的整合。RBAC 经过多年的发展，形成了一套理论体系，其优点和缺点都很明显。

8.3　基于区块链的电子商务数据资源交易安全

区块链技术具有去中心化、去信任、可溯源、加密性等特点，在电子商务安全交易中将发挥重要作用。虽然人工智能发展迅速，但是 AI 技术应用中算法的可解释性差，用户对 AI 服务的安全性产生疑虑。因此，区块链技术作为去中心化、去信任的技术，为电子商务提供安全保障。这里介绍智能合约的概念、结构、原理和区块链溯源机制，并对基于区块链的安全交易系统和物流信息安全进行详细阐述。

8.3.1 智能合约与信息溯源

1. 智能合约概念

“智能合约”一词最早是由 20 世纪 90 年代中期密码学家 Szabo 创造的，他将智能合约定义为“一套以数字形式指定的承诺，包括双方履行这些承诺的协议”。Szabo 将智能合同类比为自动售货机：机器接受硬币，并通过一个简单的机制(例如，有限自动机)，根据显示的价格分配零钱和产品。通过清晰的逻辑、验证和执行加密协议，智能合约可能比纸质合约功能更强。然而，智能合约的理念直到区块链技术的出现才显现出来。

智能合约并不是区块链独有的概念，它是一种用计算机语言取代法律语言去记录条款的数字合约，可由一个计算系统自动执行。这些数字合约可以转换为代码并在区块链网络上运行，一旦满足协议集的触发条件，智能合约将自动执行。智能合约作为一种计算技术，不仅能够有效地对信息进行处理，而且能够保证合约双方在不引入第三方权威机构的条件下，强制履行合约，避免违约行为的出现。

智能合约既是可自动执行的计算机程序，也是一个系统参与者。其对接收到的信息进行回应，可以接收和存储信息，也可以向外发送信息。智能合约可以临时或者长期保管资产，并且按照实现的规则自动执行。不同区块链项目使用不同的编程语言构建智能合约。

2. 智能合约结构

智能合约的基本架构如图 8-6 所示，主要分为数据层、传输层、智能合约主体层、验证层、执行层和应用层。

数据层主要负责存储区块链上的数据，并通过 API 与传输层交互，进而将相关数据传输至智能合约主体层。传输层主要封装了用于与区块链进行通信和数据传输的协议。智能合约主体层包括了协议和参数两大部分，协议是标准机构所发布的合法文本程序化描述，即一个完全实例化的模板；而参数是合约的关键部分，主要有合同管理、用户管理、数据管理和业务管理。验证层主要包含验证算法，保证了合约代码及文本的合法性。执行层内封装了与智能合约的运行环境相关的软件，用于保障合约的正常运行。应用层是基于智能合约架构的高级应用，主要用于与计算机进行交互，进而实现安全交易、分布式计算、信息溯源、可编程金融等应用。

3. 智能合约原理

区块链智能合约工作原理为：

(1)通过多方参与主体共同协商制定智能合约，参与主体注册信息产生

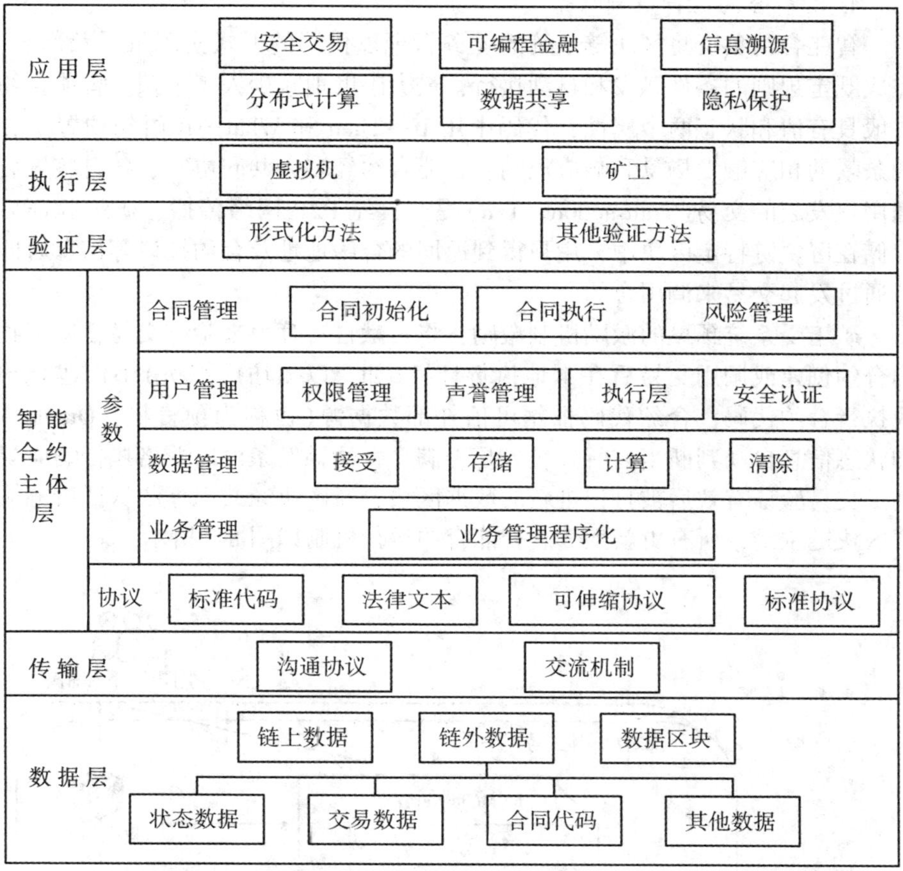

图 8-6 智能合约架构

合约所对应的公钥和私钥。公钥对外公开，而只有参与方才能获得对应的私钥，私钥不对外公开，且用私钥进行电子合约签名。

(2)不需要第三方平台的担保，程序中投入的成本降低，合约验证和程序执行的效率更高；通过达成一种全网共识，无须建立节点间的信任，实现了可信任、透明化的交易。共识机制一经触发即将进行一系列的有效验证。

(3)在区块链部署的智能合约是一种在分布式环境下根据程序代码自动执行的合约。每个区块具有根据时间戳的顺序，依次前后相连存储区块的 Hash 值及其所包含的信息。

4. 智能合约运行机制

智能合约负责将区块链系统的业务管理以代码的形式实现编译及部署，完成既定规则的条件触发和自动执行，最大限度地减少人工干预。智能合约一般具有值和状态两个属性，代码中用 If…Then 和 What…If 语句预置了合约条款的相应触发场景和响应规则，智能合约经多方共同协定、各自签署后随用户发起的交易(Transaction，Txn)提交，经 P2P 网络传播、矿工验证后存储在区块链特定区块中，用户得到返回的合约地址及合约接口等信息后即可通过发起交易来调用合约。

矿工受系统预设的激励机制激励，将贡献自身算力来验证交易，矿工收到合约创建或调用交易后在本地执行环境(如，以太坊虚拟机)中创建合约或执行合约代码，合约代码根据可信外部数据源(也称为预言机，Oracles)和状态信息自动判断当前所处场景是否满足合约触发条件以严格执行响应规则。交易验证有效后被打包进新的数据区块，新区块经共识算法认证后链接到区块链主链，所有更新生效。智能合约运行机制如图 8-7 所示。

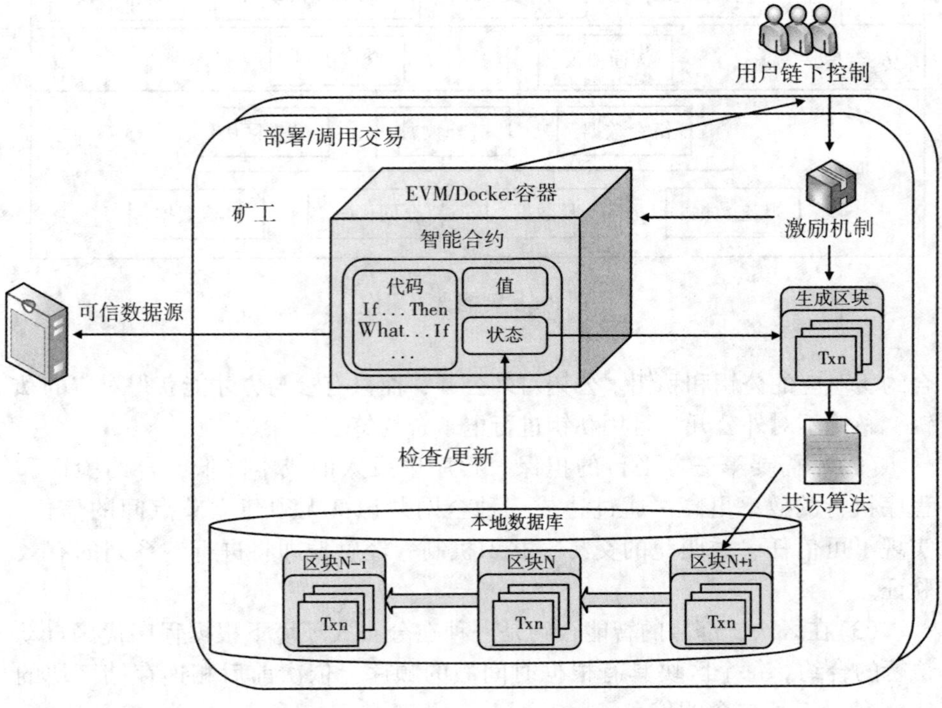

图 8-7　智能合约运行机制

智能合约的设计最初是作为一种计算机交易协议，可以在无第三方机构参与下执行事先规定好的条款。在区块链中使用智能合约，需要提前规定好合约的内容，即进行代码的写入，当满足触发条件时，系统可自动执行智能合约，这样就可以大幅度减少手动过程，加上区块链中共识机制的保障，使得智能合约运行效率有了极大提高。智能合约运行流程，如图 8-8 所示。

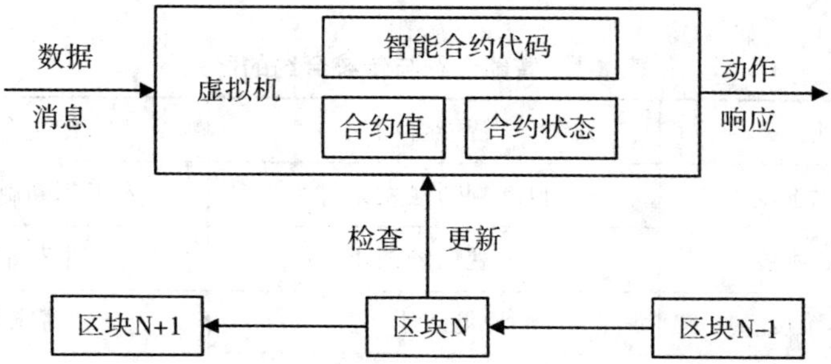

图 8-8 智能合约运行流程

利用 Solidity 语言编写制定好的规则，然后封装在智能合约当中，可运行于以太坊虚拟机 EVM 上，进而使二者交互得以实现。在编写智能合约时需要遵守一些规则，这些规则均具有透明性和公开性，无论是数据还是规则均为透明状态，在交易的时候也可以看到合约的内容和数据，从而最大限度避免虚假交易出现的可能。

5. 智能合约特点

(1)速度、效率和准确性

一旦满足合约条款，程序立即执行。由于智能合约是数字化和自动化的，因此无须出具任何文书，避免了手动填写文档效率低、容易出错的问题。

(2)信任和透明度

由于不涉及第三方，并且交易的加密记录在参与者之间共享，因此无须质疑信息是否因为个人利益而更改。

(3)安全

区块链交易记录是通过非对称加密予以保护的，安全性更高。此外，由于每条记录都与分布式账本上的先前和后续记录相关联，因此黑客必须更改整个链才能更改单个记录，但黑客根本不具备这个条件。

(4)成本低

通过智能合约实现去中心化的交易流程，避免第三方参与处理交易流程，提高效率且减少额外费用。

6. 智能合约与传统合约的区别

智能合约与传统合约有共同之处，比如合约中参与者具有的权利与义务、合约约束的条件和违约的处罚。但是，两者又存在一些区别，详情见表8-1。

表 8-1　智能合约与传统合约的区别

维度	智能合约	传统合约
自动化维度	自动判断触发条件	人工判断触发条件
主客观维度	客观性的请求	主观请求
成本维度	低成本	高成本
执行时间维度	事前预防	事后执行
违约惩罚维度	依赖于抵押资产(虚拟货币等)	依赖于法律惩罚
适用范围维度	全球性	受限于具体辖区

(1) 自动化维度

智能合约可以自动判断触发条件，从而选择相应的下一步事务；而传统合约需要人工判断触发条件，在条件判断准确性、及时性等方面均不如智能合约。

(2) 主客观维度

智能合约适合客观性请求的场景，传统合约适合主观性请求的场景。智能合约中的约定、抵押及惩罚需提前明确，而主观性判断指标很难纳入合约自动机中进行判断，也就很难指导合约事务的执行。

(3) 成本维度

智能合约的执行成本低于传统合约，合约执行权利、义务条件被写入计算机程序中自动执行，在状态判断、奖惩执行、资产处置等方面均具有低成本优势。

(4) 执行时间维度

智能合约属于事前预定、预防执行模式，而传统合约采用的是事后执行，根据状态决定奖惩的模式。

(5) 违约惩罚维度

智能合约依赖于抵押品、保证金、数字财产等具有数字化属性的抵押资产，一旦违约，参与者的资产将遭受损失；传统合约的违约惩罚主要依赖于刑罚，一旦违约，可以采用法律手段维权。

(6)适用范围维度

智能合约技术可全球使用，适用于全球范围；而传统合约受限于具体辖区，不同国家或地区的法律、人文等因素均影响传统合约的执行过程。

7. 智能合约与信息溯源

溯源，指的是往上游寻找发源的地方。信息溯源，是指追踪记录有形商品或无形信息的流转链条，通过对每一次流转的登记，实现追溯产地的目的。

传统的溯源系统使用中心化账本模式，或者由每个参与主体孤立记录和保存信息资源，这容易产生信息孤岛。在中心化账本模式下，谁作为中心来维护这个账本成为关键问题，无论是源头企业保存，还是渠道中间商保存，由于其自身都是流转链条上的参与主体，当账本对自身不利时，其很可能选择篡改账本或者谎称账本信息丢失来逃避责任。如此，商品造假、信息泄露、食品安全问题频发，账本的安全性、可信性难以保证。处于电商交易链条上的各个参与主体，站在各自利益的角度处理信息账本，无法营造安全、可信、不可篡改、可溯源的交易环境。

因为信息孤岛的存在，市场上各参与主体各自维护一份账本，这样的账本也叫作台账。台账电子化后进入进销存系统，不管是台账还是电子进销存系统，拥有者可以任意篡改和事后造假。例如，很多商家完成交易后修改台账，修改或删除交易记录，这都不利于后期信息溯源和追责。

由于智能合约通常被部署在区块链上并得到保护，因此其具有一些独特的特性。首先，智能合同的程序代码将在区块链上进行记录和验证，从而使合同抗篡改。其次，智能合同的执行是在匿名的、不信任的个体节点之间强制执行的，没有集中的控制和第三方当局的协调。最后，智能合约有自己的加密货币或其他数字资产，在预定义条件触发时可及时转移它们。

智能合约通过遵循简单的“if... then...”等语句来工作，这些语句被写入区块链上的代码中。当满足并验证了预定条件时，计算机网络将执行这些操作。这些行动可能包括向相关方释放资金、登记车辆、发送通知或开具罚单。然后，在交易完成时更新区块链。这意味着交易无法更改，只有获得许可的各方才能看到结果。区块链在登记结算场景时的实时对账能力，在数据存证场景上的不可篡改和时间戳能力，为溯源、防伪、造假、追责提供了有力支持。

区块链作为网络中的一种分布式账本技术，集成了密码学、共识机制、智能合约等多种技术，提供一种新型信任体系构建方法。智能合约具有公开透明、实时更新、准确执行等显著特点，在区块链中为信息存储、交易执行和资产管理等功能的实现提供了更安全、高效、可信的方式。智能合同被嵌入到区块链中，使协议中的合同条款能够自动执行，而不受信任的第三方的干预。因此，智能合约可以降低管理成本、节省服务成本、提高业务流程的效率及降低风险。

智能合约技术正在重塑传统的行业和业务流程。通过智能合约自动记录信息流通，并存储在各区块中，为信息溯源提供了便利。如，供应链中的信息溯源是在整个供应链的各环节中对商品的生产、运输等信息进行追踪，从而保证产品供应链的流通能够得到有效监控，当产品出现问题时，能够及时追溯到相应环节以及相应责任人。区块链技术的特点是去中心化、匿名性，能够保证数据的完整性，此特点正好迎合供应链中信息追溯的需求，使得供应链中信息流通更加透明，且不可篡改，相关数据更加真实可靠。

8.3.2 基于区块链的安全交易系统

1. 电子商务交易现状

“十三五”时期我国电子商务保持良好发展势头，已成为数字经济发展规模最大、增长速度最快、覆盖范围最广的一部分，是实体经济数字化转型发展的重要驱动力。国家统计局数据显示，从2016年到2020年，全国电子商务交易额从26.10万亿元增长到37.21万亿元，年均增长率9.3%。中国网购用户规模已达7.82亿人，创造了全球规模最大的网络零售市场。

2020年至2022年，处于抗击新冠肺炎疫情时期，商务部深入贯彻党中央国务院部署，发挥电子商务在抗疫中快速响应和物资调度的优势，在市场保供、疫情防控、复工复产、带动消费、稳定就业方面做出了突出贡献。电商平台交易无须接触，通过移动终端完成交易，在保障防疫工作的同时，促进消费和复工复产，将疫情的影响降到最低。

电子商务在推动数字技术发展和企业数字化转型中发挥了重要作用，带动就业，提高复工复产效率。2020年，全国电子商务从业人员超过6000万人。电子商务业态逐渐细化，农村电商、社交电商、直播电商、跨境电商等不断取得新的突破。

2. 电子商务交易流程

传统的电子商务交易包括信息流、物流和资金流，其中信息流是商家和用户之间进行交易沟通的桥梁，物流是商品从商家传递到用户手中的过程，资金流是用户支付商家货币的过程。信息流、物流和资金流将传统的线下面对面交易转为线上，实现了在线交易沟通、远程物品传输、在线支付等功能。支付环节要求第三方金融机构的参与，即银行进行账号资金的流转，实现金融交易。传统电子商务交易流程如图 8-9 所示。

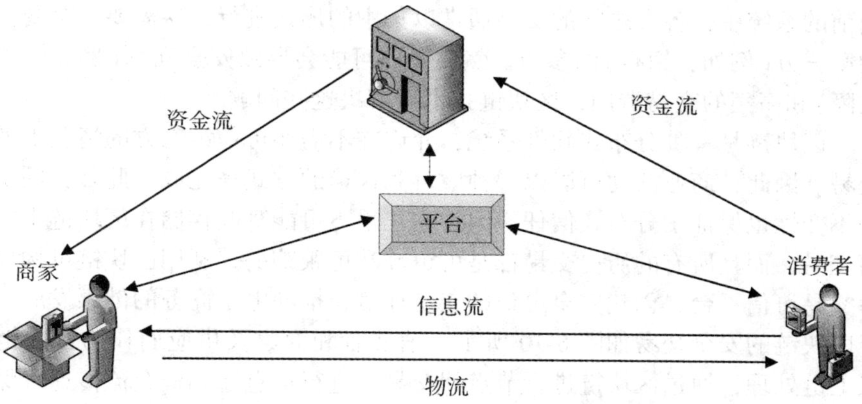

图 8-9　传统电子商务交易流程图

3. 传统电商交易存在的问题

(1)交易安全问题

传统交易线上化，无法确保交易双方的信用问题。商品交易存在物流的滞后性，因此，需要第三方机构进行资金的暂存，当用户收到商家的货物，确认收货后，资金方可到达商家账户。交易的完成需要平台提供安全保障和第三方机构作为中介以保障资金安全。由于平台和第三方机构的业务操作对用户不可见，用户可见的只是最后的交易结果，因此电商交易过程存在可信问题。

(2)商品溯源问题

相比传统实体店的面对面交易，电商线上交易难以进行线下追责，商品质量和安全性无法得到很好的保障。因此，部分电商平台低质、伪劣商品问题频出。

(3)信息安全问题

传统电子商务网络交易在移动手机、电脑等设备上完成，通过 4G/5G 进行通信，商家和电商平台存有消费者信息。例如，用户通过电子商务平台购买商品，提供个人联系方式、地址等，此类信息保存在电子商务平台，一旦信息泄露就会给用户带来隐私、人身和财产安全问题。

(4)网络安全问题

如病毒入侵电脑，网络攻击导致系统瘫痪，木马程序破坏软硬件设备等。

4. 基于区块链的安全交易系统

任何电子商务交易的基本要求都是隐私、认证、完整性和不可否认。在当前的系统中，各方之间的交易通常以集中的形式进行，这需要一个受信任的第三方(例如，银行)的参与。然而，这可能会导致安全问题(例如，单点故障)和高额的交易费用，区块链技术可解决这些问题。

区块链是一种分布式软件系统，允许在不需要可信第三方的情况下处理交易。因此，商业活动可以以一种廉价和快速的方式来完成。此外，区块链的不变性也保证了分布式信任，因为它几乎不可能篡改存储在区块链中的任何交易，而且所有的历史交易都是可审计和可跟踪的。利用区块链可构建商务交易可信平台，创建安全可信的交易环境，推动电子商务的健康发展。基于区块链的安全交易如图 8-10 所示。消费者和商家及供应商作为区块链节点上链处理，通过区块链进行节点间交易，进行信息流和资金流传递，保障可信、安全交易的开展。

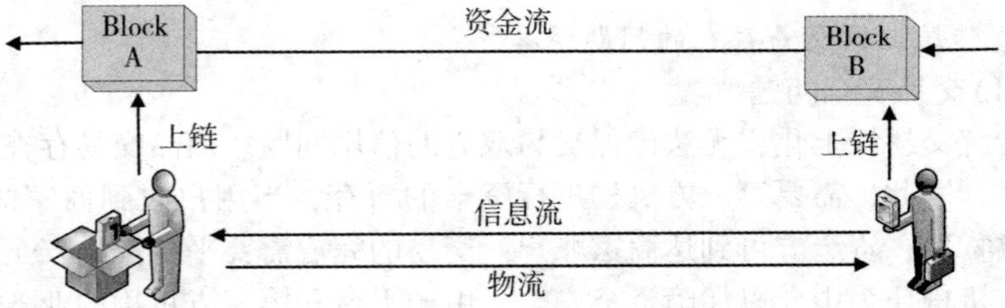

图 8-10　基于区块链的安全交易

区块链交易系统是利用区块链数字货币的交易系统，根据结构分为中心化区块链交易系统和去中心化区块链交易系统。其中中心化区块链交易系统如图 8-11 所示。基于中心化区块链的交易系统流程包括开户、充值、自动转账、交易和提现等步骤。

(1)开户。用户通过中心化区块链交易系统提供的注册方法进行注册，注册时自动生成该用户交易系统的地址集，可能存在多个地址，有些币属于不同的区块链，需要生成不同的公钥地址。此地址的私钥是由交易系统控制的，用户只有公钥地址。

(2)充值。用户通过自己的数字资产钱包向开户时生成的公钥地址转入

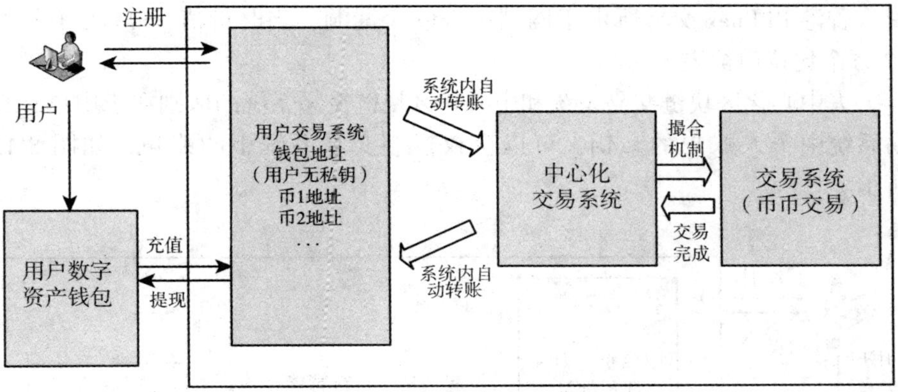

图 8-11　中心化区块链交易系统

需要交易的数字资产，以方便用户进行货币交易。

(3)自动转账。用户从自己的钱包地址向交易系统的地址充值，所有的数字资产会自动转入交易系统，完全由交易系统控制，用户采用挂出买单和卖单指令在交易系统中进行数字资产交易。

(4)交易。经过开户、充值、自动转账，用户的数字资产已经完全由交易系统控制，用户只用向交易系统发出交易指令，交易系统将会在中心化的服务器上进行交易撮合。即通过集中撮合机制或者中心撮合机制，在中心化服务器上进行交易。由于此类交易并未真正在区块链上进行实际交易，所以中心化区块链交易系统交易效率更高，实时性更强。

(5)提现。完成交易后，用户的数字资产交易通过交易系统的中心化服务器的中心撮合机制完成，交易完成后的数字资产又回到用户指定的账户中。此时用户可向交易系统提交提现指令，系统会通过中心表的操作将用户在系统账户中的余额作对应减少，然后将减少的部分数字资产通过交易系统在区块链上的总账账户，向用户的区块链的钱包地址转账，即完成提现操作。

中心化交易的特点：①技术层面，中心化区块链交易系统有成熟的解决方案，能够提供海量高并发实时交易，为用户提供高并发、实时的交易体验。②经济层面，中心化区块链交易系统的交易成本由市场环境和监管决定，它可以根据运营策略制定手续费规则，而且交易本质上为 IOU 记账，交易成本非常低。③中心化信用背书会面临内部运营风险、商业道德风险、资产盗用风险等。比如 2017 年 9 月，瑞通光泰投资基金管理有限公司旗下网站莱特中国卷款跑路，页面关闭，投资者被拉黑，资金也不翼而飞。④对资产的第三方进行集中式托管，会招致巨大的黑客攻击风险。如 2016 年 8 月，香港 Bitfinex 交易所由于网站出现安全漏洞，当时价值 6500 万美元的 12 万个比特币被盗。

去中心化区块链交易系统和中心化区块链交易系统的区别在于用户有交易系统中个人账户的私钥，可以全权控制交易系统中的账户，如图 8-12 所示。

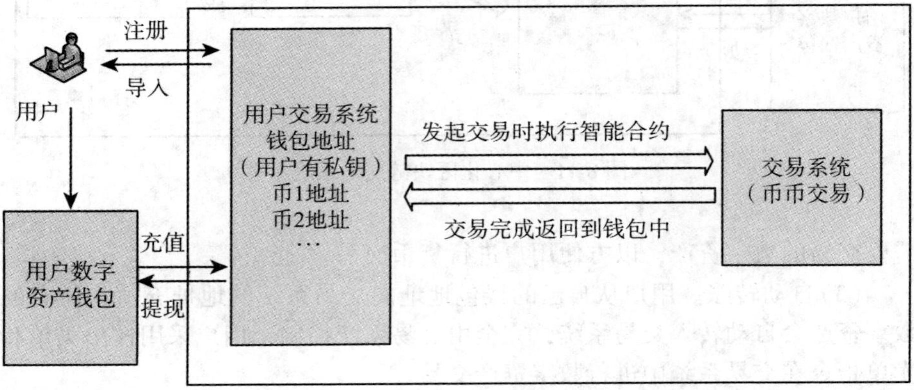

图 8-12　去中心化区块链交易系统

同中心化区块链交易系统一样，去中心化区块链交易系统流程包括：开户、充值、转账、交易和提现。

(1)开户。用户通过交易系统网站注册交易账户，并设置密码。设置钱包地址的方式有两种，一是直接通过交易系统注册钱包地址，并控制私钥，只有用户才可以操作该钱包账户。二是通过导入已有钱包，利用交易系统进行币币交易。

(2)充值。去中心化交易系统的充值过程是直接从钱包地址充值到交易系统的新地址(账户公钥)。如果导入的是钱包，则可以直接使用钱包中的资产进行交易。

(3)转账。去中心化区块链交易系统没有自动转账，自己的新地址便是交易主体。

(4)交易。当用户发起交易时，由直接执行交易系统的智能合约来完成该任务，这个过程往往需要花费一定的确认时间和撮合时间，所以去中心化区块链交易系统在某种程度上存在交易时间长的问题。由于所有交易在区块链上进行，速度要比中心化区块链交易系统慢。但整个过程中用户一直拥有“币”的所有权，而交易系统无任何掌控权。

(5)提现。即用户从交易系统的新地址(账户公钥)转账到自己钱包地址的过程。如果导入的是钱包，则这一步可直接略过，当智能合约交易完成后就已经在提现了。

去中心化区块链交易系统的特点：①从业务视角看，去中心化区块链交易系统的模式显得简单些，其只需要承担主要的资金托管、交易撮合和资产清算任务，而不用考虑非区块链具体交易的功能；②用户在区块链上的账户公钥就是身份，不需要向交易系统注册个人信息，因此就不存在个人信息安全问题；③去中心化区块链交易系统操作都是通过智能合约完成，资产托管、交易撮合、资产清算都在区块链上执行，无须担心黑幕操作，非常透明可信；④通过智能合约实现去中心化、去信任的交易，解决了中心化交易系统存在的内部运营风险、商业道德风险问题，避免了资产盗用问题，保障用户资产安全；⑤用户的托管资产可以自由转移无须审批，账户秘钥在用户手中，技术上黑客攻击分散，破解成千上万秘钥难度大；⑥由于操作是在区块链上完成，时效性较差，用户体验有待提升。

8.3.3 基于区块链的电子商务物流信息安全

1. 物流

自从人类社会出现商品交换，物流活动(如运输、仓储、装卸搬运等)就诞生了。货物在不同时空的转移是社会经济发展的基础之一。1915 年，美国经济学家阿奇·萧在《市场流通中的若干问题》一书中首次提出“Physical Distribution”的概念，他提出物流可创造不同需求，并提到物资经过时间或空间的转移，会产生附加价值。我国使用“物流”一词始于1979 年。

随着社会经济的发展，物流已经作为一门科学，与我们的生活紧密相关。现代物流可以理解为，为了让客户满意和挖掘衍生利润，利用现代信息技术将运输、仓储、装卸、搬运、包装、流通加工、配送、信息处理、需求预测、为用户服务等活动结合起来，科学地将原材料、半成品及成品由生产地送到消费地的所有流通活动。物流信息是反映物流各种活动内容的知识、资料、图像、数据、文件的总称。电子商务的发展加速了物流的技术演进，保障物流信息安全是电子商务安全的重要组成部分。

2. 物流信息安全的必要性

通过物流数据信息可实现数据的透明查找、商品溯源等。物流信息安全能够实现物流路径优化，节约成本。

(1)商品溯源

根据物流数据进行商品溯源，可完成物流信息查找和更新，构建可信的商品流通和交易环境。通过商品溯源，便于核对商品生产地信息、加工信息、安全检查信息等，为商品质量提供保障。

(2)物流路径优化

通过物流信息，可简化物流路径，降低物流成本，提高物流效率，提高商品送达成功率。

(3)合理化产业布局

通过分析物流数据，可了解商品服务集群、供应链结构及中间商、分销商的信息，从而优化产业布局，促进产业结构调整。

(4)保障物流数据安全

物流数据包括商品数据、商家数据和用户数据，在具体电子商务中应保障数据安全，防止数据丢失、泄露、遭到非法窃取和违法利用等，保障用户隐私和合法权益。

3. 物流信息安全管理要求

物流信息安全管理是对物流信息进行采集、处理、分析、应用、存储和传播的过程，也是将物流信息从分散到集中、从无序到有序的过程。

(1)可得性。保证大量分散、动态的物流信息在需要的时候能够容易获得，并且以数字化的适当形式加以表现。

(2)及时性。及时的信息可以减少不确定性，增加决策的客观性和准确性。随着电子商务的快速发展，社会对物流服务的及时性要求也更加强烈。物流服务的快速、及时要求物流信息必须及时提供、快速反馈。

(3)准确性。准确的物流信息能够优化物流配送，合理安排运输设备调度，确保商品准时到货，并保证在采集、处理、分析、应用、存储和传播过程中信息不被篡改、丢失。

(4)集成性。物流信息的基本特点就是信息量大，每个环节都需要信息输入，并产生新的信息进入下一环节，所涉及的信息需要集成，并使其产生互动，实现资源共享。

(5)适应性。物流信息能够适应不同的使用环境、对象和方法，并能描述突发或非正常情况的事件，如运输途中的事故、货损、出库货物的异常变更、退货，临时订单补充等。

(6)易用性。信息的表示要明确、容易理解和方便应用，针对不同的需求和应用要有不同的表示方式。

4. 基于区块链的跨境电商商品信息溯源

(1)跨境电商商品流通信息处理

商品跨境流动过程可简单分为四个部分：商品供应商(生产加工制造等)、分销商、物流、消费者。跨境电商商品流通模式如图8-13所示。

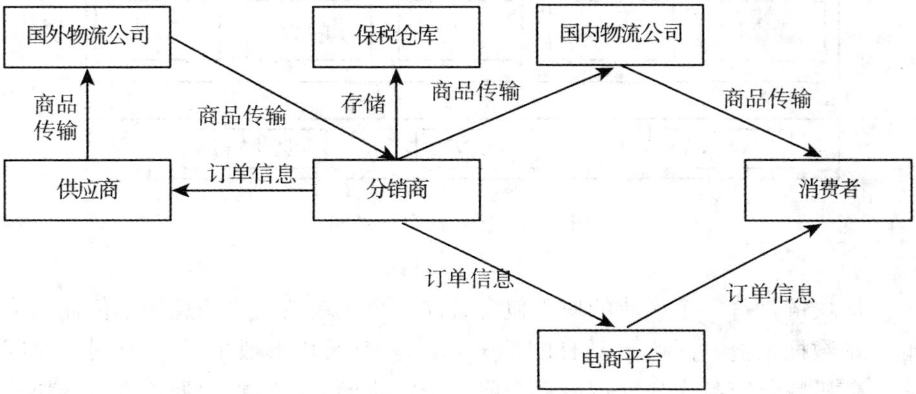

图8-13　跨境电商商品流通模式

通常国外的产品想要进入我国境内，货物的负责人员需要在货物进境前的14日内向海关报关。为了保证进入我国的产品不是假货，我们一般根据区块链技术对其进行防伪记录。产品在出具合格证时，区块链的账本将进行记录(包括商品的原产国、原产地、生产日期等商品基本信息)。若国内分销商还未向国外供应商下单，该商品存储在国外仓库的入库信息应记录在区块中。当国内分销商下单后，国外供应商将产品出库的时间同样需要记录在区块中。此外，国外供应商应将出库至国内保税仓库的所有入境信息填至区块链账本中，且不可更改。在运至保税仓库时，分销商应该将商品的入库时间以及货位信息记录至区块链账本中。具体信息记录如图8-14所示。

区块链的每个节点负责对每两个交易节点之间进行的商品交易处理信息进行验证，保证这些信息在绝大部分的认证节点中保持最终一致性并达成共识，最终确认正确之后保存到区块链当中。因此，只有当下一个商品交易处理信息数据到来时，才能刺激智能合约继续解锁区块链进行下一步区块账本数据记录。非对称加密技术可以使交易在商品跨境电商物流中被大多数节点承认后再记录，从而保证了信息传输的安全性。

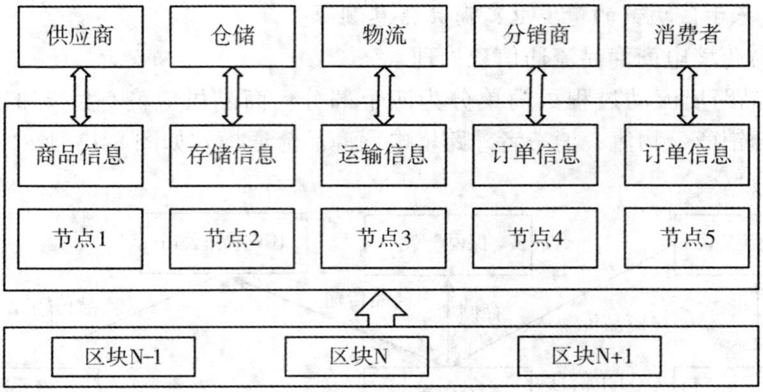

图 8-14　区块信息记录图

区块链是每一个区块的块头包含着前一个区块的交易信息压缩值而形成的一条数据长链。区块主要有四部分：前一个区块形成的哈希散列、时间戳、随机数、商品交易处理信息。前一个区块形成的哈希散列负责将区块连接起来，实现历史交易的顺序排列；时间戳为数据信息提供了时间维度，各个区块按照时间戳的顺序链接成一条主链，所有的交易记录以及交易时间都在区块链中，是区块数据的存在性证明；商品交易处理信息是区块所承载的任务数据，包括交易双方的私钥、交易的数量、交易双方信息及商品加工流通信息等；用户通过跨境电商平台与分销商交易成功之后，通过输入商品编号对商品在区块链上进行溯源。由于区块的结构是每个区块的区块头包含上一个区块的哈希散列，系统通过当前区块包含的哈希散列回溯之前的区块并找到对应交易编号的商品之前的交易，最终查询到商品的初始交易及商品生产加工处理等信息，以此来达到商品信息溯源防伪目的。

(2)区块链商品溯源系统

溯源系统共分三层：应用层分为交易信息输入模块、共识节点显示模块、商品信息查询及溯源模块。区块链网络层广播交易信息及信息区块存入，参与认证节点负责对信息进行验证。区块链存储层存储验证后的区块信息。经过共识验证的交易信息成功存储之后，便不可被篡改，保证查到的交易信息真实可信。具体系统架构如图 8-15 所示。

①区块链存储层。该层主要用来存储节点之间的交易信息，一旦成功存储到区块当中，则无法进行更改。

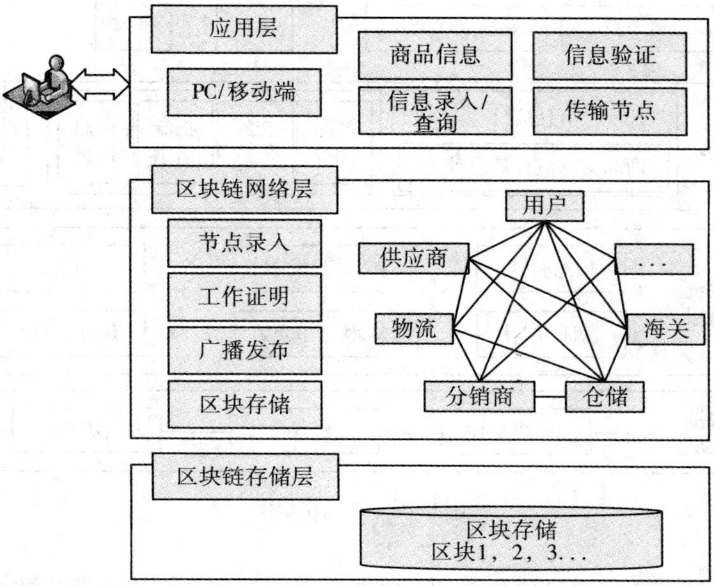

图 8-15 系统架构图

②区块链网络层。这一层涉及一些技术问题。供应链中所有参与交易的交易主体均作为区块链网络中的矿工节点存在。当这些节点接收到交易请求时，区块链网络中的参与节点开始进行“挖矿”，最先找到的矿工获得此笔交易的记账权。采用区块链技术完全去中心化、节点自由进出的共识机制，通过精密运算，计算出一个满足规则的随机数，即获得本次记账权，发出本轮需要记录的数据，全网其他节点经验证后一起对该交易信息进行存储。网络中的节点共同维护整个链上的运作，一旦发现有人试图篡改信息则对该节点进行处罚或踢出网络。

③应用层。这一层为实现人机交互的各种可视化软件程序。用户通过应用层与区块链网络层的接口实现对区块链的操作，经网络层处理之后最终存储到区块链存储层。

从区块链的应用层及网络层入手，通过应用层实现与用户进行交互，搭建区块链网络，并对模型中的模块进行设计，主要模块有供应链节点交易信息输入模块、商家及用户对信息的查询和溯源功能模块，详情见图 8-16。

信息接口主要是交易主体通过应用层对交易信息进行输入，应用层将接收的信息传送到网络层验证成功之后传到存储层对交易信息进行存储。功能

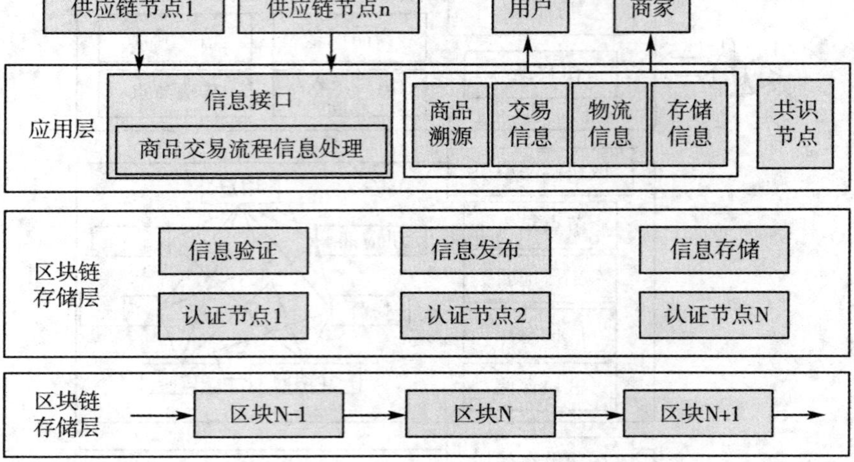

图 8-16　系统模块图

模块为商家和用户提供信息查询和溯源功能。区块链网络内部主要由区块链网络中所有的矿工节点组成的分布式部署的认证节点构成。区块链的矿工节点负责将每两个交易节点之间进行的交易信息找到工作量证明并验证，保证这些交易信息在绝大部分的认证节点中保持一致性并达成共识，最终确认正确之后保存到区块链当中。

根据系统模块，供应商、分销商分别定义自己的交易信息；将交易信息发送给各节点，并作为共识节点参与到网络中对交易进行验证；用户接收及发送交易信息，并作为共识节点参与到网络中对交易进行验证；物流机构作为每个交易主体中间信息传递者，对交易信息进行验证之后，用私钥进行签名加密；收到货物时并对填写的交易信息进行验证，若正确，双方分别用私钥对交易信息进行签名，若错误，则将交易信息丢弃，签名之后将交易信息及双方公钥发布到网络当中。每个区块当中包含多笔交易，且每笔交易种类也有所不同。其中交易信息种类包含生产商与分销商之间的交易信息、分销商与顾客之间的交易信息。

(3)基于区块链的跨境电子商务商品交易及溯源流程

商品交易流程见图 8-17。

①用户在网上发出交易请求，分销商(商家)收到确认交易请求。

②确认交易请求之后，分销商联系供应商及物流公司形成多笔交易，交易信息被传播到区块链网络当中。

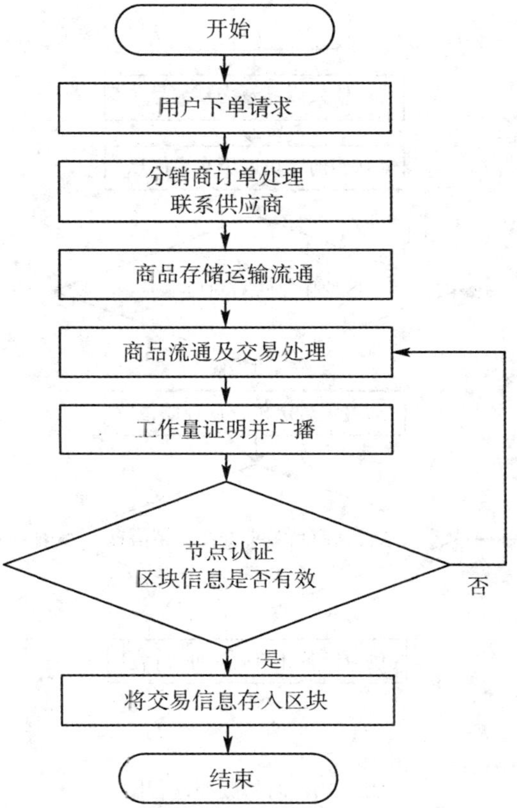

图 8-17　商品交易流程图

③每隔一段时间，区块链网络中的“矿工”节点就会收集多笔交易，然后把它们结合在一起形成一个“交易链”。

④为了完成一个有效交易链，矿工需要解决一个困难的数学方程(“哈希函数”)，最先解决该方程的矿工负责处理该交易链，并将“工作证据”播送到区块链网络。

⑤其他交易验证节点检查该工作证据以及该交易的有效性，如果验证成功，则将区块信息存入区块链，优先取得记账权的矿工将获得一定奖励；否则，就需要重新形成交易链并进行验证。

商品溯源及查询流程见图 8-18。

在跨境电商供应链中，交易角色通过网络开始进行交易，每笔交易确认成功后存储到区块链上。用户想要查询商品的来源，通过区块链的结构，可

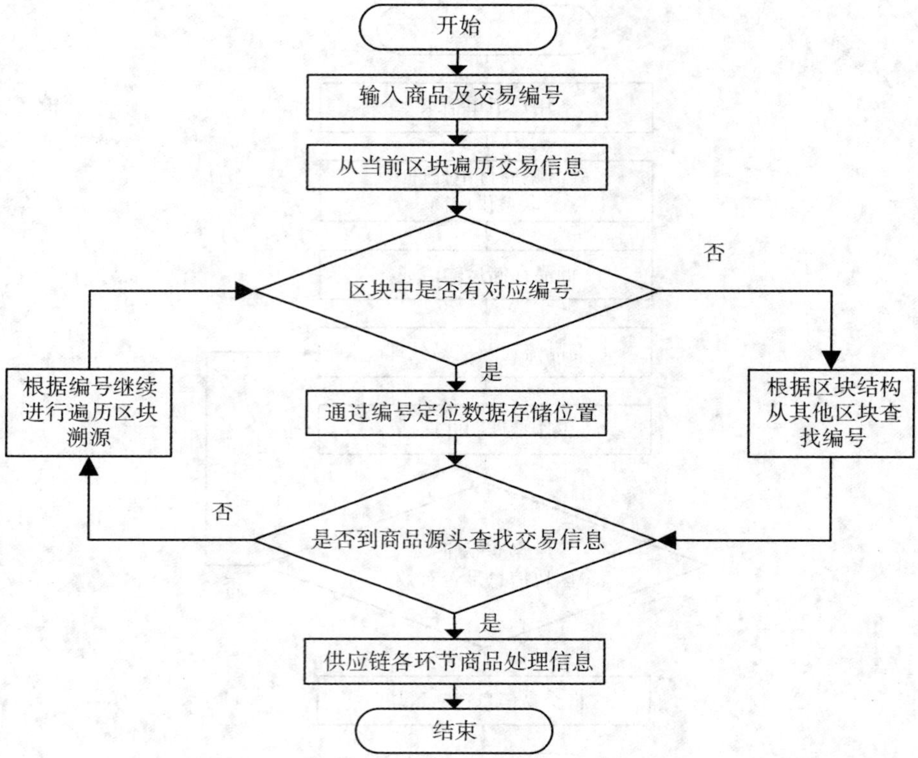

图 8-18　商品溯源流程图

回溯到初始交易状态查看源头商品生产加工处理等信息。

①首先溯源之前的交易，需要由发货方对交易信息进行填写，并成功存储到区块当中，这样交易信息进行存储之后才能根据区块链的结构以及交易信息单中的上一笔交易编号进行溯源。

②进行溯源的用户可以通过客户端输入交易编号来显示该笔交易所在的区块，该块中包含多笔交易，此时用户通过交易编号来定位当前交易的位置，系统内部通过区块链结构依次向前查询当前交易的前一笔交易信息。

③重复第②步，直到回溯到初始交易，以此实现全流程商品信息溯源。

8.4　电子商务用户隐私保护

电子商务用户隐私保护意义重大，这关系到用户对电子商务平台的信任和对商家、物流的信任，以及决定是否接收电商交易行为。隐私信息受法律的保护，不容侵犯。电子商务行业的发展，不可避免要面对这一敏感问题。用户隐私保护一直以来都是广受关注的问题，也是具有挑战性的问题。

8.4.1 电子商务信息服务与用户隐私之间的平衡

1. 电子商务信息服务

信息服务，即利用信息资源提供的服务。它是为解决经济建设和社会发展中的问题而提供服务的活动。电子商务信息服务最重要的是信息，在数据就是市场的环境下，数据成为商家的金矿。通过电子商务信息进行商务服务，能够创造更大的市场和收益。

2. 用户隐私

“隐私”一词最早出现于周朝初年，但当时的词义与现代区别较大，意思是衣服，即把私处遮挡隐藏的东西。《中国人权百科全书》把“隐私”定义为：“隐私即秘密，是指尚未公开的、合法的事实状态和一般情况。如果已经向公众公开或向无保密义务的特定人公开，即不属于隐私。”翻开我国《现代汉语词典》，隐私的定义是：“不愿告诉人的或不愿公开的属于个人的事。”“隐私”，一个现今使用范围广、使用频率密的词语，在不同领域有着不同的界定。

电子商务中的隐私是伴随着电子商务的应用及普及而衍生出来的。一些电子商务商家受利益驱动，在消费者不知情或不情愿的状态下，通过其在网络上的行为，利用各种技术手段取得消费者信息，进行再次开发利用，最终把消费者隐私信息转化成无限的商业价值。侵犯消费者隐私事件层出不穷，如谷歌泄露个人隐私事件、网站遭黑客攻击致使上百万消费者资料被泄露事件、盛大云数据丢失事件等，这些非法事件严重侵犯了消费者的合法权益。

隐私实质上是一种个人不愿被公众随便知悉的私人信息。在“数据就是石油”的今天，隐私作为一种个人信息，越来越具有不可估算的商业价值。随着信息逐渐成为商品，隐私不仅具有维护人格尊严的根本性价值，也逐步具有树立良好社会形象、带来财产收益等方面的工具性价值。

3. 电子商务活动中侵犯用户隐私的形式

目前，电子商务平台经营者出于自身利益考虑，为了能在竞争中取得优势地位，不断侵害消费者个人隐私。有的电子商务网站并没有兑现承诺，采取严格保密措施来保护消费者个人隐秘信息，这些电子商务平台经营者利用消费者信赖心理，堂而皇之地收集信息；电子商务网站则对收集的个人信息进行技术分析，从中挖掘出一些消费者未曾透露的数据，如消费爱好、购物频率等，从而转化为有利的商业价值应用于生产经营及新产品的推广当中；部分电子商务平台经营者实行多家联合合作模式，对登记的消费者隐私资料实行资源共享，甚至共同转卖消费者个人信息；有些电子商务网站甚至还制定了专门的隐私权免责条款，强制消费者授权其对个人信息的任意收集、使用，以免除侵犯个人隐私权时所应承担的法律责任。

电子商务在为消费者带来便利的同时，也为消费者带来生命财产安全的危机。随着互联网与电子商务的兴起，电子商务活动侵犯个人隐私的痕迹越发明显。大数据时代，在电子商务的整个环节中，数据处于最为核心的位置，是电子商务极速发展的关键。如果电子商务平台经营者不正确处理好数据间的关系，造成了消费者隐私被非法公开等后果，不仅电子商务经营者遭受信用危机，无辜的消费者也因转嫁的损失而受牵连。

当前，电子商务活动侵犯个人隐私的具体表现有四方面：①在数据存储过程中侵犯个人隐私；②在数据传输过程中侵犯个人隐私；③在数据处理过程中侵犯个人隐私；④在数据销毁过程中侵犯个人隐私。为保障国民经济和谐稳定发展，促进电子商务健康有序运营，对电子商务中侵犯个人隐私的各个环节我们必须进行密切关注与保护。

电子商务活动侵犯个人隐私的形式包括：

(1)商家/平台任意收集消费者个人数据。通过跟踪用户网络浏览记录，电子商务平台经营者可从中窥探消费者的兴趣爱好、消费倾向、上网习惯等；针对消费者常到访的网站，利用高科技软件技术任意收集消费者的个人资料，如邮箱地址、手机号码、购买记录等隐私信息。

(2)非法买卖消费者个人数据。电子商务发展越迅猛，消费者数据越多，收集到个人隐秘数据的机会也越大，对目标客户的定位也就更精准，非法买卖个人数据开始出现。电子商务水平达到一定规模时，为了稳固基础并寻求突破，大电子商务企业也需要更多的数据资料支撑，这使得买卖数据的队伍更加庞大。

(3)通过免责条款肆意侵夺消费者个人数据。免责条款是一种合同条款，指当事人双方在合同中事先约定的，旨在限制或免除其未来的责任的条款。为了避免日后发生消费者起诉侵犯个人隐私权等案件，相当一部分电子商务网站把免责条款作为保护自身利益的法律盾牌。当消费者登录网站寻求资讯增值、娱乐消遣、购物消费、下载软件时，往往会被要求必须先成为该网站的专属消费者或会员，再填写若干个人隐私信息，同时迫使消费者同意免责条款。

4. 电子商务活动中保护用户隐私的必要性

(1)用户层面

①防止受到骚扰和人身安全威胁。用户通过电子商务平台购买商品，商品经过物流配送到用户手中。由于用户在平台上注册填写了用户个人信息，在物流配送中物流单上也有用户的姓名和电话、地址等信息，这些信息容易被不法分子利用，通过打电话、发邮件的形式进行骚扰，或通过用户地址信息进行跟踪，窃取金钱，甚至对用户个人人身安全带来威胁。

②防止财产损失。不法分子通过用户个人信息向亲人、朋友进行诈骗；通过窃取用户账户信息，盗取用户账户余额；利用电话、邮箱进行诈骗，骗取用户金钱。

③维护应有的权利。《中华人民共和国个人信息保护法》(以下简称《个人信息保护法》)强调中国公民的信息隐私权不容侵犯。从用户的角度看，保护个人信息隐私是其应有的权利。在互联网上进行商品或服务交易，个人信息容易暴露，不管是电子商务平台还是商家，都应对用户隐私负有责任。

(2)商家/平台层面

①提高经济效益和市场竞争力。用户对商家/平台的青睐一方面是提供的商品和服务能够满足用户需求，另一方面是平台和商家能够保证用户隐私不被侵犯和泄露。商家和平台对用户隐私的保护能够获得更多有价值的用户，用户更放心使用和产生消费行为，进而提高其经济效益和市场竞争力。

②提高客户忠诚度。在网络环境下，商家和平台注重对用户隐私的保护能够提高用户忠诚度。反之，如果商家和平台对用户隐私保护做得很差，用户隐私泄露问题频发，那么用户就会抛弃平台和商家，甚至向其提起法律诉讼。

③树立品牌形象。电子商务品牌形象的维护不仅仅是商品质量，更在于优质、放心的服务，而保护用户隐私便是最基础且重要的服务内容。对用户隐私保护不当，便会失去用户信任和忠诚，品牌形象难以维持。因此，从商家/平台的角度，保护用户隐私对提升经济效益和市场竞争力，提高客户忠诚度，树立品牌新形象不可或缺。

(3)行业层面

电子商务的蓬勃发展，需要健康、值得信赖的商务交易环境，特别是“互联网+”环境下。行业的发展离不开市场的健康稳定和政策法律的约束，保护用户隐私，既可创造更可信、安全的交易环境，又符合政策指引和法律约束；维护用户隐私，是保护促进行业健康稳定发展的重要条件。

5. 电子商务信息服务与用户隐私

电子商务活动中，保护用户隐私信息安全既是法律约束，又是对用户的基本尊重和道德义务。然而，部分公司忽略这一点，他们更多站在自身利益的角度，缺乏对用户隐私的保护。

安全是发展的前提，必须全面提高电子商务用户隐私保护能力，建立覆盖数据收集、传输、存储、处理、共享、销毁全生命周期的安全保障体系，综合利用数据验证、数据加密、数据安全交易、安全防御、追踪溯源、数据销毁等技术，建立全面防御体系；引入用户和组件身份认证、细粒度访问控制、数据操作安全审计、数据脱敏等隐私保护机制，同时提高平台紧急安全事件的响应能力；借助大数据、人工智能、区块链、云计算技术实现自动化风险识别、风险预警、风险评估和风险控制，提升电子商务用户隐私保护水平，提升对未知威胁的防御能力。

电子商务的健康稳定发展，离不开对用户隐私权的保护，在保障用户隐私安全的前提下才能对用户数据进行合法利用。平衡电子商务信息服务和用户隐私保护，应在法律约束的条件下，合理开发利用用户数据、交易数据、物流数据，以更好地为用户提供优质服务，使商家能够获得更高经济效益。

8.4.2 基于权益维护的用户隐私保护机制

1. 电子商务与用户隐私权益维护

个人信息是重要的数字资产，加强用户隐私信息保护，规范个人信息的获取及使用，不仅事关个人权益维护，也关系电子商务及数字经济健康发展。“十四五”规划对加快推进数据安全、个人信息保护等领域基础性立法提出了明确要求，《民法典》对个人信息保护也做出了相关规定。

随着新技术、新业态、新应用不断涌现，以电子等方式记录的个人信息大量产生。人民群众普遍关心个人信息安全，关注个人隐私能否得到保护。《个人信息保护法》坚持以人民为中心，全面调整、规范各类主体的个人信息处理活动，明确了包括知情权、决定权、删除权等在内的个人信息权益，更加严格地规定了敏感个人信息的范围和处理规则。对于社会反映强烈的胁迫用户同意处理个人信息、“大数据杀熟”和非法买卖、提供或者公开他人个人信息等违法行为明确了法律责任，这些规定有利于进一步健全和完善保护个人信息权益的体制机制。

个人信息保护的相关制度在《网络安全法》中已经有了相关规定，其后的《民法典》人格权编和《数据安全法》也先后规定了涉及个人信息的具体保护制度。上述法律对个人信息权益的保护思路，主要是通过设立基本的个人信息处理规则、赋予个人在个人信息处理活动中的权利、设定行政监管机制，从而对个人信息处理所涉及的个人自治、生活安宁、公正对待进行系统性的保护。《个人信息保护法》第 6 条规定："处理个人信息应当具有明确、合理的目的，并应当与处理目的直接相关，采取对个人权益影响最小的方式。"第 10 条规定："任何组织、个人不得非法收集、使用、加工、传输他人个人信息，不得非法买卖、提供或者公开他人个人信息；不得从事危害国家安全、公共利益的个人信息处理活动。"同时，第 11 条也规定："国家建立健全个人信息保护制度，预防和惩治侵害个人信息权益的行为，加强个人信息保护宣传教育，推动形成政府、企业、相关社会组织、公众共同参与个人信息保护的良好环境。"第 69 条规定："处理个人信息侵害个人信息权益造成损害，个人信息处理者不能证明自己没有过错的，应当承担损害赔偿等侵权责任。"

电子商务面临的用户隐私问题是由电子商务的应用和普及衍生出来的。一些电子商务平台的商家在利益的驱动下，通过消费者在互联网上留下的行为数据，在消费者不知情或不愿意的情况下，他们利用各种技术，获取消费者的信息，然后进行再开发，最终将消费者的私人信息变成无限的商业价值。电子商务中的隐私不仅包括具体的个人属性：姓名、性别、出生日期、身份证号码、家庭住址、婚姻等，还包括个人电子信息：浏览网站产生的地址、浏览网站产生的用户名和登录密码等。因此，在电子商务中，在获得个人信息后，商家最重要的是如何对个人数据进行二次开发和利用。

《个人信息保护法》明确了个人信息的定义，不仅注重保护个人信息权益，预防和惩治侵害个人信息权益的行为，而且对个人信息的收集、存储、使用、加工、传输、提供、公开、删除等处理活动进行了全流程规范，明确要求处理个人信息应当在事先充分告知的前提下取得个人同意。电子商务活动中保护用户隐私信息，必须强化个人信息权益保障，增强我国数字经济竞争优势。

在数字经济时代，电子商务活动中个人与网络信息服务提供者之间存在明显的信息鸿沟，为了能够获得相应的信息服务使用权限，个人不得不"主动"提供自己的个人信息，但是却无法真正知晓自己的个人信息如何被处理。个人信息买卖问题严重，个人的财产安全和人身安全受到严重威胁。

《个人信息保护法》明确了个人信息处理活动过程中的权利和义务，其中个人在个人信息处理活动中的权利，包括查阅复制权、可携带权、更正补充权、删除权、解释说明权等。其中，可携带权是指当个人请求将个人信息转移至其指定的个人信息处理者，符合国家网信部门规定条件的，个人信息处理者应当提供转移的途径。删除权的行使则需要在保存期限届满、出现违法违约等情况且个人信息处理者没有主动删除的情况下，个人才有权请求删除。

与个人权利相对应的是个人信息处理者的义务，《个人信息保护法》对个人信息处理者的职责和义务提出了严格的要求，规定其应当根据具体的处理情形采取必要的措施，并在涉及敏感个人信息、自动化决策等情形时还需在事前进行个人信息保护影响评估。发生或可能发生个人信息泄露、篡改、丢失时，个人信息处理者应当立即采取补救措施，并将相关情况通知履行个人信息保护职责的部门和个人。同时，提供重要电子商务平台服务、用户数量巨大、业务类型复杂的个人信息处理者还应履行更高水平的保护义务。

2. 个人信息处理的原则

根据《个人信息保护法》，个人信息处理的原则包括合法性原则、正当性原则、必要性原则和诚信原则。

(1)合法性原则

个人信息处理行为应当满足法律法规规定，这里的“法”并不单一局限于《个人信息保护法》，还包括《网络安全法》《数据安全法》《民法典》《刑法》《关键信息基础设施安全保护条例》等法律法规。

(2)正当性原则

个人信息处理行为应当符合立法宗旨和法律价值，不得以谋求自身利益而侵害其他个人的个人信息权益。在电子商务活动中，部分电子商务 APP 运营者在用户注册阶段以不显著、不直接的方式向用户展示个人信息处理的目的、范围和方式等重要信息，这种行为显然违背了正当性原则。

(3)必要性原则

个人信息的收集范围和处理方式应当仅以实现相应的信息服务功能和业务目的为必要。该原则强有力地回应了当下社会对电子商务 APP 运营者肆意收集处理个人信息行为的担忧和质疑，避免个人为获取相应信息服务而被动提供个人信息的问题恶化。

(4)诚信原则

个人信息处理者不得利用自身的优势地位侵害个人信息权益。一方面，个人信息处理者应当诚实信用地按照约定的处理目的和范围处理个人信息；另一方面，个人信息处理者不应当故意隐瞒、有意淡化事关个人信息权益的提示说明事项。

3. 基于权益维护的电子商务用户隐私保护

个人在电子商务用户隐私保护中行使的权利，包括知情权和决定权。知情权是指个人有权知晓其个人信息的收集处理目的、范围和方式，并且这种知情应当是以清晰易懂的显著方式予以实现。个人在实现知情权之后应当能够独立自主地决定是否提供个人信息以及决定个人信息的实际处理范围和方式。《个人信息保护法》明确了个人信息处理活动过程中的权利和义务。电子商务活动中，个人在个人信息处理活动中的权利，包括查阅复制权、可携带权、更正补充权、删除权、解释说明权等权利。根据法律赋予的个人信息保护权益，电子商务用户隐私保护措施包括：

(1)加强用户隐私保护宣传教育，接受、处理与个人信息保护相关的投诉、举报，调查、处理违法处理个人信息行为，开展个人信息保护评估、个人信息跨境传输安全评估、第三方安全认证体系、个人信息保护技术标准制定等具体领域的工作内容。电子商务活动中，针对“监控偷拍人脸识别”“大数据杀熟”等社会热点问题，企业应推进人脸识别、人工智能等新技术、新应用领域个人信息保护规则和标准的制定工作。

(2)处理个人信息不仅要合法、正当、必要，还要有明确、合理的目的，并采取对个人权益影响最小的方式，限定个人信息处理的最小范围，遵循公开、透明的原则，保证个人信息的准确、完整性，保障个人隐私和信息安全。电子商务用户隐私信息保护，要保证决策的透明度和结果的公平、公正，不得对个人信息处理实行不合理的差别待遇，规避侵犯用户隐私行为。

(3)界定敏感个人信息并给予严格保护。电子商务开展过程中，用户的敏感个人信息，一旦泄露或者遭到非法使用，容易导致自然人的人格尊严受到侵害或者人身、财产安全受到危害。这些信息包括但不限于生物识别、宗教信仰、特定身份、医疗健康、金融账户、行踪轨迹等，以及不满十四周岁未成年人的个人信息。依据《个人信息保护法》的规定，只有在具有特定的目的和充分的必要性，并采取严格保护措施的情形下，个人信息处理者方可处理敏感个人信息。同时，电子商务交易中处理敏感个人信息应当取得个人的单独同意，处理不满十四周岁未成年人个人信息的，应当取得未成年人的父母或者其他监护人的同意。

(4)规定科学合理的民事责任制度以及民事公益诉讼。根据《个人信息保护法》的规定，处理个人信息侵害个人信息权益造成损害，个人信息处理者不能证明自己没有过错的，应当承担损害赔偿等侵权责任。电子商务活动中，侵害个人信息权益造成损害的损害赔偿责任按照个人因此受到的损失或者个人信息处理者因此获得的利益确定；个人因此受到的损失和个人信息处理者因此获得的利益难以确定的，根据实际情况确定赔偿数额。在个人信息处理者违反《个人信息保护法》规定处理个人信息，侵害众多个人的权益时，人民检察院、法律规定的消费者组织和由国家网信部门确定的组织可以依法向人民法院提起诉讼。国家应从法律角度，依法保障电子商务活动中用户个人信息权益，切实保护用户隐私安全，推动电子商务行业稳健发展。

◎ 本章小结

在“东数西算”战略和大数据时代背景下，电子商务企业积累了大量的用户数据、商业数据和企业数据，对这些数据的安全存储与管理是企业发展运营的关键。大数据环境下电子商务安全比传统安全变得更加复杂。

“东数西算”工程中，云计算为大数据存储、传输和计算提供基础条件，利用云计算技术提供电子商务大数据的存储、传输和安全管理，为电子商务数据资源安全提供保障。同时，商品数据、资金流等安全是电子商务运营的必要条件和保障。

区块链技术在可信传输、安全加密、虚拟货币、信息溯源方面具有突出优势。将区块链智能合约、信息溯源、交易系统用于支持电子商务安全交易、信息安全保障、物流信息安全等，可在实现电子商务安全的同时提供可信服务。

电子商务发展受法律约束，即通过法律规范商务活动，特别是用户信息隐私。隐私权不容侵犯，故电子商务信息服务的开展要在法律约束范围内，保障个人信息隐私的前提下。本章对大数据环境下的电子商务安全进行概述，阐述并详细介绍云计算、区块链在商务信息资源和数据共享方面的应用，并强调用户隐私保护的重要性，以及基于权益维护的用户个人信息隐私保护机制。

◎ 本章习题

1. “东数西算”工程和大数据的发展，给商务数据安全带来了哪些挑战？
2. 云计算环境下，数据资源存储面临哪些安全风险？
3. 如何保障云计算环境下数据传输安全？
4. 区块链具有哪些特点？
5. 什么是智能合约？
6. 基于区块链的安全交易系统种类及特点有哪些？
7. 什么是用户隐私？用户隐私权有哪些内容？
8. 大数据环境下如何保障用户隐私安全？
9. 在大数据环境下，如何平衡电子商务信息服务与用户隐私保护？

参考文献

[1]崔爱国，严春风. 电子商务安全与支付[M]. 北京：电子工业出版社，2020.
[2]唐四薪，郑光勇，唐琼. 电子商务安全[M]. 北京：清华大学出版社，2020.
[3]朱建明，王秀利，李洋. 电子商务安全[M]. 北京：机械工业出版社，2021.
[4]张波，朱艳娜. 电子商务安全[M]. 北京：机械工业出版社，2020.
[5]侯安才，栗楠，张强华. 电子商务安全技术实用教程[M]. 北京：人民邮电出版社，2020.
[6]侯安才. 电子商务安全管理[M]. 武汉：武汉大学出版社，2020.
[7]吴明华，钟诚. 电子商务安全[M]. 重庆：重庆大学出版，2017.
[8]王丽芳. 电子商务安全[M]. 北京：电子工业出版社，2021.
[9]刘英卓，曹杰，张艳萍. 电子商务安全技术[M]. 北京：清华大学出版社，2017.
[10]肖德琴，周权. 电子商务安全[M]. 北京：高等教育出版社，2015.
[11]胡伟雄. 电子商务安全[M]. 北京：科学出版社，2021.
[12]张荣刚，方丽娟. 电子商务安全管理[M]. 北京：高等教育出版社，2022.
[13]孟丛. 电子商务安全与支付[M]. 北京：人民邮电出版社，2020.
[14]杨立钒，杨坚争. 电子商务安全与电子支付[M]. 北京：机械工业出版社，2016.
[15]刘英卓. 电子商务安全[M]. 北京：电子工业出版社，2021.
[16]王忠诚，贾晓丹. 电子商务安全[M]. 北京：机械工业出版社，2020.

[17]许峰. 电子商务安全原理[M]. 北京：清华大学出版社，2017.
[18]贾晓丹，闫永霞. 电子商务安全基础[M]. 北京：中国人民大学出版社，2018.
[19]屈武江，文继权. 电子商务安全与支付[M]. 北京：中国人民大学出版社：2020.
[20]杨立钒，万以娴. 电子商务安全与电子支付[M]. 北京：机械工业出版社，2020.
[21]卢树强. 电子商务与信息安全[M]. 北京：中国纺织出版社，2018.
[22]俞国红. 电子商务安全[M]. 北京：北京理工大学出版社，2019.
[23]杜鹏，等，深度学习与目标检测[M]. 北京：电子工业出版社，2020 .
[24]狄岚，梁久祯. 人脸特征表达与识别[M]. 北京：科学出版社，2022.
[25]罗成，等. 5G 安全体系与关键技术[M]. 北京：人民邮电出版社，2020.
[26]杨红梅，等. 5G 时代的网络安全[M]. 北京：人民邮电出版社，2021.
[27]杨志强，等. 5G 安全技术与标准[M]. 北京：人民邮电出版社，2020.
[28]张继平，等. 走进移动支付：开启物联网时代的商务之门[M]. 北京：电子工业出版社，2012.
[29]周苏，等. 大数据时代移动商务[M]. 北京：中国铁道出版社，2018.
[30]钟元生，等. 移动电子商务[M]. 上海：复旦大学出版社，2020.
[31]徐利敏，等. 网络支付与安全[M]. 北京：清华大学出版社，2020.
[32]胡娟. 第三方支付技术与监督[M]. 北京：北京邮电大学出版社，2016.
[33]张滨，等. 移动电子商务安全技术与应用实践[M]. 北京：人民邮电出版社，2016.
[34]武源文，温江凌，柏罡. 区块链交易系统开发指南[M]. 北京：电子工业出版社，2018.
[35]长铗，韩锋，等. 区块链从数字货币到信用社会[M]. 北京：中信出版社，2016.
[36]黄连金，吴思进，曹锋，等. 区块链安全技术指南[M]. 北京：机械工业出版社，2018.
[37]王喜富. 区块链与智慧物流[M]. 北京：电子工业出版社，2020.
[38]毕娅，原慧群. 电子商务物流[M]. 北京：机械工业出版社，2021.
[39]王忠元. 移动电子商务[M]. 北京：机械工业出版社，2018.
[40]李小斌. 移动电子商务[M]. 北京：中国人民大学出版社，2022.
[41]王红蕾. 移动电子商务[M]. 北京：机械工业出版社，2022.

[42]郑子彬，陈伟利，郑沛霖. 区块链原理与技术[M]. 北京：清华大学出版社，2021.
[43]陈钟，单志广. 区块链导论[M]. 北京：机械工业出版社，2021.
[44]陈彦彬. 区块链与数字货币[M]. 西安：西安电子科技大学出版社，2022.
[45]陈耿宣，景欣，李红黎. 数字人民币[M]. 北京：中国经济出版社，2022.
[46]祝凌曦. 电子商务安全与支付[M]. 北京：人民邮电出版社，2019.
[47]吴翠红，闫季鸿. 电子商务安全技术[M]. 北京：清华大学出版社，2015.
[48]劳帼龄. 电子商务安全与管理[M]. 北京：高等教育出版社，2016.
[49]赵安新. 电子商务安全[M]. 北京：北京理工大学出版社，2016.
[50]孟显勇. 电子商务安全管理与支付[M]. 北京：清华大学出版社，2022.
[51]王凯，刘凯，李拓，等. 可重构高速数据加密系统设计和实现[J]. 电子测量技术，2021，44(19)：8-15.
[52]韩培义，刘川意，王佳慧，等. 面向云存储的数据加密系统与技术研究[J]. 通信学报，2020，41(8)：55-65.
[53]梁路宏，艾海舟，徐光祐，等. 人脸检测研究综述[J]. 计算机学报，2002(5)：449-458.